아동과 환경

문혁준 · 서소정 · 김정희 · 김혜연 · 김태은 · 이종신 지음

창지사

머리말

아동은 자신이 갖고 태어난 잠재력을 바탕으로 환경과 상호작용하면서 성장한다. 즉, 환경은 아동을 둘러싸고 있는 모든 물리적·심리적 요소를 포함하는 것으로 환경에 따라 아동의 성장·발달도 영향을 받으며, 한 사회의 구성원으로 사회화되어 가는 것이다.

아동기에 대한 구분은 학자마다 다양하며, 법률적, 관습적, 연령적, 교육기관별로 아동기를 구분하는 데도 이견이 있다. 국제법에서는 아동을 18세 이하로 규정하고 있으나 국내 법률들에서는 아동을 지칭하는 명칭도 다양하고 각 명칭에 따른 연령 범위도 다양하다. 한편, 본서에서는 아동을 0~12세까지의 연령대에 속하는 모든 대상으로 규정한다.

아동학은 크게 발달, 교육, 상담 및 치료, 복지 분야를 포함한다. 발달이란 수정의 순간부터 사망에 이르기까지 전 생애를 통해 이루어지는 모든 변화의 양상과 과정을 의미하며, 아동학에 있어서 발달 연구는 수정에서부터 아동기에 이르기까지 나타나는 계속적인 변화를 연구하는 것이다. 또한, 아동학은 아동발달의 연구 결과를 아동 양육이나 교육, 아동상담 및 치료, 실천복지 등 실용적 측면에 사용하는 것이 주요 관심 영역이자 연구 영역이다.

본서는 대학에서 아동학, 유아교육학, 보육학, 아동복지학, 심리학, 사회복지학을 전공하는 학생들이 교재로 사용할 뿐만 아니라 현장에서 아동을 이해하고자 하는 일반인에게 유용한 지침서로 사용할 수 있도록 내용을 계획하였다.

방대한 내용이지만 한 학기 강의 계획에 맞춰 12장으로 차례를 구성하였으며, 강의 및 연구 경력뿐만 아니라 실제적 현장 경험을 두루 갖춘 저자들에 의해 공동 집필되었다.

앞으로도 부족한 부분을 보완해 나갈 것을 약속드리며, 기탄없는 비판과 충고를 부탁드린다.

마지막으로 기꺼이 출판을 맡아 수고해 주신 창지사의 노고에 진심으로 감사드린다.

2022년 9월

저자 일동

차 례

1장

아동학에 대한 이해

본 장에서는 아동학에 대한 기초적 개념을 이해하기 위하여 먼저 시대적 변천에 따라 변화된 아동관을 살펴보고자 한다. 또한, 변화된 시대상에 부합하는 학문으로서 아동학의 특성에 대해 살펴보고, 나아가 현재 아동학과 관련된 연구 분야의 주요 연구 동향을 살펴보고자 한다.

1. 아동관의 시대별 발달 과정

일반적으로 아동이라는 용어는 유아, 아동, 어린이 등과 혼용되어 사용되고 있다. 아동에 대한 견해는 시대·사회적 배경에 따라 다음과 같이 다르게 발전되어 왔다.

1) 고대사회(기원후 4세기)

고대 원시사회에서는 아동 개개인의 권리나 가치는 아동이 속한 부족의 소유물로 간주되었으며, 개별 아동의 생명은 종족 보존의 수단으로 인정되었다. Kadushin(1980)에 의하면, 아마존 지역의 인디언들은 아기가 태어나면 그 아이를 강물에 던져서 강물에서 생존할 수 있는 건강한 아이만 끄집어내고 그렇지 못한 아이는 그대로 내버려 두는 생존 시험을 했다는 보고가 있다(강란혜·박미석, 2005).

고대 그리스 시기의 철학자 플라톤은 그의 저서 『공화국』(The Republic)에서 아동은 적성에 맞는 적절한 훈련을 해야 한다고 주장하고 아동 훈련을 위하여 국가적 차원에서 전담기구를 설립해야 한다고 제안하였다. 또한, 아리스토텔레스는 인간의 발달 단계를 3단계로 구분하여, 생후 첫 7년간은 유년기, 7세에서 사춘기까지를 소년기, 사춘기부터 21세까지를 청년기로 지칭하고, 각 단계별로 그에 맞는 잠재된 능력에 대한 훈련에 사회적 관심을 가져야 한다고 역설하였다. 그러나 이 시기 로마에서는 영아 살해나 영아 유기가 성행하였으며, 이러한 관행은 아동이 속한 사회의 풍속이나 미신에 의해 생명의 위협을 감수해야 하는 무력한 존재였음을 의미한다. 즉, 고대사회에서의 아동은 하나의 독립적 인격체가 아닌 성인의 도움이 필요한 무력하고 귀찮은 존재로 간주되었다.

2) 중세사회(4~17세기)

중세사회는 엄격한 신분과 계급이 존재하였으며, 또한 종교사상의 영향이 사회

전반에 지배적이었다. 신분 계급이 낮은 하류 계층의 아동은 노동력 착취의 대상으로 간주되었다. 즉, 아동의 지위도 그들이 속한 사회적 신분에 따라 차별되었으며, 과거 고대사회의 영아 살해 및 유기의 관습의 잔재도 중세 기독교의 인권존중 사상과 함께 전개되는 양상을 보였다. 이는 중세시대의 자녀 양육관에도 영향을 미쳤는데, 중세의 보편적 양육 형태는 기독교적 입장에서 아동도 인격적으로 대우해 주어야 한다는 입장과 예전의 무력하고 가치 없는 존재로서 아동을 보는 관점이 동시에 공존하여 일관성 없는 자녀 양육의 형태를 보였다.

중세시대는 특히, 기독교 사상이 사회 전반에 막대한 영향을 미쳤기 때문에 교회 또는 관련 종교단체를 중심으로 아동을 보호하고자 하는 움직임이 일어나기도 했다. 이러한 움직임은 이후 아동보호사업의 모태가 되었다. 아동을 하나의 독립적인 인격체로 간주하고 그들의 권리를 존중할 것을 강조하는 현대의 아동존중 사상이 최초로 주장되기 시작한 것이 중세의 말기인 17세기였다. 중세사회에서는 아동의 신분에 따라 일부 아동의 권리가 인정되고, 또한 종교단체의 자선 활동 등을 통해 이후 아동보호 및 권리존중 사상이 확산될 수 있었다는 점에서 그 역사적 의의를 찾아볼 수 있다. 그러나 개별 아동의 욕구나 권리가 중시되는 현대적 의미의 아동관과는 여전히 많은 차이가 있음을 알 수 있다.

3) 근대사회(17~20세기)

산업혁명과 자본주의 시대의 도래로 이전 계급과 신분 중심의 봉건사회는 새로운 사회적 변화를 맞이하게 되었다. 급속한 산업화로 인한 이농민의 발생과 도시 인구 집중화의 결과로 빈곤, 실업 등의 사회적 문제들이 야기되었다. 이러한 사회문제는 이전의 개인이나 일부 종교단체에서 주관해 왔던 자선활동이 사회적, 국가적 책임이라는 명제하에 부각되기 시작되었다. 이에 영국에서는 국가가 처음으로 빈곤층뿐만 아니라 요부양아동(고아, 기아, 빈곤가정의 아동)을 보호할 수 있는 엘리자베스 구빈법(Elizabeth Poor Law)을 1861년에 제정하였으며, 이 법은 오늘날 아동복지의 효시가 되었다. 그러나 산업혁명으로 인한 자본주의가 형성되면서 아동의 노동착취 문제가 사회적으로 대두되었다.

17~18세기 유럽에서는 특히, 두 명의 철학자, 즉 17세기 말 영국 철학자 John Locke(1632~1704)와 18세기 프랑스 철학자 Jean-Jacques Rousseau(1712~1778)가 아동의 특성과 교육관에 중요한 영향을 미쳤다. 우선, 영국의 철학자 Locke는 그가 집필한 논문(an Essay Concerning Human Understanding)에서 인간은 타고난 지식이 없으며, 갓 태어난 신생아는 타불라 라사(tabula rasa), 즉 백지상태라고 기술했다. 즉, 인간이 백지상태로 태어나서 이후 성장과 발달을 하면서 다양한 경험과 후천적 교육을 통해 성인기의 특성을 결정한다고 주장했다. 이러한 그의 견해는 부모가 자녀를 양육함에 있어서도 지나친 권위와 관용을 지양하고 적절한 균형을 유지하는 것이 필요하다고 보았다. 반면, 18세기 프랑스의 철학자 Rousseau는 인간의 타고난 본성은 본래 선하다는 성선설을 주장하였으며, 이에 부모가 자녀를 인위적으로 감독하거나 제한하지 말고 자연스럽게 성장할 수 있도록 자녀의 요구에 반응적이고 수용적이어야 한다고 주장했다(문혁준, 김정민, 김태은, 양성은, 이진숙, 이희선, 2014). 근대사회 유럽의 두 철학자 모두는 아동을 성인의 피조물로서의 소극적인 존재로 간주하기 보다는 자신의 성장과 발달의 주체로서 적극적으로 주도적인 존재로 보았다.

4) 현대사회

20세기 이후에 접어들면서 서구에서는 아동의 성장과 발달에 대한 국가의 책임에 대해 사회적 의식이 고조되기 시작하였다. 아동은 더 이상 성인의 축소판이 아닌 하나의 독립된 개체 또는 인격체로서 간주되기 시작하였으며, 아동만을 위한 사회적 체제가 마련되었다. 특히, 1924년 국제연맹이 '아동권리에 대한 제네바 선언'을 선포하였으며, 1959년 국제연합은 10개조의 '아동권리'를 세계 각국을 대상으로 아동을 권리 주체로 인정할 것을 선언함으로써 아동의 권리사항과 아동복지 사상은 20세기 이후 더욱 중요시되었다. 국내에서도 1989년 유엔에서 채택된 아동의 권리에 대한 국제협약(The Convention on the Rights of the Child)을 1991

년에 채택·발표하여 국가적 차원에서 아동의 지위 개선에 긍정적인 영향을 미치게 되었다.

현대사회에서 아동에 대한 이해는 인간에 대한 이해의 출발점으로 간주되고 있다. 아동에 관해 연구하고 이들을 교육하는 관점에서 아동을 개념화하면 다음과 같이 요약해 볼 수 있다(김춘경, 문혁준, 신유림, 심미경, 옥경희, 위영희 외, 2002).

(1) 전인(wholeness)으로서 아동

현대사회에서는 아동을 볼 때 이들을 통합된 전체로 보고 있다. 물론, 아동발달이라는 연구 영역에서 발달을 논의할 때 편의상 신체, 언어, 인지, 및 사회·정서로 세분화하여 설명하고 있지만, 이는 아동의 발달이 각각 분리되어 일어나는 것이 아니라 역동적으로 상호관련된 것임을 의미한다. 아동기에는 다양한 영역에서 발달이 동시적으로 진행된다. 따라서 각 영역의 발달이 다른 영역에 어떠한 영향을 미치는지 이해하는 것은 아동발달을 총체적으로 이해하는 데 도움이 된다.

(2) 발달하는 존재로서의 아동(developing child)

전 생애적 관점(수태에서 사망까지)은 아동의 발달적 변화 및 양상에 초점을 두고 있으며, 살아 있는 하나의 유기체로서 지속적으로 아동을 성장, 발달해 가는 존재라고 본다.

(3) 권리 주체로서의 아동

아동의 권리는 20세기 이후에 들어와서 비로소 본격적으로 논의되기 시작되었다. 앞서 살펴본 바와 같이, 현대에서 변화된 아동관에 입각하여 아동이 누릴 수 있는 권리로서 아동의 생존, 성장, 발달에 관한 권리, 자신의 의견을 표명할 권리, 특수한 문제나 장애 및 조건에 관계없이 적절한 의료적, 사회적, 교육적 보호를 받을 수 있는 권리 등에 관해 활발하게 논의되고 있다. 이처럼 아동은 단순히 보호하고 도움을 제공하는 서비스의 대상이라기보다는 권리의 주체로서 간주되고 있다.

2. 아동학에 대한 정의

아동학은 아동의 건강한 성장과 발달을 도모하기 위해 태내기부터 아동기에 이르기까지 여러 영역의 발달과 관련이 있는 다양한 현상들을 체계적, 포괄적으로 연구하는 학제적인 학문이다(정옥분, 2007). 아동학에서 주로 다루는 연구 주제는 인간의 전 생애(수태에서 사망까지)에 걸쳐 발생하는 복합 다양한 현상들을 다루고 있는 점에서 전 생애 접근법(life-span perspective)에 기초한다고 볼 수 있다.

아동학의 연구 영역은 신체, 인지, 언어, 정서 및 사회발달의 모든 영역과 이들 영역의 발달에 영향을 미치는 다양한 환경 요인들을 포함한다. 아동학은 아동을 대상으로 이루어진 아동 연구로부터 출발하여 특히, 아동발달의 여러 영역 가운데 생물학, 심리학, 교육학, 인류학, 사회학 등 인접 학문과도 깊은 관련을 가지고 있다는 점에서 여러 학문의 영역을 통합한다고 볼 수 있다.

3. 아동학의 학문적 특성

아동학의 학문적 특성은 한마디로 다학문적이라고 볼 수 있다. 이는 아동학이 인류학, 생물학, 가정학, 인간생태학(가정학), 심리학, 사회학, 경제학 등 다양한 학문 분야에서 이루어진 연구 성과들을 종합하는 응용 학문이기 때문이다. 따라서 어느 특정 연구 영역과 주제로써 아동학을 설명하는 데에는 어려움이 있다. 아동학과 관련된 학문 분야와 주요 연구 문제는 〈표 1-1〉에 제시된 바와 같다.

〈표 1-1〉 아동학 연구 분야 및 주요 연구 문제

학문 분야	주요 연구 문제
인류학	• 문화가 인간발달에 미치는 영향: 자녀 양육이나 노인 봉양과 같은 사회적 관습이 문화에 따라 얼마나 상이한가? • 그 시사점은 무엇이며, 모든 문화권에서 보편적으로 나타나는 발달적 측면은 무엇인가?
생물학	• 세포와 신체기관의 성장과 노화: 한 개의 수정란이 어떤 과정을 통해 성숙한 인간으로 발달하는가? • 인간의 신체기관은 연령이 증가하면 그 기능에 어떠한 변화가 나타나는가?
역사학	• 시대에 따른 인간발달의 변화: 각기 다른 시대에서 아동이나 노인으로 살아간다는 것은 어떤 의미를 가지고 있는가? • 오늘날의 가족은 20세기 가족과 어떻게 다른가? • 주요한 역사적 사건이 인간의 삶에 어떠한 영향을 미치는가?
인간생태학 (가정학)	• 가족과 사회적 맥락에서의 인간발달은 어떠한 양상을 나타내는가? • 사회의 기본 단위로서의 가족의 본질은 무엇이며, 가족관계는 개인의 발달과 사회적 적응에 어떻게 기여하는가?
심리학	• 개인의 정신 능력, 성격 특성, 사회적 기술 등은 연령과 성별에 따라 어떻게 변화되는가? • 각 개인의 특성들은 얼마나 안정적 또는 얼마나 변화하는가? 안정성과 변화에 따른 이유는 무엇인가?
사회학	• 사회가 각기 다른 연령층의 사람들에게 기대하는 것은 무엇인가? • 전 생애를 통해 사회제도 내에서 개인은 어떤 역할을 하는가? 사회기관과 그 변화에 따라 우리는 어떠한 영향을 받는가?
법학	• 아동의 인권과 권리가 어떻게 보장받고 있는가? • 아동의 권리에는 어떠한 내용이 포함되어야 하는가?
아동발달학	• 아동의 연령 및 성별에 따른 신체, 언어, 인지, 사회 · 정서 발달의 특성은 어떠한가? • 아동의 신체, 인지, 언어, 사회 · 정서 발달에 있어 개인차를 유발하는 다양한 요인들은 무엇인가? • 아동의 생물학적 발달, 인지적 발달, 사회 · 정서적 발달은 어떻게 상호작용하는가?

출처: 정옥분(2007).

아동학의 학문적 성격을 요약하여 설명하면 다음과 같이 세 가지로 구분하여 볼 수 있다.

1) 생애발달적 관점(life-span perspective)

1970년대 이후 인간의 발달을 전 생애적(수태에서 사망까지)으로 접근하려는 발달심리학의 새로운 관점으로서, 이러한 경향이 주류를 이루고 있는 발달심리학을 생애발달심리학이라고 부른다. 생애발달적 관점의 대두로 인해 아동 연구의 대상이 아동기에서 벗어나 청소년기, 청년기와 부모기 등으로 확대되었다. 이에 아동발달이라는 용어 대신에 인간발달 또는 생애발달이라는 용어로 대체되어 사용되기도 한다.

2) 생태학적 관점(ecological perspective)

생태학적 관점에서 인간발달은 Bronfenbrenner의 인간발달의 생태학(the ecology of human development)에 기초하여 인간과 다양한 주변 환경 간의 지속적인 상호작용의 결과로써 이해된다. 이러한 관점에서 볼 때, 아동의 발달을 심층적으로 이해하기 위해서 그들이 속해 있는 가정이나 또래, 이웃, 사회, 문화와 같은 다양한 환경을 함께 고려해야 한다.

3) 다학제적 접근(multidisciplinary approach)

앞서 제시한 〈표 1-1〉에 나타난 바와 같이, 아동학은 여러 인접 학문 분야인 생물학, 심리학, 교육학, 인류학, 사회학 등과 밀접하게 연계되어 있으며, 이들 여러 학문의 영역을 통합한다는 점에서 다학제적인 접근을 한다고 볼 수 있다. 따라서 아동발달의 축적된 지식체계는 그동안 다학문적 접근법에 의한 여러 학자들의 공동 연구 노력에 의해 이루어졌다고 볼 수 있다.

4. 아동학의 연구 분야

아동학의 가장 대표적인 학문 분야는 아동발달이라고 볼 수 있다. 앞서 기술한 바와 같이 아동학은 아동의 전 생애적 관점에서 이들의 건강한 성장과 발달과 관련된 다양한 현상들을 체계적으로 이해하기 위하여 과학적으로 연구하는 학제적인 학문이다. 특히, 아동발달 이론은 아동의 행동과 발달에 관한 다양한 의문에 대한 해답을 제공할 수 있는 이론적 틀을 제공해 준다. 아동발달 이론의 주요한 쟁점들을 다음의 네 가지 차원으로 구분하여 요약할 수 있다(서소정, 2005).

1) 아동발달 이론의 주요 쟁점들

(1) 유전과 환경

아동발달 이론가들의 가장 근본적인 논쟁의 핵심은 아동의 발달을 결정짓는 요소로서 유전과 환경의 상대적인 중요성에 관한 것이다. 아동발달이 유전에 의한 것인가, 아니면 환경에 의한 것인가에 관한 열띤 논쟁이 지난 반 세기 동안 이 두 요인을 서로 독립적인 것으로 인식하려는 연구자들에 의해 관련 연구를 통해 활발하게 이루어져 왔다. 그러나 최근에는 유전과 환경의 두 요인 중 어느 것이 더 중요한가라는 것보다 아동발달은 이 두 요인의 상호작용의 결과라는 입장에 더 많은 관심을 두고 있으나, 상대적인 영향력이나 상호작용적인 기여에 대한 견해는 각 이론마다 다르다.

유전의 영향력을 강조하는 연구자들 역시도 환경의 영향력을 인정하고 있다. 1990년에 시작해서 2000년대 초반에 완료된 인간의 유전정보, 즉 게놈(genome) 프로젝트로 인해 발달의 청사진을 제공하는 유전적 물질이 존재하는 것으로 밝혀졌다. 즉, 수태 시 이미 유전적으로 결정되는 특정한 발달적 특성 역시도 이후 환경의 영향에 따라 그 영향력이 발현되는 정도가 달라질 수 있다. 그 예로 유전적으로 페닐키톤뇨증의 특성을 가진 영아는 출생 이후 지속적으로 식단을 조절함으로써 유전적 질환이 미칠 수 있는 부정적 영향을 감소시킬 수 있다(문혁준 외, 2014).

(2) 능동적·수동적 개체로서의 아동

아동은 단지 자신을 둘러싸고 있는 환경으로부터 얻어진 경험을 수동적으로 받아들이는 개체인가? 아니면 환경을 조직하고 재구성하여 새롭게 창출할 수 있는 능동적인 개체인가? 아동발달 이론가들 사이에서 두 번째로 중요한 논쟁의 쟁점은 인간의 본성이나 발달에 대한 철학적인 신념에서 기인한다. 인간을 환경에 대한 수동적인 반응체로 보는 견해는 기계론적 관점과 관련이 있는 반면, 유기체 내부로부터 자극을 받아 스스로 환경을 구성하고 조직화함으로써 자신의 발달을 주도해 가는 것으로 보는 견해는 유기체론적 관점과도 관련이 있다(Sroufe, Cooper, & Dehart, 1996).

(3) 발달의 연속성과 불연속성

아동발달의 형태를 이해하는 데 있어 이론가들은 다음의 두 가지 입장을 취하고 있다. 첫째, 발달은 점진적이고 계속적인가? 혹은 비약적인 단계로 이루어지는가? 학습과 경험을 강조하는 발달이론가들은 대부분 발달을 점진적이고 연속적인 과정으로 보며 이러한 관점에서 아동발달, 나아가 인간발달을 임신에서 사망까지의 전 생애 과정(life span process)을 통한 축적된 변화로 본다. 영아가 첫 한두 마디의 말을 시작하였다면 이것은 갑작스러운 것이 아니다. 연속적인 관점에서 본다면 이것은 몇 주 또는 몇 달의 성장(옹알이와 쿠잉)의 결과인 것이다.

반면에, 인간발달의 불연속성을 강조하는 학자들은 발달이 양적인 것이 아니라 질적으로 서로 다른 단계를 거쳐 진행된다고 본다. 질적인 변화는 종류나 유형의 변화를 말하는 것이므로 비연속적 과정이다(Berk, 2000). 이러한 비연속적인 개념은 발달 단계의 개념과 관련이 있다. 예를 들어, Piaget의 감각운동기에 속한 영아는 구체적 조작기에 속한 아동과는 다른 문제 해결 능력을 보인다.

인간의 발달을 연속적 과정으로 보는지 아니면 불연속적 과정으로 보는 가의 차이는 연구자가 사용하는 연구 설계에 따른 측정방식에도 영향을 미친다.

(4) 결정적 시기(critical period) 및 민감기(sensitive period)

발달의 속도와 밀접하게 관련되는 이론의 쟁점은 발달의 결정적 시기의 존재 여부에 관한 것이다. 공통적으로 발달이론가들은 인간발달을 연속적인 변화라고 보고 있으며, 이러한 변화들 중 어떤 것은 특정 시기에 매우 빠르게 일어나지만, 다른 시기에는 상대적으로 느리게 진행되는 것을 알 수 있다. 영유아기는 다른 어떤 시기에 비해 신체 변화가 빠른 속도로 나타난다.

결정적 시기(critical period)는 유기체(인간)를 둘러싼 내적·외적 사건들이 발달에 영향을 미치는 짧게 제한된, 그렇지만 최대한 영향을 미칠 수 있는 기간을 의미한다(Sroufe, Cooper, & Dehart, 1996). 결정적 시기는 Bowlby(1979)의 유명한 애착 연구를 그 예로 들 수 있다. 애착은 Bowlby가 모자 간의 유대관계를 설명하면서 최초로 사용한 개념으로, 영아가 엄마를 포함한 타인에 대하여 형성하는 애정적 유대 또는 정서적 결속을 의미한다(서소정, 2005). 초기 애착 형성 시기에 부득이한 이유로 주요 애착 대상(엄마)과 떨어지거나 간헐적으로 낯선 사람에게 맡겨진 영아가 정상적으로 성장한 영아에 비해 낯선 상황에서 보다 높은 불안을 나타냈으며, 모성실조를 경험한 아동이 성장 후 대인관계나 사회성의 측면에서 문제행동을 보이는 것으로 보고된 연구 결과는 초기 애착 경험의 중요성을 입증하는 것이다.

그러나 인간의 발달을 설명하는 데 있어서는 민감기(sensitive period)라는 개념이 더 적절할 수 있다. 민감기는 발달에서의 결정적 시기와 유사한 개념인데, 유전적으로 계획된 기간으로서 특정 행동을 습득하는 데 감수성이 예민해져서 그 행동을 쉽게 배울 수 있는 시기이다. 예를 들면, 언어습득(모국어)에 있어 민감기는 만 5세 전후로 볼 수 있다.

2) 아동학 관련 연구 분야

(1) 아동과 가족, 지역사회, 문화

가족과 사회, 문화는 아동이 속한 생태학적 환경으로서 아동발달에 직·간접적으로 많은 영향을 미친다. 아동학에서 특히, 생태학적 관점에서 가족, 사회 및 문화는 아동이 발달의 주체로서 끊임없이 상호작용하는 대상으로서 초점을 두고 있다. 가족은 아동이 경험하는 최초의 사회화 장소로서 가족의 크기, 형태, 안정성, 규범, 주거 환경, 식생활 등이 아동발달과 밀접한 관련성이 있다. 또한, 가족 내의 다양한 인간관계의 요인으로 부모-자녀 관계, 형제-자매 관계, 부모의 역할, 양육 태도 등이 있으며, 아동학대, 부모의 이혼 및 실직, 취업모 등의 문제도 연구되고 있다.

아동에게 영향을 미치는 보다 거시적인 사회 및 문화적 환경으로는 그 사회에서 아동을 바라보는 아동관, 태도 및 신념 등을 들 수 있으며, 대중매체, 관련법 및 정책도 이에 포함된다.

(2) 아동교육

아동교육 분야는 학령 전 영유아에서부터 학령기 아동까지의 교육과 관련된 다양한 이론들을 연구하고, 이를 바탕으로 교육 실제에서 효과적으로 적용되는 것에 초점을 두고 있다. 아동교육 사상, 아동교육의 발달 과정, 아동교육 프로그램, 교수-학습 방법, 교육 환경, 교사의 역할과 교사교육 및 교육평가 등에 걸쳐 다양한 연구 주제에 관한 이론 및 실제에 대한 내용을 다루며, 비교문화적인 관점에서 우리나라와 다른 나라의 교육 프로그램 및 교육정책에 관하여 연구한다.

최근에는 선천적으로 장애를 가지고 태어났거나, 출생 이후 환경적 요인에 의해 장애의 위험에 처한 영유아들을 위하여 예방적 관점에서 조기중재에 대한 연구가 활발하게 이루어지고 있다. 조기에 효과적인 중재를 제공하여 장애위험군에 처해 있는 영유아의 초기 능력을 최대한 지원하여 발달 지체를 최소화함으로써 그들의 건강과 복지를 도모하는 데 연구의 초점을 두고 있다. 관련 분야는 교육학, 심리학, 의학, 사회복지학, 보육학, 언어병리학, 작업 및 물리치료, 놀이치료, 예술치료, 간호학 및 보건학 등 다양한 전문 분야를 포함하며, 장애위험군 유아의 조기 중재교육 또는 개입을 통해 효과적인 통합교육에 대한 연구 등도 활발하게 진행되고 있다.

(3) 자녀 양육과 부모교육

가정에서 아동의 양육과 교육을 담당하고 있는 부모의 역할은 매우 중요하다. 급격한 사회 변화로 인해 부모들은 자신의 역할을 수행하는 데 많은 어려움을 경험하고 있으며, 부모와 아동의 삶의 질(well-being)을 향상시키기 위해서는 부모교육이 사회교육의 한 영역으로 개발·실시될 필요성이 그 어느 때보다 절실하다(박미석, 2005). 따라서 자녀 양육과 부모교육 분야에서는 바람직한 자녀 양육의 실제와 관련된 다양한 주제, 즉 부모의 역할, 자녀 양육 방식, 자녀 양육에 영향을 미치는 부모의 신념, 양육 스트레스, 양육 효능감, 사회적 지원체계 등에 관한 최근 이론과 실제를 연구한다. 또한, 최근의 부모교육에서는 현대사회에서의 생애주기 단계에 따른 다양한 부모교육 프로그램 개발·실시 등 관련 분야의 최신 이론과 실제를 다루고 있다.

(4) 아동상담

아동상담이란 관련 전문가에 의해 대상 아동의 삶의 질을 향상시키기 위하여 그들이 처한 다양한 환경을 개선하기 위한 총체적이고 전문적인 노력이라고 볼 수 있다. 아동상담에서는 아동상담의 원리와 상담의 이론, 아동상담사의 자질 및 훈련에 관하여 연구하고 놀이치료, 행동치료, 음악치료, 독서치료 등 다양한 아동상담 기법에 관한 최신 이론 및 실제 등도 다룬다.

(5) 아동복지

아동복지는 요보호 아동을 비롯하여 모든 아동이 존중받으며 건강하게 성장할 수 있도록 지원하는 것에 초점을 두고 있다. 아동 자신의 신체적, 정신적, 정서적 특성에 준거하여 권리적, 발달적, 가정 중심적인 차원에서 다양한 아동복지실천 사업이 추진되고 있다. 우리나라에서는 도시화, 산업화에 따른 가정의 보호기능을 보완하는 보육사업, 아동건전육성과 관련된 아동학대방지 사업 및 시설보호사업 등을 활발하게 추진하면서 아동의 전인적 발달 및 잠재력을 향상시키고, 아울러, 부모 역할을 강화하고 가족을 지원하는 등 각종 아동복지 프로그램 개발 및 그 실효성에 대한 연구가 이루어지고 있다.

(6) 아동권리

아동권리 분야에서는 모든 아동은 적절한 의식주를 제공받고 건강하고 위생적인 삶을 영유하고 문화적인 생활을 누릴 수 있는 권리를 가지며, 폭력, 공포, 학대, 방임으로부터 보호받을 권리에 초점을 두고 있다. 또한, 아동 자신의 의견을 주장하고 결정할 수 있는 권리와 자신이 원하는 활동에 참여할 수 있는 권리에 초점을 두고 연구한다.

2장

아동학 연구 방법

본 장에서는 우선, 과학적 연구란 무엇이며 아동을 대상으로 이루어지는 과학적 연구의 특성 및 구체적인 절차에 관하여 기술하고자 한다. 나아가, 아동학 연구 방법을 보다 구체적으로 이해할 수 있도록 연구의 설계 방법, 연구 유형 및 자료 수집 방법에 대해 살펴보고자 한다. 마지막으로, 아동 연구를 수행하는 데 수반될 수 있는 윤리적 문제의 중요성에 관해 다루어 보고자 한다.

1. 과학적 연구의 개념 및 특성

앞서 아동학의 개념 정의에서도 살펴본 바와 같이 아동의 전 생애적 관점에서 이들의 성장과 발달과 관련된 다양한 현상들을 심층적으로 이해하기 위해서는 과학적인 연구가 수행되어야 한다. 정옥분(2008)은 과학을 한다는 것은 '어떻게' 사건이 일어나는가를 설명하는 '동적' 특성과 '어떠한' 사건이 일어나는지를 묘사하는 '정적' 특성을 모두 갖는다고 기술하였으며, 이러한 동적 및 정적 특성들은 부분적으로 서로에게 영향을 미치기 때문에 상호 연결되어 있다고 보았다. 즉, 과학을 한다는 것은 어떤 결과를 산출하는 것은 물론이고 어떤 종류의 문제를 접근하고 해결점을 도출해 가는 논리적 접근이라고 볼 수 있다.

과학적 연구의 일반적인 특성에 관해서는 여러 학자들에 의해 다양하게 기술되어 왔으며(강병서, 2002; 정옥분, 2007; Bakeman, 2000; Johnson & Christensen, 2004), 다음과 같이 몇 가지 특성으로 요약될 수 있다.

첫째, 과학적 연구는 경험적(empirical) 연구이다. 아동학자가 유치원이나 어린이집에서 교사로 일하면서 만 4세 아동들 간의 사회적 상호작용의 방식에 관하여 관찰하고 만 4세 아동들의 의사소통 양식을 알 수 있다고 가정한다면, 그 아동학자는 자신의 경험을 통해 가정된 가설을 객관적으로 검증해 보여야 한다.

둘째, 과학적 연구는 체계적(systematic) 연구이다. 앞서 예시와 관련해서 발달심리학자는 만 4세 아동들 간의 다양한 사회적 상호작용의 방식 중 구체적으로 어떠한 양식이 아동의 사회성에 어떻게 영향을 미치는가를 살펴보기 위하여 중요한 요인들(예: 기질, 정서지능 등)을 조작적으로 정의하고, 이 요인들 간에 가능성 있는 관계를 진술하고, 또한 아동의 사회성 발달과 관련된 가외변수(예: 가정의 사회 경제적 지위)를 모두 통제하는 등 일련의 과정을 통해 체계적인 연구를 수행해야 한다.

셋째, 과학적 연구는 자기 수정(self-correction)의 특성을 갖는다고 볼 수 있다. 과학적 연구는 연구자가 특정 주제에 대하여 문제를 제기하고, 제기된 문제에 대하여 심층적으로 이해하려는 노력을 지속적으로 수행해 가는 과정이며, 이러한 과정을 통해 얻어지는 해답은 연구자에게 다시 유용한 피드백을 제공한다. 즉, 연구자가 설정한 연구문제 또는 연구가설을 수락할 것인가 아니면 기각할 것인가의 여부는 수집된 자료에 근거한 객관적 준거(예: 통계적 검증)를 통해 최종적으로 결정된다. 아울러, 연구자는 처음 제기된 연구문제나 가설을 재검토하거나, 필요하다면 보다 더 구체적인 문제 제기를 통해 지속적으로 자기 수정의 과정을 경험한다.

2. 아동학 연구에 대한 기초

1) 아동학 연구의 목적

아동학에서 다루고 있는 다양한 연구 영역의 하나인 아동발달 연구의 주된 목적을 살펴보면, 크게 다음과 같이 세 가지로 구분될 수 있다. 첫째, 아동의 발달 양상에 대하여 기술하는 데 목적을 둔다. 둘째, 아동발달의 변화 양상이 나타나는 원인에 대하여 설명한다. 셋째, 아동발달에 대한 연구에서 얻어진 결과를 교육 및 복지 분야에 적용 및 활용하는 데 있다. 이를 구체적으로 기술하면 다음과 같다.

(1) 아동발달에 대한 기술

아동발달 연구에서 아동의 연령에 따른 발달적 특성 및 변화 양상에 대하여 기술하는 것은 매우 중요하다. 신생아의 쿠잉 및 옹알이는 언제 시작되는가? 영아의 첫 단어를 말하는 시기는 언제인가? 유아의 읽기 및 쓰기는 연령별로 어떠한 양상을 나타내는가? 아동의 발달에 대한 양상 및 특성을 있는 그대로 기술함으로써 아동발달 연구는 이러한 질문에 대한 실마리를 제공해 준다. 아동발달 현상을 구체적으로 기술함으로써 아동발달의 보편적 과정 및 개별 아동의 발달적 특수성을 모두 파악할 수 있으므로, 아동발달의 과정 및 현상을 묘사하는 기술연구(descriptive research)는 아동학 연구의 가장 기본적인 연구 목적이라고 볼 수 있다.

(2) 아동발달 양상에 대한 설명

앞서 살펴본 아동발달 연구의 첫 번째 목적인 아동발달 양상에 대한 객관적인 기술과 함께 왜 이러한 양상을 발생시켰는가에 대한 구체적인 설명을 제공하기 위해서 설명적 연구(explanatory research)가 수행된다. 설명적 연구는 아동발달의 이유를 설명하는 것으로, 이러한 설명은 아동발달의 이론적 기반으로부터 출발한다. 예를 들어, 만 3~5세 아동의 언어발달의 개인차를 설명하기 위해서는 여러 가지 관련 이론이 있는데, 그중에서 아동의 타고난 유전적 요인을 강조하는 Chomsky의 생득주의 이론과 사회적 맥락 속에서 타인과의 상호작용 측면을 강조하는 Vygotsky의 사회적 상호작용 이론에서 앞서 제기된 유아의 언어발달의 개인차를 설명할 수 있다.

아동발달 과정과 발달의 원인을 규명해 가는 과정은 연구자가 지지하는 특정 이론을 검증하는 경험적 연구를 고안해서 그 틀 안에서 연구를 수행하고, 연구 결과를 바탕으로 자신의 설명이 합리적인 것인지를 검증하는 객관적이고도 체계적인 절차라고 볼 수 있다. 즉, 연구자는 주요 연구 변인들 간에 어떠한 관련성이 있는가에 대한 연구가설을 검증하고, 객관적인 자료 수집을 통해 설정한 가설을 검증해야 한다.

(3) 관련 분야에 적용

아동학 연구의 궁극적인 목적은 앞서 소개된 기술연구 및 설명연구를 통해 아동과 관련한 다양한 영역에서 아동의 긍정적인 발달과 복지를 향상시키는 데 있다. 이러한 목적을 달성시키기 위하여 아동과 관련된 실제적 문제에 대한 해결 방안을 모색하기 위하여 응용연구(applied research)를 수행한다. 응용연구는 이론에서 파생된 최신 정보 및 지식을 관련 현장에 적용·활용하는 것에 연구의 일차적인 목적을 두고 있다. 앞서 언급한 만 3~5세 아동의 언어발달의 개인차를 설명하는 이론들과 교사를 위한 교수법 관련 이론들을 기초로 하여 만 3~5세 아동을 위한 언어교육 프로그램을 개발하여 교육 실제에 활용함으로써 그 효과를 검증하는 연구가 응용연구의 대표적인 예라고 볼 수 있다.

2) 아동학 연구의 과학적 절차

아동학 연구를 과학적인 절차에 의해 수행하려면 다음과 같은 일련의 과정을 거쳐야 한다. 즉, 과학적 연구 절차는 우선 연구할 만한 주제를 선정한 후, 이를 연구문제나 가설로 구체화하여 기술해야 한다. 이어서 연구문제나 가설을 검증하기 위하여 자료를 수집하여 통계적 분석을 실시하고, 결과 및 결론을 도출하는 과정을 거쳐야만 한다. 아동학 연구를 수행하는 데 필요한 과학적 절차를 세분화하여 살펴보면 다음과 같다(강병서, 2002; 이은해, 1985; 정옥분, 2007; Bakeman, 2004).

(1) 연구 주제의 선정

연구자가 연구하고자 하는 주제를 선정하고 이를 구체화하여 연구로 실행하는 것은 쉬운 일이 아니다. 연구 주제를 선정하기 위해서는 몇 가지 선행되어야 할 조건이 있다(이은해, 1985). 첫째, 가장 우선적으로 연구자의 지적 호기심과 흥미를 충족시킬 수 있는 연구 주제여야 한다. 둘째, 연구자가 앞서 선정된 연구 주제를 바탕으로 연구를 실제적으로 수행할 수 있는가에 대한 여부는 연구자로서의 역량과 사전 훈련에 좌우된다. 셋째, 연구 주제를 선정하는 데 있어 연구의 의의를 부각시킬 수 있도록 연구자 자신의 창의적인 발상에서 연구 방법이 시도되어야 한다. 마지막으로, 연구자는 연구를 수행하는 데 있어 시간, 비용 등의 경제적인 측면도 함께 고려하여야 한다.

(2) 관련 문헌의 고찰

연구 주제의 선정이 이루어지고 나면 관련 주제에 대한 선행 연구나 참고문헌을 찾아서 이를 고찰하여야 한다. 동일 또는 유사한 주제에 관하여 이미 다른 연구자들에 의해 수행된 연구 결과를 읽으면서 그 주제에 대한 개념적 또는 방법론적인 문제를 체계화하고 통합하는 것이 필요하다. 관련 문헌의 고찰은 단순히 다른 연구의 결과를 장황하게 나열하거나 반복적으로 기술하는 것이 아닌, 연구자 자신이 이해한 것들을 바탕으로 연구 주제에 대한 이론적 경향을 파악하고, 나아가 이에 대한 비판적 분석이 함께 이루어져야 한다.

(3) 연구 대상의 선정

연구 대상을 선정하는 데 있어 연구 주제와 관련된 특정 부류의 모든 사람들을 연구할 수 없기에 이러한 연구 대상자 전체의 특성을 반영하는 모집단(population)의 일부, 즉 표본(sample)을 선정하여야 한다. 모집단의 일부를 표집(sampling)하는 것은 연구 결과에 영향을 미칠 수 있기 때문에 연구 방법론 측면에서 매우 중요하다. 연구자는 연구하는 표본의 특성이 연구 결과를 일반화할 수 있는 모집단의 특성과 동일해야 하는 표본의 대표성(representativeness)을 보장해야 한다. 이를 확보하기 위해서는 다양한 표집 방법이 있으며, 그중에서 대표성이 가장 많이 보장될 수 있는 방법이 무선표집(random sampling)이다. 이는 모집단의 모든 구성원이 표본으로 선정될 수 있는 기회를 균등하게 갖는 표집 방법이나, 현실적으로 모든 연구에서 무선표집을 한다는 것은 거의 불가능하다.

(4) 측정 도구의 선정

연구에 필요한 자료를 수집하기 위해서는 어떠한 측정 도구를 사용할 것인가를 선정하는 것이 매우 중요하다. 자료 수집을 하기 위해 사용되는 측정 도구는 일반적으로 기존의 신뢰도와 타당도가 확보된 여러 관련 측정 도구를 연구자가 선택하여 사용하거나, 아니면 연구자 자신의 연구 목적에 부합될 수 있도록 도구를 개발하는 경우가 있다. 이 두 경우 모두 연구자는 선정된 측정 도구의 신뢰도와 타당도를 신중하게 고려해야 한다. 선정된 측정 도구의 신뢰도는 어느 누가 그 측정 도구를 사용하더라도 동일한 반응에 대해서는 동일한 점수가 산출되는 것을 의미한다.

타당도는 앞서 신뢰도가 있는 측정 도구를 통해 산출된 점수가 의미하는 바가 무엇인가? 즉, 검사 점수로 어떤 행동을 얼마나 정확하게 예측할 수 있는가에 관심을 두고 있다. 측정 도구가 피험자들이 보기에 연구 목적에 적절한 것처럼 보인다면 그 측정 도구는 안면타당도(face validity)를 가지며, 전문가들이 보기에 측정 도구가 평가되는 구성 개념이 측정하고자 하는 행동이나 특성과 관련된다고 본다면 그 도구는 내용타당도(content validity)를 갖는다. 그 밖에도 측정 도구에서 나온 측정치가 다른 측정 도구상의 점수를 예측한다면 준거 관련 타당도(criterion-related validity)가 있다고 보며, 측정치들이 측정 도구의 기초가 되는 이론과 관련된 개념을 반영한다면, 그 측정 도구는 구인타당도(construct validity)가 있다고 볼 수 있다.

(5) 자료 수집 및 분석

아동학 연구는 연구 대상 아동에 대한 다양한 정보 수집을 필요로 한다. 아동연구를 위한 자료 수집 방법에는 크게 관찰법, 면접법, 질문지법 및 검사법으로 구분한다.

① 관찰법(observation)

관찰법은 아동의 행동을 의도적으로 관찰하고, 관찰된 행동을 객관적으로 기록하는 것으로 아동학 연구에서 가장 오래되고 널리 사용되는 자료 수집 방법이다. 관찰법은 연구 대상자의 행동을 주의 깊게 관찰하여 자료를 수집한다. 아동을 대상으로 관찰하는 경우에는 주로 자연관찰법(naturalistic observation method)을 사용하는데, 자연관찰법은 관찰 대상 아동이 생활하는 환경인 가정, 유치원, 어린이집, 병원 등과 같은 실제 상황에서 자연스럽게 아동을 관찰한다. 이때 주어진 연구 대상자나 연구 상황에 어떠한 조작도 가하지 않은 자연스러운 실제 상황에서 연구자가 대상 아동의 자연스러운 행동을 관찰하고 기록해야 한다.

반면에, 체계적 관찰법(systematic observation method)은 연구자가 미리 관찰한 내용, 방법, 시간 등을 결정하고 관찰·기록하는 경우이다. 체계적 관찰법은 시간표집법과 사건표집법 등을 사용하여 관찰 내용을 체계적으로 관찰하고 기록하게 되는데, 이때 미리 정해진 계획에 따라 동일한 시간 간격으로 관찰을 수행하는 관찰 방법을 시간표집법(time sampling)이라고 한다. 시간표집법은 빈번하게 발생하는 행동의 빈도나 지속 시간 또는 행동의 존재 여부에 대한 자료 수집에 용이하다. 반면, 관심 있는 특정 행동을 미리 정하고 정해진 행동의 발생을 기록하는 방법을 사건표집법(event sampling)이라고 한다. 사건표집법은 특정 행동이 발생하는 맥락과 행동 발생의 인과관계를 파악하는 데 적절한 관찰 방법이라고 볼 수 있다.

관찰자의 주관이나 편견이 관찰 내용에 영향을 미칠 수 있기에 관찰자는 관찰 내용을 보다 객관적이고 체계적으로 기록하는 것이 바람직하다. 이러한 오류를 최소화하기 위하여 아동과 관찰자가 친밀해질 수 있는 시간을 가진 이후 관찰을 수행하거나 일방경(one-way mirror)을 설치한 관찰실을 활용하는 등 최대한 관찰의 오류를 최소화하여 관찰의 객관성을 확보하여야 한다.

② 면접법(interview)

면접법은 연구자 혹은 면접자(interviewer)가 피면접자(interviewee)에게 구두로 질문을 한 후 피면접자(연구 대상자)의 답변 내용을 바탕으로 자료를 수집하는 방법이다. 유아기 아동을 대상으로 이루어지는 연구에서 아직 읽고 쓰기 능력이 부족한 연구 대상에게 직접 질문하고 응답 내용을 수집할 수 있다는 점에서 면접법이 활용될 수 있다. 면접법에서는 연구자와 연구 대상자가 1:1로 대면하여 질문을 통해 많은 정보를 수집할 수 있으며, 연구 대상이 질문을 제대로 이해하지 못했다면 연구 대상의 수준에 맞도록 다시 질문할 수 있다.

면접법은 일반적으로 질문의 구조화에 따라 구조화된 면접(structured interview)과 비구조화된 면접(unstructred interview)으로 구분된다. 구조화된 면접법의 경우, 사전에 미리 면접용 질문지를 준비하여 면접이 보다 객관적이고 체계적인 과정을 거쳐 이루어질 수 있도록 수행하는 방법이다. 반면, 비구조화된 면접법은 주로 질적 자료를 수집하는 데 사용되는데, 연구 주제와 관련해서 연구 대상의 사고, 개념, 신념, 가치, 태도 등에 대해 보다 심도 있는 정보를 수집하는 데 사용되므로, 심층면접(in-depth interview)이라고도 한다. 응답자의 응답 내용에 따라 질문의 방향과 내용이 결정되므로, 면접자의 능력에 따라 자료의 유용성이 결정된다.

③ 질문지법(questionnaire)

질문지법은 개인의 생각, 느낌, 태도, 신념, 가치 등에 대한 정보를 수집하기 위해 질문지를 사용하는 것으로, 조사연구뿐만 아니라 실험이나 관찰 등의 방법과 함께 병행해서 사용된다. 특히, 아동학 연구에서는 Hall이 질문지법을 사용한 이후, 관찰법과 더불어 지금까지 가장 널리 사용되고 있는 자료 수집 방법 중의 하나이다. 질문지의 구성은 연구자의 연구 목적과 연구 내용에 따라 다양하게 구성될 수 있는데, 질문의 형태는 주관식 질문(open-ended question)과 객관식 질문(closed-ended question)으로 구분될 수 있다. 질문지법(questionnaire)은 연구하고자 하는 내용을 직접 연구 대상에게 질문 문항을 작성하여 답하도록 하고, 그 응답 내용을 종합하여 분석, 평가하는 연구 방법이다. 따라서 광범위한 연구 대상자에게 비교적 짧은 시간에 방대한 자료를 수집할 수 있다는 점에서 가장 널리 사용되는 연구 방법이기도 하다.

④ 검사법(testing)

검사법이란 연구 대상의 발달 특성을 이해하기 위하여 이와 관련된 일련의 문항을 체계적으로 제시하고 그 결과를 점수화한다. 산출된 점수를 대표적 집단에 의해 얻은 규준(norm)이나 채점표에 근거하여 각 연구 대상자의 상대적 위치를 파악하는 데 초점을 둔다. 검사법의 기본 목적은 직접 관찰할 수 없는 심리 특성이나 구성 개념(construct)을 수량화하여 개인차를 측정하는 것이다. 검사법은 검사 결과를 기초로 하여 개별 아동의 발달에 대한 상대적 비교가 가능하기 때문에 개인차에 대한 구체적인 정보를 제공해 줄 수 있다. 그러나 어린 연령의 아동에게 검사법이 사용될 경우에는 인위적인 검사 상황에서 야기될 수 있는 심리적 부담감으로 인해 검사 결과에 부정적인 영향을 미칠 수 있다. 따라서 검사 대상의 특성과 능력을 객관적이고 정확하게 측정할 수 있는 검사 도구의 개발이 무엇보다도 필요하며, 아동의 행동과 능력을 평가하는 데 있어 검사 수행 및 결과 해석에 있어 보다 신중함이 요구된다.

앞서 기술된 다양한 자료 수집 방법에 의해 수집된 자료를 분석하는 데 있어서 통계 프로그램을 활용하여 체계적으로 분석할 수 있다. 자료 분석의 첫 번째 단계로서 원자료(raw data)의 평균, 표준편차, 범위 및 빈도 분포를 인쇄하여 편포 정도, 이봉분포(bimodal distribution), 극단적 점수, 그 밖에 예상과 다른 기술 통계치(descriptive statistics)에 대하여 주요 통계 분석(primary statistic analysis)에 앞서 사전 검토를 해 보는 것이 바람직하다. 또한, 수집된 자료가 연구자 자신이 사용하고자 하는 통계 방법의 가정에 부합되는지 여부를 확인하는 것은 이후에 보다 복잡한 통계 결과를 해석하는 데 도움을 줄 수 있다.

3. 아동학 연구의 설계 방법

아동학 연구를 수행하는 데 있어 연구 대상 아동의 연령에 따라 변화 과정을 살펴보는 것은 매우 중요하다. 특히, 아동발달 연구에서는 개별 아동의 연령 변화에 따른 발달적 변화 과정을 연구하거나 각기 다른 연령대에 속한 아동을 대상으로 발달적 차이를 비교하는 연구도 있다. 이처럼 연구 설계 방법에 따라 크게 종단적, 횡단적, 그리고 계열적 설계로 구분된다.

1) 종단적 설계(longitudinal design)

종단적 설계는 같은 연구 대상을 대상으로 장기간에 걸쳐 일정 간격으로 반복, 관찰, 측정하여 발달의 일반적 변화 과정을 추적하고 연구하는 방법을 말한다. 예를 들어, 아동의 도덕성 발달에 관한 종단적 연구 설계를 통하여 연구한다고 할 때, 만 5세 아동을 표본으로 선정한 후 이들이 초등학교와 중학교에 진학할 때까지 매 1년마다 반복하여 해당 아동의 도덕성 발달 수준을 측정함으로써 유아기에서부터 아동기, 청소년기에 걸쳐 변화하는 도덕성 발달 과정을 지속적으로 연구할 수 있다.

아동발달을 연구하는 데 있어 종단적 설계를 사용하는 것은 시간의 경과에 따른 동일 연구 대상 아동의 발달 과정을 반복적으로 측정함으로써 아동의 발달 및 변화 과정을 심층적으로 이해하는 데 매우 유용할 뿐만 아니라, 다른 연구 설계에 비해 발달적 인과관계를 비교적 잘 설명해 준다는 점에서 장점을 가진다. 그러나 많은 시간 및 노력, 그리고 막대한 연구 비용이 들 뿐만 아니라 연구 참여자의 중도 탈락 가능성이 있다는 점은 종단적 설계의 주요 단점으로 지적되고 있다(정옥분, 2007).

2) 횡단적 설계(cross-sectional design)

횡단적 설계는 연령이 각기 다른 연구 대상자를 동시에 표집하여 각 연령 집단에 속한 연구 대상 간의 발달적 특성을 비교 연구하는 방법이다. 예를 들면, 아동기 친사회적 행동기술이 3세에서 5세에 걸쳐 어떠한 변화 양상을 보이는가를 살펴보기 위하여 해당 연령별로 표집한 후 그들의 친사회적 행동 수준을 검사하는 경우가 이에 속한다. 단, 표집된 연구 대상자가 각 연령 집단의 발달적 특성을 대표하게 되므로 신중한 표집이 요구된다.

앞서 기술한 종단적 설계와 비교해 볼 때, 시간과 경비를 줄일 수 있다는 점이 큰 장점이다. 또한, 같은 연구 대상자에게 동일한 관찰이나 검사를 실시하지 않아도 되기 때문에 검사 효과 등의 문제도 발생하지 않는다는 점에서 장점을 가지고 있다. 그러나 횡단적 설계를 통해 얻어진 연구 결과에서 나타나는 아동의 발달적 차이가 연령에 따른 차이인지 또는 각 연령 집단에 속한 표본(sample)이 각기 다르기 때문에 나타나는 차이인지를 알 수 없는 점은 횡단적 설계의 단점이기도 하다(Jonhson & Christensen, 2004).

3) 계열적 설계(cross-sequential design)

계열적 설계는 종단적 연구와 횡단적 연구의 장단점을 절충·보완한 연구 설계이다. 이 설계는 횡단적 설계와 동일하게 몇 개의 연령 집단을 선정한 후, 종단적 설계와 같이 선정된 집단을 반복적으로 측정하는 것이다. 예를 들면, 앞서 만 3~5세 아동의 친사회적 행동발달 연구와 관련하여 계열적 설계를 사용한다면, 우선 만 3, 4, 5세 연령의 아동을 선정한 후, 1년 간격으로 각 연령 집단을 반복 측정한다. 이렇게 함으로써 종단적 연구에 비해 상대적으로 짧은 연구 기간에도 출생동시집단의 효과와 함께 측정 시기의 효과를 감안한 연령별 발달 과정을 살펴볼 수 있다(Jonhson & Christensen, 2004).

4. 아동학 연구의 유형

1) 실험 연구(experiment study)

실험 연구는 독립변인을 조작하고 그러한 조작(처치)이 종속변인에 어떠한 영향을 미치는가를 검증하는 연구이다. 실험 연구에서는 두 변인, 즉 독립변인과 종속변인 간의 인과관계를 체계적인 조작과 통제를 통해 규명하는 연구이다.

실험 연구에 있어서 변인(variable)이란 측정 가능한 조건으로서 양적으로 변하는 요인을 말한다. 실험을 수행할 때 다른 조건들을 일정하게 하고 그것들과는 달리 원인이 될 만한 것을 선택하여 처치를 가함으로써 독립변인을 조작하게 되는데, 이와 같이 조작된 사건은 원인에 해당한다. 한편, 독립변인의 조작으로 인해 변화한 행동을 결과 또는 종속변인이라 한다. 이때 처치란 독립변인이 어떻게 결과변인에 영향을 미치는지를 알아보기 위해 마련된 조작을 의미한다. 독립변인 이외에 종속변인에 영향을 줄 수 있는 변인들을 가외변인이라 한다. 따라서 실험 연구에서는 어떤 행동의 원인이 되는 변인을 조작하여 독립변인(independent variable)으로 설정하고 그 밖의 가외변인들을 철저히 통제하여 조작된 독립변인이 종속변인(dependent variable)에 미치는 영향을 밝혀 냄으로써 인과관계를 파악할 수 있도록 해 준다.

예를 들면, 어린이집에 재원하고 있는 아동의 친사회적 행동기술을 증진시키기 위해 개발된 교육 프로그램의 효과를 검증하고자 한다. 이를 위해 연구 대상을 실험집단과 통제집단으로 분류하여 친사회적 행동 수준 측정을 위해 사전검사를 실시하고, 실험처치 전에는 두 집단 간에 유의미한 차이가 나지 않는 것으로 확인되었다. 그리고 실험 처치(예: 친사회적 행동기술 증진 프로그램 제공)를 실시하였다. 이 경우, 실험집단에는 연구자가 효과를 검증하기 원하는 '아동의 친사회적 행동기술 증진 프로그램'을 8주간 제공하고, 통제집단에는 그 기간 동안 어린이집에서의 일과 진행 이외에는 어떠한 특별한 프로그램도 제공하지 않았다. 8주간의 실험처치 이후 실험집단의 아동이 통제집단의 아동에 비해 친사회적 행동기술 수준에 있어 통계적으로 유의미한 차이를 보였다면, 이는 '친사회적 행동기술 증진 프로그램'의 효과라고 볼 수 있을 것이다.

실험 연구의 장점은 인과관계를 명확하게 알 수 있으며, 연구 절차가 명확하고 체계적이어서 다른 사람들이 정확하게 같은 방법으로 실험하는 반복 연구가 가능하다. 이러한 실험 연구는 주어진 연구 대상자를 실험집단과 통제집단에 무선 배치를 함으로써 종속변인에 영향을 미칠 수 있는 외생변인을 통제하게 된다. 그러나 대부분의 교육 현장을 중심으로 한 연구나 실험적 조직이 불가능한 연구의 경우에는 무선 배치가 현실적으로 쉽지 않다. 자연스러운 상황에서 얻어진 집단을 대상으로 실시되는 유사 실험 연구(quasi-experimental research)에서는 통계적 통제 등을 통하여 한계점을 보완하는 것이 바람직하다. 유사 실험 연구에서도 실험처치와 집단의 효과가 복합되어 있어 명확한 인과관계를 규명하는 데 제한이 있으며, 집단 선정에 따른 오류로 인하여 연구 결과를 일반화하는 데에도 문제가 여전히 남아 있다.

2) 상관 연구(correlation study)

상관 연구는 둘 이상의 변인 간의 관계 정도를 알아보는 연구 방법으로 아동발달의 연구에 있어서 가장 보편적인 연구 방법이다. 예를 들면, 유아기 초기 문해 능력과 학령기 아동의 학업 성취도와의 관계, 어머니의 양육 유형과 아동의 정서발달 간의 관계, 아동의 친사회적 행동과 언어발달 간의 관계 연구 등을 들 수 있다.

아동학 연구에서는 대부분 하나의 변인만을 다루기보다는 둘 이상의 관련 변인들 간의 관계를 검증하기 위하여 상관 분석이라는 통계적 분석을 실시한다. 상관 분석에서는 변인 간의 관계를 나타내는 상관계수를 통계치로 산출한다. 이때 산출된 상관계수는 피어슨 적률상관계수로 두 변인 간의 선형적 관계(linear relationship)에 근거하고 있다. 산출된 상관계수 r값은 −1에서 +1의 범위를 가지며, $r=0$일 경우 두 변인 간에는 상관이 전혀 없음을 의미하며, 절대값이 1에 가까

울수록 높은 상관관계가 있음을 나타낸다. 대개의 경우, 상관계수 $r=\pm.7\sim1.0$이면 높은 상관관계를 의미하며, $r=\pm.3\sim0$이면 낮은 상관관계를 의미한다. 상관계수 r 값의 부호는 $r>0$ 또는 $r<0$ 관계의 방향성, 즉 정적 또는 부적 상관관계에 대한 정보를 제공해 준다. 예를 들어, 유아기 초기 문해 능력과 학령기 아동의 학업 성취력 간의 상관관계가 $r=.75(r>0)$이라면 유아기 초기 문해 능력이 높을수록 이후 학령기 아동의 학업 성취력이 높다는 것을 의미하며, 이때 초기 문해력과 학업 성취력 간의 상관관계는 매우 높음을 나타낸다.

한편, 상관 연구를 통해 나타난 상관관계가 바로 두 변인들 간의 인과관계를 의미하지는 않는다. 실험 연구와 같이 원인으로 추정되는 변인을 조작하고 그 외의 모든 가능한 변인들을 철저히 통제하는 실험 연구의 경우에만 인과관계를 파악할 수 있다. 따라서 상관 연구를 통해 얻어진 결과를 해석하는 데 있어 논리적 비약이 발생하지 않도록 연구자는 유의해야 한다.

3) 사례 연구(case study)

사례 연구는 한두 명의 연구 대상자를 보다 심층적으로 연구하는 것이다. 관찰, 개별화된 질문, 기록물 또는 아동의 포트폴리오, 각종 검사 등이 사례 연구에서 사용될 수 있으며, 모든 유용한 정보를 수집, 종합하여 분석하는 연구이다. 사례 연구는 연구자가 관심을 두고 있는 연구 주제에 맞게 소수의 연구 대상을 선정하여 그들의 개별적인 상황이나 행동 및 발달 양상에 대한 보다 깊이 있는 연구를 통해 연구 대상의 특성을 이해하고자 한다. 따라서 아동발달의 연구에 있어서 개별 아동의 일상적 경험은 어떠한지, 주어진 상황에 대한 개인적 경험을 어떻게 해석하고 받아들이는지, 주변 세계에 대한 탐색과 반응이 어떠한 과정을 거쳐 발생하는지를 이해하기 위한 노력은 양적인 자료에 의존하기보다는 개별 아동의 사례를 수집하고 분석하는 질적인 접근이 유용한 경우가 많다(권민균, 문혁준, 권희경, 성미영, 신유림, 안선희 외, 2012).

사례 연구의 경우, 연구자의 개인적 편견이나 주관이 작용할 수 있으며, 특히 관찰자가 어머니인 경우 자녀의 긍정적인 부분을 부각해서 관찰 보고하는 경향이 많다. 또한, 특정 개인에 대하여 수집된 자료를 다른 대상에 일반화하는 데 있어 제약이 있다는 단점을 가지고 있다. 아동학 연구에서 사례 연구는 과학적인 체계성과 객관성이 제한된 연구라는 단점도 제기되고 있다. 그러나 연구 대상 아동에 대한 보다 구체적인 정보를 제공하는 데 유용하다. 특히, 상대적으로 연령이 낮은 아동과 같이 자기 의사 표현이 불완전하여 양적 연구(실험 및 상관 연구)의 수행에 어려움이 있는 경우에 특정 아동에 대한 사례 연구를 실시하여 다양한 정보를 수집, 심층적으로 연구함으로써 연구 대상 아동에 대한 세부적인 정보를 제공할 수 있다.

5. 아동학 연구의 윤리적 문제

아동학 연구를 수행하는 데 있어 흔히 연구자들이 당면하게 되는 문제는 바로 인간(아동)을 대상으로 연구하는 것과 직결되어 있다. 연구 대상자가 연구되고 있다는 점을 의식하지 못하게 하는 것은 쉬운 일이 아니며, 이러한 사실을 깨닫지 못하고 연구 대상으로부터 자연스러운 반응을 유도하기 위하여 의식적인 노력을 시도하기도 한다. 또는 연구 내용의 일부를 변경 또는 수정하거나, 어떤 경우에는 연구 대상으로 하여금 긴장이나 불안감, 부정적 정서를 경험하도록 인위적인 상황에 노출시키기도 한다.

미국심리학회(American Psycholoigical Association: APA)와 아동발달연구협회(Society for Research in Child Development: SRCD)에서는 인간(아동)을 대상으로 이루어지는 연구의 윤리강령을 제정하고 있는데 그 주요 내용을 요약해서 살펴보면, 먼저 연구 대상자를 신체적 또는 정신적 위해로부터 보호해야 한다고 규정하고 있다. 둘째, 연구 대상자에게 연구 참여 여부를 자유롭게 선택하도록 해야 한다고 규정한다. 셋째, 연구 대상자의 사생활 보호나 익명성을 보장해야 한다고 규정하고 있다. 마지막으로, 연구 대상자에게 연구의 목적이나 연구 결과의 활용에 대해 정확하게 알려주어야 한다고 명시하고 있다.

앞서 기술한 것과 같이, 외국의 경우 연구 참여자를 보호하기 위하여 모든 연구가 일정한 연구윤리 기준을 사전에 마련하여 연구 수행에 앞서 이러한 기준을 검토하고 이를 준수하는 것을 의무로 규정하고 있다. 특히, 아동을 대상으로 이루어지는 연구에서는 이러한 윤리 규정을 반드시 준수하도록 의무화하고 있다. 연구 과정 중에 아동에게 신체적 혹은 정신적 가해를 제공할 가능성이 있는가? 상대적으로 어린 연령의 아동에게 여러 검사를 수행하면서 이들에게 많은 스트레스를 유발시킬 수 있는 가능성을 충분히 고려하였는가? 실험 연구를 진행하면서 실험처치의 유해성 또는 통제집단이 경험할 수 있는 상대적 박탈감을 최소화할 수 있는 방안을 고려하였는가? 아동의 문제행동과 같은 개인적인 정보 수집에 관한 연구일 경우, 개별 아동의 익명성이 최대한 보장되었는가? 연구의 성격과 연구 결과에 대한 활용의 문제에 대하여 연구 대상자에게 충분히 사전에 정보를 제공하였는가? 등과 같은 질문에 대한 신중한 고려는 아동 대상 연구를 수행하는 연구자에게 윤리적 준거를 제공해 줄 수 있다.

최근 들어, 우리나라의 경우(예: 한국연구재단)에도 국가에서 연구비를 지원받아 아동 및 인간을 대상으로 이루어지는 연구에 한해서는 별도의 윤리강령을 마련하여 연구대상의 권리를 보호하도록 의무화하고 있다. 또한 한국연구재단 산하 등재된 전문학술지를 발간하는 관련 학회(예: 한국아동학회) 차원에서도 회원의 연구윤리와 관련된 다양한 사안을 심의, 의결함으로써 연구윤리 확립을 위한 제도를 마련, 이를 엄격하게 적용함으로써 연구자는 연구대상의 권리와 연구의 윤리적 기준을 고려하여 연구결과뿐만 아니라 연구에 참여하는 아동에게도 유익한 과정이 될 수 있도록 노력하고 있다.

3장

아동발달 이론

일반적으로 발달이란 인간이 수정되는 순간부터 사망할 때까지 전 과정을 통해 겪게 되는 변화를 의미한다. 아동발달에 대한 연구는 전 생애에 걸친 인간의 변화 중 가장 급변하는 시기인 아동에 초점을 두고 이루어진다. 본 장에서는 아동발달에 관한 개념을 고찰하고 아동발달을 설명하는 이론들을 살펴보고자 한다.

1. 발달의 개념과 원리

수정에서 사망에 이르기까지의 인간발달에 대한 이해는 오랜 역사를 거쳐 많은 학자들의 관심 대상이 되어 왔다. 특히, 아동발달에 대한 관심은 인간발달의 일부로서 교육과 환경의 역할을 논의하는 측면에서 기초적인 관심이 되고 있다.

1) 발달의 개념

일반적으로 발달이란 인간이 수정되는 순간부터 사망할 때까지 전 과정을 통해 겪게 되는 변화를 의미한다. 이 과정은 구조적으로나 기능적으로 향상하고 증가하는 측면뿐만 아니라, 연령의 증가와 함께 그 구조와 기능이 쇠퇴하고 감소하는 측면을 모두 포함한다. 즉, 성인기 이후의 신체적, 심리적 기능의 감소도 발달의 범주에 포함된다. 발달의 개념은 〈표 3-1〉을 통해 살펴볼 수 있다.

〈표 3-1〉 발달의 개념

변화의 측면	예
• 양적인 변화 • 질적인 변화	• 신체나 체중의 증가 • 인지 구조의 변화
• 상향적 변화 • 하향적 변화	• 신장의 증가, 유아기의 인지 능력의 향상 • 노년기의 운동 기능 약화, 기억력 감퇴
• 성숙에 의한 변화 • 학습에 의한 변화	• 유아기의 빠른 성장, 사춘기의 2차 성징 출현 • 외국어의 습득

출처: 이숙, 문혁준, 강희경, 공인숙, 김정희, 심희옥(2013).

〈발달의 유사 개념〉

- 성장(growth): 신체의 크기, 어휘 수의 증가와 같이 주로 양적인 증가, 즉 상향적 변화(신장, 체중, 골격, 근육 세기 등)
- 성숙(maturation): 유전적 요인에 의해 발달적 변화가 통제되는 생물학적 과정 (뇌기능의 분화, 영구치의 돌출, 사춘기의 이차적 성징 등)
- 학습(learning): 직접 또는 간접 경험의 산물로서 훈련이나 연습에 의한 변화를 의미 (외국어 습득, 자전거 타기 등)

2) 발달의 원리

인간의 발달은 다음의 몇 가지 원리에 의해 이루어진다.

(1) 발달은 일정한 순서에 따라 이루어진다

아동기의 발달은 일정한 계열과 순서에 따라 이루어지는데, 다음의 세 가지 원칙에 의한다(김영옥, 백혜리, 최미숙, 황윤세, 2009).

① 두미(cephalo-caudal) 발달 원칙: 발달은 머리에서 발 방향으로 이루어진다.
② 근원(proximal-distal) 발달 원칙: 발달은 중심부에서 말초 부위로 이루어진다.
③ 세분화(mass to specific) 발달 원칙: 발달은 전체 활동에서부터 특수 활동으로 이루어진다.

(2) 발달은 계속적인 과정이지만 발달의 속도는 일정하지 않다

발달의 속도는 세부 발달 측면에 따라 다른데, 예로 신체발달은 영아기와 사춘기에 급속히 발달하고 다른 시기에는 그 속도가 완만하거나 감소하기도 하며, 언어발달은 유아기에 급속히 이루어진다.

(3) 발달에는 개인차가 있다

발달은 개인에 따라 다양한 차이를 나타낸다. 아동들은 연령이나 성별에 따라 보편적인 발달 경향을 따르지만 각 개인에 따라 발달차가 있다. 즉, 연령 간 차이, 동일 연령 내 차이, 개인 내 발달 영역 간 차이가 존재한다.

(4) 발달의 각 영역은 상호 밀접한 관련이 있다

인간의 발달 영역은 크게 신체생물학적 영역, 인지발달 영역, 언어발달 영역, 사회성 발달 영역, 정서발달 영역 등으로 구분해 볼 수 있다. 이러한 각 영역은 밀접한 연관을 맺으면서 발달해 간다. 예로, 신체발달이 우수한 아동이 사회성 발달에서도 뛰어나며, 인지발달 면에서도 우수할 가능성이 많다.

(5) 발달의 초기 단계는 일생에서 가장 중요한 시기이다

인생 초기의 발달 경향은 이후의 모든 단계의 발달을 좌우한다. 영아가 발달 초기에 어머니와 안정적 애착을 형성하지 못하면 이후 청년기 사회생활에서 원만한 대인관계를 형성하는 데 지장을 초래할 수 있다. 유아기와 아동기의 발달이 이후 발달의 토대가 된다는 점에서 발달의 기초성이 강조되고 있다.

(6) 발달은 유전과 환경의 상호작용에 의해 이루어진다

인간은 부모로부터 받은 유전적 요인과 외부 환경의 영향에 의해 발달한다. 유전과 환경 중 인간의 발달에 어떤 것이 더 중요한가는 명확하게 구별하기가 어렵다. 유전적으로 좋은 신체적 조건과 지능의 유전인자를 물려받았다 할지라도 영양이 제대로 공급되지 못한다면 잘 자랄 수 없다. 마찬가지로 유전적으로 좋은 유전인자를 물려받지 못하였다 하더라도 풍요로운 환경에서 적절한 영양과 자극을 받았다면 부모보다 더 좋은 체격과 지능을 가질 수 있다. 즉, 유전과 환경 간의 상호작용에 의해 발달이 이루어진다.

2. 성숙 이론

성숙 이론에서는 인간발달의 과정이 유전적으로 결정되어 있다고 본다. 즉, 인간이 태어날 때부터 발달의 유전적 청사진이 이미 존재한다는 것이다. 아동을 내적으로 발달 가능한 존재로 보고 아동의 성장 또는 발달은 성숙기제에 의하며 환경적 영향은 부가적인 것이라고 본다.

1) Rousseau(1712~1778)의 자연주의

Rousseau는 프랑스의 철학자로서 인간을 매우 선하게 태어난 순수한 존재로 보았다. Rousseau에게 있어 교육이란 진리를 가르치는 것이 아니라, 아동의 마음을 사회의 악덕과 오류에서 지켜 주는 것으로 보았다. 이러한 견해는 "자연으로 돌아가라."는 자연주의 견해를 제시함으로써 인간발달을 자연 상태로 표현한 것으로 강조되었다. 아동발달과 교육에 관한 저서인 『에밀』을 통하여 자연주의 철학에 근거한 인간발달을 규정하고 이에 따른 교육과정을 실시할 수 있음을 제안하였다. 여기서 자연이란 인간이 사회와 교육으로 인해 왜곡되기 이전의 경향, 즉 내적인 발달이다. 자연은 인간의 힘으로 좌우할 수 없는 원리로, 교육의 목적임과 동시에 방법원리이다. Rousseau는 자연의 발달 단계를 크게 3가지로 구분하여 제시하였다. 첫째는 태어나자마자 갖는 쾌/불쾌에 의한 감성적 판단(감성적 존재)이다. 둘째는 적합/부적합에 의한 오성적 판단(오성적 존재)이다. 셋째는 이데아에 의한 이성적 판단(이성적 존재)이다.

Rousseau는 아동에게는 성인과 다른 아동의 세계가 있다고 주장하였다. 일찍부터 아동에게 지식을 주입하였던 잘못된 조기교육을 비판하여, 교육은 아동의 발달단계에 맞게 수행되어야 함을 강조하였다. 아동은 어떤 특별한 교육을 받아도 자연스러운 발달을 뛰어넘는 지식을 수용할 수 없다고 생각하였다. 따라서 발달 초기의 교육은 외부로부터 강제로 주입식 교육을 하는 것이 아니라, 아동의 잠재력이 자연스럽게 발휘되도록 좋은 환경을 마련해 주어야 한다고 보았다.

Rousseau의 자연주의는 자연주의 철학의 토대를 형성하고 현대 발달 이론에 생물학적 성숙의 중요성에 대한 논의를 제공했다는 점에서 커다란 의의가 있다.

2) Hall(1844~1924)의 발달론

Hall은 다윈의 생물학적 진화론의 개념을 인간발달의 연구에 적용하여 인간의 모든 발달은 유전적 요인에 의해 결정된다고 보았다. 즉, 인간의 발달은 예정된 단계를 거치며 인류가 걸어온 역사의 단계를 반복한다는 발달론을 탄생시켰다. Hall은 인류의 발전 과정이 미개사회로부터 문명사회로 발달하듯이 개인의 발달 또한 유아기로부터 청년기를 거쳐 성인이 된다고 보았으며, 인간발달 단계를 다음의 4가지 단계로 나누어 설명하였다.

① 유아기: 출생 후 4년까지로 유아가 기어 다니는 것은 인간 종족이 네 발을 사용하던 무렵의 동물적 단계를 반복하는 것이다. 이 시기에 유아는 감각발달이 우세하며, 자기보존에 필요한 감각운동 기술을 습득한다.

② 아동기: 4~8세에 해당하며, 고기잡이와 사냥이 주요 활동이던 시대를 반영한다. 이 시기에 아동은 숨바꼭질이나 총 놀이, 활쏘기 등의 놀이를 한다.

③ 전청년기: 8~12세에 해당되며, 수천 년 전 미개사회의 단조로운 삶을 반영한다. 이 시기에 아동은 읽기, 쓰기, 셈하기 등의 일상적인 훈련과 연습을 한다.

④ 청년기: 사춘기에서 25세로 이 시기를 '질풍노도의 시기'로 본다. 청년기가 혼란스러운 것은 인간의 진화 과정에서 과도기적인 단계를 반영하기 때문이라고 생각했다. 즉, 아동도 아니고 성인도 아닌 모호한 위치에서 청년은 자아의식과 현실 적응 사이에서 갈등을 경험하게 되고, 이로 인한 긴장과 혼란이 이 시기를 질풍노도의 시기로 만든다는 것이다.

3) Gesell(1889~1961)의 성숙론

Gesell(1946)은 Hall의 발달론을 계승하여 성숙 이론을 발전시켰다. 성숙 이론의 주요 개념으로서 성숙과 학습준비도 등을 제시하였고, 객관적이고 체계적인 연구를 통해 이러한 개념을 과학적으로 입증하였다. 그는 아동이 환경보다 성숙에 의해 발달한다는 발달의 예정론을 주장하였다. 성숙의 과정은 인간의 생이 수정되는 순간부터 예정된 발달 순서에 따라 진행된다. Gesell은 유전자가 발달에 미치는 영향을 증명하기 위해 일란성 쌍생아를 대상으로 연구하였는데, 타고난 유전적 형질이 동일하면서 서로 다른 환경에서 양육된 일란성 쌍생아는 인간의 발달에 영향을 미치는 유전과 환경의 요인을 설명해 주기 때문이다. 그 결과, 환경이 달라도 같은 유전자를 보유한 개인들이 유사한 발달을 보임을 증명하였다.

학습준비도란 아동에게 무엇을 가르치기 위해서는 아동이 성숙될 때까지 기다려야 한다는 학습의 시기에 관한 개념이다. 아동이 준비가 되어 있지 않았을 때는 준비될 때까지 기다려야 한다는 것이다. 즉, 인간의 내부에는 발달과 성숙을 위한 내적인 성장시간표가 있어 이에 따라 신체적, 정서적, 사회적인 성장을 이루며, 교육을 통해 혹은 인위적으로 발달 시기를 앞당기거나 늦추려 하는 것은 의미가 없다고 보았다. 이러한 측면에서 Gesell은 '표준행동목록'을 제시함으로 성인이 아동의 발달에 지나친 기대를 하거나 아동의 발달 수준을 넘어서는 성취를 강요하지 말 것을 강조하였다. 표준행동목록은 Gesell이 오랜 시간 아동을 대상으로 행동관찰과 부모면담을 통해 아동이 각 연령별로 할 수 있는 것과 할 수 없는 것을 밝혀 내어 연령별 아동 행동의 표준이 되는 목록을 만든 것으로서 인간발달의 규칙성과 보편성을 보여준다.

3. 정신분석 이론

정신분석 이론은 정신이 인간 행동의 기초가 된다는 가정하에, 인간에게 내재되어 있는 본능적 욕구와 사회적 관계에서 갖게 되는 갈등에 초점을 두고 이것이 성격발달과 어떤 관계가 있는지 이해하고자 하였다. 여기서는 정신분석 이론의 대표적인 학자인 Freud의 심리성적 이론과 Erikson의 심리사회적 이론을 살펴본다.

1) Freud(1856~1939)의 심리성적 이론

Freud는 체코 출신의 오스트리아 신경학자로서 비엔나 의대에서 신경학을 전공하고 신체적인 결함이 없으면서도 신경증적인 증상을 보이는 환자들을 치료하는 과정에서 정신분석 이론을 발전시켰다. 대부분의 신경증적 증상의 원인이 부모와의 관계나 어린 시절의 마음의 상처와 관련되어 있음을 알게 되면서, 유아기의 경험이 성격발달에 미치는 역할에 대해 연구하였다. Freud의 주요 개념인 성격 구조와 성격 발달 단계를 살펴보면 다음과 같다.

(1) 성격 구조

Freud는 인간의 정신을 빙산에 비유하며 의식, 전의식, 무의식으로 구성되어 있다고 하였다. 즉, 빙산에서 물 위에 보이는 부분은 의식으로서 우리가 인식할 수 있는 사고, 감정, 지각 등이라고 본다. 물속에 감추어져 있는 부분은 무의식으로 정신의 가장 큰 부분을 차지함에도 불구하고, 전혀 볼 수 없고, 관련 정보는 의식할 수 없다. 그러나 인간의 모든 행동은 이러한 무의식의 지배를 받으며 인간의 사고와 행동에 영향을 미치게 된다. 전의식은 원할 때 의식화할 수 있는 것으로 기억, 사고, 꿈 등으로 이루어져 있다.

Freud는 인간의 성격이 원초아(id), 자아(ego), 초자아(superego)의 세 가지 구조로 구성되어 있고, 이 세 가지 요소의 상호작용에 의해 인간의 행동이 결정된다고 설명한다. 이 중 원초아는 비이성적이고 이기적인 본능을 의미하는데, 식욕, 성욕, 공격욕 등의 본능적인 쾌락의 원리에 따라 움직이며 현실적으로 가능한 것과 불가능한 것을 판단하지 못하며 쾌락적 욕망만을 추구한다. 자아는 현실적인 원리가 지배한다. 출생 후 1년 정도가 되면 영아는 자신의 본능적 충동이 현실적으로 항상 만족될 수 없다는 것을 경험한다. 현실적으로 가능한 것과 가능하지 않은 것을 깨닫게 되면서 자아를 발달시키게 된다. 자아는 사회가 수용하는 한계 내에서 원초아의 욕구를 충족시키려고 노력한다. 초자아의 경우 자아이상이나 양심과 같은 도덕적인 가치로서 3~4세 이후에 점차적으로 발달한다. 원초아의 욕구와 충동을 억제하고 자아의 현실적 목표 대신 도덕적 목표를 추구하도록 원초아와 자아의 검열자 역할을 한다. 원초아, 자아, 초자아가 어떻게 상호작용하느냐에 따라 인간의 성격이 결정된다는 것이다. 성격의 구조를 [그림 3-1]에 제시하였다.

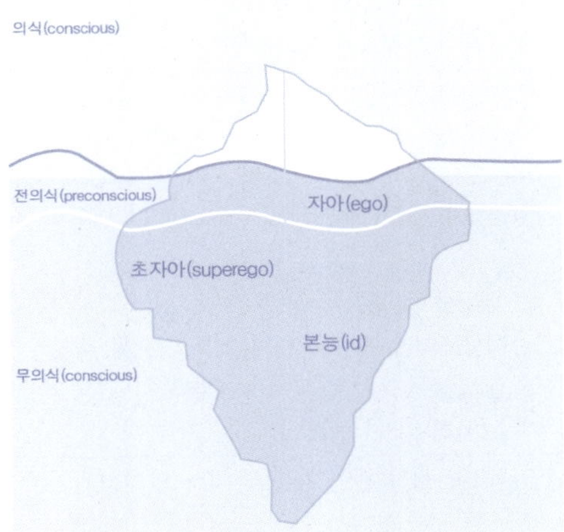

[그림 3-1] 성격의 구조

출처: http://sensorymetrics.com.

(2) 성격발달 단계

Freud는 인간의 성적 에너지인 리비도(Libido)가 일생 동안 정해진 순서에 따라 신체 여러 부위에 집중되는데, 리비도가 집중되는 부위를 성감대라고 하였다. 성감대는 연령에 따라 변하며, 리비도의 집중 부위에 따라 성격발달을 구강기, 항문기, 남근기, 잠복기, 생식기 등의 다섯 단계로 나누었다. 성격발달 단계에 따른 특징은 〈표 3-2〉에 제시하였다.

〈표 3-2〉 Freud의 성격발달 단계

단계	연령	특징	고착 성격
구강기	0~1세	구강 주위의 자극을 통해 쾌감을 느끼는 시기로 자기중심적, 욕구중심적 특징을 보인다.	손가락 빨기, 과식, 흡연
항문기	1~3세	배설물을 보유하고 방출하는 과정에서 쾌감을 느끼는 시기로 배변훈련을 통해 유아의 원초적 욕구와 사회적 금지 간의 갈등 사이에서 자기 통제력을 길러 나간다.	인색하고 완고하며, 난폭한 성격
남근기	3~5세	성기의 자극으로부터 쾌감을 느끼는 시기로 이성부모를 향해 성적 욕구를 인식한다. 남아는 오이디푸스 콤플렉스를, 여아는 엘렉트라 콤플렉스를 경험한다.	과시적, 공격적, 자기 주장이 강함
잠복기	6~12세	성적 에너지가 무의식 속에 잠복하는 시기로 사회적 관계를 확장시킨다. 동성 친구들과 어울리며 성적 에너지가 지적 탐색을 통해 실생활 속에서 살아가는 기본적인 기술이나 타인과 관계 맺는 것으로 전이된다.	이성과의 성관계에 어려움 겪음
생식기	13~18세	남근기의 성적 관심이 다시 나타나 이성에 대한 성적 관심이 높아지는 시기로 이성에 대한 사랑을 찾아 만족을 원한다. 이성과 친밀한 관계를 형성하고 일을 통해 사회에 기여하고자 한다.	자살, 비행, 정신 이상

2) Erikson(1902~1994)의 심리사회적 이론

Erikson(1963)은 Freud 이론의 대부분을 받아들였지만, 그와 달리 인간의 성격발달에서 성적인 욕구보다 사회문화적인 영향을 더 강조하였다. 그는 아동이 자신의 성적 욕구와 부모의 양육 태도에 의해 성격이 만들어지는 수동적인 존재가 아니라, 각 발달 단계마다 스스로 환경에 적응하기 위해 노력하는 능동적인 존재로 인식하였다. 또한, Freud는 성격발달 단계를 사춘기에서 끝난다고 본 반면, Erikson의 경우 성인기를 지나 노년기에 이르기까지 심리사회적 발달을 8단계로 제시하였다(〈표 3-3〉 참조). Erikson의 심리사회적 이론(psycho-social theory)에서는 인간은 일생 동안 각각의 발달 단계마다 8개의 위기-불신감, 수치심, 죄의식, 열등감, 역할 혼란, 고립감, 침체성, 절망감-를 겪는다고 본다. 이때 각각의 위기를 성공적으로 해결해야 다음 단계의 위기를 잘 극복할 수 있다.

〈표 3-3〉 Freud와 Erikson의 발달 단계

단계	발달 시기	Freud	Erikson	발달 과제
1단계	출생~1세	구강기	신뢰감 대 불신감	주 양육자에게 따뜻한 보살핌을 받은 영아는 세상에 신뢰감을 형성하지만, 그렇지 않을 때는 불신감이 생긴다.
2단계	1~3세	항문기	자율성 대 수치심	스스로 행동하고 결정하고 싶어 하는 시기이다. 부모가 부드럽게 선택권을 줄 때 영아는 자율성을 형성하지만, 강요하고 억압한다면 수치심을 갖게 된다. 또한, 배변 실수 등의 기대에 못 미친 행동을 하면 회의감이 형성되기도 한다.
3단계	3~6세	남근기	주도성 대 죄의식	부모가 아동의 새로운 목표를 지지해 줄 때 주도성이 발달하지만, 지나친 통제를 할 때 아동은 죄책감이 생긴다.
4단계	6~12세	잠복기	근면성 대 열등감	여러 가지 기능을 열심히 배우는 과정에서 근면성을 형성하지만 실수나 실패를 할 경우 열등감을 형성한다.

단계	발달 시기	Freud	Erikson	발달 과제
5단계	12~18세	생식기	정체감 대 역할 혼란	이 시기 자신의 위치, 역할, 능력 등에 대한 자아 정체감을 고민하면서 정체감을 형성하려고 한다. 그 과정에서 누군가 동일시 대상을 찾기도 하고, 역할 혼미가 생기기도 한다.
6단계	성인기		친밀성 대 고립감	직업과 배우자를 찾게 되며, 다른 사람, 특히 이성과 친밀한 관계를 맺고 싶어 하나 잘 이루어지지 않으면 고립감을 느낀다.
7단계	중년기		생산성 대 침체성	자녀 양육과 직업, 또는 가르치는 일을 통해 다음 세대에 공헌하고 싶어 한다. 그러나 이러한 생산성을 경험하지 못한 사람들은 의미 있는 성취감을 느끼지 못하고 삶의 침체에 빠진다.
8단계	노년기		자아 통합 대 절망감	지금까지 자신의 삶을 되돌아보며 가치 있는 삶이었음을 느끼지만, 자신의 삶에 만족하지 못하는 사람들은 절망감을 느끼고 죽음을 두려워한다.

4. 학습 이론

학습 이론은 행동주의 이론이라고 불리기도 하는데, 인간의 모든 행동이 학습과 경험에 의한 것으로 학습 원리에 의해 새로운 행동을 하게 할 수도 있고, 이제까지의 행동을 하지 않도록 할 수도 있다고 보는 관점에서의 접근이다. 여기에는 고전적 조건 형성 이론과 조작적 조건 형성과 강화 이론, 사회학습 이론을 살펴본다.

1) Pavlov(1849~1936)의 고전적 조건화 이론

Pavlov(1927)는 개에게 침 분비 횟수, 침의 양을 측정하는 장치를 하고, 종소리에 대한 개의 반사를 확인한 후 개에게 종소리를 들려주고 먹이를 주었다. 이때 개는 침을 흘리게 된다. 종소리 후 먹이를 주는 과정을 반복한 후 개에게 종소리만 들려주어

도 침을 흘린다는 실험을 하였다. 이때 개는 종소리와 먹이를 연합하였고, 고전적 조건화가 성립되었다. 여기서 종소리는 조건자극, 먹이는 무조건자극, 먹이에 대한 타액 분비는 무조건반응, 종소리에 대한 타액 분비는 조건반응이다. 무조건자극이 없이 조건자극만 반복 제시하면 조건반응이 사라지는데 이를 소거라고 한다. 소거 후 조건자극이 다시 제시되면 조건반응이 되살아나는데 이를 '자발적 회복'이라 하고, 소거 후 조건자극과 무조건자극을 연합해 제시하면 신속히 조건화가 형성되는데 이를 '재조건화'라고 한다. 조건화의 초기 단계에서 조건자극과 비슷한 자극에 대해서도 조건반응이 유발되는데 이를 '자극일반화'라 하고, 조건화가 진행됨에 따라 자극 변별력이 생겨 무조건자극과 연합된 특정 자극에만 반응한다. 조건화 획득 후 조건자극과 새로운 자극을 연합해 반복 제시하면 2차 및 고차 조건화가 형성된다.

2) Thorndike(1874~1949)의 시행착오 이론

Thorndike(1904)는 학습의 기본형식을 시행착오에 의한 연합적 학습으로 시행착오설을 설명하였다. 시행착오란 일정한 자극 상태에 놓여 있을 때 문제를 해결하기 위해서 여러 가지 반응을 시도해 보는 가운데 우연히 성공하게 되는 것으로, 이러한 과정을 되풀이하는 동안 자극(S)과 반응(R) 간에 결합이 이루어져 문제를 해결하는데 소요되는 시간이 감소되고 그 방법이 개선되어 나가는 것을 말한다. Thorndike는 배고픈 고양이가 우연히 빗장을 누르면 문을 열 수 있도록 문제상자(puzzle box)를 고안하였다([그림 3-2] 참조). 고양이는 상자 밖에 있는 음식이 있는 쪽으로 뛰어나오려고 하고, 창살 사이로 발이나 입 등을 내어보기도 하고 여러 행동을 하다가 우연히 빗장을 밟아 문이 열리게 되어 음식을 먹게 되었다. 이와 같이 어떤 자극(stimulus)과 반응(response)이 서로 연합하여 학습이 이루어진다는 뜻에서 이 이론을 결합설(connectionism)이라고도 말한다.

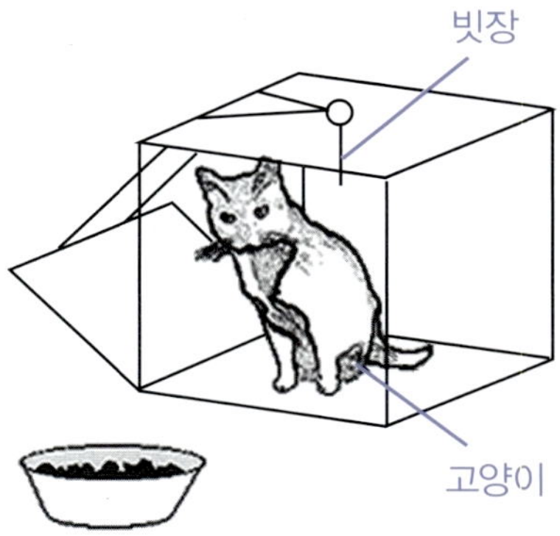

[그림 3-2] Thorndike의 문제상자

출처: http://cfile8.uf.tistory.com/image/191762564E413E0D09BD3D.

3) Watson(1878~1958)의 행동주의 이론

Watson(1927)은 고전적 조건 형성의 원리를 인간에게 적용시켜 연구하였는데, 대표적으로 아동의 공포 정서를 학습시키는 데 적용하였다. 흰쥐를 무서워하지 않고 오히려 손을 뻗쳐 만지려고 하는 아동에게 흰쥐를 보여주기 전에 큰 소리를 반복하여 들려주었더니 깜짝 놀라며 우는 반응을 보였다. 이를 반복한 결과, 아동은 흰쥐만 보아도 고개를 돌리며 피하고 울었다. 즉, 처음에는 중립자극이었던 흰쥐가 큰 소리와 연합하여 조건화된 놀란 반응을 보이는 조건 형성이 이루어진 것이다. 나중에 아동은 토끼, 개, 솜, 털 코트같이 흰 털 달린 물건들을 모두 두려워하는 반응을 보였는데, 이러한 현상을 '자극 일반화'라고 한다. 이와 같은 실험을 통해서 Watson은 공포, 분노, 사랑 등 아동이 갖는 대부분의 정서반응은 고전적 조건 형성을 통하여 학습된다고 주장하였다. 한편, Watson은 환경을 아동발달에 영향을 미치는 가장 중요한 요인으로 보고, 자극과 반응의 연합을 주의 깊게 통제하면 성인이 원하는 대로 아동을 만들어 갈 수 있다고 생각하였다.

4) Skinner(1904~1990)의 조작적 조건 형성과 강화 이론

Skinner(1953)는 손잡이 레버를 누르면, 먹이가 떨어지도록 설계된 스키너 박스에 쥐를 넣고 쥐의 환경에 대한 적극적인 행위로 인한 반응으로 손잡이 레버 누르기 학습을 하게 되는 것을 통해 조건화가 성립됨을 실험하였다. Skinner는 강화라는 개념을 제시하였다. 강화란 특정 행동이나 반응의 확률, 빈도를 증가시키는 현상을 말하며, 강화재란 강화의 수단으로 사용되는 물건이나 자극이다. 예로는 인사습관을 기르기 위해 아이가 인사를 할 때마다 사탕을 줌으로써 인사습관을 가지게 한다. 강화재로 먹이, 사탕, 칭찬 등을 제시하는 정적 강화와 청소 면제, 숙제 줄여주기 등 싫어하는 것을 감소, 제거해 주는 부적 강화가 있다. 또한, 부정적인 행동을 없애고자 할 때 아동을 벌주는 방법보다는 소거시키고 바람직한 행동에 대한 정적인 강화를 결합시켜 아동의 행동을 수정해야 한다고 보았다.

5) Bandura(1925~)의 사회학습 이론

Bandura(1977)는 인간은 동물과 달리 자신의 행동과 행동 결과에 대해 생각할 수 있는 인지적 존재임을 강조하였다. 이러한 인지적 강조로 인해, Bandura의 이론을 '인지적 사회학습 이론' 또는 '후기 행동주의'라 칭한다.

또한, Bandura는 관찰학습과 모델링을 중요한 발달 과정으로 인식하였다. 즉, 인간의 학습 과정은 직접적인 강화에 의한 경험을 통해서 학습되기도 하지만 타인의 행동을 관찰만 하여도 이를 모방함으로써 새로운 행동을 학습할 수 있다고 주장한다. 관찰학습의 인지 과정은 네 가지의 과정을 거친다고 본다([그림 3-3] 참조). 그중 주의 과정은 모방 대상에 관심을 기울이는 과정으로 성공, 명예, 부, 신체적인 매력 등과 같은 특색을 갖춘 경우에 잘 이루어지며, 관찰자의 흥미, 욕구 같은 심리적 특징에 의해서도 주의 과정이 발생한다. 다음 단계로 파지는 모방 대상의 행동을 상징적인 형태로 기억해 두는 과정으로 주로 동시에 발생하는 자극들을 연합하는 자극근접에 의해 이루어지는데, 부호화나 연습 과정을 포함한다. 파지는 한 사건을 내면화하고 나중에 그 순서를 재생하도록 해 준다. 운동 재생 과정은 기억되어 있는 내용을 정확히 재생하는 과정으로 학습자의 운동 기술과 신체적 능력, 성장과 연습이 필요하다. 마지막 단계인 강화와 동기화 과정을 통해 행동 수행이 일어난다. 위의 모든 과정을 통하여 습득된 행동은 강화 요인과 동기화 수준에 따라 모방될 수도 있고 안 될 수도 있다.

최근 Bandura는 자신이 어떤 일을 잘 해낼 수 있다는 개인적 신념인 '자기효능감(self-efficacy)'을 발달의 주요 매개로 강조하였다. 자기효능감은 상황이 요구하는 행동을 수행할 수 있다는 개인의 확신으로, 개인의 행동 여부를 결정한다.

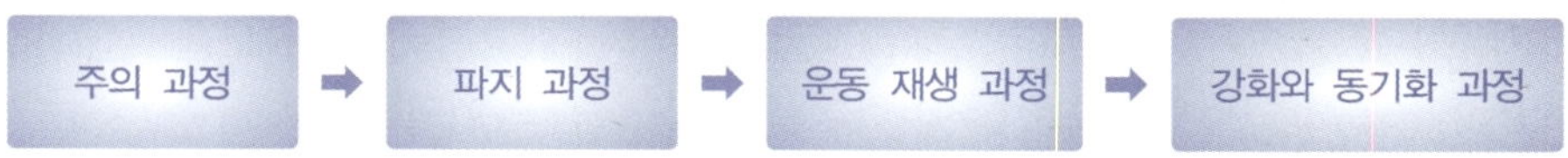

[그림 3-3] 관찰학습의 과정

5. 인지발달 이론

인지발달 이론은 주로 아동의 지능발달과 사고 과정에 관한 이론으로 지능의 기능적 측면과 구조적 측면을 설명하고 있으며, 어떻게 아동이 지식을 획득하고 사용하는가에 대한 이해를 돕는다.

1) Piaget(1896~1980)의 인지발달 이론

Piaget(1983)는 아동의 사고 과정은 성인의 사고 과정과 질적으로 다르다는 것을 강조하였고, 동화와 조절을 새로운 지식에 대한 평형을 이루기 위한 기제로 제시하면서 인지발달을 설명하였다. Piaget는 인지발달과 관련하여 〈표 3-4〉에서와

같이 주요 개념을 정리하였다.

〈표 3-4〉 Piaget 이론의 주요 개념

용어	정의
도식(schema)	사물이나 사건, 사실 등에 대한 전체적인 윤곽이나 개념에 대한 기존의 체제 즉, 이해의 틀 또는 사고의 틀
동화(assimilation)	외부 환경자극의 정보를 받아들일 때 이를 이미 학습되어 있는 기존의 틀에 끌어들여 해석하는 과정
조절(accommodation)	새롭게 접하는 정보를 자신의 인지구조에 맞게 이해하는 것
평형화(equilibrium)	동화와 조절 간의 인지적 균형을 유지하도록 하는 것

Piaget는 아동이 감각운동기, 전조작기, 구체적 조작기, 형식적 조작기의 4단계를 거쳐 발달한다고 보았다. 각 단계에는 중요한 특징이 있는데, 모든 아동은 같은 순서대로 단계를 거치며 어떠한 단계도 뛰어넘지 않는다고 한다. 단, 인지발달 단계는 고정적이라고 보았지만 개별 아동이 각 단계에 들어서거나 다음 단계로 이동하는 연령에는 개인차가 존재함을 강조하였다. 각 단계의 특성을 구체적으로 살펴보면 다음과 같다.

(1) 감각운동기(sensorimotor period, 0~2세)

이 시기 영아는 감각과 운동 간의 관계를 발견하고 이를 조절하는 것을 배운다. 감각운동기 초기에는 생득적인 반사 활동을 보이나 후기가 되면 상징적 표상을 통하여 사고를 시작한다.

(2) 전조작기(pre-operational period, 2~7세)

이 시기 유아는 언어의 발달에 따라 상징적인 기호를 사용할 수 있게 되고 이에 따라 사고 능력에서 진보가 이루어진다. 그러나 이들 사고는 직관적이며 자신의 관점에서 벗어나지 못해 다른 측면을 고려하지 못하는 자아중심성을 보인다.

〈전조작기 사고의 특징〉

- 물활론적 사고: 생명이 없는 대상에게 생명과 감정을 부여하여 모두 살아 있는 생명체라고 여김
- 실재론적 사고: 정신적 현상에 물리적 속성을 부여하여 물질적 실재로 그려내는 현상
- 목적론적 사고: 우연히 존재하게 된 현상에 대해 그 원인을 찾아내려는 인과적 사고
- 인공론적 사고: 모든 존재하는 현상이 사람에 의해 만들어졌다고 믿는 인과적 사고
- 변환적 사고: 관련 없는 두 개의 사태가 동시에 일어났을 때 한 사태가 다른 사태의 원인이 된다고 추론하는 양상

(3) 구체적 조작기(concrete-operational period, 7~12세)

이 시기의 아동은 양, 길이, 무게, 부피 등이 외형적으로 변화하여도 그 물질이 그대로 남아 있다는 것을 이해하는 보존개념을 획득하고 논리적인 조작을 통해 사물들 간의 관계를 이해하게 된다. 또한, 자기중심성을 탈피하면서 탈중심화가 이루어지고 서열화나 유목화를 할 수 있으며 분류 개념이 형성된다.

(4) 형식적 조작기(formal operational period, 12세 이후)

이 시기의 아동은 구체적이고 실제적인 상황을 넘어서 상징적인 추론이 가능해진다. 가설을 설정하고 체계적으로 검증할 수 있으며 이를 일반화할 수 있다.

2) Vygotsky(1896~1934)의 사회문화적 인지 이론

러시아 심리학자인 Vygotsky(1962)는 아동은 타인과의 관계에서 영향을 받으며 성장하는 사회적인 존재임을 강조하면서 아동을 이해하려면 그들이 성장해 가는 사회, 문화 및 관습적 맥락을 함께 이해해야 한다고 주장하였다. 즉, Vygotsky는 인간을 사회적이며 문화적인 세계의 산물로 보는 인간발달에 대한 사회문화적 관점을 제시한 것이다.

Vygotsky는 인간의 정신 활동, 고등인지 과정, 사고와 행동을 조절하기 위해 언어를 사용하는 능력은 사회문화적 학습의 결과이며, 인지발달은 성인이나 자신보다 뛰어난 또래 간의 대화와 의견 교환을 통해 이루어진다고 보았다. 보다 성숙한 사회 구성원들과 상호작용하는 과정 중에 아동이 속한 사회문화에 적합한 인지 과정이 아동에게 전이된다. 그러므로 인지 역시 사회문화적 경험의 산물이다. 아동은 사회적 경험을 통해 자신이 접하고 있는 세계에 대해 사고하고 해석하는 방법을 터득한다. 언어는 타인과의 의사소통을 하고, 사회적 경험을 표현하는 주된 방법이 되며, 사고에 필수적인 도구이다. Vygotsky는 언어는 사회문화적 세계와 아동의 정신 기능을 연결시켜 주는 중요한 매개체로서 언어 습득은 아동의 인지발달의 초석이 된다고 보았다. 따라서 인지발달에서 가장 중요한 시기는 취학 전 아동이 언어를 사용하기 시작하는 때이며, 언어는 타인과의 의사소통뿐만 아니라 사고의 도구, 즉 주의와 행동을 안내하기 위한 수단으로 사용하는 것이다. 아동은 언어를 자신의 사고를 구성하기 위해 사용하기 시작하면서 비로소 고등정신 기능을 발달시켜 하등동물과는 다른 인간발달을 이루어가게 된다.

또 다른 핵심 개념은 근접발달지대(the zone of proximal development)이다. 근접발달지대란 아동이 혼자 해결할 수 없으나 성인이나 자기보다 뛰어난 또래와 함께 학습하면 성공할 수 있는 영역으로 학습과 인지발달이 일어나는 역동적인 민감성 지역이다. 그러므로 교육이란 아동에게는 도전적이지만 민감한 성인의 안내를 받아 성취할 수 있는 활동들, 즉 근접발달지대에 있는 경험들을 제공하는 것이다.

학습은 발달을 주도하는데, 학습에 발판화(스케폴딩, scaffolding)를 제공함으로써 교육이 아동의 발달을 주도해 가도록 도울 수 있다고 보았다. 즉, 교사는 과제가 새로운 것일 때, 보다 많은 도움을 주고 아동의 능력이 증가함에 따라 도움을 줄여 가며 점차 아동이 과제에 대해 보다 많은 책임을 맡게 함으로써 아동의 자율성, 독립성, 책임감을 길러 주는 것이다. 따라서 교사의 가장 중요한 역할은 아동의 학습에 민감하게 반응하며, 적절하게 발판을 설정해 주기 위해 노력하는 것이다. 아동의 인지발달이 사회문화적 상호작용의 결과로 발전한다는 사실을 강조하고 있는 Vygotsky 이론은 아동의 인지발달을 위해 교사나 성인이 적극적으로 도움을 줄 수 있는 근거를 제공하고 있다는 점에서 중요한 의의가 있다.

3) Gardner(1943~)의 다중지능 이론

Gardner(1983)는 지능이란 독립된 능력들로 구성되어 있다고 주장했으며, 그와 관련하여 문화적으로 가치로우면서도 독립적인 지능 8가지를 제시하였다.

(1) 다중지능의 요소

① 공간지능

시각적, 공간적 세계를 정확하게 지각하는 능력으로 시공간적인 아이디어를 시각화하거나 그림으로 나타내거나 공간적 행렬(구조)에 자신을 적절하게 위치시키는 능력을 말한다. 또한, 삼차원상의 형태와 이미지를 정확하게 지각하고 이해하는 능력이며, 지각하고 이해한 내용을 미리 머릿속에서 변형, 회전시킬 수 있는 능력이 해당된다.

- 관련 직업: 엔지니어, 측량기사, 건축가, 도시 계획자, 그래픽 예술가, 인테리어 장식가, 사진사, 미술 교사, 발명가, 지도 제작자, 비행사, 조각가, 화가 등

② 언어지능

말과 글이라는 상징체계에 대한 표현과 단어를 효과적으로 사용하는 능력으로 언어의 실용적 영역을 조작하는 능력이다. 단어의 소리, 리듬, 의미에 대한 민감성 및 외국어 습득, 구사 능력이 포함된다. 읽기, 글짓기, 말하기, 듣기 등에서 어휘들을 효과적으로 사용하는 능력으로, 어휘의 소리, 리듬, 의미, 언어의 다양한 기능 등을 민감하게 파악하는 능력이 해당된다.

- 관련 직업: 도서관 사서, 문서 관리인, 편집자, 번역가, 언어치료사, 시인, 작가, 아나운서, 기자, 법률 고문, 변호사, 비서, 국어 교사, 원고 교정 업무, 웅변가, 정치인 등

③ 논리·수학적 지능

숫자나 명제 등의 상징체계를 잘 익히고 효과적으로 사용하는 능력으로 논리적인 문제나 추론을 잘하는 능력이다. 논리적 사고와 추리력 그리고 수학적 사고력과 숫자를 효과적으로 사용하고, 범주화, 분류, 추론, 일반화, 가설 검증, 계산 등의 정신적 과정에 사용되는 능력이 해당된다.

- 관련 직업: 회계사, 감리사, 보험업자, 수학자, 과학자, 통계학자, 컴퓨터 분석가, 경제학자, 기술자, 경리, 과학 교사, 수학 교사 등

④ 신체운동지능

몸 전체를 사용하여 아이디어와 느낌을 표현하는 능력 및 손, 발, 입 등을 사용하여 사물을 만들고 변형시키는 능력이다. 신체 전체나 부분을 완벽하게 통제하고 사용하며 물체를 솜씨 있게 다루는 능력으로 자극에 대한 감수성, 촉각적 능력, 균형, 손재주 등의 신체적 기술을 적절하게 활용하는 능력이 해당된다.

- 관련 직업: 물리치료사, 레크리에이션 지도자, 무용수, 배우, 모델, 농부, 기계 수리공, 목수, 도예가, 체육 교사, 공장 노동자, 안무가, 직업 운동선수, 보석 세공사, 외과의사 등

⑤ 음악지능

리듬, 음의 높이, 음색 진동 등을 만들고 음악에 대한 전반적인 직관적 이해와 분석적이고 기능적인 창조를 할 수 있는 능력(음에 대한 지각력, 변별력, 변형 능력, 표현 능력)이다. 음악 형식의 자극을 이해하고 변별하며 표현하고 변환시키는 능력으로 음악의 리듬이나 멜로디, 음색, 음질 등에 대한 민감성에 관련된 능력이 해당된다.

- 관련 직업: 음악가, 악기 제작자, 피아노 조율사, 음악 치료사, 악기 판매원, 작곡가, 스튜디오 기술자, 합창 지휘자, 가수, 음악 교사, 음악 비평가 등

⑥ 대인관계지능

다른 사람의 기분, 의도, 동기, 느낌을 분별하고 지각하는 능력으로 특정 행위에 따르도록 사람들에게 영향력을 행사하며 감각과 대인관계의 암시를 구별해 내는 능력이다. 타인을 이해하고 타인과의 인간관계를 맺는 능력으로 사회적 지능 혹은 최근에 대두된 정서지능에 해당된다.

- 관련 직업: 행정가, 학교 교장, 교사, 인사담당자, 사회학자, 인류학자, 상담원, 심리학자, 간호사, 공무원, 외판원, 여행 안내원, 사회 지도자 등

⑦ 자기이해지능

자신을 정확하게 이해하며 자신의 감정에 접근할 수 있고, 감정들을 구별해서 행동의 방향을 결정하는 데 사용하는 능력으로 자아 훈련, 자기 이해, 자존감을 형성하기 위해 필요한 능력이다. 자신에 대한 이해를 토대로 적극적인 행동을 할 수 있는 능력으로 자신의 느낌, 장단점, 특기, 관심 등을 파악하는 능력이 해당된다.

- 관련 직업: 심리학자, 성직자, 심리학 교사, 심리치료사, 상담원, 신학자 등

⑧ 자연관찰지능

식물이나 동물의 생존을 위하여 자연에 적응할 때의 감각을 사용하는 능력과 자신의 환경에서 생존하고 적응할 수 있는 능력으로 각종 물건을 식별하며 느낌을 새롭게 창조하여 시각화하는 능력이 해당된다.

- 관련 직업: 야생동물 관찰자, 식물학자, 사회 관찰자, 생물학자, 골동품 감정가, 고고학자, 기상학자, 천문학자, 과학자, 조경사, 예술가, 화가, 과학자, 건축 설계사, 입체영상 설계사, 광고 제작자 등

(2) 다중지능 이론의 핵심

① 누구나 8가지 지능을 가지고 있다

개개인에 따라 차이는 있지만 누구나 8가지 지능을 가지고 있다. 이 8가지 지능이 합쳐져서 독특한 개성과 능력을 지닌 한 사람을 만들어 낸다. 예를 들어, 독일의 시인이자 위대한 과학자이며 철학자인 괴테는 8가지 지능이 전부 뛰어난 사례이다. 반면, 야구선수 박찬호는 다른 사람에 비해 신체운동지능이 유독 우수하다. 또한, 타인의 심리를 잘 읽어 낼 수 있는 대인관계지능, 스스로의 컨디션을 훌륭하게 컨트롤할 수 있는 자기이해 지능, 자신이 던진 공의 속도와 타자가 방망이를 휘두르는 속도, 바람의 세기 등을 계산해 내는 논리·수학지능도 뛰어나다고 할 수 있다. 이처럼 누구나 8가지 지능을 가지고 있으며 그중 몇 가지는 강세를 띠고 있다.

② 다중지능은 계발될 수 있다

각각의 지능은 어떻게 훈련하느냐에 따라 일정 정도까지 계발될 수 있다. 음악지능이 떨어지는 경우, 어려서부터 피아노를 배운다거나 음악을 많이 듣는 훈련을 거친다면 어느 정도 선까지는 음악지능이 높아진다. 대인관계지능이 약한 아동에게는 또래와 어울릴 수 있는 기회를 자주 준다면 자연스레 친구를 사귀며 대

인관계지능을 키울 수 있다. 물론 강하게 타고난 지능은 약간의 자극으로도 더 크게 계발된다. 하지만 아동이 자라서 온전한 사회인이 되기 위해서는 8가지 다중지능이 어느 정도까지는 계발되어야 한다.

③ 8가지 지능은 서로 시너지 효과를 낸다

각 지능들은 복잡한 방식으로 얽혀 있다. 따라서 한 가지 지능을 계발하기 위한 노력으로 다른 지능도 함께 높아진다. 그 예로, 요리를 할 경우 먼저 요리법을 듣게 되면서 언어지능이 사용된다. 또한, 요리의 순서를 단계별로 나누면서 논리·수학지능이 키워지며, 요리를 맛볼 엄마, 아빠, 친구들의 취향을 고려하면서 대인관계지능도 키워진다. 자신만의 독특한 맛을 내기 위해 자기이해지능도 함께 높아진다. 따라서 다양한 경험으로 자극을 주다 보면 자연스레 8가지 지능이 시너지 효과를 내며 높아진다.

④ 뛰어난 지능을 찾아내는 방법은 '관찰'이다

아동의 뛰어난 지능을 찾아 능력을 키워 주기 위해서는 다중지능 중 강점을 찾아 발견해 내는 일이 중요하다. 이때 아동의 능력을 발견하는 데 가장 효과적인 방법은 '관찰'이다. 부모나 교사의 지속적인 관찰을 통해 지능의 강점 및 약점을 발견해 낼 수 있다.

6. 동물행동학 이론

동물행동학 이론은 인간의 발달을 진화론적 관점에서 보는 것이다. 즉, 동물의 적응과 진화적 과정이 관련이 있다고 보고 행동의 적응력 또는 생존의 가치와 진화론에 관심을 둔다. 동물행동학의 기원은 다윈의 진화론이다. Lorenz는 진화 과정과 적응행동 간의 밀접한 관계를 강조하였고, Bowlby는 인간발달 영역 중 영아와 어머니 간의 애착 관계에 이 이론을 적용하였다.

1) Lorenz(1903~1989)의 각인 이론

Lorenz(1965)는 1903년 오스트리아에서 태어나서 동물학을 연구하다가 1973년에 노벨생리의학상을 수상하였다. Lorenz는 알에서 나온 청둥오리가 부화 후 13~16시간 사이에 자신이 목격한 움직이는 물체를 어미로 인식해 따라다니는 것을 발견하였다. 그 후 다양한 동물을 대상으로 실험하면서, 어린 동물이 생후 초기의 특정한 시기 동안 어떤 대상에 노출되어 추종행동을 하면서 그 대상에 애착되는 것을 각인이라고 개념화하였다. 각인은 생후 초기 제한된 기간 내에서만 일어나는데 이를 결정적 시기라고 한다. 만약 결정적 시기 동안에 각인이 되지 않으면 이후에는 그 행동을 습득할 수 없다. 각인 이론은 아동발달에 적용되어 아동이 제한된 시간 내에 특정한 적응행동을 습득하도록 생물학적으로 준비되어 있으며, 이러한 행동을 발현시키기 위해서는 적절한 환경적 지원이 있어야 한다는 시사점을 준다.

2) Bowlby(1907~1990)의 애착 이론

영아기는 생의 발달 과정에서 타인으로부터 물리적, 정서적 지원에 크게 의존하는 시기로 일차적 양육자와 맺는 애정적 유대 관계인 애착은 이후 발달 과정에서 중요한 의미를 갖는다. 애착 형성의 과정을 Bowlby(1969)의 이론에 기초하여 살펴보면 〈표 3-5〉와 같다.

〈표 3-5〉 애착 형성의 과정

단계	연령	특징
1단계	출생부터 8~12주	요구 중심의 애착 전조 행동 상대방과 가까운 거리를 유지하려는 애착의 전조 행동으로서 울기, 빨기, 미소 짓기, 움켜잡기 등을 보이는 단계
2단계	8주~8개월	특정인에 대한 선호 행동 부모 또는 정기적으로 자신을 돌보아 주는 소수의 특정인에게 선호를 보이는 단계
3단계	8개월~2세	특정인에 대한 뚜렷한 애착 행동 영아와 양육자 간에 애착이 확실히 형성되었다고 말할 수 있는 단계로 신호 또는 움직임을 사용하여 애착을 느끼는 인물과 가까운 거리를 유지하는 단계
4단계	2세 이후	다수에 대한 애착 행동 다른 사람의 존재를 인식하기 시작하며, 그들과 상호작용을 하고자 한다면 상대방의 요구와 필요를 고려해야 한다는 사실을 인식하게 되는 단계

출처: Bowlby(1969).

12~18개월 된 영아와 부모 간의 애착의 질을 파악하기 위해 Ainsworth(1979)는 8개의 에피소드로 구성된 낯선 상황 실험을 고안하였고, 이 실험에서 발생하는 두 번의 격리와 재결합 과정을 통해 애착 유형을 〈표 3-6〉과 같이 분류하였다.

〈표 3-6〉 애착의 유형

유형	특징
안정 애착	영아는 엄마와 함께 있을 때 금방 장난감을 가지고 잘 놀며, 엄마가 돌아오면 반갑게 맞이하고 당황하더라도 금방 진정될 수 있다.
불안정 회피 애착	영아는 새로운 환경 탐색에 관심이 없고, 엄마와 분리되었을 때 별로 고통스러워하지 않는다. 또한, 엄마가 돌아오면 접촉하기를 피하며 엄마가 접촉하려 노력하면 거부하지는 않으나 안겨 있어도 달라붙지 않는다.
불안정 저항 애착	영아는 엄마가 함께 있는 경우에도 새로운 환경을 탐색하지 않으며, 엄마와의 분리 이전에 이미 불안해한다. 또한, 엄마와 분리되었을 때 극심한 불안을 보이며, 낯선 상황에서 엄마가 돌아오면 처음엔 다가가서 안겼다가도 이 내 화난 듯이 밀어내버리거나 쉽게 진정되지 않는다.
불안정 혼돈 애착	영아는 회피와 저항이 복합된 반응을 보인다. 즉, 엄마가 다시 돌아왔을 때 엄마와 접촉을 하려 하면서도 동시에 몸부림을 치거나 발로 차면서 저항한다.

영유아의 애착 형성은 이후 성격발달에도 중요한 영향을 미친다. 양육자와 강한 애착을 형성한 영유아는 그들의 어머니와 가까이 있어야 할 필요가 없으므로 탐색할 수 있는 자유가 생기면 새로운 것을 시도하고 문제에 도전하며, 낯선 상황에 보다 더 긍정적인 태도를 갖게 된다.

7. 생태학 이론

1) Bronfenbrenner(1917~2005)의 생태학적 체계이론

생태학 이론에서는 인간발달 연구에 새로운 관점을 제시한다. 즉, 개인에 대한 개념, 환경에 대한 개념, 개인-환경 간에 발생하는 상호작용의 개념에 대해 새로운 이론을 정립시켰다. [그림 3-4]는 Bronfenbrenner의 생태학적 체계 모델을 설명해 준다.

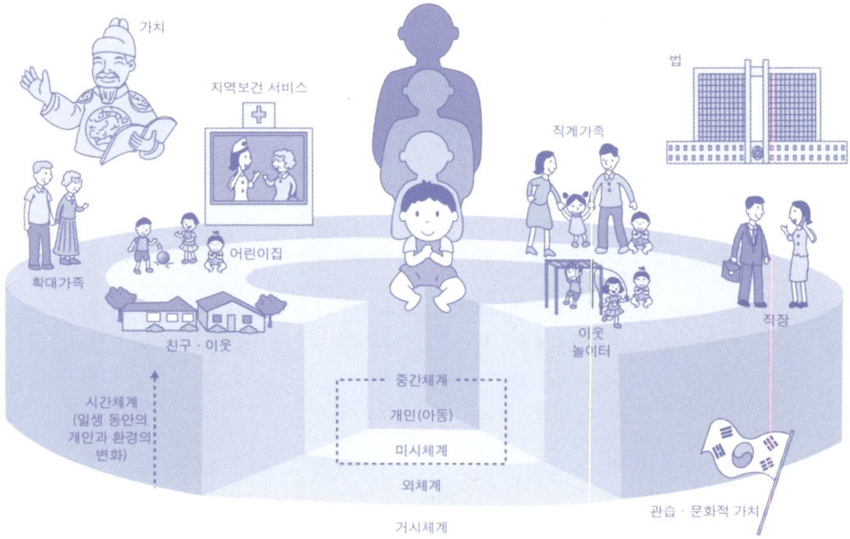

[그림 3-4] Bronfenbrenner의 생태학적 체계 모델

출처: http://edfd127.wikispaces.com/Bronfenbrenners+Ecological+Systems+Theory.

(1) 미시체계(microsystem)

아동에게 가장 인접되어 있는 체계로 성장하는 개인이 경험하는 활동 양식, 역할 그리고 인간관계 및 특별한 물리적 환경을 말한다. 즉, 가정, 학교, 또래집단처럼 아동발달에 직접적으로 미치는 환경을 의미하며, 아동이 성장함에 따라 변화한다. 아동발달 전문가들은 미시체계 수준에서 두 사람 혹은 두 개의 관계를 연구할 때 아동에 관한 성인의 역할을 강조한다. 미시체계 내에서 아동발달은 복합적이고 상호작용의 관계 속에서 이해되어야 한다.

(2) 중간체계(mesosystem)

집, 학교, 이웃, 아동보호기관과 같은 미시체계들 사이의 관계가 해당된다. Bronfenbrenner는 아동발달이 이러한 상황들 간의 내적 관계에 의해 용이해질 것이라고 분석했다. 예를 들어, 아동의 부모와 학교의 교사 간의 관계가 긴밀할수록 아동에게 긍정적인 영향을 미친다고 보았다.

(3) 외체계(exosystem)

아동발달에 영향을 주지만 아동에게 직접적인 역할을 제공하지 않는 장면을 말한다. 사회, 경제적인 변인과 같은 요인이 아동의 행동에 어떠한 영향을 미치는지를 파악하는 것이다. 부모의 직장, 이웃, 교회 등은 아동기 외체계의 대표적인 예이다.

(4) 거시체계(macroystem)

중간체계와 외체계를 포괄하는 체계로서 각 문화권 특유의 가치, 태도, 신념, 사상 등이 이에 속한다. 예를 들어, 한국에서 성장한 아동과 미국에서 성장한 아동은 서로 다른 사회적인 문화와 가치를 경험한다.

(5) 시간체계(chronosystem)

시간체계는 최초의 생태학적 모델에는 포함되지 않았으나 새롭게 포함된 체계이다. 이는 전 생애에 걸쳐 일어나는 변화와 사회역사적 환경을 의미하는 것으로 출생한 시대와 처한 시대적 상황 등과 같은 시간체계는 아동의 삶에 영향을 미친다고 보는 것이다.

이상에서 살펴본 바와 같이, 각 수준의 체계는 아동발달과 관련된 두드러진 특징을 가지고 있으며, 그 영향 또한 긍정적일 수도 있고 부정적일 수도 있다. 과거에는 일반적으로 가정이라는 미시체계가 아동발달을 위해 가장 중요한 환경체계로 간주되었으나, 생태학적 환경체계에서는 독특한 특징을 가진 각각의 체계가 상호 연결되어 있는 상호 의존적 관계에 있다고 본다. 이것은 다시 능동적으로 발달하고 있는 유기체와 호혜적으로 작용함으로써 발달을 가져온다(강인언, 이한우, 정정란, 2009). 이러한 관점은 아동발달에 직간접적으로 작용하는 사회적 환경들의 상호 연계성을 체계화함으로써 아동발달에 직접적으로 작용하는 요인에만 국한되는 관점에서 벗어나 포괄적인 관계망을 이해하게 해 준다.

2) Elder(1934~)의 생애이론

Elder는 인간의 전 생애발달을 강조하며 급변하는 사회에서의 각기 다른 연령대의 사람들이 각기 다른 역사적 환경의 영향을 받게 된다는 점에 중점을 두고 다양한 장기종단연구를 통해 분석하였다.

Elder는 Rockwell(1978)과의 연구에서 경제공황이 빈곤계층의 유아발달에 어떤 영향을 미치는지 분석하였다. 연구결과 대공황기가 막 시작될 무렵에 출생한 유아들은 취학 전에 경제공황을 경험한 유아들에 비해 역경을 딛고 책임과 독립심을 고취시켜 더 확고한 직업적 야망을 갖게 되었고 더 나아가 전 생애발달에 있어서 책임감 있고 긍정적인 사람으로 성공하게 되었다. 반면, 취학 전에 경제공황을 경험한 유아들의 경우는 학교 성적의 저하, 직업의 부적응, 정서적 문제 등 발달에 어려움을 겪을 정도로 상당히 부정적인 결과들이 나타났다. 즉, 한 환경 내에서 일어난 사건들이 수십 년 이후 전혀 다른 환경에서 타인들과의 관계와 개인의 능력에 영향을 발휘한다는 것은 유아기의 사회적 요인이 그 당시에만 영향을 미치는 것이 아니라 생애를 걸쳐서 영향을 미친다는 것을 의미한다(정희영, 이성복, 김성원, 윤선화, 김정희, 김선아 외, 2014). 이와 같이 전 생애발달은 사회적 시간대의 영향을 크게 받는다는 것이다. 전 생애발달이론에 있어 중요한 개념은 '상호의존'으로 이것은 일생 동안 가족, 친구 등 사회적인 관계에 의해 이루어진다는 사실을 전제로 이해한다.

대표적인 예로 부모와 자녀와의 관계에 있어 부모와 자녀의 일생에서 발생하는 사건(즉, 이혼한 자녀가 다시 집으로 들어올 경우 부모들의 생활에 영향을 미치는 일 등)이나 중대한 결정은 세대와 세대 간의 차이를 연결시키는 요소가 된다(정옥분, 2007). 이러한 상호의존적 관계 속에서 유아들은 그들을 둘러싼 환경적 맥락에 영향을 미치게 되고 또한 그들 자신에게 돌아오는 피드백을 만드는 생성자로서의 역할을 하게 된다. 따라서 개인을 이해하기 위해서는 각 개인을 둘러싸고 있는 다양한 환경들을 분석해야 한다. 즉, 개인이 살고 있는 역사적 시기와 장소, 개인의 사회적 역할과 일어난 중요한 사건 등 이러한 요소들의 상호관계성을 이해해야 한다.

Elder는 특히, 아동이 새로운 역할과 새로운 형태의 활동에 참여하는 발달적 중요성만이 아닌 가족 외의 성인과의 초기 접촉발달의 중요성을 강조함으로써 생태학적 체계 중 거시체계와 시간체계 같은 다양한 가족 외적 환경이 유아발달에 미치는 영향을 강조하고 있다.

8. Maslow(1908~1970)의 자아실현 이론

Maslow(1965)는 인간행동을 일으키는 데 직접적으로 영향을 미치는 다섯 가지 욕구의 위계체계를 제안하였다. 욕구의 강도와 중요성에 따라 일종의 위계가 결정된다고 하였다. 자아실현을 이루기 위해서는 보다 기본적인 욕구가 먼저 만족되어야 한다. 자아실현 이전에 충족되어야 할 욕구는 기본적인 욕구인 생리적 욕구, 안전의 욕구, 심리적인 욕구인 소속의 욕구, 존중의 욕구 등이 있는데, 그 내용은 [그림 3-5]와 같다.

1단계: 생리적 욕구 (Physiological Needs)	욕구 단계설의 첫 단계는 인간에게 있어 가장 기본이라 할 수 있는 생리적 욕구이다. 즉, 의식주(衣食住)-입고, 먹고, 거주하는 인간의 기본 욕구를 충족시키려 한다.
2단계: 안전 욕구 (Safety Needs)	일단 생리적 욕구가 어느 정도 충족되면 안전의 욕구가 나타난다. 이 욕구는 근본적으로 신체적 및 감정적인 위험으로부터 보호되고 안전해지기를 바라는 욕구이다.
3단계: 소속감과 애정 욕구 (Belongingness and Love Needs)	일단 생리적 욕구와 안전 욕구가 어느 정도 충족되면 소속감이나 애정 욕구가 지배적인 것으로 나타나게 된다. 인간은 사회적인 존재이므로 어디에 소속되거나 자신이 다른 집단에 의해서 받아들여지기를 원하고 동료와 친교를 나누고 싶어 하며 이성 간의 교제나 결혼을 갈구하게 된다.

4단계: 존경 욕구 (Esteem Needs)	인간은 어디에 속하려는 그의 욕구가 어느 정도 만족되기 시작하면 어느 집단의 단순한 구성원 이상의 것이 되기를 원한다. 이는 내적으로 자존과 자율을 성취하려는 욕구(내적 존경 욕구) 및 외적으로 타인으로부터 주의와 인정을 받으며, 집단 내에서 어떤 지위를 확보하려는 욕구(외적 존경 욕구)이다.
5단계: 자아실현 욕구 (Self-actualization Needs)	일단 존경의 욕구가 어느 정도 충족되기 시작하면 다음에는 "나의 능력을 발휘하고 싶다.","자기계발을 계속하고 싶다."는 자아실현 욕구가 강력하게 나타난다. 이는 자신이 이룰 수 있는 것 혹은 될 수 있는 것을 성취하려는 욕구이다. 즉, 계속적인 자기발전을 통하여 성장하고, 자신의 잠재력을 극대화하여 자아를 완성시키려는 욕구이다.

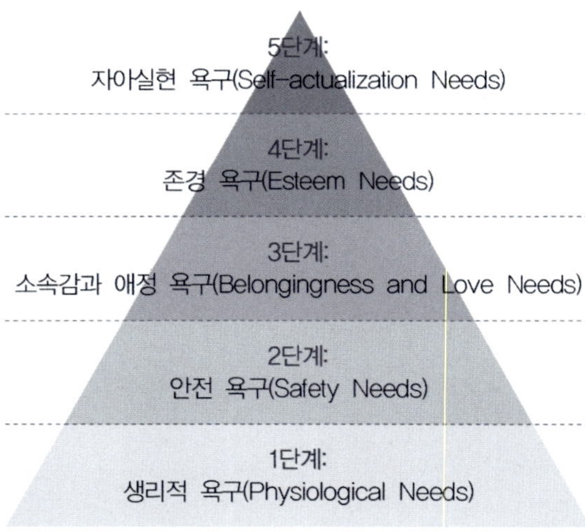

[그림 3-5] Maslow의 욕구위계 이론

4장

아동 연령별 특성

본 장에서 아동기를 크게 태내기, 영아기, 유아기, 아동기로 구분지었다. 이 중 태내기는 모체의 자궁 속에서 수정이 된 순간부터 세상 밖으로 나오게 되는 38주간을 의미한다. 영아기는 출생에서 만 2세까지를 말하며 인생의 주기 중 성장과 발달이 가장 급속히 이루어지는 시기이다. 유아기는 대략 만 3세에서 만 5세까지의 시기로 자신과 세상을 발견하는 때이기도 하다. 아동기는 만 6세에서 만 12세까지의 시기로 이 시기 동안 아동은 자아정체감을 세우고, 학교와 가정은 아동이 자신과 세계에 대한 정보를 얻도록 도와준다.

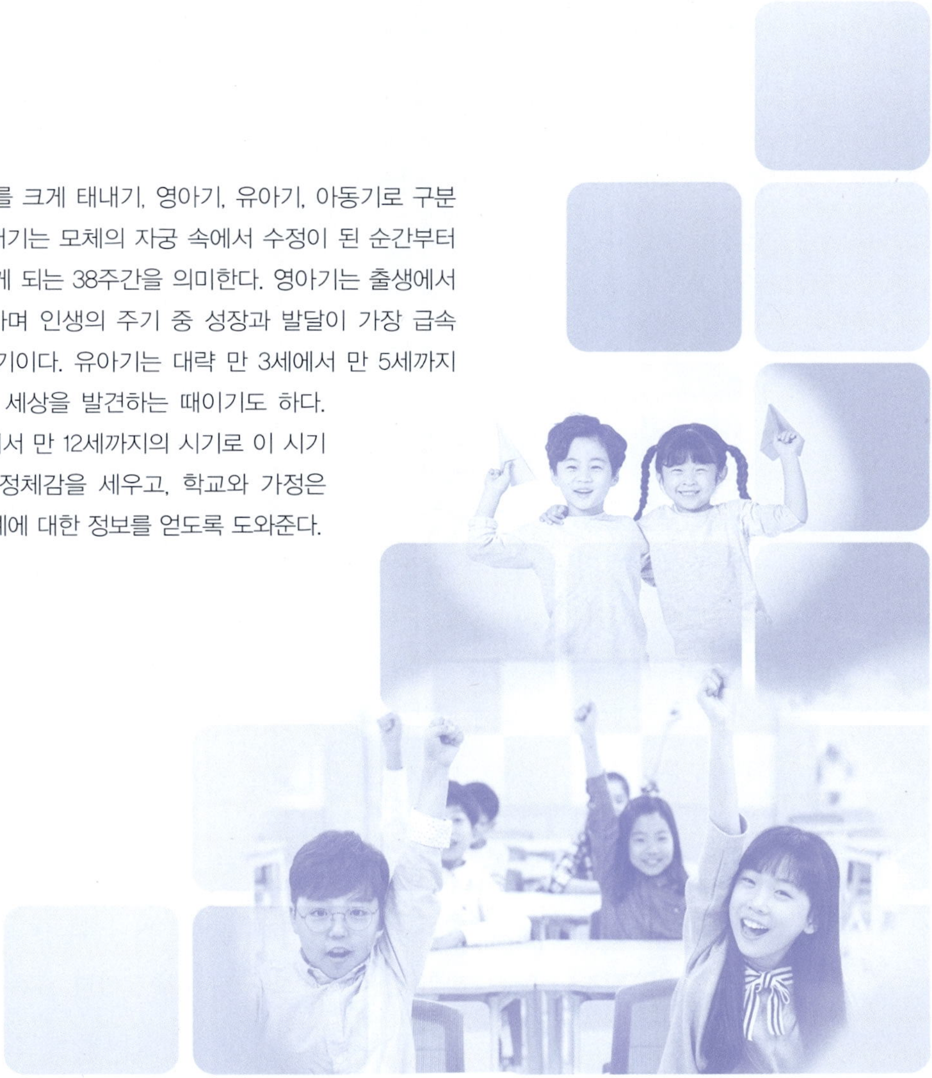

1. 태내기의 발달

생명의 시작인 수정부터 출생까지의 태내기에서 나타나는 발달의 양상과 태내기와 관련된 사회 환경을 살펴본다.

1) 생명의 시작

생명은 여성의 난자와 남성의 정자가 결합하는 수정으로부터 시작된다. 정자와 난자는 수많은 유전적 정보를 갖고 있는 유전인자(gene)를 염색체 안에 저장하고 있다. 각각의 정자와 난자는 23개의 염색체가 있어, 수정 이후 인간의 염색체는 총 23쌍(46개)으로 구성되며, 단핵의 수정란을 접합체(zygote)라고 부른다. 이때 난자는 24시간, 정자는 48시간밖에 생존하지 못하므로 수정이 되기 위해서는 시간적 요소가 중요하다.

2) 태내 발달 단계

(1) 배란기(처음 2주일간)

배란기는 수정 후 2주일간을 의미하며, 접합체는 수정 후 1주일이 지나면 자궁 내에 도착하여 자궁 내막의 표면에 정착하게 되는데, 이를 착상이라 한다. 접합체는 분열을 거듭하며, 내배엽, 중배엽, 외배엽을 형성한다. 내배엽에서 소화기관, 간, 호흡기 등의 내부 기관이 발달된다. 중배엽은 이후에 근육, 골격 등을 형성하게 된다. 외배엽은 이후에 피부, 손톱, 치아, 감각기관과 중추신경계를 형성하게 되는 부분이다.

(2) 배아기(3~8주)

배아의 발달은 상체에서 하체로, 중앙에서 말초로 발달하는 형태를 보이는데, 머리, 혈관, 심장이 팔, 다리와 같은 기관보다 먼저 발달한다. 3주경에 머리, 뇌,

순환계가 발달하기 시작하는데 4주경이 되면 배아는 약 2.5cm 정도의 길이가 된다. 5주경에는 손과 허파가 형성되기 시작하며, 6주경에는 머리가 커지며 뇌, 손, 팔, 다리 등이 보다 분명하게 발달한다. 7, 8주경에는 근육과 대뇌피질이 형성되기 시작한다. 8주 말경에는 태반이 발달하여 태아에게 비교적 안정적인 환경을 제공한다. 모체와 배아를 이어주는 태반은 모체의 산소와 영양을 배아에게 전달하고 배아의 노폐물을 모체의 혈관으로 전달하는 역할을 한다. 이런 과정은 삼투압의 원리에 의해 이루어진다. 탯줄은 태반과 배아를 연결하며, 탯줄에는 신경이 분포되지 않았으므로, 출산 시 탯줄을 자를 때 어머니와 태아는 고통을 느끼지 않는다.

(3) 태아기(9주~출산)

8주가 지나면서 인간의 기본 구조가 완성된 이후에 배아는 태아로 불리게 된다. 12주경에 태아는 7.6cm 정도의 길이가 되며, 28g을 넘지 않으며 만지면 반응한다. 16주경에는 쥐기 반사와 바빈스키 반사, 빨기 반사를 나타낸다. 또한, 태아의 심장박동 소리가 자궁벽을 넘어 들리게 된다.

4개월에서 5개월(16~20주) 사이에 손, 발이 완전히 발달하며 눈을 감고 뜰 수 있으며, 소리를 들을 수 있고, 폐호흡이 가능해진다. 보통 16주경에 태동이 나타나며, 20주경의 태아의 경우 신장은 출생 시의 50%까지 성장하지만 체중은 10% 정도에 머문다. 체중 증가는 주로 태아기 말에 가서 급속도로 이루어진다.

7개월 초에 태아는 울고, 숨쉬고, 삼키고, 소화하는 것이 가능하기 때문에 조산을 하더라도 생존이 가능하다. 8개월경에는 출생 후에 체온 조절을 돕는 피하지방층이 생기기 시작하며 9개월 말에는 체중과 신장의 증가가 멈추지만, 피하지방의 축적과 심장박동수의 증가, 내부 기관 등은 보다 출생 후의 환경에 적응하기 위하여 효율적으로 성숙하게 된다. 출생 직전의 태아는 보통 신장이 50cm 정도이며, 체중은 3.5kg 정도로 성장하게 된다.

3) 출산

출산의 과정은 크게 개구기, 만산기, 후산기의 3단계로 구분된다. 최근 출산의 방법은 산모와 신생아의 건강을 위해 다양해졌다.

(1) 출산 과정

출산의 시작인 개구기는 진통이 시작되어 자궁구가 완전히 열릴 때까지를 의미하는데, 초산의 경우 12~14시간, 경산의 경우 4~6시간이 보통 걸린다. 이때 자궁은 규칙적으로 수축하여 태아를 아래로 밀어내는 작용을 하는데, 처음에는 15~20분 간격으로 진통이 오다가, 점차 그 간격이 짧아지며 진통 시간도 길어진다. 보통 3분 간격으로 진통이 와서 1분 정도 계속되면 자궁구가 완전히 열리게 된다.

만산기는 자궁구가 완전히 열린 후, 태아가 질을 통해 빠져 나오는 시기이다. 보통 초산의 경우 50분, 경산의 경우 20분 정도가 걸린다. 태아는 머리, 어깨, 몸, 다리의 순으로 만출되며, 탯줄로 태반에 연결되어 있다. 후산기는 자궁이 수축되며 태반을 배출하는 시기로 이 과정이 끝나면 출산이 완료되는데, 보통 5~10분이 걸린다. 이러한 출산에 걸리는 시간은 산모의 건강과 연령, 태아의 크기와 위치, 초산 여부 등에 따라 영향을 받는다.

(2) 출산 방법

출산 시 진통은 임산부 누구나 경험하는 고통으로 피할 수는 없지만 여러 가지 자세나 동작의 변화로 모체의 고통을 완화시킬 수 있다.

① 수중분만

수중분만은 양수와 동일한 조건의 물속에서 아기를 낳는 방법이다. 산모가 양수와 같은 온도의 깨끗한 물을 담은 수조에서 회음절개나 진통제, 촉진제 주사 등

의료적 처치 없이 자연 상태로 분만하는 것이다. 진통부터 분만까지의 모든 과정을 물 안에서 할 수 있고, 진통을 물에서 하고 분만은 밖으로 나와서 하거나, 반대로 진통은 밖에서 하다가 분만 시에만 물 안으로 들어와 아이를 낳을 수도 있다. 진통에서 분만까지 남편의 격려와 도움을 받으며 분만하게 된다. 수중분만은 누운 자세가 아닌 앉는 자세 분만법의 하나로, 중력을 이용했기 때문에 골반이 잘 벌어지며 힘을 주기도 쉬운 분만 자세이다.

② 폭력 없는 분만

폭력 없는 분만법은 프랑스의 의사인 Laboyer가 1975년『폭력 없는 탄생』이라는 저서를 통해 주장한 것이다. 그는 산모의 고통뿐만 아니라 산도를 통해 모체 밖으로 나오는 태아의 고통에 대해서도 관심을 가져야 한다고 주장하였다. 출산 시 아기는 어둡고 따뜻한 방에서 조용하고 부드럽게 받아져야 하며, 즉시 탯줄을 자르지 말고 아기를 엄마의 배 위에 5분 정도 두었다가 탯줄을 자른 다음 따뜻한 물속에 넣고 부드럽게 마사지해 주어 아기가 긴장을 풀고 외부 세계를 맞이해야 한다고 본다.

③ 라마즈분만

라마즈분만법은 분만의 두려움을 덜어 주고 즐거운 마음으로 출산을 맞을 수 있도록 도와주는데, 산모는 이 분만법을 통해 스스로의 상태를 조절할 수 있는 운동과 분만에 필요한 기술을 습득하고 부모가 된다는 감정을 표현함으로써 정신적으로 출산 준비를 한다. 출산에 대한 긍정적 태도를 심어 줌으로써 편안한 분만을 유도하는 정신 예방적 분만법이라 볼 수 있다. 이 과정에서 부부 간, 부모 자식 간의 사랑은 더욱 돈독해지고 가족의 결속력도 강해진다. 라마즈분만법은 연상법, 라마즈체조, 이완법, 호흡법으로 구성되어 있다.

④ 무통분만(약물분만)

무통분만이란 마취를 통해 진통을 줄임으로써 근육을 이완시켜 출산을 쉽게 유도하는 방법이다. 출산 시 산모가 진통을 심하게 느끼면 근육들이 긴장해 태아가 산도를 빠져 나오는 데 어려움을 겪어 산도에서 오랜 시간 머무르게 되어 스트레스를 받게 된다. 이렇게 산모와 태아의 고통을 줄이기 위해 마취를 하여 통증을 줄임으로써 분만이 쉽게 진행되게 한다. 이때 분만 과정 중 투여하는 약물은 태반을 통해 태아의 혈액과 세포로 들어가 이후의 체중 증가 둔화, 젖을 빠는 능력의 감퇴, 반응 저하, 초기 학습과제 수행 능력의 저하 등 인지발달이나 운동 능력의 문제를 야기시킨다는 결과도 있다(김나영, 이경열, 정욱호, 홍계옥, 2005).

⑤ 제왕절개 분만

제왕절개(caesarean section) 분만은 임산부의 복부를 절개해서 자궁으로부터 아기를 꺼내는 분만법이다. 사산 또는 난산, 태위이상, 전치태반, 제대탈출, 골반불균형, 과거 제왕절개 분만 경험자와 아기의 머리 크기가 커서 산모의 골반을 통과할 수 없을 때 이 분만법을 사용한다. 이 분만법은 장협착증과 같은 수술 후 후유증, 세균 감염의 위험성 외에도 자연분만보다 회복기가 길기 때문에 정상 분만이 가능한 경우에는 이 방법을 삼가는 것이 좋다.

4) 태내기와 사회 환경

대부분의 아기들은 정상아로 태어나지만 출생 시 이미 결함을 갖고 태어나는 아기들도 있다. 오늘날 기형아나 장애아의 출생 빈도는 과거보다 더 높아지고 있다. 이들 중 유전적인 원인에 의한 기형아는 20~25%에 불과하고, 나머지가 외부의 환경 요인에 의해 발생한다.

(1) 흡연

흡연은 태아의 저체중을 초래할 뿐만 아니라 유산, 조산, 심장박동수 이상, 수면 중 호흡문제, 영아사망, 천식, 아동기 암 등과 관련된다. 비흡연 임산부라도 주변인에 의한 간접흡연의 피해를 입는다면 직접흡연과 유사한 영향을 미친다.

(2) 음주

태아의 알코올 분해 능력은 성인의 절반 수준에 머무르기 때문에, 임신 기간 중에는 소량의 알코올조차도 비정상적인 발달을 야기할 수 있다. 알코올 중독 현상을 보이는 임산부의 태아는 태아 알코올 증후군(Fetal Alcohol Syndrome)을 보이게 되는데, 중앙신경계통의 미성숙으로 지적장애나 주의집중력의 결핍, 과잉행동 등을 보인다. 또한, 이들은 출생 전후의 성장 지체, 비정상적인 두개골 모양, 눈이나 심장, 사지, 관절의 결함을 갖고 태어날 확률이 있다.

(3) 연령

보통 25~29세 사이를 임신과 출산을 하기에 최적의 연령이라 하며, 임산부 연령이 35세를 지날 경우 노산이라 일컫는다. 최근 의학의 발달로 임산부의 연령이 태아에게 미치는 직접적인 영향이 많이 감소했지만, 노산의 경우 자연유산, 난산, 임신중독증, 미숙아, 다운증후군 등을 출산할 확률이 급격히 증가하는 것으로 알려졌다(권민균 외, 2012). 한편, 임산부의 연령이 너무 어려도 조산이나 사산의 위험이 크고 미숙아나 저체중아를 출산할 가능성이 증가하는데, 이는 신체적인 미성숙보다는 심리적인 미성숙이 더 큰 원인으로 작용한다고 볼 수 있다.

(4) 질병

풍진은 태반을 통해 태아의 혈액으로 침입하여 농, 맹, 심장 기형, 중추신경계 손상, 지적장애 등을 유발한다. 이는 임신 2개월까지 커다란 영향을 미치며, 태아가 어느 정도 형성된 3개월 이후에는 청력, 시각, 언어 문제를 일으킨다. 톡소프라스모시스(toxoplasmosis)는 감염된 고양이나 익히지 않은 고기를 통해 감염되는 기생충이 일으키는 질병이다. 배아기에 감염되면 뇌와 시각에 장애를 일으키며, 임신 후기에 감염되는 경우에는 경증의 시각장애나 인지장애를 초래한다.

(5) 정서 상태

임산부와 태아는 신경조직과 내분비조직이 서로 연결되어 있으므로 산모가 겪는 긴장이나 불안이 태아에게 전해진다고 볼 수 있다. 정서적 스트레스의 일환인 분노, 공포, 불안과 같은 감정은 자율신경계에 영향을 미쳐 부신 호르몬의 분비를 촉진시키게 되며, 이는 태반을 통해 태아에게 영향을 준다. 스트레스에 반응하기 위해 분비되는 호르몬은 혈관을 수축시키고, 혈액의 흐름을 어머니의 자궁으로부터 다른 신체기관으로 전환시키게 되어 태반 내 혈액량을 감소시키게 되며 태아에게 산소나 영양 공급의 부족을 가져온다.

(6) 방사선과 환경오염

일반적으로 방사선에 노출되었다고 해서 모두 기형아를 출산하는 것은 아니며, 방사선의 종류, 조사량, 방사선 촬영의 횟수에 따라 피해가 다를 수 있다. 진찰을 위한 소량의 X-ray나 CT 촬영은 태아에게 별다른 영향을 주지 않지만, 임신 중기나 후기보다 임신 전기 착상 무렵에 방사선에 노출되면 유산이 되거나 기형아를 출산할 확률이 매우 높아진다. 또한, 살충제, 제초제, 화학용품, 시너, 가구광택제 등 유독성 화학물질은 태아에게 심각한 결함을 줄 수 있기 때문에 피해야 한다. 자동차 매연에 노출되었거나 납중독이 되었을 경우 미숙아, 저체중아, 뇌손상, 신체적 결함을 지닌 아기를 출산할 확률이 높다(Berk, 2000).

(7) 영양 상태

임신부의 영양상태는 건강한 임신과 순산, 태아 발달에 결정적인 영향을 미친다. 임신 전과 임신 중 영양상태가 지속적으로 좋지 않은 임신부는 임신과 출산과정에서 여러 어려움을 겪게 된다. 태내에서 충분한 영양을 공급받지 못한 태아는 유산이나 사산의 확률이 높고, 미숙아나 조산아로 태어날 가능성이 높다. 출생 후에도 태아는 폐렴, 감기, 기관지염 등의 호흡기 질환에 감염될 가능성이 높으며, 태아의 중추신경계 결함을 초래하여 지적인 결함이나 뇌성마비 등의 지적 발달에 영향을 미칠 확률이 높다(손혜숙, 2012). 일반적으로 임산부의 하루섭취량은 임신 전보다 15~30%(300~500Kcal) 정도 증가시키는 것이 바람직하다. 철분과 칼슘, 비타민 등의 섭취를 충분히 공급해 주어야 한다. 기형아 방지를 위해 임신 전부터 엽산을 지속적으로 섭취하는 것도 도움이 된다.

2. 신생아·영아기의 발달 특성

영아기는 인간이 신생아기를 지나 젖을 먹고 아장아장 걷고 말을 하며, 어린이집에 다니며 사회생활을 시작하는 등 이 모든 것을 처음으로 경험하는 생의 가장 어린 시절이다. 영아기의 신체운동발달, 인지발달, 언어발달, 사회·정서발달 등의 특성을 살펴보고 관련된 사회 환경을 제시하고자 한다.

1) 신생아기의 발달

일반적으로 생후 첫 2주간에서 1개월간을 신생아기라고 한다. 신생아는 성인의 도움 없이는 생존할 수 없는 의존적인 존재이다. 하루 중 젖을 먹거나 배설 및 반사적 운동을 하는 시간을 빼면 거의 대부분의 시간을 잠을 자며 지낸다. 태내 환경과 아주 다른 바깥 환경에 적응해야 하는 신생아는 반사행동 외에 놀라울 정도의 감각 능력을 가지고 있다.

(1) 신체적 특징

신생아의 신체적 특징으로는 눈 위의 면적과 얼굴과의 불균형이 심하고, 머리 둘레가 가슴둘레보다 크다. 어깨는 좁고, 배는 부르며 엉덩이는 작고 팔 다리가 짧다. 신생아의 피부색은 붉고 주름이 많으며, 몸 전체가 끈적한 태지(胎脂)와 솜털로 덮여 있다. 그러다 며칠이 지나면 피부는 건조해지고, 솜털도 없어진다. 우리나라 신생아의 평균 신장은 남아 50.1cm, 여아 49.4cm, 체중은 남아 3.4kg, 여아 3.2kg인데(대한소아과학회, 2007), 생후 3~4일 동안 체중의 5~10% 정도가 감소한다. 출생 후 몸 표면에서 수분이 빠지고 대소변이 배출되어 나타나는 일시적인 현상이다. 일주일에서 열흘 정도가 지나면 처음 몸무게를 회복한다.

(2) 반사운동

신생아는 대부분 잠만 자고 있는 상태이나 숨을 쉬는 것으로부터 깜짝 놀라는 행동, 젖을 빠는 행동 등 움직이는 운동은 계속하고 있다. 신생아의 운동은 외부로부터 어떤 자극이 가해졌을 때 이에 반응하는 일종의 반사행동과 전신적 운동으로 나타나는데, 신생아는 대부분 반사운동으로 움직인다. 반사운동은 대부분 말초적인 자극에 따라 반응하는 부분적 운동이다. 이러한 미숙한 정신 활동은 대뇌의 발달에 따라 점점 사라져 생후 1년 정도가 되면 없어진다. 이 시기에 나타나는 대표적인 반사운동은 〈표 4-1〉과 같다.

〈표 4-1〉 신생아의 반사운동

반사		자극에 대한 반응		소멸시기	기능
		자극	반응		
생존반사	호흡 반사	코를 살짝 간질 거리거나 콧구멍을 막는다.	기침, 재채기, 하품을 한다.	영구적임	기도를 깨끗이 한다. 산소공급과 탄소산화물을 방출한다.
	근원 반사	입 가장자리 근처의 뺨을 건드린다.	자극이 오는 곳을 향해 머리를 돌린다.	3주	젖꼭지를 찾도록 도움을 준다.
	빨기 반사	신생아의 입에 손가락을 넣는다.	규칙적으로 손가락을 빤다.	4개월이 지나면서 자발적 빨기로 대체	음식섭취가 가능하다.
	눈 깜박임 반사	눈에 빛을 비추거나 각막 근처로 물체가 접근한다.	눈꺼풀을 빠르게 움직인다.	영구적임	강한 외부의 자극으로부터 보호한다.
원시반사	수영 반사	얼굴을 아래로 향하여 눕힌다.	수영하는 모습처럼 양팔을 벌리고 등을 활처럼 휜다.	4~6개월	물에 빠졌을 때 살아날 수 있도록 한다.
	모로 반사	신생아를 받치고 있는 쿠션 뒤에서 갑자기 큰소리를 낸다.	껴안는 동작처럼 양팔을 벌리고 등을 활처럼 휜다.	6개월	엄마에게 매달릴 수 있게 한다.
	파악 반사	신생아의 손바닥을 손으로 건드린다.	손을 움켜쥔다.	3개월	자발적인 잡기를 준비한다.
	걷기 반사	신생아의 겨드랑이를 잡고 편평한 바닥에 발이 닿도록 한다.	발을 번갈아 짚으면서 걷는 것처럼 동작을 한다.	2~3개월	자발적 걷기를 위한 준비가 된다.
	바빈스키 반사	발바닥을 쓰다듬거나 건드린다.	발끝을 바깥쪽으로 벌렸다가 안쪽으로 움츠린다.	8~12개월	알려지지 않음

출처: 이숙 외(2013).

(3) 감각 발달

신생아에 대한 과학적인 연구가 시작되면서 신생아의 여러 능력이 확인되었으며, 다양한 실험 연구의 결과를 보면 신생아도 많은 능력이 있음을 알 수 있다.

① 시각

신생아의 시각 능력은 비교적 덜 발달된 상태이다. 신생아의 눈은 구조적으로 불완전한 상태이므로 일정 기간 물체에 집중하거나 협응 능력이 한정되어 있다. 시력 또한 매우 약하나 이후 급격히 발달되어 생후 1년이 되면 시력이 1.0에 가까워지고 2세가 되면 거의 성인 수준에 이른다. 색채감각은 생후 15일이 지나면서 변별이 가능해지고 시각적 선호 현상도 나타난다.

② 청각

신생아의 청각은 태어나기 전부터 어느 정도 발달되어 있는데, 출생 4개월 전부터 원시적인 기능을 하며, 출생 1개월 전에는 소리에 집중한다. 그러나 신생아는 작은 소리는 잘 듣지 못한다. 또한, 생후 2주경에는 사람의 목소리와 다른 소리를 구분할 수 있으며, 3주경에는 낯선 사람이나 아버지의 목소리보다 어머니의 목소리에 더 민감하게 반응한다.

③ 촉각

촉각은 태내기 동안 이미 많이 발달되어 있고, 신생아의 발달에 매우 중요한 역할을 한다. 신생아는 안아 주거나 등을 토닥거리는 등의 피부 접촉을 통해 정서적으로 안정감을 얻는다. 온도반응에 민감하여 실내온도가 내려가면 신체운동이 활발해진다. 통각은 출생 후 3일부터 빠르게 발달하는데, 통각에 대한 감수성은 여아가 남아보다 더 민감하며, 신체의 하체보다 머리 부분이 더 민감하다.

④ 미각

미각은 태내에서도 어느 정도 기능을 한다. 단것을 주면 삼키고 짜거나 쓴 것을 주면 삼키지 않는다. 특히, 맛의 차이에 대한 식별은 생후 2주 후에야 성인과 같은 적극적인 반응을 보인다.

⑤ 후각

후각은 신생아 때부터 상당히 발달되어 있다. 생후 몇 주 이내에 여러 가지 다른 냄새를 구별할 수 있을 정도로 빠르게 발달한다. 그 예로, 모유 수유를 하는 경우, 모유 냄새를 맡을 수 있고 자신의 어머니와 다른 여성의 모유 냄새 구별도 가능해진다.

2) 영아기의 발달

일반적으로 영아기는 신생아기를 지나 2세까지를 말한다. 이 시기는 신체적, 사회적, 지적, 언어발달 및 기타 여러 행동발달의 속도가 빠르며 왕성한 때이다. 생후 1년 동안의 젖먹이 시기는 자신을 돌봐주는 사람에게 전적으로 의존하며, 다른 사람들에게 반응한다. 걸음마기는 이유 및 걷기, 언어의 사용 등을 계기로 점차 성인으로부터 독립해 가는 시기이다. 이 시기의 전반기에는 주로 감각기관이 발달하고 후반기에는 지적인 발달이 현저하게 나타난다.

(1) 신체운동발달

태어나서 머리를 가누지도 못하며 원시적인 반응에 대한 반사행동만을 보이던 영아는 점차 목을 가누고, 앉을 수 있게 되고, 서고 오르고 걷는 것까지 가능하게 된다. 2년째가 되면서 성장이 둔화되기는 하지만 뛰기와 오르기와 같은 활동에서 급격한 증가가 일어난다.

① 키와 몸무게

첫돌이 되면 영아의 경우 신장은 1년 동안에 1.5배 정도 증가하여 76~78cm가 되며, 두 돌 무렵에는 88cm 정도로 성인 키의 절반가량이 된다. 몸무게 또한 첫돌 무렵에는 출생 시 체중의 약 3배인 10kg, 돌이 되면 12kg 정도로 급성장을 보인다.

② 운동 기능의 발달

운동 기능에는 팔 움직이기나 걷기와 같이 큰 근육을 사용하는 대근육운동과 손 움직임과 같이 작은 근육을 사용하는 소근육운동이 있다.

㉠ 대근육운동

영아는 태어나서 바로는 가슴과 팔을 조절할 능력이 없다. 그러다 1개월이 되면 머리를 앞으로 올릴 수 있다. 3개월이 되면 가슴을 올리고 균형을 잡기 위해 팔을 사용할 수 있다. 3~4개월에는 몸을 뒤집을 수 있으며, 6개월경에는 도움 없이 앉을 수 있다. 7~8개월경에는 기어 다니며 도움 없이 설 수 있다. 8개월에는 혼자 일어설 수 있고, 10~11개월경에는 가구 등을 붙잡고 걸을 수 있다. 그러다 12~13개월 경에는 도움 없이 걸을 수 있는데, 이러한 양상은 영아마다 개인차가 있다.

㉡ 소근육운동

태어나면서 신생아는 소근육을 전혀 조절하지 못하지만 점차 팔과 손, 손가락의 움직임이 정교해진다. 〈표 4-2〉는 영아의 소근육운동 발달의 예를 보여 준다.

〈표 4-2〉 영아의 소근육운동 발달의 예

출생~6개월	
2개월	딸랑이를 거칠게 잡는다.
2개월 반	한 물체에서 다른 물체를 볼 수 있다.
3~4개월	단순한 방법으로 딸랑이를 가지고 놀고 눈으로 움직이는 공을 따라간다.
4개월	입으로 물건을 가져갈 수 있다.
4~5개월	두 개의 사물을 잡을 수 있다.
5개월	한 손에서 다른 손으로 물체를 옮길 수 있다.
5~6개월	앉아 있는 동안 눈으로 물체를 쫓을 수 있다.
6~12개월	
6개월	어른의 움직임을 눈으로 쫓는다. 딸랑이를 계속 잡고 있다.
6개월 반	사물을 조작하고 탐구한다. 딸랑이를 손을 뻗어 잡는다.
7개월	물건을 잡으려고 줄을 당길 수 있다.
7개월 반~8개월 반	엄지와 다른 손가락으로 물건을 잡는다.
8~9개월	테이블의 장난감을 잡기 위해 손을 계속 뻗는다. 숟가락을 두드린다. 컵 속에 숨겨진 장난감을 찾는다.
10개월	숟가락으로 컵을 두드린다.
10개월 반~11개월	엄지와 다른 네 손가락으로 콩을 잡는다. 장난감 차를 민다.
11~12개월	용기에 3개 이상의 물건을 넣는다.
12~18개월	
블록을 쌓는다. 큰 종이에 커다란 크레용으로 끼적거리기를 한다. 어른의 무릎에 앉아 책을 2~3페이지씩 넘긴다. 연필을 쥐고 종이에 그리기를 한다.	
18~24개월	
연필로 곡선을 그린다. 양손으로 문 손잡이를 돌린다. 병마개를 돌린다. 큰 지퍼를 열고 닫을 수 있다.	

출처: 이순형, 이혜승, 이성옥, 황혜신, 이완정, 이소은 외(2005).

(2) 인지발달

영아 초기의 인지발달은 출생 직후의 반사행동과 선천적 지각 능력으로 환경을 탐색해서 개념을 형성한다. Piaget에 의하면, 영아는 환경과의 직접 접촉을 통해 자신의 감각적 변화를 경험하고 이 변화를 이해하는 지각을 통해 행동한다고 보고 이 시기를 감각운동기로 규정하였다. 다시 말해, 감각운동기는 출생에서 2세까지의 영아가 감각기관과 운동 능력을 통합하여 세상을 이해하는 감각운동도식을 형성하는 시기이다. Piaget는 〈표 4-3〉과 같이 이 시기를 6단계로 구분하였다.

〈표 4-3〉 감각운동기의 6단계

단계	개월	특징
1단계 반사운동기	0~1개월	빨기, 울기, 숨쉬기, 재채기 등과 같은 생득적 반사를 가지고 주위 환경에 적응하려는 시기이다.
2단계 1차 순환반응기	1~4개월	우연히 일어난 흥미를 끄는 단순행동을 반복하지만 행동의 범위는 자신의 신체에 국한된다(엄지손가락 빨기).
3단계 2차 순환반응기	4~8개월	영아 자신의 신체에 국한되던 반복행동은 주위에 존재하는 물체로 확장되어 반복행동을 보인다(딸랑이 흔들기).
4단계 2차 순환반응의 협응기	8~12개월	특별한 목적을 가지고 의도적인 행동을 보인다(우유병을 잡기 위해 우유병 위에 있는 이불을 밀침).
5단계 3차 순환반응기	12~18개월	이전의 단순한 목적을 지닌 반복행동이 이 단계에서는 행동 결과를 살피기 위해 의도적으로 자신의 행동을 다양한 방법으로 변화시키는 능동적 행동으로 바뀐다.
6단계 정신적 연합기	18~24개월	정신적 표상을 사용하기 시작하며, 이전의 시행착오뿐만 아니라 통찰에 의해서도 문제를 해결한다.

감각운동기에 획득해야 할 주요 개념은 대상영속성이다. 대상영속성이란 대상이 더 이상 시야에서 보이지 않거나 다른 감각을 통해서도 인식할 수 없을 때에도 그 대상이 계속 존재한다는 개념이다. 대상영속성의 발달 단계는 〈표 4-4〉와 같다.

〈표 4-4〉 대상영속성의 발달 단계

단계	개월	특징
1단계	0~2개월	대상영속성의 개념이 전혀 없다. 눈앞에 보이는 시각 영역 안의 대상은 쳐다보지만 그 대상이 시야에서 사라지면 더 이상 관심을 나타내지 않으며 보는 것을 중단하고 다른 행동을 한다.
2단계	1~4개월	대상영속성 개념이 약하게 나타난다. 대상이 시야에서 사라진 곳을 잠시 바라보나, 능동적으로 찾으려 하지 않는다.
3단계	4~8개월	대상영속성 개념이 형성되기 시작하면서 주변의 물체가 보이지 않아도 어딘가에 존재함을 조금씩 이해한다. 시야에서 사라진 대상물을 능동적으로 찾는 행동이 나타난다.
4단계	8~12개월	시야에서 사라진 대상물을 적극적으로 찾으려 노력한다. 사라진 자리에서 즉시 찾아낸다. 영아가 지켜보고 있는 동안에 대상물을 처음 감춘 장소에서 다른 장소로 옮겨 놓아도 처음 감추었던 장소에서 대상물을 찾으려 한다.
5단계	12~18개월	대상과 대상에 대한 행동이 완전히 구분되어 4단계에서 나타난 오류를 더 이상 범하지 않게 되는 시기이다. 아직 대상의 숨겨진 위치를 정신적인 표상으로 정확히 추적하는 능력을 갖지 못하므로 대상영속성 개념에 한계가 있다.
6단계	18~24개월	대상영속성 개념이 완전히 발달해서 눈앞에 없는 사물이나 사물의 상에 대한 내적 표상이 모두 가능한 시기이다. 보이는 곳의 이동뿐만 아니라 보이지 않는 곳의 이동도 이해할 수 있게 되면서 숨기는 장면을 목격하지 않은 대상물도 찾아낸다.

(3) 언어발달

영아들의 언어는 그들 나름대로의 특성을 가지고 있기 때문에 단순히 성인의 미숙한 언어 사용으로 해석해서는 안 된다. 초기 언어 사용의 독특한 특징들은 다음과 같다. 첫째, 영아들은 최소한의 의미가 전달될 수 있을 정도로 단순화시켜 언어를 사용한다. 둘째, 영아들은 규칙을 지나치게 일반화해서 엄격하게 예외 없이 적용시킨다. 예를 들면, "곰돌이가 갔어,"를 "곰돌가 갔어." 등으로 말한다. 언어발달의 단계는 전언어기(출생~1세), 일어문 시기(1세~15개월), 이어문 시기(18~24개월)로 발달된다.

① 전언어기

출생 후 12개월까지를 전언어기라 하는데, 이는 영아가 아직 말을 시작하지 못하고 소리로 의사 전달을 하기 때문이다. 영아의 전언어기 행동에는 울음, 목 울림의 쿠잉, 옹알이, 얼굴 표정, 몸짓 등이 해당된다.

② 일어문 시기

이 시기 영아는 실제로 발성한 산출어보다는 단어의 의미를 이해하고 있는 수용어가 훨씬 많은데, 이때 나타나는 한 단어는 여러 의미가 담긴 문장의 역할을 한다. 또한, 과잉 확대, 과잉 축소의 특징을 보인다. 과잉 확대는 단어의 의미를 원래의 범주보다 더 확대해서 사용하는 것으로 모든 남자를 '아빠'로 부르는 것이다. 과잉 축소는 실제 그 단어의 범주보다 축소해서 적용하는 것으로 자신의 동생에게만 '아가'라는 말을 사용하는 것이다.

③ 이어문 시기(전보식 언어)

이 시기 영아에게 조사 등은 결여되어 있으나 두 단어를 조합하여 위치, 소유, 주어와 대상과의 관계 등을 의미하는 언어 사용 능력이 생긴다. "엄마 까까", "아빠 빠방" 등 두 개의 단어를 결합하여 자신의 의사나 감정을 의미 있게 표현할 수 있다. 이 시기 언어는 전치사, 동사 등의 어미를 빼고 중요한 단어만 나열하기 때문에 '전보식 언어'라고도 한다.

(4) 사회·정서발달

영아는 태어나면서 기본적인 정서를 가지고 태어나지만 아직 미분화된 상태이며 이 시기를 거치면서 점차 분화된 정서를 보인다. 또한, 출생 직후부터 각기 다른 기질적 특징을 보이며 영아와 애착자 간에 형성되는 친밀한 정서적 유대감인 애착을 형성한다. 애착은 영아기에 일어나는 가장 중요한 사회적 발달이 된다.

① 정서발달

인간의 일상생활에는 수많은 정서적 경험들이 존재한다. 이러한 정서적 경험에는 쾌감, 불쾌감, 좋음, 싫음, 애정, 분노 등과 같은 여러 감정이 포함된다. 정서적 경험은 심리적인 측면과 더불어 항상 생리적인 변화를 수반하여 신체적인 반응을 나타낸다. 정서의 분화는 영아기에 이루어지며, 대체로 불쾌의 정서가 쾌의 정서보다 빨리 분화된다. 2세 말경이 되면 성인이 보이는 모든 정서가 영아에게 나타난다. 이러한 정서 분화에 영향을 주는 것은 생리적 요인, 경험과 환경의 영향, 성숙과 학습, 표현행동의 자극 등이다(이순형 외, 2005). 영아의 정서 분화 과정은, 먼저 출생 시 정서가 전혀 분화되지 않은 채 산만한 흥분 상태만 존재한다. 생후 2개월이 되면, 영아는 근원적인 흥분 상태에서 쾌, 불쾌의 두 가지 방향으로 정서가 분화된다. 영아가 쾌감을 느낄 때는 긴장을 풀고 잘 웃으며 환경에 대해 만족스러운 반응을 나타낸다. 불쾌감을 느낄 때는 근육에 긴장을 일으키고 울기 시작한다(〈표 4-5〉 참조).

〈표 4-5〉 영아의 연령에 따른 정서발달

정서	개월
불편함/고통	출생 시
관심/흥분	출생 시
싫어함/혐오/슬픔	출생 시~3개월
즐거움/환희	2~7개월
놀람	3~6개월
분노	4~7개월
경계심/두려움	4~9개월
심한 분노	7~18개월
애정/사랑	18~36개월
감정이입/동정	18~36개월
죄책감/당황함/수치감/자부심	24~36개월

출처: 강경미, 김경옥, 최순영(2006).

② 기질

영아는 각각 다른 정서적 반응을 가지고 있다. 어떤 영아는 항상 즐겁고 행복해 하지만 다른 영아는 많이 울고 자주 기분이 좋지 않다. 어떤 영아는 조용하고 행동이 느린 반면, 어떤 영아는 활기차고 행동이 민첩하다. 이러한 행동들은 각기 다른 기질의 차이에서 비롯된 것이다. 기질이란 한 개인의 행동 양식과 정서적 반응 유형을 의미한다.

Thomas와 Chess(1991)는 기질적 특성에 따라 영아를 순한 기질, 까다로운 기질, 반응이 느린 기질로 구분하였다.

㉠ **순한 영아:** 일반적으로 긍정적인 정서를 보이며, 규칙적인 일상 활동에 빠르게 적응하고 새로운 경험에도 쉽게 적응한다.

㉡ **까다로운 영아:** 부정적으로 반응하고 자주 울며, 비규칙적인 일상 행동을 하며, 새로운 경험을 받아들이는 데 시간이 걸리며 어려워한다.

㉢ **반응이 느린 영아:** 활동 수준이 낮고, 조금은 부정적이며, 낮은 적응력을 보이며, 감정의 지속 상태가 낮다.

Thomas와 Chess(1991)에 의하면, 연구 대상 영아의 40%가 순한 기질이었고, 10% 정도가 까다로운 기질을, 15% 정도의 경우 반응이 느린 기질에 속하였고, 35% 정도는 여러 기질이 혼합되어 있다고 보았다. 또한, 영아기 초기의 기질은 이후에도 지속적으로 유지되는 것으로 나타났다.

3. 유아기의 발달 특성

유아기는 대략 만 3세에서 5세까지의 시기로 이때는 탐구, 실험, 관찰을 통해 학습하게 된다. 또한, 놀이가 일이고, 성공적으로 과제를 수행할 수 있는 때이며, 자신과 세상을 발견하는 시기이기도 하다. 유아들은 새로운 사고를 형성하며, 무엇보다 독립적인 존재가 된다. 신체 활동을 통한 자조 기술을 완전히 수행할 수 있게 되며, 상징놀이를 통해 성인의 역할을 연습해 보고 자신이 성취한 부분에 자랑스러움을 느낀다.

1) 신체운동발달

신체발달과 운동기능발달은 유아로 하여금 다양한 신체 활동에 참여하도록 한다. 이 시기 유아는 활동성이 증가하므로 다양한 신체 활동 놀이를 통해서 신체 및 운동기능을 발달시킬 수 있다.

(1) 신체발달

유아기는 영아기에서처럼 급속한 신체발달은 이루어지지 않으나 꾸준한 신체적 성장이 이루어지는 시기이다.

① 키와 몸무게

유아들은 보통 평균 키가 해마다 7cm씩 증가하며 몸무게는 2~3kg씩 증가하는데, 6세가 되면 키는 121cm, 몸무게는 24kg 정도가 된다(한국교육개발원, 2007). 유아의 나이에 따라 키와 몸무게의 성장률은 매년 감소한다. 유아기 동안 남아와 여아는 몸통이 길어짐에 따라 살이 빠져 보인다. 아직 머리가 몸에 비해 상당히 크지만 유아기 말이 되면 대부분의 유아들은 머리가 더 이상 커 보이지 않게 된다. 몸의 지방도 이 시기 동안 천천히 줄어든다. 일반적으로 여아는 남아보다 지방층이 많으며 남아는 근육층이 많다.

② 뼈와 치아의 발달

유아기에 연골조직은 더욱 단단해지며 이에 따라 외관도 튼튼해지며 내부기관도 잘 보호받는다. 뼈의 발달은 운동발달과 몸의 균형에도 중요한 역할을 하여 외모에도 많은 변화가 생긴다. 그러나 어깨와 골반 근육이 아직 충분히 발달되지 않아 남성적, 여성적 체격 특성이 나타나지 않고 남녀 모두 직선적이고 평면적인 체격을 가진다. 2세 반이 되면 유아는 20개의 유치를 모두 가지게 되며, 5~6세에는 영구치가 나오기 시작한다.

(2) 운동발달

유아들은 뛰고 넘어지고 뒹구는 등의 대근육 활동과 블록으로 건물을 만드는 등의 소근육 활동을 하는데 이러한 활동을 통해 대근육운동과 소근육운동이 활발하게 일어난다.

① 대근육운동

유아들은 다리를 자신감 있게 움직이고 목적한 대로 움직이게 되는데, 3세의 유아들은 단순히 움직이는 것을 좋아한다. 뛰기, 오르기, 앞과 뒤로 달리기를 하며 반복적인 활동을 통해 즐거움을 얻는다. 운동 능력의 향상은 유아의 자아 인식을 발달시키는 데 결정적인 역할을 하는데(이순형 외, 2005), 자신의 몸 움직임을 통해 신체적인 이미지를 형성하므로 이 시기의 정상적인 운동발달은 매우 중요하다. 4세가 되면 이전보다 좀 더 모험적인 활동을 하는데, 정글짐을 올라가거나 한 번에 한 발씩 계단을 밟아 가며 올라가거나 내려온다. 5세가 되면 빠르게 뛰며 경주하기를 좋아해서 부모나 또래들과 많은 경주를 한다.

② 소근육운동

3세의 유아는 물건을 움직이고 다룰 때 영아기의 능력이 남아 있어 엄지와 검지로 작은 물건을 잡을 수는 있으나 미숙한 상태이다. 이때는 블록으로 높은 탑을 쌓을 수 있지만 똑바로 세우지는 못하고 삐뚤게 쌓는다. 딱딱한 보드나 그림 맞추기 퍼즐을 가지고 놀 때도 조각들을 움직이는 데는 아직 서툴다. 어떤 경우는 조각이 들어가야 할 정확한 위치를 알아도 조각을 잘 끼워 넣지 못한다. 4세에 이르면 소근육 협응은 급격히 향상되고 훨씬 정확해진다. 5세가 되면 손, 팔, 몸 모두가 눈의 명령에 의하여 함께 움직일 수 있어 정교한 구조물을 완성하고 바느질 활동도 완수한다.

2) 인지발달

(1) 자아중심적 사고

자아중심성이란 타인의 생각, 감정, 관점, 지각 등이 자신과 동일하다고 생각하는 것이다. 유아는 사물이나 현상을 자신의 입장에서 보기 때문에 타인도 자신과 똑같이 생각하고 행동한다고 믿어 다른 사람의 관점을 이해하지 못한다. 유아가 자신의 조망과 타인의 조망을 구별하지 못하는 것을 의미하는데, 이것은 이기적이거나 독단적인 것과는 다르다(김수희, 전대성, 나용선, 김지현, 2006). 이러한 사고를 하는 유아는 감정이입이 되지 않아 상대방의 입장에서 사고하는 것이 어렵다. 오직 자기가 생각하는 방식만이 존재한다.

(2) 상징적 사고

상징적 사고는 영아기 말에 시작되고 유아기에 활성화된다. 상징적 사고는 정신적 표상이 가능해져 사고가 시작되는 것인데, 이에 따라 모방이나 상징놀이를 하게 된다. 상징(symbol)놀이는 어떤 개념을 나타내는 것으로서 상징을 사용하면서 현재의 한계를 벗어나 과거나 미래, 다른 장소를 넘나들게 된다. 유아는 상징적 사고가 시작되면서 가상놀이를 하게 된다.

(3) 직관적 사고

직관적 사고란 어떤 사물을 볼 때 그 사물의 두드러진 속성을 바탕으로 사고하는 것이다. 따라서 유아는 사물이나 사건의 여러 측면에 주의를 기울일 줄 모르며, 그 속에 내재된 규칙이나 조작을 이해하지 못한다. 즉, 직관적 사고에 의하여 겉으로 드러나는 두드러진 특성만으로 사물을 판단한다. 따라서 이 시기 유아는 사물의 양이나 수는 그 모양이 변하거나 여러 부분으로 나누어져도 변하지 않는다는 보존 개념을 획득하지 못하며 유목 포함이나 서열화도 아직 가능하지 않다.

(4) 물활론적 사고

물활론적 사고란 모든 사물이 살아 있다고 생각하는 유아들의 사고이다. 인형이 살아 있다고 생각하는 것, 침대가 살아 있다고 생각하는 것 등을 들 수 있다. 이 시기 유아는 생물과 무생물 사이의 구별을 하지 않는다. 이러한 사고는 유아의 연령이 증가함에 따라 단계를 거쳐 발달하는데 4~5세가 되면 감소하기 시작한다.

(5) 도덕적 실재론

유아는 누군가가 잘못을 했을 때 동기에 의해 잘잘못을 판단하는 것이 아니라 행위에 대한 결과 여부에 따라 잘못한 정도를 판단한다. 바로 현재 나타나 있는 현상을 중심으로 판단하게 된다.

(6) 인공론적 사고

유아가 세상의 모든 사물이나 자연현상이 사람의 필요에 의해 자신의 목적에 맞게 사용하려고 만들어진 것이라고 믿는 것이다. 예를 들면, 하늘이 파란색인 이유는 누군가가 파란색 물감을 하늘에 색칠하였기 때문이라고 믿는 것이다.

(7) 변환적 사고

전혀 관련 없는 두 개의 사태가 동시에 일어났을 때 한 사태가 다른 사태의 원인이 된다고 추론하는 양상이다. 예를 들면, 아빠가 아이스크림을 사오시기로 약속한 상태에서 엘리베이터 앞에서 "열려라, 참깨."하고 외쳤을 때 우연히 아빠가 도착하게 된 경우, 자신의 주문에 의해 아빠가 그 순간 도착하였다고 생각하는 것이다.

3) 언어발달

유아기의 어휘는 급속히 증가한다. 그리고 이 시기에는 여러 가지 문법 능력이 발달하면서 문장의 구사력이 향상된다. 말을 통한 사회적 상호작용이 활발해지면서 언어발달이 빠르게 진전되어 5세경이 되면 유창하게 언어를 구사할 수 있다.

(1) 언어발달의 과정

유아기에는 사용하는 단어의 수가 급증한다. 유아가 24개월이 되면 두 단어로 이야기하는 것이 증가하여 30개월이 되면 세 개 이상의 단어를 사용하여 이야기한다. 36개월이 되면 어휘 수가 1,000개에 이르는데 문법적인 오류를 범하기도 한다(Papalia, 1998). 어휘 수는 계속 증가하여 6세까지 10,000개의 단어를 습득한다. 문장 길이도 길어져 3~4세경에는 3~4개의 단어로 문장을 구성하며, 4~5세경에는 4~5개의 단어로, 5~6세경에는 6~7개의 단어로 구성된 문장을 사용한다. 국내의 연구에 의하면, 한국의 유아들은 2세경에 200~300개의 단어, 3세까지는 1,000개 단어, 4세까지는 1,500개 단어, 5세까지는 2,000~2,500개의 단어를 알고 사용한다(이옥형, 2002).

또한, 3세경에는 부정문이나 복수형에 대한 개념을 갖게 되며, 특히 '싫어', '아니'와 같은 부정적 의미의 문장을 사용할 수 있다. 4~5세경부터 부사, 형용사를 사용하거나 어간에 붙이는 어미를 변화시킬 수 있다. 5~6세경에는 성인이 사용하는 문법과 유사할 정도로 대부분의 문법에 숙달하게 된다.

(2) 언어발달의 특징

유아기 언어발달의 특징은 다음과 같다. 첫째, 유아들의 언어발달 능력은 운동반응표현과 언어반응표현으로 구분된다. 운동반응표현이란, 유아가 언어로 표현하지 않더라도 이미 그 언어에 대한 개념을 갖고 있어 자신의 행동으로 이해한 것을 표현하는 것이다. 예로, 교사가 "동화책을 가져오자."라고 했을 때, 유아는 아직 동화책이라는 말은 못하더라도 그것의 의미는 알고 가져올 수 있는 이해 능력을 말한다. 이러한 반응 양식으로부터 유아는 점차 언어로 말하는 언어반응 능력이 발달되어 간다(이숙 외, 2013).

둘째, 유아들의 언어는 자기중심적인 특성이 있다. 친구들과 놀면서 대화할 때 서로 자기 이야기만을 하여 의사소통이 원활하게 되지 않는 일이 종종 생긴다. 이 시기 또래와의 놀이를 통해 친사회적 기술을 익히면서 의사소통이 원활해진다.

셋째, 유아들은 주위의 사물에 호기심을 가지고 끊임없는 질문을 계속함으로 어휘와 문장의 구조를 발달시킨다. 또한, 구체적인 경험을 통하여 언어발달이 향상된다. 즉, 자신에게 의미 있는 상황에서 구체적인 경험을 하면서 자연스럽게 발달하므로 구체적인 사실, 구체적인 사물을 가지고 환경과의 상호작용을 할 수 있는 기회가 필요하다.

4) 사회·정서발달

이 시기는 독립심과 주도성을 기르는 시기이다. 유아는 성역할의 발달을 보이며, 다른 사람과의 관계를 맺어 나간다.

(1) 또래와의 상호작용

유아기의 또래와의 관계 유지는 사회성 발달에 중요한 역할을 한다. 이 시기 또래는 친구로, 모델로, 비교의 기준으로서 역할을 수행한다. 또래와의 관계에서 인기 있는 유아는 활동적이며 독립적이며 적대적인 공격성을 덜 보이며 또래와의 관계에서 긍정적이다. 또래는 서로의 행동을 강화시키는 모델의 역할을 한다. 다른 유아의 행동을 지켜보고 모방하면서 규칙을 배운다. 또한, 친사회적인 행동과 반사회적인 행동도 관찰을 통하여 학습한다.

또래와 놀 때는 서로 상호작용을 하는 놀이를 전개하지만, 놀이가 조직화되어야 하는 협동적인 놀이를 진행하기에는 무리가 있다. 협동놀이는 공통의 목표와 놀이 테마의 언어적 공유라는 두 가지의 필수적 요소가 충족될 때 가능하다. 이 시기 유아는 또래와 상징적인 극놀이를 즐긴다. 극놀이의 줄거리는 대부분 일상생활을 중심으로 이루어지는데 대개 3세는 혼자 극놀이를 하지만 4세 이후에는 역할에 따른 극놀이를 한다. 이러한 놀이 상황은 유아가 편안한 상태에서 인지적인 기술을 발달시킬 수 있는 기회가 된다. 극놀이를 통해 감정의 표현과 자기 자신에 대한 느낌을 표현할 수 있다.

(2) 친사회적 행동과 반사회적 행동의 발달

유아는 그가 속한 사회 구성원으로서 자신의 역할을 제대로 수행하기 위해 어떤 것이 사회적으로 승인받는 행동이며, 규제받는 행동인지를 학습한다. 유아의 사회적 행동은 돕기, 나누기, 협동하기, 위로하기 등의 친사회적 행동과 이기적인 행동, 거짓말하기, 훔치기, 신체적 공격 등의 반사회적 행동으로 나눌 수 있다.

① 친사회적 행동

약 3세경의 유아는 곤경에 처해 있는 또래를 도와주거나 놀잇감을 나누어 주기도 한다. 이타적인 행동은 4~6세경부터 증가하기 시작한다. 친사회적 행동은 조망수용 능력, 감정이입, 문제 해결 기술의 세 가지 사회인지적 발달이 이루어져야 하므로 유아기 이후부터 현저히 발달된다. 또한, 이러한 친사회적 행동은 주변의 사람들을 모방함으로써 촉진되기도 한다. 유아가 일상 가운데 관찰 가능한 대상인 부모, 교사, 친구의 행동이나 텔레비전 속의 대상이 보여주는 친사회적 행동은 이 시기 유아의 친사회적 행동을 촉진하는 데 효과가 있다.

② 반사회적 행동

반사회적 행동이란 사회에서 받아들여지지 않거나 주어진 상황에 적절하지 못한 행동을 하는 것을 말한다. 유아는 반사회적 행동을 다양한 매체나 다른 사람들의 행동을 통해 배운다. 전형적인 반사회적 행동인 '공격성'은 신체적 공격성과 언어적 공격성으로 또는 도구적 공격성과 적대적 공격성으로 나눌 수 있다(조복희,

공인숙, 권희경, 김혜선, 박은미, 서소정 외, 2007). 도구적 공격성은 자신의 영역, 물건 등을 지키기 위해서 보이는 공격성으로 해를 끼치려는 의도는 거의 없다. 반면, 적대적 공격성은 상대방에게 해를 가하려는 의도적인 공격이다. 적대적 공격성보다 도구적 공격성이 유아기에 더 많이 나타난다.

유아기의 공격적 행동과 관련된 요인으로는 먼저 연령과 성이 있다. 즉, 유아기의 공격적 행동은 연령이 증가함에 따라 신체적 공격에서 언어적 공격으로 변화되며 비교적 안정성을 갖는다. 전 생애 동안 지속될 수 있으며 후에 성인기의 공격성과도 연관된다. 이러한 공격성은 성차를 보이는데, 성역할 기대를 의식하기 시작하는 1년 6개월에서 2년 6개월 사이에 여아는 공격성이 감소하지만, 남아는 공격성이 여전히 지속되며, 남아의 공격성이 신체적이며 물리적인 데 반해 여아가 언어적 공격성의 표출 방식을 보이는 것은 남녀에 따른 사회화 과정의 차이 때문이라고 볼 수 있다(김영옥 외, 2009). 또한, 부모의 양육 태도가 공격성에 영향을 주는데, 부모의 여러 양육 태도 변인 중에서 공격행동에 대한 부모의 허용성, 처벌, 비일관성이 가장 관련이 높다. 그 외에도 또래나 텔레비전, 컴퓨터 등 대중매체도 유아의 공격성에 영향을 주는 요인이 된다.

(3) 일반적인 정서와 감정 표현

유아기는 언어 능력이 미숙하기 때문에 자기 감정을 언어로 정확히 전달하지 못할 수 있다. 그러므로 자신의 감정을 정확히 인식하고 사회적으로 적절한 방식으로 표현할 수 있는 능력을 길러야 할 때이다. 정서는 크게 긍정적인 정서와 부정적인 정서로 구분할 수 있다.

긍정적 정서로 대표되는 것으로는 사랑과 애정이 있다. 유아기에는 주변인들이 사랑과 애정을 보여주고 느낄 수 있는 정서 능력을 계발시켜야 한다. 질 좋은 양육 환경에 있는 유아는 이러한 긍정적인 정서를 많이 보이는 경향이 있다.

부정적 정서 중 유아기에 보는 공포심은 타고나는 것도 있지만 주변의 성인이나 부모로부터 모방할 수도 있다. 유아기에는 어두운 공간, 뱀 등에 대해 공포를 느낀다. 자신의 사고 능력이 발전하면서 위험 상황을 자각하고 때로는 상상력을 동원하여 공포심을 느끼기도 한다. 불안이라는 부정적인 정서 또한 이 시기에 접하게 되는데, 부모의 이혼이나 죽음 등과 같이 예측하지 못한 사건들에 의해 불안을 느끼게 된다. 경쟁심이나 질투심 같은 정서는 정상적인 것이지만 오랫동안 지속되거나 과열될 경우에는 건강한 생활을 하는 데 어려움을 줄 수 있기 때문에 주변과의 관계를 유아가 적절히 형성하고 있는지 관심을 가져야 한다.

(4) 자아 발달

유아들은 자신의 성, 외모, 능력, 태도, 가치 등 자신의 특징에 대한 지식과 평가인 자아개념을 발달시키기 시작한다. 자아개념은 일상생활 적응과 깊은 관계를 맺고 있는데, 이러한 점에서 볼 때, 자신에 대해 가지고 있는 자아개념은 개인의 행동과 성격 형성에 많은 영향을 준다.

① 자아개념

자아개념은 자기 자신에 대해 총체적으로 지각하고 느낀 결과로서의 자기 자신이라 할 수 있는데, 자아개념의 가장 기본적인 개념인 자기 인식은 자신과 타인이 별개의 존재임을 아는 것이다. 유아기는 범주적 자아로 자신을 개념 정의하는데, 대표적인 범주는 나이, 성별, 외형적인 크기 등이다. 유아가 자기 정의를 강하게 할수록 사물에 대한 소유욕이 더 강해지는 경향이 있는데, 이는 이기심의 산물이라기보다는 타인과 자신과의 경계를 명확히 하기 위한 노력으로서 자아 발달의 긍정적인 표시라 볼 수 있다. 3~4세 유아들이 자기 주변의 사람이나 사물에 대해 소유를 표현할 때 "내 엄마", "내 장난감" 등의 주장이 강해지는 것은 이런 표현에 의한 것이다(강문희, 신현옥, 정옥환, 정정옥, 2004). 4~5세에 이르면 자신을 탐색하고 자신의 능력이나 한계를 확인하려 하는데, 자기 주변의 일을 스스로 주도하려는 시도를 한다. 유아가 생활 중에서 긍정적인 경험을 많이 하는 것은 자신감과 연결되고 성취감으로 발전하게 된다.

② 자아존중감

자아개념이 자아에 대한 인지적인 측면이라면 자아존중감은 감정적인 측면이라 할 수 있다. 즉, 자아존중감은 자신에 대한 느낌이라 할 수 있는데, 자신에 대한 전반적인 가치 판단을 의미하는 것으로 긍정적이거나 부정적으로 표현될 수 있으며, 자신의 능력, 중요성, 성공, 가치 등에 대해 어느 정도 믿는지를 나타낸다. 유아기는 주변 사람들이 자신을 얼마나 좋아하는지와 자신의 능력을 어떻게 평가해 주는지에 따라 자아존중감을 형성한다. 보통 유아기에는 자아존중감이 매우 높은 편인데, 자아존중감이 높은 유아는 그렇지 않은 경우에 비해 자신의 판단에 자신감을 갖고, 사회적 상호작용에서 긍정적으로 자기주장을 하며, 또래 관계도 원만하다.

4. 아동기의 발달 특성

아동기는 만 6세에서 만 12세까지의 시기로 초등학교에 다니는 시기이다. 아동들은 이 시기 동안 자아정체감을 세우고, 또래 관계를 형성하며, 좋고 싫음을 형성한다. 학교와 가정에서의 생활은 아동들이 자신과 세계에 대한 정보를 얻도록 도와주며, 학습 능력을 키우고, 읽기 능력을 향상시키고, 수학·과학·사회 분야를 배운다. 이 연령에서는 성숙의 징표가 나타나기도 하며 꾸준한 속도로 신체발달이 이루어진다. 이 시기는 아동기와 청소년기를 이어주는 다리 역할을 한다.

1) 신체운동발달

아동기 동안 신장은 유아기와 거의 비슷하게 5~7cm 정도 자라며, 체중은 매년 2.5kg~4kg씩 증가한다. 또한, 다리가 길어지고 몸체는 날씬해진다. 특히, 신체 비율의 변화가 두드러져 신장에 비해 머리둘레 및 허리둘레가 작아지면서 11~12세가 되면 신체 비율은 1/7이 된다. 여아는 10세경에, 남아는 12~13세경에 사춘기의 급성장이 나타나기 때문에 10세부터는 여아가 남아보다 커진다. 근육조직의 발달은 남아가 여아보다 늦게 발달하는데, 여아는 12~15세, 남아는 15~16세에 현저한 발달을 보인다. 물론, 이 같은 신체발달은 개인적으로 현저한 차이가 있다. 어떤 아동은 신장이 자라서 날씬한 데 비해 또 어떤 아동은 근육이 발달하여 뚱뚱보가 되는 수가 있다. 이러한 경향은 기질적인 요인에 기인한 것으로 알려져 있다.

한편, 우리나라 아동의 평균 신장과 체중은 과거에 비해 상당히 더 커지고 무거워졌다. 다음의 〈표 4-6〉은 우리나라 아동의 신장과 체중의 평균 발육치를 제시한 것이다.

〈표 4-6〉 우리나라 6~11세 아동의 신장과 체중 발육치

연령(만)	신장(㎝)		체중(㎏)	
	남	여	남	여
6세	121.61	120.42	24.37	23.25
7세	127.44	126.09	27.89	26.44
8세	132.93	131.80	31.66	29.92
9세	138.55	138.37	35.92	34.21
10세	143.68	144.75	40.19	38.93
11세	150.37	151.14	45.10	44.03

출처: 한국교육개발원(2007).

또한, 이 시기는 대근육운동 기능의 발달로 대부분의 아동은 유아기에는 잘 수행하지 못했던 자전거 타기, 스케이팅, 수영, 줄넘기, 구기 종목 등의 운동을 할 수 있다. 아동은 운동을 하면서 운동의 기본 기술뿐만 아니라 놀이와 스포츠 게임에도 참여함으로써 또래와 우정 관계를 형성하고 팀의 구성원과 협동하고 게임 규칙을 준수하는 태도를 배운다.

소근육운동 기능도 발달하게 되는데, 7세경에는 글씨 쓰는 속도가 빨라지며, 8

세경부터 양손을 따로 쓸 수 있다. 10~12세경에는 성인 수준의 손놀림이 가능하여 수공예품을 만들거나 어려운 곡의 악기 연주를 할 수 있다. 또한, 소근육운동 기술의 발달은 일상생활을 영위하는 데 필요한 자조행동인 혼자서 옷 입고 벗기, 신발끈 매기, 수저 사용 등을 가능하게 할 뿐만 아니라 아동의 독립심도 증가시킨다.

운동 능력의 발달에서는 개인차와 더불어 성차도 점점 두드러진다. 그 이유는 남아가 여아에 비해 근육이 더 잘 발달하고 순환계도 더 효율적으로 발달하며(김광웅, 방은령, 2003), 17세까지 운동 능력이 계속 발달하지만, 여아는 13세경에 최고조에 달한 운동 능력이 이후부터는 쇠퇴하거나 유지하는 수준에 머무르게 되며, 운동과 활동에 대한 사회적 기대와 참여 정도에서의 차이(박성연, 도현심, 2003)가 있기 때문이다. 남아는 여아에 비해 운동 능력 발달에 필요한 활동을 더 많이 하며, 보다 격렬하고 능동적으로 움직일 것으로 기대된다.

학교가 아동의 전인적인 발달에 기여하기 위해서는 우선적으로 아동의 신체·운동 기능 발달에 부응해야 한다. 신체·운동 기능 발달은 그 자체로서도 중요하지만 인지, 정서 및 사회성 발달과도 밀접하게 관련되었다는 점에서 학교교육에서 소홀히 다루어질 수 없는 부분이다. 아동의 신체·운동 기능 발달을 촉진하기 위한 방안으로 영양 공급, 비만, 질병, 치아건강, 사고 예방 측면에서 관심을 가져야 한다.

2) 인지발달

초등학교 입학 연령 아동의 인지발달은 양적인 면과 질적인 면에서 매우 괄목할 만한 성장을 이룬다. 아동의 기억력 및 지능의 증가 등은 양적인 사고 능력의 증가를 보여준다. 또한, 질적으로도 인지 능력의 큰 성장을 발견할 수 있는데, 논리적 사고, 보존개념 획득, 인지 양식의 획득 등이 이에 해당된다.

(1) 사고력의 증가

아동기에 들어서면 직관적 사고나 자기중심적 사고 등의 유아기의 전조작적 특징이 남아 있다. 이후 7~8세경에는 구체적 장면에서의 구체적 사물을 통한 '논리적 사고'가 가능해지면서 Piaget가 말하는 구체적 사고기에 들어선다. 이 시기에는 '보존개념'을 획득하고 '가역적 사고'가 가능하다. 아동 중기에는 공간의 위치, 거리에 대한 지리적 관계, 역사적 사건에 대한 시간적 관계 등에 관해 흥미가 왕성해진다. 11~12세에 해당하는 아동 후기에 이르면 청년기 사고의 특징이라 할 수 있는 형식적, 조작적 사고의 싹이 돋아난다. 즉, 현실 경험과는 모순되는 순수한 가설에서 출발한 것이라도 형식적 조작에 의해 연역적 추리가 가능하게 된다. 따라서 아동기 사고의 특징인 '탈중심화', 즉 객관적인 사고가 가능해진다.

(2) 인지 양식의 발생

인지 양식(cognitive style)이란 개인이 환경에 대해 인식하고 반응하는 양식으로 아동기에 나타나기 시작한다. 인지 양식은 사고의 방식에 따라 수렴적 사고와 확산적 사고, 장의존성과 장독립성, 사려성과 충동성 등의 특성으로 다양하게 구분해 볼 수 있다.

아동이 한 가지 문제에 직면하게 되어 문제를 해결하기 위해 사용하는 사고방식으로는 수렴적 사고와 확산적 사고가 있다. 수렴적 사고란 여러 가지 가능한 해결책이나 답을 제시하고 이들 가운데서 가장 적합한 해결책을 모색해 가는 사고방식을 의미한다. 반면, 확산적 사고란 문제 해결을 위해 새로운 방법을 모색하는 사고방식을 의미한다. 따라서 확산적 사고는 사고의 유창성, 융통성, 독창성, 정교성, 집착성 등이 요구된다.

한편, 장의존성과 장독립성의 인지 양식이란 인간이 사물을 인식하게 될 때 그 사물을 둘러싼 배경의 영향을 받거나 받지 않는 인지 양식을 의미한다(정옥분, 2002). 인지 과정에서 환경의 영향을 받는 정도는 개인에 따라 차이가 나는데 상황의 영향을 많이 받는 사고방식을 장의존성이라고 하고 반대로 상황의 영향을 적게 받는 사고방식을 장독립성이라고 한다. 대부분의 사람은 이러한 두 가지 사고의 양식이 혼합되어 존재한다. 장의존성과 장독립성의 인지 양식은 사회적 관계에도 영향을 준다. 장의존적인 사고 양식의 아동은 새로운 문제에 직면하게 되었을 때, 주변 사람들에게 의존하거나 다른 사람의 견해에 맞추어 자신의 견해를 수정한다. 반면, 장독립적인 인지 양식을 가진 경우 문제를 해결하는 데 자율적이다.

새로운 문제에 직면했을 때, 문제에 대해 반응하는 인지 양식의 스타일이 있는데, 바로 사려성과 충동성이다. 사려성이 있는 아동의 경우는 주어진 문제에 대해 천천히 생각하며 문제를 해결하고자 시도하는 반면, 충동성이 있는 아동은 즉각적인 반응을 보이는 경우이다. 이러한 인지 양식의 스타일은 고정된 것이 아니라 적절한 훈련을 통하여 변화가 가능하다.

(3) 아동의 지능

지능이란 보편적으로 빠르고 정확하게 학습하는 능력, 어휘력이나 독해력 같은 언어 능력, 문제 해결을 위해 추상적 개념을 사용하는 능력, 새로운 상황에 적응하는 능력 등을 의미한다(정옥분, 2002). 아동기의 지능발달은 유아기부터 시작되어 15세경까지 급속한 성장을 보이며, 11~12세경까지 가장 빠른 성장을 보인다. 아동의 지능발달에 영향을 미치는 요인으로는 부모의 사회경제적 지위가 있다. 이는 지능이 개인의 유전적 형질과 환경 간의 상호작용을 통해 발달하기 때문이다. 즉, 지능은 아동의 타고난 능력과 그들이 태어난 환경 등의 영향을 받아 개인차가 많이 나타난다. 일반적으로 부모의 사회경제적 지위가 높을수록 아동과의 상호작용에 양적, 질적인 우위를 보이기 때문에 아동의 지능지수에 영향을 미친다고 본다.

3) 언어발달

언어적 유능성을 가져오는 중요한 발달은 대개 아동기에 이루어진다. 이 시기에는 보다 많은 단어를 학습하게 되고, 길이가 길고 문법적으로 복잡한 문장을 이해하고 사용할 수 있게 된다. 동시에 타인과의 의사소통 기술도 세분화된다. 또한, 읽기와 쓰기 능력이 빠르게 발달하는 특징이 있다.

(1) 어휘와 문법의 확장

아동기에는 그 이전에 습득한 언어를 기초로 하여 어휘 능력이 급속히 발달하며 보다 정교해진다. 특히, 언어 능력 중에서도 단어의 형태론적 지식이 증가한다. 형태론이란 소리를 의미 있는 단위로 결합시키는 규칙체계로 단어 또는 의미를 구성하는 단어의 형성에 관한 규칙을 말하는데, 아동기에 이러한 지식을 습득하게 된다. 아동의 연령이 증가할수록 언어의 길이가 늘어나고 언어 표현에서 형태소의 수가 증가된다. 형태소란 의미를 가진 단어에 부가적으로 따라오는 부가물을 말한다(강문희 외, 2004). 예를 들면, 동생, 울다 등의 단순 형태소에서 동생들, 운다, 울었다, 우셨다 등의 좀 더 다양하고 복잡한 형태소가 나타난다. 이런 식의 형태론의 발달에 따라 복잡한 시제나 존댓말 등의 사용이 가능해진다. 또한, 이러한 형태소들이 의미를 가지고 정연하게 연결되어 문법적으로 더욱 복잡하고 긴 구문을 사용할 수 있게 된다. 단어의 배열과 순서는 단어 간의 관계를 규정하여 단어의 단순한 배열이 아닌 의미를 가진 문장으로 만들어 준다. 이러한 구문론에 관한 지식이 증가함에 따라 수동태의 형태나 수식절 등을 포함하는 복합문을 적절하게 사용하게 된다.

(2) 의사소통 기술의 발달

언어는 사회적 맥락 속에서 사용된다. 아동은 다른 사람과 의사소통을 하기 위해 언어를 사용한다. 이러한 의사소통에 어떻게 언어가 사용되는가를 지배하는 규칙체계인 사회적 관습을 화용론이라고 한다. 아동은 문화적 기대에 따라 언어를 사용한다. 대화를 할 때 차례를 기다려서 이야기를 한다거나 상대방이 친절하게 해 주었을 때 고맙다고 이야기하거나, 다른 사람과 모르고 부딪혔을 때 미안하다고 이야기하는 것 등이 이러한 화용론의 예이다. 아동기는 이러한 화용론의 사용이 더 정교해지고 사회적 상황에 적절하게 언어를 사용할 수 있다. 상대방에게 무엇을 빌리고자 할 때, 자신의 것을 친구에게 나누어 주고자 할 때 어떤 언어를 사용하는지를 잘 알게 된다. 이러한 화용론의 발달에 따라 아동은 자기중심적인 언어에서 벗어나 상대방의 입장에서 언어를 구사하게 될 뿐만 아니라 사회화된 언어의 사용이 증가한다. 이러한 측면은 아동의 또래 관계에 영향을 주며, 또래 간의 상호작용에서 언어적 논쟁과 자기주장, 설명, 설득 등의 대화를 가능하게 한다.

(3) 읽기와 쓰기 능력의 발달

Chall(1979)은 읽기 능력의 발달을 다섯 단계로 나누는데, 먼저 준비 단계(출생~초등학교 1학년)에서는 읽기에 요구되는 선행 조건을 학습해야 한다. 즉, 글을 왼쪽에서 오른쪽으로 읽고 쓰며, 어떤 글자가 있는지, 자기 이름을 어떻게 쓰는지를 배우게 된다. 1단계(초등학교 1~2학년)에서는 글 읽는 법을 배우고 단어를 소리로 바꾸는 능력을 획득한다. 2단계(초등학교 2~3학년)에서는 글을 읽는 데에 보다 능숙해지지만 읽기를 통한 학습은 활발하지 않은 상태이다. 3단계(초등학교 4학년~중학교 3학년)에서는 글을 통해 정보를 획득하는 능력이 급속히 발달한다. 즉, 읽기를 통한 학습이 이루어진다. 이 시기에 읽기를 배우지 못하면 학업 수행에 심각한 문제가 발생한다. 4단계(고등학교)에서 대부분의 학생들은 읽기 능력을 완전히 발달시키며, 여러 관점에서 제시된 정보도 잘 이해할 수 있다. 문학, 역사, 경제학, 정치학 등에 대해 철학적이고 복잡한 논의를 할 수 있게 된다(정옥분, 2002).

쓰기 능력은 읽기 능력이 어느 정도 발달된 후에 나타난다. 아동들은 처음 글쓰기를 할 때 글씨를 틀리게 쓰는 경우가 많은데, 거꾸로 쓰거나 소리 나는 대로 글을 쓴다. 이는 아동들이 글자를 쓸 때 일반적으로 단어의 소리를 이용하여 글자의 기본 형태를 생각해 내기 때문인 것으로 보인다. 이후 글씨를 정확히 쓸 수 있게 되며, 자신들의 생각을 글로 표현하는 능력이 점차 향상된다.

4) 사회·정서발달

학령기 아동은 혼자서 시간을 즐기기도 하고 많은 시간을 공상하며 보내기 때문에 조용한 활동 기회를 제공해 주어야 한다. 또한, 이 시기는 연극이나 음악회에 실제로 참여하며 즐거워하고, 창의적인 글쓰기를 좋아한다. 친구가 중요한 부분을 차지하는데, 이 시기에는 가족보다도 친구의 영향을 더 많이 받는다. 또래집단은 대개 동성집단으로 같은 연령층, 같은 취미, 지능이 비슷한 경우가 많다. 이 시기는 타인을 모방하기를 즐기는데, 가수나 영화배우, 스포츠 선수 등을 우상으로 여기며 유행에 민감하며 특정 소재를 수집하기를 즐긴다. 보이스카우트, 걸스카우트, 스포츠 단체, 캠프 등에 참가하는 단체 활동을 즐긴다. 이때 긍정적인 역할 모델과 확고하고 일관성 있는 지도 지침은 긍정적인 정체감 형성에 도움을 준다.

한편, 아동기는 인정받고 비평받는 것 모두에 민감하다. 남이 자신을 좋아해 주도록 관대하고 협조적인 경향을 띤다. 긍정적인 강화는 아동들이 바람직한 태도로 행동하도록 도와주기 때문에 긍정적인 자아존중감의 발달을 강화시킨다. 또래집단에 동조하지 못하는 것에 두려움을 느끼고 또래의 압력에 쉽게 동조하는 경향이 있다. 또한, 학업에서의 실패, 무서운 이야기, 상처, 부모나 친구 또는 자신의 죽음 등에 두려움을 느낀다. 이런 아동들에게 자신의 무서움이나 두려움을 표현하도록 해 주며, 노력하면 괜찮을 것이라는 점을 확신시켜 준다. 아울러, 상상력의 사용을 타당화시키고 안전에 관한 예방책을 가르치는 것이 필요하다.

이 시기 아동은 유치한 감정을 나타내며 당황해하기도 한다. 아동들이 이끄는 대로 존중하고 따르는 것이 요구된다. 형제나 친구와 싸우고, 누군가를 때리며 위협하고 돌을 던지고, 별명을 부르고, 위협하고 달아나는 등의 행동은 분노의 표현에 해당한다. 따라서 이 시기 아동들은 자제력을 개발하고, 문제 해결 능력을 획득할 필요가 있다.

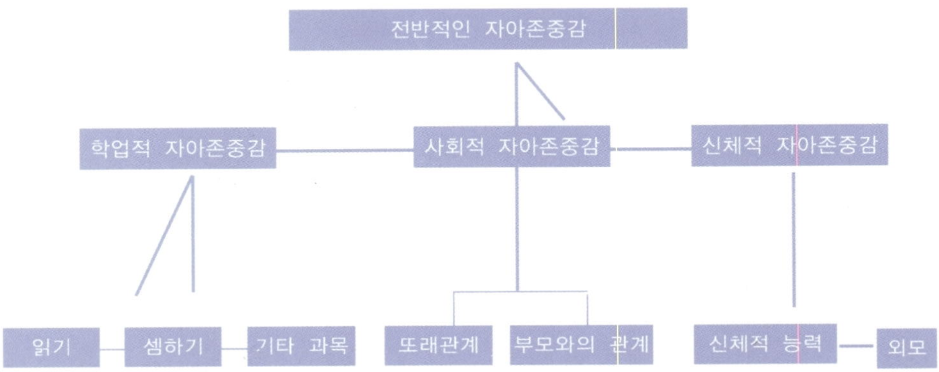

[그림 4-1] 아동기 특성에 따른 자아존중감

출처: Berk(2008).

5장

아동교육의 이해

현대사회는 급격한 사회 체제 및 가족 구조의 변화 가운데 자녀 수의 감소와 고령화, 여성의 사회 진출 증가로 인한 여러 가지 사회문제를 안고 있다. 이러한 가운데 미래 존속을 위한 가치로서 아동과 가족을 돌보는 문제에 대한 중요성의 자각이 일어나고 있다. 아동교육은 이러한 미래사회에서 여러 가지 측면으로 중요한 의미를 가지게 된다. 본 장에서는 아동교육에 대한 전반적인 이해를 돕기 위하여, 아동교육의 개념, 유아교육기관별 특성 및 유아 교사의 역할 및 자질, 자격 기준, 교육과정으로 구분하여 살펴보고자 한다.

1. 아동교육의 개념

교육은 인간을 대상으로 하는 활동으로 누구를 대상으로 하느냐에 따라 구분하였을 때, 아동교육은 출생에서 12세까지 유아교육과 초등교육을 모두 포함한 아동을 대상으로 하는 교육이다.

여기서는 아동교육의 개념을 유아교육의 교육과 보육을 통합적 관점에서 접근하여 살펴보고자 한다.

1) 유아교육의 개념

인간은 부모의 태내에서부터 출생, 성장, 죽음에 이르기까지 가정, 학교 혹은 사회 등의 다양한 장소와 기관에서 교육을 받으면서 성장하고 발달하는 존재이다.

교육은 인간을 대상으로 하는 활동으로 일반적으로 가르치고 배우는 행위를 지칭하는 말이기도 하지만 미성숙자를 "가르쳐 기른다."는 뜻으로 전통문화를 계승·발전시키는 기능을 갖고 있다.

정범모(1976)는 교육을 "인간 행동의 계획적 변화"라고 하였으며, 이연섭 등(1996)은 "인간 행동의 계획적이며 긍정적인 변화"로 정의하였고, Dewey는 "교육은 생활이며 교육은 성장이고 사회적 과정이다."라고 하였다.

이와 같이 교육의 의미는 학자에 따라 다르게 표현되어 왔으며, "교육은 인간 행동의 계획적 변화"로 정의하면서 교육 대상으로서의 인간의 행동, 실제적 과정으로서의 계획성과 변화성의 개념을 제시하고 있다(오영희, 송영란, 강영식, 2003).

이외에도 교육을 학교 제도 하에서 단계적으로 이루어지는 계획적이고 체계적인 형식적 교육(formal education), 즉 학교교육(schooling, school education)과 일정한 계통이나 체계 없이 학교 제도 밖에서 다양하게 이루어지는 비형식적 교육, 즉 사회교육(social education) 또는 학교 외 교육(out of school education)으로 구별하였다.

앞에서 살펴본 교육의 개념을 바탕으로 학자들은 다음과 같이 유아교육에 대해 정의하고 있다.

한임순(1999)은 유아교육을 영유아를 보호하고 양육하는 총체적 활동으로 교육체제에 속한 유아교육기관에서의 교육 외에 전체 유아기 동안 이루어지는 교육이라고 하였으며, 황해익(2009)은 유아교육은 유치원 및 어린이집의 대상 연령 범위의 유아, 즉 0세부터 초등학교 취학 전 유아의 전인적 발달을 위하여 이루어지는 모든 형태의 교육이라고 규정하고 있다.

학자의 정의에서 유아교육의 의미를 이해하기 위해 교육(education)과 보육(day-care)의 개념을 구별해 볼 필요가 있다. 교육은 보다 계획적이며 체계적인 방법으로 목적적인 변화를 시도하는 활동이지만, 보육은 아동을 맡아서 돌봐주고, 심신을 보호해 주며, 정상적인 발달을 도와주는 활동이라고 할 수 있다. 그러나 실제 활동에 있어서는 교육과 보육은 정확하게 구분할 수 없으며, 최근에 이르러서는 교육과 보육은 통합되어 이루어지고 있다고 할 수 있다.

일반적으로 유아교육의 대상 연령 범위는 국가가 어떤 교육제도를 채택하고 있는가에 따라 차이가 날 수 있는데, 우리나라의 경우 출생에서 만 5세까지의 유아를 유아교육기관에 다닐 수 있는 연령으로 규정하고 있다. 그러나 최근 발달심리학적, 교육학적 측면에서 유아기의 중요성이나 유아교육 프로그램의 효과에 대한 연구 결과가 활발하게 제시됨에 따라, 유아교육은 0세~만 2세 정도의 영아기뿐만 아니라 초등학교 저학년까지 포함할 때 그 효과가 더욱 증진된다고 밝히고 있다(이기숙, 2000).

또한, 임재택(1992)은 0세부터 8세까지의 유아와 부모를 대상으로 가정과 유아원, 유치원, 어린이집 및 초등학교 저학년에서 유아들의 전인적 성장·발달을 위한 형식적, 비형식적 교육이라고 정의하고 있다.

따라서 우리나라의 경우에는 유아교육과 초등학교 교육과의 연계성과 발달 상의 연속적인 개념으로 볼 때, 유아교육의 대상 연령은 출생에서 초등학교 저학년까지를 포함하는 8세까지로 보아야 한다는 입장이 학문적 측면에서 설득력을 갖는다고 할 수 있다(권미량, 조채영, 좌승하, 최진원, 2009).

이와 같이, 학자들은 유아교육 개념에 있어서 연령 및 교육 장소, 교육 형식 등에 대해 의견을 달리하지만 종합적으로 살펴보면, 유아교육은 출생에서부터 8세까지의 유아를 대상으로 실시하는 유치원과 어린이집 등의 다양한 유아교육기관과 가정 및 사회에서 이루어지는 형식적 교육과 비형식적 교육, 보호와 교육이 통합된 것이라고 정의할 수 있다.

유아교육에서 구체적으로 이루어지는 모든 형태의 교육 활동을 중심으로 살펴볼 때 유아교육에 대한 개념은 여러 가지로 나타나는데, 대표적인 몇 가지 견해를 소개하면 다음과 같다.

(1) 보육으로서의 유아교육 개념

여성의 사회 참여와 맞벌이 부부가 증가함에 따라 최근 들어 그 중요성이 부각되는 기능으로 이들의 자녀를 보육만 하는 것이 아니라 보호, 양육, 교육을 하는 것이다. 보육은 교육보다 영유아의 심신을 보호하고 돌보아 주는 기능이 강조되어 영양, 건강, 보건, 위생 등 영유아의 기본적인 요구에 부응해 주는 활동이라고 볼 수 있다. 오늘날 여성들이 사회에 참여하는 기회가 높아짐에 따라 어린이집을 확충해 나가고 있다는 것도 유아교육을 보육의 한 측면에서 인식하는 것으로 볼 수 있다.

(2) 조기교육으로서의 유아교육의 개념

인간이 갖고 태어나는 잠재적 가능성을 보다 조기에 발견하여 지도함으로써 자아실현의 최대 효과를 기대할 수 있다는 개념이다. 조기라고 하는 시기는 인생의 첫 단계인 영유아기를 말하며 무엇이든지 조기에 가르치는 것이 가장 효과적이라는 것이다. 그러나 영유아들은 그 시기의 특권이라고 할 수 있는 놀이에 몰두하지 못하고 부모들로 하여금 지적 학습의 연령을 앞당기게 되었다. 이러한 현상은 각종 학원을 중심으로 발달 과정에 맞지 않는 잘못된 선행 학습과 재능 발굴을 위한 지나친 훈련과 암기 위주의 학습 등의 결과로 나타나 경쟁적으로 사교육을 조장하게 되었다. 유아교육은 부모의 욕심이나 기대를 영유아들에게 적용하기보다는 발달에 적절한 자극과 상호작용, 풍부한 환경 준비가 필요하다.

(3) 초등학교 준비로서의 유아교육 개념

유아교육을 초등학교를 위한 준비 교육으로서 보고 있는 개념이다. 즉, 초등학교에서 필요한 교과학습의 기능(academic skill)인 읽기, 쓰기, 셈하기(3R) 또한 초등학교의 집단적 생활, 경쟁적 생활에 적응하는 데 필요한 생활 적응 기능을 유아교육기관에서 부터 익히는 데 교육의 목적을 두고 있다. 치열한 입시 경쟁이 있는 우리나라의 경우 많은 부모에 의해 요구되고 지지되고 있다. 특히, 이 개념은 유아교육과 초등학교 교육 간의 연계성을 유지하는 데 효율성이 높은 것으로 평가되고 있다. 그러나 유아들에게 교과학습과 학교생활의 적응 기능을 반복적으로 습득하게 하는 것이 바람직한지에 대해 논란이 되고 있다. 유아기는 아직 인지구조의 완성기에 접어든 시기가 아니기 때문에 풍부한 상상력, 창의력 신장에 해를 줄 수 있다는 것이다.

(4) 통합적 유아교육의 개념

유아교육은 유아의 사회적, 정서적, 인지적, 신체적 발달의 통합적 발달이 이루어지도록 계획되어야 한다. Spodek(1985)은 유아교육에서 미래 학습의 성공을 위해 사회적 기술보다 지적 기술이 더 강조되고 있으나, 연구 결과 유아의 사회적 발달 능력과 학문적 성공과의 관계에 의미 있는 것으로 지적하였다. 그러므로 유아교육자들은 유아들의 도덕적 발달과 친사회성 발달, 사회적 발달에 좀 더 관심을 가져야 할 것이며 유아를 중심으로 한 전인적 발달들이 통합적으로 이루어지도록 적극적으로 배려해야 할 것이다(이기숙, 1999).

이 같은 견해들은 단편적인 시각에서 유아교육 활동을 보고 내리는 결론들이다. 유아교육은 영유아를 보호·양육과 더불어 교육하는 총체적 활동이다. 오늘날에 와서 학자들은 유아교육에 통합적으로 접근하여, 영유아의 사회적 · 정서적 · 인지적 · 신체적 발달을 통합한 전인적 발달에 초점을 두고 교육목표와 교육내용을 계획하고 실행하는 활동으로 나아가고 있다(김춘경, 민하영, 박경희, 송규운, 신인숙, 유승희 외, 2015).

2) 유아교육의 목적

우리나라에서는 오랜 세월에 걸쳐 홍익인간을 교육이념으로 삼아 왔으며, 이는 「교육기본법」 제2조에 "교육은 홍익인간의 이념 아래 모든 국민으로 하여금 인격을 도야하고 자주적 생활 능력과 민주시민으로서 필요한 자질을 갖추게 함으로써 인간다운 삶을 영위하게 하고 민주국가의 발전과 인류공영의 이상을 실현하는 데에 이바지하게 함을 목적으로 한다."라고 밝히고 있다.

이러한 홍익인간의 교육이념을 국가 수준의 교육과정에서는, '전인적 성장의 기반 위에 개성을 추구하는 사람', '기초 능력을 토대로 창의적인 능력을 발휘하는 사람', '폭넓은 교양을 바탕으로 진로를 개척하는 사람', '우리 문화에 대한 이해의 토대 위에 새로운 가치를 창조하는 사람', '민주시민 의식을 기초로 공동체의 발전에 공헌하는 사람'의 다섯 가지의 추구하는 인간상으로 구체화하고 있다. 즉, 유아교육은 유아에게 알맞은 교육 환경을 제공하여 유아를 교육하고 심신의 조화로운 발달을 돕는데 목적이 있다고 하겠다(황해익, 서정현, 송연숙, 이경화, 최혜진, 정혜영 외, 2012).

3) 유아교육의 중요성

현대사회의 구조와 상황은 유아기 교육의 중요성이 강조되고 있는 실정이다. 이처럼 유아교육의 중요성이 부각되는 이유를 본 절에서는 발달적, 사회 · 문화적 측면에서 살펴보고자 한다.

(1) 발달적 측면

대부분의 발달심리학자들은 아동발달의 원리를 규명하면서 여러 발달의 측면에서 유아기를 기초가 형성되는 중요한 시기로 강조하는데, 그 내용을 살펴보면 다음과 같다.

첫째, 유아기는 발달 과정상 다른 시기에 비해 발달의 속도가 급격하며 바람직한 인격 형성이 이루어지는 결정적 시기(critical period)이다. 유아기에 양질의 교육을 통해 인성의 기초를 형성하고 건전한 발달을 도모하는 것은 매우 중요한 일이며, 생명을 유지하거나 사회에 적응하기 위해 꼭 지켜야 할 기본 생활습관도 유아기에 형성될 수 있다는 점에서 유아교육의 중요성을 찾을 수 있다.

둘째, 유아기는 뇌발달의 측면에서 중요하다. 최근 뇌과학의 발전으로 인하여 인간의 뇌발달 중 80% 이상이 8세 이전인 유아기에 결정된다는 점과 개인적 경험, 사회적 경험, 부모의 양육 태도, 경제적 요인, 영양, 출생 전후의 환경 등의 변인에 따라 개인의 지능발달이 달라질 수 있다는 것이 밝혀졌다.

(2) 사회·문화적 측면

우리 사회는 그동안 국제사회 속에서 혼돈과 더불어 많은 사회적 변화를 겪어왔다. 이와 더불어 유아교육의 변모와 발전은 시대적 변화와 밀접한 관계가 있다고 할 수 있다. 여기서는 오늘날 유아교육의 방향에 영향을 주는 주요 가정 및 사회·문화적 측면에서 살펴보고자 하며, 그 내용은 다음과 같다.

첫째, 산업화에 의해 발생 된 문제점을 해결하기 위한 방안으로 개인의 발달과 사회적으로 요구되는 복지사회의 추구이다.

둘째, 여성의 사회 참여에 따른 가정생활의 변화는 유아교육의 필요를 증가시켰으며 이는 가족 구조의 변화와 가족 기능의 변화를 가져왔다.

셋째, 가정 유형의 급격한 변화와 인구의 도시 집중화는 또래집단의 중요성을 부각시켰으며 이로 인해 유아교육기관의 필요성과 중요성이 확대되었다.

2. 유아교육기관의 유형 및 특성

현대사회의 경향에 따른 유아교육의 주목할 만한 변화는 사회구조의 급격한 변화, 기혼여성의 취업 증가와 유아교육의 연령이 하향화되면서 유아교육에 대한 요구가 증가되었다는 것이다. 이로 인해, 유아교육기관이 가정의 기능을 대체해야 하는 상황에 놓이면서 중요성이 대두되었고, 그 기능과 역할이 복잡해지고 있다.

우리나라 유아교육기관은 현재 교육 대상 연령 및 운영 시간에 따라 다양하게 운영되고 있으며, 관할 부처의 이분화로 인하여 교육부 산하의 유치원과 보건복지부 산하의 어린이집으로 구분된다.

두 기관의 목적과 기능은 유사하여도, 여러 체제나 운영 방식에 있어서는 다른 점이 많다. 따라서 유치원과 어린이집으로 나누어 살펴보고자 한다.

1) 유치원(kindergarten)

유치원은 1873년 독일에서 Frobel(1782~1852)에 의해 처음 설립되었으며, 지금까지 전 세계로 보급된 대표적인 유아교육기관이라 할 수 있다. 우리나라의 「교육기본법」 제9조에 "유아교육·초등교육·중등교육 및 고등교육을 하기 위하여 학교를 둔다."고 규정하고 있다. 유치원은 「유아교육법」(2004. 1. 29 제정)에 의거하여 만 3세에서 초등학교 취학 전 유아의 교육을 위하여 설립·운영되는 학교로서, 교육부에서 제정하고 주기적으로 개정하는 누리과정을 근간으로 유아를 교육한다.

2) 어린이집(childcare-center)

어린이집이란 맞벌이 부부의 자녀 중 0세~만5세를 주된 대상으로 보호자의 위탁을 받아 일반적으로 8시간 이상 운영되는 유아교육기관이다. 0세~만 2세 영아의 경우 「영유아보육법」(1991. 1. 14 제정)에 의거하여, 보건복지부에서 제정하고 주기적으로 개정하는 표준보육과정을 근간으로 영아를 보육하며, 만 3세~만 5세의 경우 「유아교육법」(2004. 1. 29 제정)에 의거하여 교육부에서 제정하고 주기적으로 개정하는 누리과정을 근간으로 유아를 보육한다.

유치원과 어린이집의 특성을 비교하면 다음 〈표 5-1〉과 같다.

〈표 5-1〉 유치원과 어린이집의 특성 비교

<table>
<tr><th colspan="2"></th><th>유치원</th><th>어린이집</th></tr>
<tr><td colspan="2">관련 법규</td><td>유아교육법</td><td>영유아보육법</td></tr>
<tr><td colspan="2">관할 부처</td><td>교육부</td><td>보건복지부</td></tr>
<tr><td colspan="2">대상 연령</td><td>유아(만 3세부터 초등학교 취학 전 아동)</td><td>0~12세(방과후 보육포함)</td></tr>
<tr><td colspan="2">대상 계층</td><td>모든 계층 대상</td><td>모든 계층 대상</td></tr>
<tr><td colspan="2">정의</td><td>'유치원'은 유아의 교육을 위하여 이 법에 따라 설립 · 운영되는 학교를 말한다.</td><td>1. '보육'은 영유아를 건강하고 안전하게 보호 · 양육하고 영유아의 발달 특성에 적합한 교육을 제공하는 사회복지 서비스를 말한다.
2. '어린이집'은 보호자의 위탁을 받아 영유아를 보호하는 시설을 말한다.</td></tr>
<tr><td colspan="2">유형</td><td>1. 국 · 공립유치원(단설, 병설유치원)
2. 사립유치원(법인, 종교단체, 개인, 군부대 및 기타)</td><td>1. 국 · 공립어린이집
2. 사회복지법인어린이집
3. 법인, 단체 등 어린이집
4. 직장어린이집
5. 가정어린이집
6. 부모협동어린이집
7. 민간어린이집</td></tr>
<tr><td colspan="2">교육과정</td><td>3~5세 누리과정</td><td>0~2세 표준보육과정 / 3~5세 누리과정</td></tr>
<tr><td colspan="2">운영 시간</td><td>반일제, 시간연장제, 종일제</td><td>1일 12시간 종일제 원칙이나 조정 운영 가능</td></tr>
<tr><td colspan="2">교육 일수</td><td>연간 180일</td><td>연중 무휴(공휴일만 제외)</td></tr>
<tr><td rowspan="3">교사</td><td>자격증</td><td>유치원 정교사 자격증</td><td>보육교사 자격증</td></tr>
<tr><td>급여 기준</td><td>교육부 '공무원 보수 지침'의 유치원 · 초등학교 · 중학교 · 고등학교 교원 등의 봉급표</td><td>보건복지부 지침 '어린이집 종사자 보수 기준'에서 보육 교사의 봉급표, 수당표</td></tr>
<tr><td>직급</td><td>원장, 원감, 수석교사, 1급 정교사, 2급 정교사, 준교사</td><td>원장, 보육교사 1급, 보육교사 2급, 보육교사 3급</td></tr>
<tr><td colspan="2">인가 · 설립</td><td>시 · 도 교육감</td><td>보건복지부장관, 시 · 도지사 및 시장, 군수, 구청장</td></tr>
<tr><td colspan="2">설립 취지</td><td>유아에게 적합한 교육 환경을 제공하여 심신의 조화로운 발달 조장</td><td>건강한 사회 구성원으로 육성함과 아울러 보호자의 경제적·사회적 활동 원활을 통해 가정복지 증진에 기여</td></tr>
<tr><td colspan="2">실내 면적</td><td>1인당 4.2㎡ 이상</td><td>1인당 3.3㎡ 이상</td></tr>
<tr><td colspan="2">학급편제</td><td>시 · 도 교육감이 결정</td><td>보육사업지침</td></tr>
</table>

유치원과 어린이집은 교육과정과 관련 법규와 부처, 자격관련 등 이원화된 정책으로 인하여 교육격차가 벌어지고 두 부처로 나누어짐으로 정부의 예산과 인력, 행정력 손실이 초래되고 학부모의 기관 선택 등 여러 면에서 혼란이 야기되고 있다. 이에 따라 이미 유보통합을 이룬 대다수의 선진국과 OECD 선진국들을 모델 삼아 유·보 이원화에 따른 비효율과 기관 간 격차 해소뿐만 아니라 국가의 발전을 위한 미래인적자원 개발, 영유아의 출발점 평등 보장을 위해 유보통합의 필요성이 강조되고 있다.

생각해보기 공론화된 '유아교육 · 보육 통합' 정책화 시급

누리과정 문제의 근본적인 해결을 위해 정부가 '유아교육지원 특별회계법'을 제시했지만 미봉책에 불과하다는 지적이다. 일각에서는 유아교육과 보육과정을 통합하는 '유보통합'을 통해 누리과정의 행정사무를 일원화하고, 중앙정부가 지속적으로 재정을 부담해야 한다는 주장이 나온다.

30일 경기도교육청에 따르면 정부는 누리과정 도입 당시부터 재원을 지방교육재정교부금으로 부담하도록 했고, 이에 따라 어린이집 누리과정 예산 지원을 두고 정부와 각 시도교육청 사이에서 갈등이 벌어졌다. 이에 정부와 국회는 연간 4조 원이 소요되는 누리과정 재원을 확보하기 위한 임시방편으로 지난해 12월, 2019년까지 한시적으로 시행되는 '유아교육지원특별회계법'을 제정했다. 이후 지난 5월 문재인 대통령이 내년부터 어린이집 누리과정 예산 전액을 중앙정부 예산으로 지원하겠다고 밝히면서 갈등은 일단락된 상태다.

그러나 경기도교육청과 전문가들은 누리과정의 도입 취지를 볼 때 양질의 보육서비스 제공에 필요한 재원의 안정적 조달 책임이 일차적으로 국가에 있는 만큼 정부가 책임지고 해결책을 찾아야 한다는 주장이다. 그러면서 유아교육과 보육과정을 통합하는 '유보통합 정책'을 갈등 해결의 근본적인 대안으로 제시하고 있다.

도교육청 관계자는 "최근 유보통합이 논의되고 있는 가장 큰 원인 중 하나는 어린이집과 유치원을 관장하는 부처가 보건복지부와 교육부로 이원화돼 있기 때문"이라며 "업무부처의 이원화로 인해 어린이집과 유치원으로 분리된 현 보육시스템이 정책 추진의 비효율성과 서비스 질 차이, 부모 부담 및 재정 지원의 차이 등을 야기했다"고 지적했다.

이어 "누리과정은 중앙정부 사무의 성격이 강한 만큼 중앙정부가 부담하는 것이 합리적"이라며 "누리과정이 교육부 소관으로 통합될 경우 늘어난 사무만큼 국가에서 지원하는 지방교육재정교부금 비율도 확대돼야 할 것"이라고 말했다.
경기대학교 하봉운 교직학과 교수도 "유보통합이 이뤄질 경우 누리과정에 대한 정부와 시도교육청 간 인식의 격차를 해소하는 것은 물론 유아교육 및 보육행정의 업무 확대와 연계를 현실화할 수 있어 시너지 효과가 극대화될 것으로 기대한다"며 "유보통합의 방법에 대한 이견은 있을 수 있지만 통합의 필요성에 대해서는 공감대가 형성돼 있다. 이제는 정책적 결정이 필요한 시기"라고 했다.
하 교수는 "유보통합에 대한 논의와 결정은 정책이 안정적으로 정착돼 진정한 보편적 교육복지와 교육 격차가 최소화될 수 있도록 적어도 3년 한시로 시행되는 유아교육지원특별회계법이 끝나기 전에 이뤄져야 한다"고 덧붙였다.

출처: 기호일보(2017. 8. 30).

3. 유아 교사의 역할과 자질

교육 대상의 연령이 낮을수록 교사로부터의 영향을 더욱 크게 받는다는 점을 고려할 때, 유아 교사의 능력은 지식과 기술 측면만이 아니라 인성과 건강 등 다면적으로 점검해 볼 필요가 있다.

유능한 유아 교사가 되기 위해 기본적으로 갖추어야 할 유아 교사의 역할과 자질 및 자격 기준에 대하여 살펴본다.

1) 유아 교사의 역할

역할이란 사회적 상황에서 습득하게 되어 개념화되는 행동, 권리, 의무가 연결된 것으로 어떤 상황에서 자기가 마땅히 해야 할 맡은 바 직책이나 임무를 지칭하는 것으로, 유아 교사의 역할은 유아 교사로서 유아교육 현장에서 주어진 상황에 따라 해야 할 임무나 소임을 말하는 것이라 볼 수 있다(권미량 외, 2009).

초기의 학자들은 유아 교사의 역할이 건강과 안전을 돌보아 주는 어머니의 역할과 크게 다르지 않다고 보았으나, 시간이 지나면서 가르치는 교사로서의 역할을 강조하기 시작하여 교육과정을 계획하고 실행하며 평가하는 자로서의 역할이 첨가되었다. 이와 같이 유아 교사의 역할에 대한 인식과 기대 범주는 시대 상황에 따라 조금씩 변화해 왔음을 알 수 있다.

유아 교사의 역할에 대한 학자들의 의견을 제시하면 다음과 같다. Spodek (1985)은 교사의 역할을 양육 역할, 교수 역할, 관련자 역할의 세 가지로 분류하였으며, 이기숙 등(2002)은 양육자로서의 역할, 관찰자로서의 역할, 교육 프로그램 개발자로서의 역할, 교수 조작자로서의 역할을 유아 교사의 역할로 제시하고 있다. 이은화(1985)는 환경 제공자, 관찰자, 프로그램 계획자, 연구자, 부모교육 담당자, 평가자로 제시하고 있다.

이와 같이, 유아 교사의 역할은 학자들의 관점에 따라 다양하게 제시되고 있는데 대체로 지적 학습 제공자로서의 역할과 보호·양육자로서의 역할로 정리할 수 있으며, 두 역할은 별개의 개념이 아니라 동시에 이루어져야 한다는 특징을 가지고 있음을 알 수 있다.

2) 유아 교사의 자질

유아 교사의 자질이란 유아 교사가 갖추어야 할 개인적 특성과 사회적 가치관을 중심으로 한 규범적 기대 수준을 의미하는 것으로 유아교육 현장과 교수 활동에 적합한 개인적 가치관과 태도의 질을 말한다. 유아 교사의 자질에 대해 논할 때 전통적으로 교사의 인성적 특성을 강조하여 유아를 사랑하고 돌볼 수 있는 성숙된 사람인가에 초점이 맞추어져 왔으나, 최근에는 교사가 가지는 교수행동과 더불어 신념체계나 의식, 즉 전문적 자질을 중요하게 인식하는 경향으로 나타나고 있다.

(1) 개인적 자질

유아 교사의 개인적 자질이란 교사가 발달적으로 가지고 있는 인성적 특성을 의미하며, 유아 교사의 경우 교사 개인이 지니고 있는 자질이나 성품이 매우 중요하다. 유아 교사의 개인적 자질에 대한 학자들의 의견을 제시하면 다음과 같다.

이은화 등(1995)은 유아 교사의 개인적 자질을 유아에 대한 사랑, 인간에 대한 사랑, 성실성, 봉사정신, 원만한 인간관계, 사려성, 자발성, 도덕성, 신체적 건강, 정신적 건강(긍정적 자아관, 타인에 대한 긍정적 사고, 건전한 인생관, 정서적 안정) 등으로 제시하였다.

강문희 등(2003)은 유아 교사의 개인적 자질을 신체적·정신적 건강, 온정적 성품, 인간에 대한 존중심, 열성적 태도, 건전한 사회적 태도를 지닌 교사로 제시하였다. 박은혜(2009)는 유아 교사의 자질을 열정, 지구력, 위험을 기꺼이 감수하고자 하는 모험심, 실용성, 인내심, 융통성, 유아와 그 가족에 대한 존중, 창의성, 진정성, 배움에 대한 사랑, 에너지, 유머감각 등을 제시하고 있다.

이와 같이, 학자들의 관점에 따라 유아 교사의 개인적 자질에 대한 의견을 정리하면, 유아에 대한 사랑, 봉사성, 신체적 건강, 정신적 건강, 인내하는 자세, 열정적 태도 등을 들 수 있다.

유아 교사의 개인적 자질은 유아 교사가 근무 환경 속에서 여러 가지 방법으로 전문적 자질 향상을 위한 학습의 기회를 갖는 것과는 달리, 돌봄에 대한 특성을 이해하고 많은 시간을 할애하여 지속적으로 노력하지 않으면 개인 자질향상을 꾀하기가 쉽지 않으므로 부단한 노력을 통해 연마하여야 할 것이다.

(2) 전문적 자질

유아 교사의 전문적 자질은 교사로서 필요한 전문적 지식과 기능을 의미하는 것으로서 일반적으로 직전 교육을 통해 습득되고 현직 교육을 통해 향상된다. 유아 교사의 전문적 자질에 대한 학자들의 의견을 제시하면 다음과 같다.

이은화 등(1995)은 지식(일반 교양지식, 유아교육과정에 대한 지식, 교수방법 및 평가에 대한 지식, 유아에 대한 지식), 교수 기술(교육과정 구성 기술, 프로그램 실천 및 평가 기술, 의사소통 기술, 부모 및 전문가 참여 기술, 창의성, 융통성, 교재교구의 제작 및 활용 기술), 교육관(교육에 대한 소명감, 직업윤리, 전문성 함양의 노력)을 유아 교사가 지녀야 할 전문적 자질로 제시하고 있다.

강문희 등(2003)은 지적 전문성, 유아교육 프로그램을 계획하고 수행하는 능력, 부모·전문가 및 여러 관계자를 참여시키는 능력, 직업윤리 준수 등을 유아 교사의 전문적 자질로 제시하고 있으며, 배소연(1993)은 교육 활동의 계획과 수행 능력, 교육 환경 구성 능력, 부모에게 필요한 정보를 제공하고 도움을 줄 수 있는 능력, 유아들의 건강과 영향을 보살필 수 있는 능력 등을 제시하고 있다.

이와 같이, 학자들의 관점에 따라 유아 교사의 전문적 자질에 대한 여러 의견을 정리하면, 교육지식으로는 일반 교양지식, 표현력, 사고력 그리고 교육과정에 대한 지식이 필요하며, 학급 조직과 경영을 위한 원리와 전략을 포함한 일반적 교수학적 지식 및 직업윤리 준수, 교육에 대한 소명감 등을 들 수 있다.

유아 교사는 다양한 전문적 자질에 대해 자신에게 부족한 내용을 파악하여 어떤 면의 자질을 더욱 연마하여야 할지 점검해 볼 필요가 있다.

4. 아동기의 교육

아동기의 교육을 보다 효과적이고 체계적으로 수행하기 위하여 많은 현장 교사와 연구자는 아동기의 교육내용과 방법 등에 대해 많은 관심을 기울여 왔다.

우리나라의 아동기 교육과정은 취학 전 영유아교육과정과 초등학교 교육과정으로 나누어진다.

취학 전 영유아교육과정은 연령별 특성에 따라 나누어지는데, 0세에서 만 2세까지 적용되는 어린이집의 표준보육과정, 2019년에 개정되어 유치원과 어린이집의 만 3세에서 만 5세까지의 유아에게 공통으로 적용되는 누리개정교육과정으로 구분된다. 이에 따라 표준보육과정, 누리개정교육과정, 초등학교 교육과정에 대해 알아보고 유아교육과 초등학교의 연계성, 유치원과 초등학교 아동을 위한 방과후 프로그램으로 구분하여 살펴보고자 한다.

1) 영유아교육과정

(1) 유치원 교육과정

우리나라에서는 교육법규에 의거하여 국가 수준에서 유치원을 비롯하여 각 급 학교 교육과정의 기준을 결정하고, 이를 문서로 공포한 후 시행하여 왔다. 이것이 유치원 교육과정이며, 1969년 2월 19일 문교부령 제207호로 제정·공포된 최초의 제1차 유치원 교육과정을 시작으로, 2013년에 고시된 3~5세 연령별 누리과정에 이어 2019년에 7월 24일 「2019 개정 누리과정(안)」을 확정·고시하였다. 이를 간략히 살펴보면 〈표 5-2〉와 같다.

〈표 5-2〉 유치원 교육과정의 개정과정

연도	구분	특징
1969	1차 유치원 교육과정	• 진보주의 이론의 영향 • 생활습관, 사회·정서 발달 강조 • 5개 생활 영역으로 구성
1979	2차 유치원 교육과정	• 유신 이념을 기초로 국가 발전의 사명감 강조 • 브레너, 피아제 영향으로 학문 중심 교육과정 • 4개 발달 영역으로 구성
1981	3차 유치원 교육과정	• 다양한 아동중심 교육이론의 영향 • 5개 발달 영역으로 구성 • 수업 일수 축소: 200일 → 180일
1987	4차 유치원 교육과정	• 교육내용의 자율성, 다양성 강조 • 평가의 정상화 • 시간운영의 자율화: 반일, 시간연장, 종일

연도	구분	특징
1992	5차 유치원 교육과정	• 5개 생활 영역으로 구성 • 만 3세로 유치원 연령 하향화 • 교육내용의 수준별 제시 • 유치원 교육과정 지역화: 시 · 도 교육청 및 학급의 자율성 확대
1998	6차 유치원 교육과정	• 세계화, 정보화 시대의 미래지향적인 유아교육의 방향 제시 • 기본생활습관, 사회 · 정서교육 중시 • 창의성과 정보능력 함양 강조 • 다양한 아동중심 이론의 영향
2007	2007 개정 유치원 교육과정	• 인간을 존중하고 자연을 사랑하는 세계관 • 우리나라 전통문화를 전 영역에서 강조 • 다문화교육과 반편견 교육 강조 • 각 시 · 도 교육청 및 유치원의 자율권 확대
2013	3~5세 연령별 누리과정	• 유치원 교육과정과 표준보육과정을 통합하여 교육과 보육 제공 • 기본생활습관과 창의 · 인성지도 강조 • 인터넷 · 미디어 중독 예방, 녹색성장 교육, 다른 문화에 대한 이해 등의 내용 추가 • 3~5세 연령별로 구성 • 어린이집 표준보육과정 및 초등학교 교육과정과의 연계성 고려 • 5개 영역으로 구성 • 1일 3~5시간 운영 기준
2019	2019 개정 누리과정	• 유아 중심, 놀이 중심 추구 • 누리과정 성격을 공통의 교육과정으로 명시 • 추구하는 인간상을 명시하며 총론의 구성체계 확립 • 기존 누리과정 구성체계 유지 및 5개 영역 내용 간략화 • 누리과정 실행력과 현장의 자율성 강조 • 평가의 간략화

(2) 표준보육과정

우리나라의 영유아보육제도는 여성과 아동에 대한 복지라는 측면에서 발전되어 왔다. 우리나라 보육사업의 역사는 1932년 서울의 태화기독교사회관에서 처음으로 탁아 프로그램이 개설된 이래 「아동복지법」이 제정되기 이전 시기(1921~1960), 「아동복지법」 제정 시기(1961~1981), 「유아교육법」 제정 시기(1982~1990), 「영유아보육법」 제정 이후 시기(1991~)로 구분할 수 있다.

2004년과 2005년에 걸쳐 개정·시행된 「영유아보육법」은 보육의 개념을 "영유아를 건강하고 안전하게 보호·양육하고 영유아의 발달 특성에 적합한 교육을 제공하는 사회복지 서비스"라고 규정하고 있으며, 이는 영유아의 연령 및 발달 수준에 적합한 보육 서비스를 제공하기 위한 국가 수준의 보육 지침이 되는 제1차 표준보육과정이 개발되는 토대를 마련하였다.

어린이집 표준보육과정은 0~만 2세 영유아를 위한 국가 수준의 보육과정이며 2012년 제2차 표준보육과정으로 1차 개정을 실시함과 동시에 2020년 9월 1일 3차 개정된 제4차 어린이집 표준보육과정을 운영하기에 이르렀다.

제4차 표준보육과정의 주요내용은 다음과 같다(보건복지부, 2020).

Ⅰ. 표준보육과정의 구성 방향

1. 추구하는 인간상

가. 건강한 사람
나. 자주적인 사람
다. 창의적인 사람
라. 감성이 풍부한 사람
마. 더불어 사는 사람

2. 목적과 목표

표준보육과정의 목적은 영유아가 놀이를 통해 심신의 건강과 조화로운 발달을 이루고, 바른 인성과 민주시민의 기초를 형성하는 데에 있다.

이를 실현하기 위한 목표는 다음과 같다.

가. 0~만 2세 보육과정 목표

1) 자신의 소중함을 알고, 건강하고 안전한 환경에서 즐겁게 생활한다.
2) 자신의 일을 스스로 하고자 한다.
3) 호기심을 가지고 탐색하며 상상력을 기른다.
4) 일상에서 아름다움에 관심을 가지고 감성을 기른다.
5) 사람과 자연을 존중하고 소통하는 데 관심을 가진다.

3. 구성의 중점

가. 영유아는 개별적인 특성을 지닌 고유한 존재임을 전제로 구성한다.

나. 0~만 5세 모든 영유아에게 적용할 수 있도록 구성한다.

다. 추구하는 인간상 구현을 위한 지식, 기능, 태도 및 가치를 반영하여 구성한다.

라. 표준보육과정은 다음의 영역을 중심으로 구성한다.

1) 0~만 1세 보육과정과 만 2세 보육과정은 기본생활, 신체운동, 의사소통, 사회관계, 예술경험, 자연탐구의 6개 영역을 중심으로 구성한다.
2) 만 3~5세 누리과정은 신체운동·건강, 의사소통, 사회관계, 예술경험, 자연탐구의 5개 영역을 중심으로 구성한다.

마. 0~만 5세 영유아가 경험해야 할 내용으로 구성한다.

바. 초등학교 교육과정과의 연계성을 고려하여 구성한다.

표준보육과정은 0세~만 2세의 기본생활, 신체운동·건강, 의사소통, 사회관계, 예술경험, 자연탐구의 6개 영역으로 구성되며 연령별 각 영역별 교육목표는 〈표 5-3〉과 같다.

〈표 5-3〉 표준보육과정 연령별, 영역별 교육목표

관련 영역	영역별 목표	
	0~만 1세	만 2세
기본생활	건강하고 안전한 일상생활을 경험한다.	건강하고 안전한 생활습관의 기초를 형성한다.
신체운동 영역	감각으로 탐색하고 신체활동을 즐긴다.	감각을 활용하고, 신체활동을 즐긴다.
의사소통 영역	의사소통 능력의 기초를 형성한다.	의사소통 능력과 상상력의 기초를 형성한다.
사회관계 영역	나를 인식하고, 친숙한 사람과 관계를 맺는다.	나를 알고, 다른 사람과 더불어 생활하는 경험을 한다.
예술경험 영역	아름다움을 느끼고 경험한다.	아름다움을 느끼고 즐긴다.
자연탐구 영역	주변 환경과 자연에 관심을 가진다.	주변 환경과 자연을 탐색하는 과정을 즐긴다.

(3) 2019 개정 누리과정

누리과정의 의미는 세상을 뜻하는 순우리말로 국가가 책임지는 교육·보육을 통해 만 5세 유아가 유치원과 어린이집에서 행복한 세상을 열어가고, 생활 속에서 꿈과 희망을 마음껏 누리도록 하겠다는 의미를 담고 있다.

2019 개정 누리과정(교육부 고시 제2019-189호, 보건복지부 고시 2019-152호)은 「유아교육법」 제13조 제2항 및 「영유아보육법 시행규칙」 제30조에 의거하여 고시된 만 3~5세 유아의 교육과 보육을 위한 국가 수준의 공통 교육과정이다.

유아의 놀이가 가지는 배움의 의미를 새롭게 이해하는 데서 출발하게 된 「2019 개정 누리과정」은 유아교육의 기본 정신인 '놀이'를 중심으로 유아들의 배움을 지원하는 유아 중심·놀이 중심 교육과정을 재정립하고자 '자유놀이'를 강조하고, '놀이시간을 충분히 편성하는' 등의 문장을 명시하였다. 또한 유아 중심·놀이 중심을 추구, 누리과정 성격을 공통의 교육과정으로 명시, 추구하는 인간상을 명시하며 총론의 교육과정 구성체계 확립, 기존 누리과정 구성체계 유지 및 5개 영역 내용 간략화, 누리과정 실행력과 현장의 자율성 강조, 평가를 간략화하는 주요특성을 가지고 있다

2019 개정 누리과정의 주요 내용은 다음과 같다(교육부, 2019).

I. 누리과정 성격

누리과정은 만 3~5세 유아를 위한 국가 수준의 공통 교육과정이다.

가. 국가 수준의 공통성과 지역, 기관 및 개인 수준의 다양성을 추구한다.

나. 유아의 전인적 발달과 행복을 추구한다.

다. 유아 중심과 놀이 중심을 추구한다.

라. 유아의 자율성과 창의성 신장을 추구한다.

마. 유아, 교사, 원장(감), 학부모 및 지역사회가 함께 실현해 가는 것을 추구한다.

1. 추구하는 인간상

가. 건강한 사람

나. 자주적인 사람

다. 창의적인 사람

라. 감성이 풍부한 사람

마. 더불어 사는 사람

2. 목적과 목표

유아가 놀이를 통해 심신이 건강한 조화로운 발달을 이루고 바른 인성과 민주시민의 기초를 형성하는 데 목적이 있다.

이를 실현하기 위한 목표는 아래와 같다.

가. 자신의 소중함을 알고 건강하고 안전한 생활습관을 기른다.

나. 자신의 일을 스스로 해결하는 기초능력을 기른다.

다. 호기심과 탐구심을 가지고 상상력과 창의력을 기른다.

라. 일상에서 아름다움을 느끼고 문화적 감수성을 기른다.

마. 사람과 자연을 존중하고 배려하며 소통하는 태도를 기른다.

3. 구성의 중점

가. 만 3~5세 모든 유아에게 적용할 수 있도록 구성한다.

나. 추구하는 인간상 구현을 위한 지식, 기능, 태도 및 가치를 반영하여 구성한다.

다. 신체운동·건강, 의사소통, 사회관계, 예술경험, 자연탐구의 5개 영역을 중심으로 구성한다.

라. 만 3~5세 유아가 경험해야 할 내용으로 구성한다.

마. 0~만 2세 보육과정 및 초등학교 교육과정과의 연계성을 고려하여 구성한다.

개정누리과정은 만 3~5세 연령별 누리과정의 신체운동·건강, 의사소통, 사회관계, 예술경험, 자연탐구의 5개 영역으로 구성되며 각 영역별 교육목표는 〈표 5-4〉와 같다.

〈표 5-4〉 2019 개정 누리과정 영역별 교육목표

관련 영역	만 3~5세 누리과정의 영역별 목표
신체운동 · 건강 영역	실내외에서 신체활동을 즐기고 건강하고 안전한 생활을 한다.
의사소통 영역	일상생활에 필요한 의사소통 능력과 상상력을 기른다.
사회관계 영역	자신을 존중하고 더불어 생활하는 태도를 가진다.
예술경험 영역	아름다움과 예술에 관심을 가지고 창의적 표현을 즐긴다.
자연탐구 영역	탐구하는 과정을 즐기고 자연과 더불어 살아가는 태도를 가진다.

2) 초등학교 교육과정

2015 개정 초등학교 교육과정(교육과학기술부 고시 제2015-80호)은 초·중등교육법 제23조 제2항에 의거하여 고시한 국가 수준의 공통 교육과정이다.

2015년에 개정된 초등학교 교육과정은 미래사회가 요구하는 핵심 역량의 함양이 가능한 교육과정으로 나아가기 위해 개편되었다. 이를 위하여 교과별로 반드시 배워야 할 핵심 개념과 원리를 중심으로 학습내용을 정선하여 감축하고, 창의적 체험활동 및 범교과 학습주제를 개선하고, 교수·학습 및 평가 방법을 개선하여 학습 부담을 줄이고 학습자의 경험을 강조하여 진정한 배움의 즐거움을 느낄 수 있는 '배움을 즐기는 행복 교육'을 지향하였다(교육부, 2015).

2015 개정 초등학교 교육과정은 2015년 고시된 후 2017년부터 적용되어 2017년에는 1~2학년군, 2018년에는 3~4학년군, 2019년에는 5~6학년군에서 실행되고 있다.

2015년 초등학교 교육과정 개정에 이르기까지 이를 간략히 살펴보면 〈표 5-5〉와 같다.

〈표 5-5〉 초등학교 교육과정 개정 과정

연도	구분	특징
1954~1963	제1차 교육과정기	• 홍익인간의 교육이념 강조 • 특별활동 편성
1963~1973	제2차 교육과정기	① 자주성, 생산성, 유용성의 강조 ② 대한민국 국민의 육성, 국가와 겨레의 이상과 현실을 명철히 이행하고, 국민 각자에게 부과된 역사적 사명을 완수할 수 있는 역동적인 인간 ③ 경험중심 교육과정 ④ 반공, 도덕 신설
1973~1981	제3차 교육과정기	• 자아실현, 국가발전, 민주적 가치의 강조를 위한 3방면으로 제시함
1981~1987	제4차 교육과정기	• 교육목표의 종합목표와 영역별 목표 6개 항 제시 ① 민주, 복지, 정의, 사회의 건설에 적극적으로 이바지할 수 있는 자주적이고 창의적인 국민 육성 ② 인간중심 교육과정
1987~1992	제5차 교육과정기	• 교육법에 의해 6개 항 제시 ① 건강한 사람, 자주적인 사람, 창조적인 사람 ② 통합교육과정 실시 ③ 컴퓨터 교육과정 신설
1992~1997	제6차 교육과정기	• 교육법 94조에 따라 제시함 ① 21세기를 주도할 건강하고 자주적이며 창의적이고 도덕적인 한국인 육성 ② 전인교육의 이념 ③ 학교, 지역, 학생 특성에 맞는 특별활동 구성
1997~ 2009개정~ 현재	제7차와 2009개정 교육과정기	① 21세기의 세계화 정보화시대를 주도할 자율적이고 창의적인 한국인 육성(전인적 개성, 창의적인 능력, 진로의 개척, 새로운 가치의 창조, 공동체의 발전 공헌 5개 방면에 대하여 제시) ② 학습자 중심교육 ③ 학생의 학습과 일상생활에 필요한 기초적인 능력과 태도의 육성에 중점을 두며 학생의 직접적인 체험활동 강조
2015개정~ 2021 현재	제8차와 2015개정 교육과정기	① 교과별로 반드시 배워야 할 핵심 개념과 원리를 중심으로 학습 내용을 정선하여 감축 ② 창의적 체험활동 및 범교과 학습주제를 개선 ③ 교수·학습 및 평가 방법을 개선하여 학습 부담을 줄임 ④ 학습자의 경험을 강조 ⑤ '배움을 즐기는 행복 교육'을 지향

3) 유아교육과 초등교육의 연계성

유아교육에 대한 공교육의 확대가 추진됨에 따라 유아교육과 초등교육의 연계는 자연스럽게 이루어지고 있으며 많은 선행 연구에서도 발달적 특성이 유사하므로 유아교육과 초등교육의 연계교육의 중요성을 강조하고 있다. 유아교육과 초등학교 교육의 연계성이 중시되는 것은 성장·발달의 계속성과 성취의 계속성을 위한 것으로 학습자의 연속적인 발달 특성을 고려할 때, 교육의 연계성 또한 필연적인 것이라고 할 수 있다.

유아교육과 초등교육은 다 같이 인간의 전인적인 발달을 성장과 발달을 추구하고 있으나 양 교육기관의 교육풍토, 교육과정, 교육운영 방법 등 여러 가지 측면에서 많은 차이가 있기 때문에 연계성의 문제가 제기되고 있다(임재택, 박재환, 2002).

연계성(continuity, articulation)이라는 용어는 일반적으로 '계속적인 촉진 운동에 도움을 주는 한 부분과 다른 부분 사이의 적절한 관계'라고 정의되고 있으나 (노영희, 1996), 사전적 의미는 "학년 사이나 학교 수준의 교육내용이 적절한 관계를 맺고 있다."(서울대학교 사범대학 교육연구소, 1994)는 말로 정의한다. 이에 따라 유아교육과 초등교육의 연계성은 아동의 계속적인 성장과 발달을 위하여 유아교육기관과 초등학교 간의 교육과정, 교육제조, 교육행정체제, 교육환경 및 교육풍토 등이 적절하게 관련을 맺고 있는 것이라 할 수 있다(곽노의, 김창복, 이경순, 2014).

영유아의 발달이 지속적으로 이루어진다고 본다면, 유아교육과 초등교육에서 단절된 체제와 상이한 교육이 이루어질 경우 바람직한 교육의 효과를 기대하기 어렵다. 따라서 양 기관이 인간교육의 기초를 담당하고 인간의 계속적인 성장과 발달에 도움을 준다는 목적하에 다음과 같은 필요성을 제기할 수 있다.

첫째, 아동의 지속적인 성장 발달을 통해 아동의 전인적 발달 및 초등학교로의 적응력 향상을 높이기 위하여 필요하다.

둘째, 아동의 발달에 적합한 활동중심 교육 및 초등학교 1학년 교실환경 구성의 실천 가능성을 높이기 위하여 필요하다.

셋째, 초등학교 저학년 교육방법에 있어 아동발달에 적합하고 다양한 아이디어 획득 및 그 실천에 도움이 되기 위하여 필요하다.

넷째, 상대교육에 대한 심층적인 이해를 통해 유아교사 및 초등교사의 전문성이 향상되므로 필요하다.

다섯째, 교사가 아동의 개인차를 고려한 개별화 교육을 실천하는 데 실질적인 도움이 되므로 필요하다.

여섯째, 유아교육과정과 초등교육과정 운영의 내실화로 교육의 질적 향상을 꾀할 수 있으며, 나아가 유아교육의 기본 학제 및 공교육화 확립에 도움을 줄 수 있으므로 필요하다.

이와 같이 유아교육과 초등교육이 연계되어야 할 필요성은 여러 측면에서 논의될 수 있으나, 유아교육과 초등학교 교육의 현실을 고려할 때 유아교육과 초등학교 연계의 현실은 그리 녹녹치 않다.

유아교육과 초등학교에서는 교육과정의 연계성을 상호 이해하고 반영할 수 있도록 교육과정을 분석·검토하고, 이에 대한 정보를 교환하며, 교사로서의 자세와 인식을 바꾸고, 지원해 줄 수 있는 행정체제가 구축된다면 유·초 연계가 수행되는 공교육화를 기대할 수 있을 것이다.

생각해보기 동부교육청, 유초 연계 컨설턴트 역량강화 연수

대전동부교육지원청은 유초 연계 교육 내실화 방안으로 동 · 서부 유초 연계 컨설턴트들이 함께하는 역량강화 연수를 13일 청사 대회의실에서 실시했다.

유초 연계 교육 컨설턴트는 꿈자람 과정의 효율적인 운영과 교육현장에서 발생되는 문제를 함께 고민하며, 해결 방안을 모색하기 위해 유치원과 초등학교 교원(교감, 원감, 교사)으로 조직하여 찾아가는 컨설팅을 하고 있다.

조성만 유초등교육과장은 "이번 연수를 통해 발달시기와 발달특성이 유사한 5세 유아와 초등학교 1학년 어린이들을 이해하고 현장을 지원하는 데 많은 도움이 될 것"이라고 말했다.

출처: 시티저널(2019. 6. 13.).

생각해보기 화성 도이초 유초 연계 감성마당 교육 호응

화성시 도이초등학교(교장 양해남)는 유초 연계교육의 일환으로 최근 도이초 1학년 학생들과 유아들을 대상으로 '어울려 함께하는 감성마당'을 운영해 학생 및 학부모들로부터 호응을 얻었다.

어울려 함께하는 감성마당은 코로나19 사태의 장기화로 생길 수 있는 심리적 거리의 단절을 극복하고, 저출산으로 형제 간의 정을 제대로 느끼지 못하는 학생과 유아들이 따뜻한 정을 나누며 공동체성을 회복하기 위해 계획됐다.

유아들이 상상놀이터 초대장을 초등학교 교실로 보내며 시작된 행사는 유아들의 상상을 놀이공간으로 구현한 상상놀이터에서 초등학생과 유아가 어울려 함께하며 형님 아우 간에 정을 쌓는 과정으로 진행됐다.

유아들에게 고마운 마음을 표현하고자 그동안 가꾸었던 재능을 촬영한 영상을 전달하고, 스스로 만든 책을 읽어주는 등 의미 있는 시간을 보냈다.

양해남 교장은 "유초 연계교육은 유치원 유아들과 초등학생 간 상호 신뢰와 배려, 협동하는 마음을 길러주어, 코로나19 속에서도 마음의 거리를 좁히는 데 큰 도움이 될 것"이라며 "앞으로도 꾸준히 만남을 가질 수 있도록 다양한 프로그램을 진행할 계획"이라고 말했다.

출처: 경인일보(2020. 7. 21.).

4) 방과후 프로그램

현대사회에 들어 여성취업률의 증가 및 핵가족의 증가 등 유아교육 대상 연령의 하향화와 영유아 교육에 대한 요구의 증가 추세에 따라 유치원과 초등학교 정규 교육과정 이후에 이루어지는 프로그램으로 방과후 아동지도, 방과후 탁아, 방과 후 공부방, 열린 교실 등과 혼용되어 시용되며, 학교 정규 수업 시작 전이나 하교 후 그리고 방학 동안에 일정 시설에서 부모를 대신하여 아동을 보호할 뿐만 아니라 교육을 보완해 주는 프로그램이다.

(1) 방과후 프로그램 개념 및 필요성

방과후 프로그램은 'after school child care'를 번역한 말로 정규 학교 수업 이후에 운영되며 아동의 안전한 보호를 강조하는 보호적 프로그램의 특성과 발달적 요구에 부응하는 교육적 특성을 가지는 프로그램으로 어머니들의 일할 권리를 보장해 주기 위한 제도이다.

현대사회에서는 가족의 형태와 역할, 경제 활동 구조의 변화에 따라 이혼 및 결손 가정의 증가, 맞벌이 가정과 편부·편모의 증가로 사회적 변화에 직면하고 있으며, 이러한 변화로 인해 많은 아동이 방과후 성인의 보호를 받지 못하여 올바른 생활 습관 형성이나 전인적인 학습 활동이 제대로 이루어지지 못하고, 각종 안전사고의 위험에 노출되어 있다. 이와 같이, 스스로를 보호하기 어렵기 때문에 책임 있는 성인의 도움이 필요한 유치원 및 초등학교에 다니는 아동이 방과후 프로그램의 대상이 되며, 위험한 환경으로부터 아동을 안전하게 보호하는 것과 더불어 계획된 교육 프로그램을 제공하여 건전하게 성장할 수 있도록 도와주는 것이다.

방과후 프로그램의 필요성을 아동의 측면에서 살펴보면, 방과후 프로그램은 아동의 복지권과 교육권 보장의 한 방법이라고 볼 수 있다. 「헌법」, 「아동복지법」, 「영유아보육법」뿐만 아니라 아동권리협약에서도 방과후 프로그램의 근거를 찾아 볼 수 있다. 즉, 방과후 프로그램은 아동의 전인적 발달과 안전한 보호를 통하여 행복한 삶을 보장하기 위해 필요한 것이다.

(2) 방과후 프로그램의 목적

방과후 프로그램은 일차적으로 가정 사정 때문에 방과후에 성인의 보호를 받을 수 없는 학령기 아동을 위험하고 유해한 환경으로부터 보호하고 이들의 발달적 특성과 관심을 고려하여 교육 프로그램을 제공하는 데 목적을 둔다. 그러므로 아동과 부모, 초등학교의 요구와 방과후 프로그램의 환경을 잘 파악하여 아동들에게는 건강하고 안전하며 재미있는 방과후 시간을 제공하고 부모에게는 안심하고 일할 수 있는 여건을 마련할 수 있는 방향으로 구성되어야 한다.

(3) 방과후 프로그램의 운영

방과후 프로그램의 일과 운영은 학교 시간표처럼 짜여지지 않은 자유로운 분위기에서 할 일과 하고 싶은 것을 해 볼 수 있도록 구성하는 것이 좋다. 그 이유는 오전 시간 내내 학교 시간표에 따라 수업을 받느라고 몸과 마음이 긴장된 상태에서 방과후 시설로 오기 때문에 가능한 한 자유로운 분위기에서 아동의 흥미 중심 그리고 놀이 중심으로 교육을 전개하도록 한다.

프로그램 운영 시간은 월~금요일에는 아동의 방과후부터 5시에서 6시까지 운영하고, 토요일은 방과후부터 2시까지 운영하거나 휴원할 수 있다. 유치원 방과후 프로그램과정에서는 유치원 정교사에 의하여 이루어지는 기본과정이 끝난 후 방과후 지도교사와 분야별 특성화 프로그램 지도교사에 의하여 주로 진행되며, 초등학교의 경우 방학 동안의 시간 운영은 학기 중과 같이 오후반으로 실시하거나, 제반 여건이 가능하다면 학기 중보다 시간대를 늘려서 종일 운영할 수도 있으며, 특별 프로그램을 계획하여 다양한 경험을 할 수 있도록 운영한다(김경회, 김선영, 김신영, 김지은, 김혜금, 문혁준 외, 2014).

초등학교 방과후 프로그램의 내용은 지역사회에 따라 차이는 있지만 기본적으로 생활지도를 포함하며 학습활동, 개인, 자유활동, 사회, 정서활동, 특별행사, 지역사회 연계활동 등 다양한 집단 활동 및 특별활동으로 이루어진다.

방과후 프로그램의 각 유형별 특징을 살펴보면 다음과 같다(이기숙, 김정원, 이현숙, 전선옥, 2013).

① 어린이집의 방과후 교실

어린이집의 방과후 교실은 기존의 영유아 어린이집에 방과후 교실을 마련해서 실시하는 경우도 있고 방과후 교실만을 전담으로 하는 전담시설이 설치되어 운영되기도 한다. 그러나 구체적인 시설 기준이나 표준사업비 설정, 교사 급료, 프로그램에 대한 별도의 기준이 없이 보육교사 1인당 20명까지 보육하도록 규정하고 있고, 기존의 시설을 활용함으로써 시설 설치가 용이하며 가정과 유사한 아늑

한 분위기를 조성할 수 있다는 장점을 가지고 있다. 그러나 유아용으로 제작된 시설·설비 그대로 활용하는 경우가 많아 초등학교 아동만을 위한 시설이 아니라는 점과 적절한 교구가 제대로 구비되어 있지 않고 보육료가 유아보육료의 50%이어서 정부의 지원 없이는 원활히 운영하기 어렵다는 단점이 있다.

② 종합사회복지관의 방과후 교실

종합사회복지관은 공공기관으로서 방과후 아동지도를 가장 먼저 제공한 기관이다. 종합사회복지관 방과후 아동지도의 주된 목적은 방과후 요보호아동을 대상으로 안전한 보호를 위한 환경 제공과 관리지도, 원만한 성격 형성과 정서적 안정을 도모하는 것으로, 지역사회의 요구에 의해 자기보호 아동이나 생활보호대상 아동을 주 대상으로 하고 있다. 종합사회복지관에서 운영하고 있는 방과후 아동지도는 보육교사 자격증을 취득한 사회복지사가 교사로 일하면서 자원봉사자의 협조를 받아 아동에게 각종 프로그램을 제공하는 경우가 많다. 방과후 프로그램은 종합사회복지관이 소재하고 있는 지역사회의 특성에 따라 프로그램의 내용이 다양하지만, 대체로 학습 지도와 숙제 지도, 자유놀이, 특별활동 등으로 이루어지고 있다. 종합사회복지관은 지역사회에 위치하고 있어 주민들의 접근 가능성이 용이하고, 비용이 저렴하며, 도서실 및 작업실 등 다양한 시설을 갖추고 있고, 복지관 내에서 아동을 대상으로 제공하는 다양한 프로그램들을 보다 저렴하고 편리하게 이용할 수 있는 등의 장점을 가지고 있다.

③ 초등학교 내의 방과후 교실

초등학교 내의 방과후 아동지도는 교육부가 사교육비 경감과 방과후 아동보호 체제의 확립 필요성을 표방하면서 1999년부터 계획하고 있는 초등학교 방과후 특기·적성 교육 활동과 방과후부터 귀가할 때까지의 시간 동안 아동을 돌보아 주는 방과후 에듀케어 교실로 구분될 수 있다. 초등학교 내 방과후 특기·적성 교육은 컴퓨터, 영어, 과학, 미술 등의 특기활동을 원하는 아동에게 저렴한 비용으로 제공하면서 방과후의 일부 시간을 학교에서 지내도록 하는 것을 말한다. 방과후 에듀케어 교실에서는 학교 정규수업이 끝나는 시간부터 오후 7시 30분까지 숙제 지도와 더불어 다양한 활동이 제공되어 방과후 보호가 필요한 아동들에게 교육과 보호를 제공하고 있다. 초등학교 내 방과후 에듀케어 교실의 장점은 아동들이 학교에서 다른 방과후 아동지도 시설로 번거롭게 이동하는 문제가 해결되어 안전할 뿐만 아니라 방과후 비어 있는 학교 교실을 이용하기 때문에 공간의 문제가 없어 경제적이다. 그러나 학교 입장에서 비용과 운영관리상의 부담을 느낄 수 있다는 점, 아동이 온종일 같은 환경에서 지내게 되어 지루하거나 스트레스를 받을 수 있다는 점은 단점이 될 수 있다.

④ 공부방

공부방은 공식적으로 정의된 개념은 없으나 일반적으로 민간단체나 종교단체, 혹은 개인 및 자원봉사자들이 비공식적으로 대도시 저소득층 밀집 지역에서 문화사업과 교육사업을 통해 초·중 고등학교 학생을 보호하고 학습을 도와주는 것을 목적으로 하는 방과후 아동지도의 한 형태라고 할 수 있다. 이러한 공부방은 저소득층 아동들을 대상으로 아동들의 올바른 인격 형성과 민주시민으로서의 자질을 갖출 수 있도록 지도하고, 숙제 지도와 원활한 인간관계를 중심으로 정서적 안정을 갖도록 하며, 문제 상황에 부딪치지 않도록 보호하고 있다. 공부방은 아동·청소년들의 학습 공간으로서의 역할과 아동을 안전하게 보호하는 역할을 주로 수행하면서 적절한 생활공간이 없는 아동과 청소년들에게 건전한 문화 공간을 제공하는 지역센터로서의 기능을 보완해 가고 있다. 공부방은 회비를 거의 받지 않거나 저렴하게 받는 비영리적 활동을 한다는 장점은 있으나 시설이 부족하고, 아동을 보호하는 시간이 짧으며, 재정난으로 운영에 곤란을 겪고 있는 경우가 많다. 또한, 담당자들이 다년간의 아동지도 경험이 있으나 방과후 아동지도자로서의 자격을 가지고 있지 않은 경우도 많다(이소희, 박인전, 도미향, 김민정, 2004).

6장

부모교육

부모교육은 부모 역할의 중요성과 부모에게 놓여진 많은 요구에 관한 이해를 돕는 데 필요한 기술과 정보를 제공하고, 자녀 양육 행동에 대한 긍정적인 피드백을 통해 자녀의 삶에 효율적인 부모-자녀의 관계를 형성하도록 도와준다. 또한, 부모가 자녀의 교육과정에 참여함으로써 긍정적인 부모-자녀, 부모-교사 관계를 형성하고, 더 나아가서는 부모-지역사회와의 연계를 지원하는 보다 넓은 상호 협력 체계를 도와준다. 본 장에서는 자녀 양육의 주체가 되는 부모교육의 효과를 극대화하기 위해 반드시 함께 이루어져야 할 부모교육 내용 및 목적, 필요성과 관련된 제 이론, 유형을 소개하고자 한다.

1. 부모교육의 정의

부모는 아동에게 있어서 최초의 교육 담당자이자 아동발달에 중요한 역할을 담당하고 있다. 그러므로 자녀에게 영향을 주는 인적, 물리적 환경에 대해서 잘 알아야 하므로 부모 역할에 대한 훈련이 필요하다. 부모 역할을 함에 있어 대부분의 부모들이 공통적으로 경험하게 되는 것은 사전에 충분한 경험과 정보 없이 혹은 체계적인 교육이나 훈련 없이 지극히 개별적인 경험에 의하여 그 역할이 시작된다는 것이다. 아동의 성장에 있어 부모의 역할은 거의 절대적인 것으로서 특히, 사회가 변화됨에 따라 예전에는 당연시되었던 부모의 역할이 강조되었고 부모교육에 대한 인식이나 양상이 다양해졌다.

부모교육이란 용어는 일반적으로 부모교육(parent education), 부모 훈련(parent training), 부모 참여(parent participation), 부모 개입(parent involvement), 부모 지지(parent support), 부모 역할하기 등의 많은 용어가 상용되는데 해당 프로그램의 강조점에 따라 부모교육을 대신하는 말로 특별히 구분하지 않고 혼합하여 사용되고 있다(이윤경, 문혁준, 김선영, 김성희, 김지은, 나종혜 외, 2013).

Fine은 부모교육이란 프로그램에 기초하여 체계적인 성인교육으로 참여하는 사람들에게 지식, 정보나 기술 등을 알려주기 위한 의도적인 계획이라고 하였으며, Robinson은 부모와 자녀 간의 상호작용의 질을 개선하고 부모와 자녀의 행동을 긍정적으로 변화시키기 위한 의도적, 목적 지향적인 학습 활동이라고 하였다. 한국유아교육학회(1996)는 “부모교육이란 이미 부모가 된 사람들이나 예비 부모들을 위한 일종의 성인교육이다.”라고 하였다.

이재연과 김경희(1999)는 자녀에 대한 이해와 지식을 증진시켜서 부모의 사고와 감정, 그리고 양육 행동의 습관적인 방법을 검토해 보고 동시에 자녀를 양육하는 새로운 방법을 습득하도록 도와주는 다양한 교육적 경험을 부모교육이라 정의하고 있으며, 신용주와 김혜수(2002)는 부모교육을 목적, 대상, 내용, 방법의 측면에서 광범위하지만 "부모교육의 자질 향상과 부모 역할 수행에 변화를 일으키기 위하여 부모와 예비 부모를 대상으로 모든 교육적인 방법을 동원하여 교육하는 활동"이라고 정의하고 있다.

이와 같이, 부모교육에 대한 학자들의 정의를 종합해 보면, 부모교육은 부모인 성인을 대상으로 하여 부모 행동의 변화를 바탕으로 자녀 양육과 발달에 영향을 미치게 하기 위한 활동으로, 부모의 역할 기능을 교육적으로 수행할 수 있도록 관련 지식과 정보를 제공하기 위한 의도적이고 체계적인 활동으로 정의된다.

2. 부모교육의 목적

부모교육은 아동의 성장과 발달을 지원하는 핵심으로 그 중요성이 날로 고조되고 있다. 부모의 이해와 참여 없이는 교육의 효과를 기대할 수 없다는 점에서 아동에게 가장 큰 영향을 끼치는 부모를 교육함으로써 바람직한 아동의 성장·발달을 이끌어 나가는 데 그 기본적 바탕을 두고 있다.

고대에서는 부족이나 종족 및 국가 수호를 위해서 아동을 훈련시키는 것이 부모교육의 주목적이었다면, 중세에서는 기독교적 종교관에 알맞은 아동을 키워내고자 하는 데 그 목적을 두었다. 근대에 들어오면서, 코메니우스에서 시작된 아동에 대한 새로운 인식은 부모교육의 목적을 아동을 위한 방향으로 자리 잡게 하였다.

부모교육의 목적은 참여자가 가지고 있는 문제 및 요구, 진행자의 철학을 고려하여 결정하기 때문에 정의가 복잡하고 다양할 수 있다. 먼저 헤드스타트 프로그램에서 정의한 부모교육의 목적은 다음과 같다(유안진, 김연진, 2004). 첫째, 아동발달 및 교육에 중요한 영향을 주는 역할을 지지하고 촉진시키는 활동 및 경험이 포함된 프로그램을 제공한다. 둘째, 부모 자신을 아동복지에 책임 있는 보호자, 아동의 첫 번째 교육자, 지역사회 공헌자라고 인식하도록 한다. 셋째, 부모는 부모참여 프로그램의 계획 · 계획 운영에 대한 의사 결정에 참여하고, 부모를 위한 활동과 관찰자 · 지원자로서 부모참여 기회를 제공하는 것이다.

이은화 등(1999)은 총체적 부모교육에서 부모교육의 목적을 부모가 아동발달을 촉진시킬 수 있게 되고 부모가 부모로서 자질을 향상하고 개인으로서 가능성, 정신력을 개발하고 실천적 기술을 배우게 되는 것으로 설정하였다. 또한, 유치원 교육활동자료(1998)에서는 가정과 유아교육기관의 협력을 강조하였는데, 부모교육의 목적을 유아교육에 대한 전문적인 지식을 기관이 부모와 함께 공유함으로써 부모의 유아교육에 대한 이해를 높이고, 유아교육에 대한 부모와의 협력을 극대화하려는 것이라고 하였다.

부모교육의 목적은 크게 부모로서의 목적과 개인으로서의 목적으로 나누어 볼 수 있다. 부모로서의 목적은 교육기관과 협력적인 관계 속에서 자녀 발달에 대한 올바른 이해를 바탕으로 부모 역할에 대한 자질을 증진시키는 것이며, 개인으로서의 목적은 부모 자신이 개인으로 성장하는 데 있음을 알 수 있다. 하지만 중요한 것은 부모교육을 통해 부모가 부모로서 자질이 향상되고 개인으로서 성장하는 것의 최종 목적은 아동의 성장에 있다는 점이다(김지나, 2007). 따라서 궁극적인 부모교육의 목적은 자녀에게 바람직한 성장 환경을 제공하고 인간관계의 기초가 되는 가정에서의 부모와의 원만하고 긍정적인 관계를 가짐으로써 자녀의 건강한 성장과 발달을 도와주고자 하는 것이라고 할 수 있다.

3. 부모교육의 필요성

부모는 자녀에게 있어서 최초의 가장 중요한 교사이다. 부모의 교육 개입은 자녀의 올바른 인격 형성에 큰 영향을 미친다. 과거 사회적 변화가 극심하지 않았던 시기에는 부모로서의 역할이 세대 간 전이되어 큰 무리가 없었다. 하지만 급변하는 사회적 변화 속에서 살아가야 하는 오늘날에는 부모로서의 역할을 수행하는

데 있어 많은 어려움을 겪게 되며, 시대적 상황에 따라 다양한 가족 유형이 출현하면서 공식적이고 체계적인 부모교육에 대한 사회적 요구와 필요성은 현대사회에서 더욱 요청되고 있다.

현대사회에서 요구되는 부모교육의 필요성은 다음과 같다(민하영, 윤혜경, 2002). 첫째, 부모 역할에 대한 책임이 증가했다. 둘째, 부모 역할에 대한 관찰학습의 기회가 적다. 셋째, 부모 역할에 대한 체계적인 교육이 거의 제공되지 않고 있어 준비 없이 부모 역할을 수행해야 하는 경우가 많다. 넷째, 부모 역할과 관련한 다양한 정보와 지식으로 인해 바람직한 부모 역할에 관한 가치관 형성에 어려움이 있다. 다섯째, 아버지의 자녀 양육 참여가 증가하고 있다. 여섯째, 생의 초기 경험에 대한 중요성이 강조되고 있다. 일곱째, 유아교육기관에서 가정과의 교육 연계성을 강조하고 있으며 초등학교에서도 이와 같은 요청이 증대되고 있다. 여덟째, 미래사회에 적응적인 자녀로 양육해야 한다. 이와 같이, 부모는 부모로서 자신의 성숙을 위해 부모교육이 이루어져야 하는 것이며, 아동의 성장과 발달을 위해서도 부모교육은 필요하다. 그러한 교육의 효과는 부모가 미래사회를 살아갈 자녀에게 필요한 것이 무엇이고 어떻게 준비시켜야 할지에 도움을 줄 수 있는 중요한 자산이 되기 때문이다.

유안진과 김연진(2000)은 부모교육의 필요성을 아동의 측면, 부모의 측면으로 나누어 설명하였다.

아동의 측면에서 보면 첫째, 아동의 사회·정서적 발달은 부모의 양육 태도 및 양육 방법에 크게 영향을 받는다. 둘째, 아동의 인지발달은 부모의 양육 태도와 방법에 크게 영향을 받는다. 셋째, 부모의 양육 태도와 방법은 아동의 신체발달을 조장하거나 저해한다. 이상의 내용을 종합해 보면, 부모교육을 통하여 아동의 성장 및 발달과 아동의 신체, 인지, 언어, 사회, 정서 등을 알게 하여 부모로 하여금 효율적으로 자녀를 양육할 수 있도록 도울 수 있다.

부모의 측면에서는 첫째, 부모교육을 통해 부모에게 건전한 가치관과 인격을 형성시키고 자녀교육에 대하여 올바른 지식을 습득하도록 함으로 부모 자신의 성장을 피할 수 있기에 필요하다. 둘째, 부모교육을 통해 자녀를 보다 잘 양육할 수 있는 지식과 각 단계에서 나타나는 심리적 특성들을 배우게 됨으로써 부모에게 자신감을 줄 수 있을 뿐만 아니라 효과적으로 대처할 수 있기 때문이다. 셋째, 부모교육을 통해 아버지도 자녀 양육에 책임을 져야 하며 가사를 분담해야 한다는 것을 인식하게 해서 적극적으로 아버지 역할을 할 수 있기 때문이다. 마지막으로 예비 부모에게 부모가 된다는 것이 어떤 것이며, 자녀는 부모에게 어떤 존재인지, 부모의 역할에는 어떤 희생과 준비가 있어야 하는지에 대한 올바른 정보를 줄 수 있기 때문이다.

이원영(1991)은 부모교육의 필요성을 아동, 부모, 사회의 입장으로 나누어 설명하고 있다. 아동의 입장에서 보면, 아동의 신체, 정서, 사회, 인지발달에 있어서 부모의 영향력이 절대적이기 때문에 부모교육이 필요하며, 부모의 입장에서 보면, 부모도 미성숙한 인성이고, 핵가족화로 인해 젊은 부모가 부모에게 의지함이 없이 자녀 양육의 책임을 수행해야 하고, 여성의 직장 진출 증가로 인해 성역할 개념이 변화되기 시작됨으로써 부모교육이 필요하다. 사회의 입장에서 보면, 국가 경제발전의 원동력인 인적 자원의 효율적인 개발과 장래 인적 자원의 질을 높임으로써, 빈곤 계층의 폭을 좁히고자 하는 사회 균등 정책과 유아의 연령이 낮을수록 부모에게 영향을 받는 가소성이 높아 교육의 효과가 크므로 아동교육을 효과적으로 시키기 위해 필요하다.

이상에서 살펴본 것처럼, 부모교육은 자녀의 양육과 교육 활동에 관여·참여할 수 있는 부모가 그들의 역할과 기능을 보다 효과적으로 충분히 발휘할 수 있도록 교육적 자질과 소양을 높이기 위해 제공되는 교육이라 할 수 있다.

부모교육은 아동의 입장에서는 전인적 성장·발달을 돕기 위해 필요하고, 부모의 입장에서는 자아 성찰, 자기 계발 등 보다 성숙한 인간으로 성장해 나가기 위해 필요하며, 사회의 입장에서는 인적 자원의 효율적 개발이라는 측면에서 최소한의 교육 투자로 최대의 교육 효과를 보기 위해 필요하다고 할 수 있다.

4. 부모교육의 내용

부모교육의 내용은 부모교육의 목적에 따라, 어떤 프로그램을 운영하느냐에 따라 내용이 달라지기 마련인데 일반적으로 부모교육의 내용에 따라 여러 학자의 견해를 살펴보면 다음과 같다.

유효순(1995)은 부모교육의 내용을 첫째, 아동발달에 관한 지식, 둘째, 아동관찰과 효과적인 지도 방법, 셋째, 아동교육의 중요성 및 부모의 역할, 넷째, 학습경험의 장으로서 가정 구성, 다섯째, 문제행동과 적절한 훈육으로 설명하였다.

정문자(1994)는 아동의 성장 및 발달, 아동의 바람직한 관계를 유지하는 데 필요한 기술, 아동의 문제행동을 다루는 방법, 부모의 정신건강에 대한 내용, 부모의 일반적인 교양 증진을 위한 내용, 교육을 돕기 위한 활동 참여를 부모교육의 내용으로 제시하고 있다.

임재택(1992)은 교육기관에서의 부모교육 내용을 3가지로 구분하고 있는데 가장 우선시되어야 할 것은, 아동의 발달과 교육에 관한 것, 부모 자신의 필요와 성장에 도움이 되는 것, 교육기관에서의 교육 활동 및 운영 전반에 관련된 내용을 강조하고 있다.

이상에서 살펴본 학자들의 다양한 의견을 근거로, 부모교육 내용을 설정해 보면, 아동의 성장 및 발달에 관한 내용, 아동의 행동 지도 및 교육에 관한 내용, 부모교육의 중요성 및 부모 역할의 이해와 훈련에 관한 내용, 부모의 참여를 위한 사전 교육의 내용, 부모의 일반적인 교양 증진 및 지원을 위한 내용, 교육기관의 교육 방침 및 요망 사항에 관한 내용으로 정리해 볼 수 있다(강인언, 황은미, 1994).

부모교육 내용 선정 시 유의해야 할 점은, 부모교육 내용이 해당 교육기관에서 지향하고 있는 부모교육의 기본 방향에 부합되는 것인가? 대상 부모들이 흥미와 필요를 느끼고 있는가? 효과적이고 실현 가능한 교육 방법이 모색될 수 있는가를 면밀히 검토해 봐야 한다(임재택, 2006).

그러므로 부모교육에서 최소한 다루어야 할 내용을 살펴보면 다음과 같다(이영석, 권대도, 최민수, 1990).

첫째, 부모교육을 통하여 그 시대가 요구하는 바람직한 아동관을 갖도록 한다. 둘째, 부모교육을 통하여 아동발달에 관한 기초 지식을 습득한다. 셋째, 부모교육을 통하여 아동을 관찰하고 효과적으로 지도하는 기술을 배운다. 넷째, 부모교육을 통하여 아동을 위한 교육의 중요성을 인식하고 부모와 교사는 상호 밀접한 관계를 갖고 공동 노력해야 한다. 다섯째, 부모교육을 통하여 가정을 중요한 학습경험의 장으로 구성하는 법을 배운다.

따라서 교육기관에서는 부모의 구체적이고도 현실적인 바람에 관한 정보를 수집하여 부모교육 내용을 보다 구체적으로 수립할 수 있으며, 이는 부모교육 연간계획을 수립하고 진행하는 데 중요한 정보원이 된다.

5. 부모교육의 이론

부모의 역할에 대한 관점의 변화는 있었지만, 효율적이고 능력 있는 부모가 되기 위한 준비의 필요성은 끊임없이 강조되고 있다. 이러한 부모의 욕구를 충족시키기 위해 여러 가지 부모교육 이론이 제시되고 있다.

이 이론들은 20세기 후반에 소개된 부모교육 이론들로 Freud, Alder, Watson 등의 이론들의 장점과 20세기 초반부터 연구된 사실들을 복합적으로 종합한 후, 실생활에서의 부모-자녀 관계에 적용할 수 있도록 한 것이 특징이다.

다음에서는 부모교육의 일반적인 이해를 돕기 위해 부모교육의 이론적 모델을 살펴보고자 한다.

1) Dreikurs의 민주적 부모교육 이론

민주적 부모교육 이론은 Adler의 개인 심리학 이론을, Adler의 제자 중 한 사람인 Dreikurs가 부모교육에 적용하여 부모와 자녀 관계를 개선시키고자 한 것이다. 이 이론은 임상 경험을 기초로 하여, 민주적 가족 양육 방식을 자녀에게 적용할 수 있도록 체계화하고, 특히 가족 상담과 집단 상담에 적용하였다. 또한, 인간관계에서의 평등성을 강조하고, 어떤 상황에서도 적용될 수 있는 민주적인 갈등해결 방법이다.

부모가 자녀에 대한 지식이나 경험이 부족할 때 아동이 부적응적 행동을 일으키는 원인이 된다는 가정하에 보다 바람직한 부모 역할에 관한 지식이나 정보를 제공함으로써 부모를 도울 수 있다. 이 프로그램에서는 부모가 자녀를 양육할 때 다음과 같은 가정을 기초로 하여 자녀의 행동을 이해하는 것이 바람직한 부모 역할을 수행하는 데 도움이 될 것이라고 제안하였다.

첫째, 인간행동은 우연히 일어난다기보다는 반드시 목적과 원인이 있다.

둘째, 인간행동을 이해하기 위해서는 그 행동이 일어난 사회적 관계를 이해해야 한다.

셋째, 인간 행위의 목적은 행동을 설명하는 단서가 되어 준다.

넷째, 자녀의 행동을 이해할 때는 자녀가 경험한 일을 스스로 설명하게 하고 이를 경청할 필요가 있다.

다섯째, 인간의 기본 욕구 가운데 하나는 사회의 집단에 속하고자 하는 것이다.

여섯째, 인간은 자신의 행동을 결정할 때 비록 잘못된 가정에 의해 행동이 결정되었다 하더라도 그 결정에 따라 생의 계획을 세운다(김현옥, 2004).

Dreikurs에 의하면, 인간은 다음과 같은 세 종류의 심리적 목표를 갖는데, 직접적 목표, 중간적 목표, 장기적 목표가 그것이다. 직접적 목표는 그 즉시 상황에 일어나는 순간마다 설정하는 목표이다. 중간적 목표는 심리적·신체적 편안함, 다른 사람을 즐겁게 하기, 다른 사람을 조정하기, 다른 사람보다 우세하게 느끼기, 삶의 의미 느끼기 등을 추구하는 것이다. 장기적 목표는 모든 상황에서 주의집중을 받아 중심이 될 수 있도록 목표를 설정하고 그것을 위해 조정하려고 항상 좋은 사람이 되려고 하는 것이다. 따라서 자녀가 잘못된 행동 목표를 설정하지 않고 긍정적인 행동 목표를 설정할 수 있도록 하기 위해, 즉 자녀의 심리적 목표 및 행동 전략이 무엇인지를 잘 파악할 수 있는 안목을 키우도록 하기 위해 부모교육이 필요하다고 하였다.

민주적 부모교육 이론의 진행은 부모 연구 모임을 통해 이루어지며 자녀 양육에 대해 실제로 연구하며 운영된다. 토론과 함께 구체적인 사실을 서로 나눔으로써 부모와 자녀 간의 질적 변화를 목적으로 한다. 모임은 8~12명을 한 팀으로 하고 부부 참석을 권장하며, 교육 기간은 8~12주간으로 매주 1회 두 시간씩 실시한다.

요약하면, Dreikurs의 부모교육 이론은 부모와 자녀가 동등한 가치를 지닌 인격체임을 인정하는 데서 시작되며 자녀를 양육할 때 자율적으로 행동하게 하고 책임감을 수행하도록 하는 것이다. 부모-자녀 간에 신뢰와 존중의 상호작용이 일어나도록 하는 데 주안점을 두고 있으며, 자녀의 잘못된 행동 목표를 바람직한 행동 목표로 이끌도록 해 주어야 한다는 것이다.

2) Ginott의 인본주의적 부모교육 이론

인본주의적 부모교육 이론은 Maslow, Rogers, Axline으로 이어지는 인본주의적 심리학을 Ginott가 부모교육에 적용하여 발전시킨 이론이다. Ginott는 그의 저서 'Between parent and child'에서 부모-자녀 간의 문제는 부모 자신의 성격 요인보다는 자녀 양육 방식을 모르기 때문에 일어난다고 보았다. 그래서 부모의 성격 개조를 목표로 하는 심리치료나 상담보다 아동지도와 교육에 초점을 둔 부모교육의 필요성을 강조하였으며, 부모-자녀가 긍정적인 상호작용을 경험하도록 하는 기회를 제공하고, 자녀에게 효과적으로 반응할 수 있는 기술을 갖도록 하는 데 목적을 두었다.

Ginott는 자녀 양육을 위한 부모 개입의 기술은 사람마다 각각 다르게 적용되어야 함을 강조하고 있다. 부모와 자녀 간에 상호작용과 대화를 촉진시키기 위한 전략은 다음과 같다.

첫째, 자녀와의 대화는 인격을 존중하는 태도를 가지고 해야 하며, 대화하는 기술이 필요하다.

둘째, 부모는 칭찬이나 긍정적 강화를 남용하지 말아야 한다.

셋째, 부모는 자녀와의 상호작용에서 생기는 갈등이나 압박감을 다룰 때, 자녀들의 행동에 대해 화나는 느낌을 가질 권리가 있다.

넷째, 위협, 뇌물, 공세, 빈정대기 등의 상호작용 방법을 사용하지 않는다.

다섯째, 부모와 자녀 사이의 신체적인 차이점이 적을 때, 의사소통은 더 효과적으로 이루어진다.

여섯째, 자녀는 나이가 들면서 자기 행동에 책임지는 것을 배우게 된다.

일곱째, 자녀는 자신이 이해할 수 있는 범위 내에서 그 한계가 합리적으로 주어질 때, 규율과 책임감 등 좋은 습관을 형성할 수 있다.

여덟째, 자녀에게 있어서 체벌은 언어적 의사소통보다 효과가 작을 뿐만 아니라 해가 더 많다.

인본주의적 부모교육 이론은 불평 털어놓기, 감수성 높이기 단계, 개념 형성의 단계, 기술 익히기 단계라는 4단계로 구성되며, 참여한 부모가 각 단계를 거치면서 훈련과 교육을 받게 된다. 부모교육 과정 단계에서 사용하였던 전문용어나 태도들을 각 가정에서 자녀에게 계속 사용하도록 하고 부모 자신도 자녀에게 감정을 자연스럽게 표출시킴으로써 심한 분노나 좌절을 폭발시키지 않도록 교육하고 있다. 각 단계가 진행될수록 부모교육 과정의 단계가 높아진다.

부모교육 운영은 부모와 자녀의 관계를 향상시키는 데 목적을 두었으며, 부모교육 집단은 한 집단이 보통 10~20명으로 구성되고, 1주에 1회씩 15주간 계속적으로 실시되며, 한 모임에 90분 정도 소요된다.

요약하면, Ginott의 인본주의적 부모교육 이론은 아동중심의 부모교육을 기본 목표로 삼고, 자녀가 문제를 보이는 것은 부모에게 어떤 문제가 있어서가 아니라 자녀 양육에 대한 경험이나 지식, 기술의 부족에서 기인한다고 보았다. 즉, 부모가 자녀의 이야기를 잘 경청함으로써 부모-자녀 관계에서 일어나는 갈등을 피하도록 하며, 긍정적인 상호작용이나 대화를 통해 해결할 수 있다고 제안한다.

3) Gordon의 부모효율성훈련(P.E.T.) 이론

부모효율성훈련(Parent Effectiveness Training: PET)은 Gordon에 의해 개발된 부모교육 이론 및 프로그램으로 우리나라에서 가장 널리 실시되고 있으며 훈련 과정이 체계화되어 있고 대화의 기법을 중심적으로 연구하여 이후 의사소통법의 모체가 되었다.

Gordon은 부모의 양육 태도에 있어 자녀를 수용하는 폭을 넓히고 자녀행동에 대한 구체적인 기술을 습득하여 갈등 해소를 시키는 것이 중요하다고 하였다. 즉, 모든 부모는 그들의 욕구를 방해하는 자녀의 행동을 수정하기 위하여 좀 더 효과적인 방법과 기술을 배워야 할 필요가 있으며 자녀의 욕구 충족을 위한 행동을 수용할 수 있는 안목과 인내가 필요하다는 것이다.

PET 이론의 목적은 부모에게 보다 효과적으로 자녀를 양육하는 데 필요한 기술을 가르치는 것이다. 즉, 부모 자신이 신이 아니라 인간임을 깨닫게 하고, 자녀 행동의 의미를 파악하고 자신의 감정을 솔직하게 표현하고, 자녀와의 관계에서 발생하는 문제에 대응하는 의사소통 기술을 습득하게 한다(김춘경 외, 2015).

Gordon은 부모효율성 훈련의 원리로 다음과 같은 일곱 가지를 제안하고 있다.

첫째, 부모의 수용 수준 파악하기

둘째, 문제의 소유자 파악하기

셋째, 상호 성장을 돕는 경청 기술 사용하기

넷째, 의사소통의 개방적 반응 중시하기

다섯째, 의사소통의 걸림돌 해소하기
여섯째, 부모 입장 알리기(I-message)
일곱째, 민주적인 방법 수용하기(무승부법)

나 전달법(I-message)은 자녀의 행동으로 부모가 좌절하고 갈등을 느끼는 등 부모가 문제를 소유하는 경우에 "부모 자신을 주어로 하는 대화"로 어려움을 효과적으로 해결하는 데 사용된다. 나 전달법(I-message)을 사용해도 자녀가 자신의 문제를 수정하지 않는 경우 부모-자녀 간의 갈등은 계속 남게 되고 이때 부모는 무승부법을 사용하는 것이 좋다. 이것은 부모-자녀가 앉아서 객관적인 태도로, 문제를 토의하면서 문제 해결을 해 나가는 방법으로 부모와 자녀 간의 문제 해결 과정은 욕구를 해결하기 위한 문제 정의하기, 가능한 해결 방법 모색하기, 해결 방법에 대한 평가하기, 상호 수용할 수 있는 해결책 결정하기, 결정된 해결 방법 실행하기, 실행 결과에 대한 평가하기 등의 6단계를 거친다.

PET 부모교육 운영은 부모를 가르칠 수 있는 강사 교육과 부모를 대상으로 하는 일반 교육으로 나누어지는데, 강사는 본부 소속 6명의 전문가로부터 교육을 받은 후 자격증을 받게 되고 교육은 이론과 실제 교육으로 구성된다. 한 학급 10명 정도의 그룹으로 구성하고 교육 자체가 지식을 전달하는 것이기보다는 부모가 가정에서 당면하게 되는 문제를 직접 다루어 봄으로써 자신이 사용하는 자녀 양육 방법의 장단점을 파악하고 개선하는 방향에서 이루어진다.

Gordon의 부모교육 이론은 그 자체가 창의적이라고 볼 수는 없으나 전 세계적인 조직을 갖고 체계적으로 보급되었기 때문에 우리나라에서는 그 파급 효과가 다른 부모교육 프로그램에 비해 컸다고 할 수 있다.

요약하면, Gordon의 PET 이론은 인간관계에 관한 원리로서 자녀보다 부모의 정체성 확립이 먼저 필요하며, 자녀들에게 꾸며진 모습이 아닌 솔직한 모습으로 다가가는 기술을 습득하도록 돕고 있다. 즉, 부모로 하여금 자신의 감정을 솔직하게 표현하게 하여 자녀로부터 도움을 받고 자녀와 보다 좋은 관계를 유지하게 하는 것이다. 부모-자녀 간의 원만한 관계를 유지하기 위해서는 의사소통이 전제되어야 하며, 의사소통의 결핍으로 인한 문제는 부모의 책임으로 보고 있다.

4) 효율적 부모 역할 수행을 위한 체계적 훈련(STEP 프로그램)

체계적 부모효율성훈련(Systematic Training for Effective Parenting: STEP) 프로그램은 Dinkmeyer와 Mckay가 개발한 것으로 Dreikurs의 민주적 부모교육 이론과 Gordon의 부모효율성훈련 이론 중 장점들만을 선택하여 체계화시킨 부모교육 이론이다. 부모-자녀 관계 훈련은 상호 존중과 시간을 내서 재미있게 놀아주기, 용기 주기, 그리고 사랑으로 의사소통하기를 내용으로 하는데 이를 통해서 긍정적인 부모-자녀 관계가 형성되는 것이다.

STEP 이론은 자녀 양육을 위하여 의사소통 기술, 자연적·논리적 귀결, 가족 모임 그리고 자신감 발달과 잠재력 사용 등의 원리를 기초로 한다.

첫째, 의사소통 기술은 부모는 자녀의 이야기를 조용히 듣고 감정을 가지고 인식하는 태도로 격려해 주는 것이다.

둘째, 자연적·논리적 귀결은 자녀의 문제를 자녀의 입장에서 이해하여 자연적인 현실 경험을 통하여 얻어지는 결과로서 스스로 이해하게 하는 방법이다. 논리적 귀결은 모든 문제에서 자녀에게 선택할 기회를 주고 선택한 것에 대한 책임을 알게 하는 것이다.

셋째, 가족 모임에서는 모든 구성원이 함께 의사 결정에 참여하도록 하며 오락시간을 가지므로 긍정적인 관계를 갖도록 하는 것이다.

넷째, 부모는 자신감과 잠재력을 사용하도록 한다. 자녀는 친절을 베풀고 인내하여 자녀의 잠재력을 이끌고 '나 전달법(I-message)'을 이용하여 자신감이 생기도록 한다.

STEP 이론의 운영은 9주 동안 부모가 자유로운 분위기에서 2시간씩 실시되며 각 장을 끝내고 그 장에 대한 내용, 문제, 질문 사항을 실천하도록 제시한다. 그리고 자녀 양육의 문제를 토의하고 각 내용을 실시한 후 경험담을 나누어 보도록 하고 있다. 한 가지 흥미로운 점은 STEP 이론에서는 아버지 프로그램과 직장에 다니는 어머니를 위한 저녁 프로그램이 개발되어 있다는 점이며, 부모를 위한 지침서가 명확하게 체계적으로 정리되어 있어 사용하기가 매우 편리하다. 부모로 하여금 자신을 정확하게 통찰하여 자신의 문제를 파악하고 이를 해결할 능력을 가질 수 있게 하며 자녀를 보다 잘 이해하고 동등한 인격체로 취급하며, 자녀가 긍정적이고 책임감 있는 행동을 하도록 도와줄 수 있게 한다. 이 프로그램에서는 훈련받은 부모는 '훈련된 부모교사'가 되어 다른 부모집단을 훈련할 수 있다는 특징이 있다.

STEP 이론은 부모-자녀의 관계에서 부모가 자녀를 존중하는 태도를 보이며, 자녀의 행동에 대한 결과보다는 동기를 이해할 수 있도록 돕고 자녀와의 즐거운 시간을 통해 이야기를 주고받을 수 있게 한다는 점에서 공헌점을 찾을 수 있다.

STEP 이론은 부모들에게 자신감을 주고 생활을 변화시키는 프로그램으로서 교육기관이나 학교, 지역사회의 기관에서 실시할 수 있고, 평생교육 프로그램으로서 상담자, 심리학자, 사회사업가 등이 실시할 수 있다. 부모의 양육 태도는 변화시키기 어려운 것임에도 불구하고, STEP 이론에 참여한 부모는 긍정적인 양육 태도 변화를 경험한 것으로 나타나 있다. 이러한 결과는 STEP 교육내용이 종합적이며, 조직화, 체계화되어 있을 뿐만 아니라 그 실시 과정이 단계적이어서 부모의 점진적인 향상에 도움을 주기 때문이라고 할 수 있다.

요약하면, STEP 이론은 인간의 가치와 존엄성에 있어서 평등하며 책임 있는 자녀로 키우기 위해 상벌에 있어서도 선택할 수 있도록 훈련할 필요가 있으며, 자녀의 행동에는 사회적인 목적이 숨겨져 있는 만큼 부모는 자녀를 더 많이 이해하고 잘못보다는 동기를 살펴보는 안목이 있어야 한다고 말한다.

5) Berne의 상호교류분석 이론(Transactional Analysis: TA)

상호교류분석 이론은 미국 정신과 의사 Berne이 창시한 심리분석 이론을 부모교육에 사용하여 부모와 자녀 관계의 의사소통과 상호 교류 방법을 개선시키는 데 주된 목적이 있다. 초기에는 정신과 장애의 치료로부터 시작되었지만 지금은 그 영역이 확장되면서 비행소년, 목회상담, 교육 현장 등 각종 상담과 부모-자녀 관계 등의 인간관계의 어려움이 있는 분야에서 상호교류분석을 활용하고 있다.

교류는 의사소통에서 한 사람의 자극에 대해 다른 사람이 반응하는 것을 의미하는 말로, 교류분석은 부모, 성인, 아동 자아를 응용하여 일상적인 서로의 의사소통(말, 태도, 행동)을 이해하고 분석하는 것인데, 교류를 분석하는 이유는 자신에 대한 이해를 증진시키고, 서로 간에 어떠한 관계를 맺고 살아가는지를 분석하고 스스로의 의식적인 노력을 통하여 바람직한 의사소통을 하고자 하는 데 있다.

상호교류분석 이론은 자기 성장과 가족관계의 의사소통에 도움을 주는 접근 방법을 사용하며, 다음과 같은 몇 가지 사항을 전제로 한다.

첫째, 인간의 자아구조에는 아동 자아(child ego state), 성인 자아(adult ego state), 부모 자아(parent ego state)의 세 가지 유형이 있는데 이 세 가지 자아 상태가 상황에 따라 적절하게 사용할 수 있는 능력을 배양시켜 준다면 바람직한 부모-자녀 관계를 형성할 수 있다.

둘째, 아동은 사회 환경에서 다른 사람과의 교류를 통해 자신과 외부 세계에 대한 보편적인 관점에서 인간관계(생활 자세)를 하고 있다.

모든 인간은 자극을 받고자 하는 욕구를 갖는데 나이가 어릴수록 신체적인 친밀감을 가지고 싶어 하고 나이가 들면서 사회적 상호작용을 통해 인정받고자 하는 욕구를 갖는다.

아동의 경우 신체적 친밀감은 쓰다듬기(stroking)란 개념을 통해 다른 사람과의 관계 및 생활 자세에서 나타나는데, 쓰다듬기란 상대방의 존재를 인정할 때 사용하는 모든 행동을 말한다. 신체적 접촉이나 언어적·신체적 표현도 모두 포함된다. 부모로부터 '쓰다듬기'를 긍정적으로 받은 자녀는 자신을 중요하고 가치 있는 사람으로 보는 반면, 그렇지 못한 경우는 열등감, 부적절감을 소유한 자녀로 자라게 된다고 보았다.

쓰다듬기는 자기 긍정-타인 긍정(I'm OK-You're OK), 자기 부정-타인 긍정(I'm not OK-You're OK), 자기 긍정-타인 부정(I'm OK-You're not OK), 자기 부정-타인 부정(I'm not OK-You're not OK)의 네 가지 유형으로 설명할 수 있다. 즉, 자기 긍정-타인 긍정의 인생 태도를 취하게 함으로써 행복한 삶을 영위할 수 있다는 것이다.

요약하면, 상호교류분석 이론은 부모 자신의 위치와 문제 및 자녀와의 상호 교류를 평가함으로써 자녀의 건전한 성장을 도울 수 있는 양육 방법을 제공하는 내용으로 구성되어 있으며, 자신의 자아 상태를 자율적으로 선택할 수 있는 능력을 함양하여 부모와 아동이 자신의 과거 경험을 통해 형성된 부정적 생활 자세를 버리고 자기 긍정-타인 긍정의 삶의 자세를 선택, 결정할 수 있도록 하는 데 목적이 있다.

6) 행동수정 이론

행동수정 이론(Behavior Modification Theory)이란 행동주의 이론의 학자인 Watson과 Skinner에 의해 소개된 행동주의 심리학의 행동 원리와 학습 원리를 기초로 한 이론으로, 인간의 행동이 학습된 것이라고 보는 행동주의학습 이론을 부모교육에 적용한 것이다. 인간의 성장과 발달을 주도하는 힘은 유기체 내부에 있는 것이 아니라 외부에 있다고 생각하기 때문에 환경적 요인의 영향을 중요하게 생각한다. 즉, 자녀의 모든 행동은 개인과 환경과의 상호작용에 의해 학습된 것으로 보았다. 그러므로 바람직한 부모-자녀 관계를 형성하기 위해서는 부모가 좋은 모델의 역할을 담당해야 하며, 아동의 환경을 변화시켜야 한다는 것이다.

부모교육에 적용할 수 있는 행동수정의 원리는 다음과 같다(신용주, 김혜수, 2002).

첫째, 자녀는 부모의 행동을 모방함으로써 자연스럽게 그들의 태도가 형성되고 행동을 하게 된다는 모방학습 이론(modeling theory)이다.

둘째, 조작적 조건 형성(operant conditioning)으로 부모가 자녀의 행동을 변화시키기 위해서는 자극과 반응의 조건을 인위적으로 형성하여 지도하는 이론이다. 자녀가 어떤 행동을 했을 때 보상이나 격려를 통해 바람직한 행동을 강화시키고 바람직하지 못한 행동은 불쾌한 경험이나 회피행동을 통해 소거시키는 방법이다.

셋째, 고전적 조건 형성 이론(classical conditioning)이다. 부모가 자녀에게 바람직한 행동에 대해서는 자극과 반응의 조건 형성을 반복적으로 제시하여 자녀의 행동을 강화하고 부정적인 행동에 대해서는 소거시키는 방법이다.

이러한 세 가지 원리에 따라 아동의 문제행동에 대하여 우선 행동 목표를 설정하고 정확히 관찰하고 기록하여 분석할 것을 요구하며 목표에 부합하는 강화와 체벌을 사용한다.

학습 이론에 근거한 행동 수정 여러 기법은 장애 아동의 신변 처리 능력이나 생활 지도를 위해 사용되었으나, 점차 정상 아동의 행동 특성을 수정하거나 좀 더 바람직한 행동을 습득하게 하기 위해 다양하게 활용되고 있다. 바람직하지 못한 행동을 감소시키는 방법으로는 벌, 소거, 포화, 고립, 반응 대가, 권리 박탈, 대체 행동의 강화, 체계적 둔감법 등이 있으며, 바람직한 행동을 형성하는 방법으로는 정적 강화와 부적 강화, 행동 형성과 행동 연쇄, 용암법, 토큰 강화 등이 있다(김지현, 정지나, 조윤주, 한진아, 2010).

요약하면, 행동수정 이론은 강의 중심으로 행동주의 이론이나 원칙, 개념을 부모에게 교육시키는 것이며, 어느 부모나 일단 훈련을 받으면 자녀의 행동을 수정할 수 있다는 사실을 전제로 하므로 정상적인 부모나 자녀에게도 손쉽게 적용할 수 있고, 장시간을 요하지 않는다는 장점이 있다.

6. 부모교육 프로그램의 유형

부모와 교사는 아동을 위하여 서로 협조적인 관계가 형성되어야 하며, 조화로운 교육을 위해서는 가정, 즉 부모의 공동 관심과 협력이 있어야 효과적인 교육이 가능하다. 그러므로 부모에게 다양한 유형의 부모교육을 마련하여 가정과 교육기관의 효율적인 상호작용을 유도하고 바람직한 교육이 될 수 있도록 지도하는 일은 매우 중요하다.

다음에서는 교육기관에서 주로 실행하고 있는 부모교육 프로그램의 유형에 대하여 구체적으로 살펴보고자 한다(서혜정, 한애희, 2006).

1) 가정통신문

가정통신문은 교사가 직접 대면하지 않고 일종의 서면을 통하여 의사소통을 하는 것이다. 교육 계획에 의해 매주 가정으로 보내는 주간교육계획안의 가정통신란을 통해 주제, 행사, 기본 생활, 계절, 건강, 안전 및 공지 사항 등을 안내한다.

2) 개인 편지

아동의 생활 상태를 간단하게 전달하는 방법으로 교사의 성의가 느껴질 수 있게 편지를 써야 한다. 무조건적인 칭찬이나 잘못된 점을 지적해서 쓰기보다는 평소에 관찰하고 기록한 것을 토대로 현재 아동의 모습을 기록하고, 보다 향상될 수 있도록 서로 노력할 수 있는 점에 초점을 두어야 한다.

편지는 일방적인 의사소통으로 인식되는 경향이 있기는 하지만 교사가 부모의 대답을 이끌어 내도록 작성하는 것도 좋다. 부모는 항상 자녀가 어떤 새로운 기술을 익혔다는 것을 알면 기뻐하고, 교사가 시간을 내어 긍정적인 면을 부모와 나누게 되면 두 배로 기뻐한다. 간혹, 의견을 설명하거나 이해를 돕기 위해서 활동의 견본, 새로운 경험에 대한 말이나 이야기 녹음테이프 또는 사진을 찍어 함께 보내는 것도 좋다.

3) 전화

전화는 부모와의 연락을 위한 또 다른 형태로, 부모를 자주 만날 수 없는 경우 규칙적인 접촉을 위한 대화의 기회를 제공한다. 전화 대화는 서로 얼굴을 대면하지 않기 때문에 밝고 명랑한 목소리로 이끌어야 한다. 상대방의 이야기를 잘 들어주는 것이 매우 중요하며, 꼭 메모를 하면서 요점을 파악하여 만족스러운 대화가 되도록 한다.

전화는 상호 의사소통을 돕는다. 몇 분밖에 걸리지 않는 전화 통화로 부모는 자녀에 대한 교사의 관심과 정보를 알게 되고 긍정적인 교사-부모 관계 형성에 많은 도움을 받는다. 그러나 교사와 부모가 중요한 문제를 언급해야 할 경우에는 전화로 의사소통하는 것은 좋은 생각이 아니다. 부모의 얼굴 표정을 보지 않고 대화를 하다 보면 완전히 답을 얻기보다는 오해를 불러일으키기 쉽기 때문이다. 또한, 교사는 전화 상담이 가능한 시간을 부모에게 알려줌으로써 의사소통의 기회를 많이 가질 수 있게 된다. 왜냐하면, 부모는 상담 가능한 정기적인 시간을 알게 되면 대개는 약속된 시간을 지킬 확률이 높아지기 때문이다.

4) 홈페이지

인터넷을 통한 홈페이지는 부모교육을 위한 또 다른 형태이다. 교육기관 홈페이지에는 부모가 한눈에 부모를 위한 다양한 정보가 있다는 것을 알 수 있도록 할 필요가 있다. 교육계획이나 교육과정을 수시로 안내하고, 아동의 교육기관에서의 생활 사진 또는 동영상, 작품 견본 등을 올린다.

정보실을 두어 학부모에게 도움이 될 수 있는 아동을 위한 교육 정보를 제공하는 것도 필요하다. 홈페이지 정보실을 통해 제공되는 정보는 교사 협의에 의해 결정되며, 교사가 부모의 질문과 의견을 듣거나 부모가 도움을 원하는 정보를 찾을 때 정보를 올려놓을 수 있다. 정보실을 통해 제공되는 정보는 책이나 장난감의 선택, 아동기의 질병과 면역 결핍, 아동에게 필요한 영양가 높은 식단, 영화에 대한 제안, TV 프로그램이나 지역 행사, 나들이 장소, 개별적인 정보나 가족 문제의 해결책, 또는 부모회의 논제에 대한 준비나 잇따른 인쇄물이나 최근 기사, 훌륭한 아동기의 철학에 대한 설명, 전형적인 교실 활동, 긍정적인 지도 등이 적합하며, 이외에 부모로부터 요구되는 정보의 종류를 수록하도록 한다.

홈페이지가 부모에게 유용하게 활용되기를 원한다면, 자주 주제를 바꾸어 좋은 정보를 올려주어야 한다. 몇 주 동안 홈페이지의 내용이 변화가 없이 똑같다면 부모에게 신뢰와 관심을 잃어버리게 되어 방문이 중단된다.

부모와 대화를 할 수 있는 대화의 창도 수시로 검색해서 질문의 답글을 그때그때 지혜롭게 올려 교사의 의견이나 부모의 의견을 자주 교환한다면 색다른 부모교육이 된다.

5) 지상 강좌

지상 강좌는 또 다른 의사소통으로, 모든 부모와 매달 정기적인 정보지로 만남을 가진다. 지상 강좌를 편집할 때는 부모가 시간이 너무 많이 낭비된다고 생각해서 제쳐 놓고 읽지 않는 경우가 있으므로 한 장 정도의 분량으로 산뜻하고 흥미롭게 제작한다. 정확한 문장과 철자에 대한 주의는 물론 목적이 주어지는 전문적인 내용이 되어야 한다. 지상 강좌에는 다섯 가지의 목적이 있는데, 첫째는 부모에게 학습 활동 및 계획을 지속적으로 알리기 위함이고, 둘째는 부모가 학습 활동의 기본적인 교육 목적을 이해함으로써 교육기관에서의 활동을 가정으로 확대해 연계하기 위함이며, 셋째는 부모와 아동의 의사소통 능력을 강화하기 위함이다. 넷째는 교육기관의 행사에 대한 일정과 활동 계획을 통해 그 활동을 도울 수 있는 방법 및 가정에서 실용적으로 아동의 놀이 활동을 도울 수 있도록 하기 위함이다. 마지막으로, 아동의 발달에 적합한 양육 태도에 대한 지식을 도와 효율적인 부모역할에 도움을 주기 위함이다.

6) 부모 강연회

부모 강연회는 다수의 부모에게 정보를 제공하기 위해 전문적인 외부 강사를 초청하여 강연을 듣기도 하고 워크숍과 토의를 함께할 수 있는 기회를 대략 일년에 1~3회 정도 갖는 모임이다.

부모 강연회 주제는 아동에 대한 이해와 발달을 도와주는 능력을 향상시키기 위한 것으로 정한다. 아동에 대한 전반적인 이해를 돕기 위하여 뇌 발달과 조기교육, PET 훈련, STEP 훈련, 정신건강 등 다양하고 폭넓은 서비스 제공을 필요로 한다. 또한 학기 초에 미리 부모에게 설문지를 보내서 의견을 수렴한 후 부모가 관심 있어 하는 분야를 선정하는 것도 좋다.

7) 개인 상담

부모교육을 위해서 정기적인 연락과 대화, 정보, 강연, 그리고 우연한 대화도 중요하지만 아동을 위한 체계적인 관찰기록과 검사 자료, 작품 수집 등 계획에 의한 상담의 시간을 제공하는 것은 부모교육에 있어 아주 중요하다.

교육기관에서 이루어지는 개인 상담은 부모에게 상세하고 조직된 방법으로 관찰된 아동의 전반적인 발달을 검토할 기회를 제공하고, 또한 교사는 부모와의 대화를 통해 가정에서의 아동에 대한 정보를 얻기도 하면서 부모와 교사가 함께 아동의 관심 분야, 욕구, 발달 정도, 걱정되는 문제행동 등에 대하여 상호 협력하는 시간과 기회를 제공한다.

개인 상담의 기회는 보통 1학기와 2학기에 한 번씩 1년에 두 번 정도 계획하며, 필요 시 개별 통지하여 상담을 하기도 한다. 1학기 상담은 아동의 정보를 부모로부터 얻기도 하고 아동의 발달 정도에 대해 서로 교환하면서 연계 교육을 위해 협력적인 관계를 가진다. 2학기 상담은 꾸준히 준비된 관찰 자료를 토대로 아동의 전반적인 발달 상황뿐만 아니라 앞으로의 교육에 대하여 바람직한 지도 방향을 모색한다. 또한, 아동이 특정한 행동이나 이상 행동을 지속적으로 보여 상담이 필요하다고 판단되면 교사는 상담의 시기가 아니더라도 교육기관의 장과 의논하여 해당되는 아동의 부모와 상담을 가져야 한다. 이때는 특정한 영역에 대한 자료나 문제점을 상담하는 데 도움과 신뢰를 뒷받침할 관찰기록과 수집된 정보가 꼭 필요하다.

8) 부모참여수업

부모참여수업은 교육기관과 가정과의 연계 교육을 활성화시키기 위한 부모교육의 방법으로 일 년에 1~2번 정도 계획된다. 부모참여수업은 부모가 교육기관의 교육 프로그램이 어떤 목표를 가지고 어떻게 표현되고 있으며, 교육과정이 어떻게 진행되어 가고 있는지를 이해하는 최선의 방법이다. 이는 아동과 함께 프로젝트 부분 단계 또는 현장 견학, 요리 활동, 조형 활동, 게임 활동, 과학 활동, 자유선택 활동 등 다양하게 계획된 활동에 직접 참여하여 경험함으로써 가정에서도 교육과정을 어떻게 풍부하게 구성해야 하는지에 대한 생각을 끌어낼 수 있다. 이를 통해, 부모는 교육기관의 교육 이념과 목표를 이해하게 되고 교육 방법을 통해 자녀에 대한 이해와 지식을 증진시키고, 자녀를 긍정적이고 바람직하게 양육하는 방법을 습득하여 올바른 자녀 교육관의 형성을 돕는다.

부모참여수업은 부모와 아동이 자신의 역할을 제대로 해낼 준비가 되어 있을 때 계획하는데 부모가 많이 참여할 수 있는 요일을 사전에 설문지를 통하여 조사한 후 3주 전에 부모통신란을 통해 알려준다. 참여 활동 내용은 교육기관에서 주제와 활동 유형을 정하고 활동 내용과 참여수업에 대한 유의 사항 등을 참여수업 1주일 전에 가정으로 안내한다. 참여수업에 참석한 부모에게는 친숙함을 주기 위해서 이름표를 만들어 부착하도록 하며 참여수업 시 유의 사항을 다시 한 번 확인한다. 참여수업이 끝나면 참관 소견을 작성하도록 하고 함께 평가하는 시간을 갖는다.

9) 부모참관수업

부모참관수업은 그들의 자녀가 또래 친구들과 교사와 어떻게 상호작용하는지를 알 수 있게 되고 다른 또래와 발달에 적합한 전형적인 행동이나 기술에 대해 관찰하며 어떻게 같은지, 어떤 놀이를 선택하여 얼마나 오랫동안 놀이에 몰입하는지, 어떻게 문제를 해결하고 도움을 받는지, 특별한 관심사는 무엇인지 등 아동의 전체적인 성장에 대한 이해도를 높여 줄 수 있는 부모교육의 형태이다. 또한, 참관을 통해 부모가 교육기관의 프로그램 진행 과정을 관찰하면서 아동을 위한 교육의 지식, 기술, 태도, 상담 등의 다양한 정보를 제공받는다. 부모참관수업의 계획은 일년에 2~4회가 적당하며, 언제든지 부모가 원할 때는 기관의 사정에 따라 참관실이나 복도에서의 참관을 허용하는 것이 바람직하다. 이런 장소가 통용되지 않는 기관에서는 아동과 부모가 서로의 존재를 부담스럽게 느끼지 않도록 교사는 학부모가 관찰자로서의 역할을 어떻게 해야 하는지 교실에서의 행동, 관찰 포인트를 위한 안내에 대한 배려가 필요하다.

부모참관수업 날은 교사가 아동에게 부모님이 오실 것이고, 우리의 교육 활동을 볼 것이라는 것을 설명해 주며 누군가 자신을 지켜보고 있다는 느낌 없이 자유롭게 활동할 수 있도록 한다. 아동에게 자세한 설명을 하였다고 할지라도 부모에게는 협조가 필요함을 강조한다.

부모참관수업이 끝난 후에는 인상적인 것, 제안하고 싶은 것, 새로운 발견 등을 기록하도록 하여 상담 또는 관찰이 필요한 경우 상담·관찰 계획을 세우는 것도 바람직하다.

10) 부모자원 활동(보조 교사)

부모자원 활동은 아동의 부모를 대상으로 일정한 교육을 실시하여 직접 또는 간접으로 학급 활동에 참여하게 하는 적극적인 부모 참여 활동으로서 다른 의미로 보조교사의 성격을 지니기도 한다. 보조 교사란 교육기관에 다니고 있는 아동을 둔 아동의 부모가 교육기관에서 교사의 보조자 형태로 참여하는 것을 의미한다. 부모를 보조자로 참여시키기 위한 프로그램은 신학기 이전 부모를 위한 오리엔테이션 기간에 시작할 수 있다. 보조 교사 역할을 위한 설문지는 희망 여부, 자원 활동 일정, 활동 영역 등을 파악하는 데 사용된다. 결과적으로, 지원자 수와 활동 내용이 정리되면 이를 기초로 부모 자원봉사 프로그램을 실시할 일시, 장소, 그리고 활동 및 구체적인 계획을 수립한다. 이들의 역할은 주로 간식 지도와 환경 정리, 교구 제작의 보조자 역할, 학습의 보조자로서 동화나 노래 지도, 게임 또는 작업 등의 부분적인 활동을 지도하는 보조 교사 역할, 견학 및 행사 시 보조 교사 역할 등의 폭넓은 활동으로 학습의 결과를 높일 수 있다. 보조 교사나 부모자원 활동은 부모의 관심이나 흥미, 시간적 여유, 능력 등을 고려하여 부모 스스로 하고 싶은 내용을 결정하도록 하는 것이 바람직하며, 사전에 부모 훈련을 통한 준비물, 활동 계획, 구체적인 진행 내용과 평가에 이르기까지 부모와 교사 간 지속적인 상호작용을 갖는 것이 중요하다(이기숙, 1984).

11) 놀잇감 대여 및 도서관 프로그램

놀잇감 대여 프로그램은 교육기관과 가정의 원활한 관계와 상호 협조를 목적으로 가정에 놀잇감을 대여해 주는 프로그램으로서 미국 캐롤라이나 대학 부속 아동센터에 등록된 4, 5세 아동의 교사에 의해 시도된 프로그램이다.

이러한 프로그램을 운영하기 위해서는 놀잇감을 먼저 확보한 다음 각 놀잇감마다 대여 카드를 작성해야 한다. 놀잇감의 확보는 각 가정에서 자녀가 성장하여 필요가 없게 된 놀잇감을 기증받는 것도 한 방법이다. 놀잇감을 대여하는 절차는 도서실에서 책을 대출하는 것과 같은 방식으로 운영한다. 한 번에 반드시 한 가지 교구를 빌려 주고 금요일에 대출하여 월요일에 반납하도록 한다. 대출 기록을 위하여 각 아동의 이름 카드를 놓고, 누가 무엇을 빌려갔는지 기록해 놓는다.

이 프로그램의 장점은 도서나 장난감을 사용함으로써 풍부해지는 놀이의 영역이나 탐구를 측정할 수 있는 기회를 갖고 부모는 빌려 온 장난감을 아동과 함께 사용함으로써 교구의 적절함을 이해하고 교구 사용법을 알게 되며 학습을 집에서 강화시킬 수 있다. 또한, 아동의 발달에 따른 요구를 이해하고 그들이 학습하는 방법에 대한 통찰력을 기를 수 있다(김민영, 2009).

부모를 위한 도서 대여는 도서실을 설치하거나 부모가 읽어야 할 서적을 대출하고 기증받으며 부모의 독서 활동을 증진시키거나 관심 분야를 구체적으로 지도할 수 있다.

7장

아동상담

과도한 교육열로 인한 학업 스트레스, 놀이와 또래 상호작용의 부족, TV, 컴퓨터, 스마트폰 등 자극적이고 대인 접촉을 방해하는 매체의 보급으로 인해 어려움을 겪는 아동들이 증가하고 있다. 아동들은 경미한 문제행동이나 부정적인 정서 경험에서부터 장애나 질병으로 분류되는 심각한 것에 이르기까지 매우 다양한 증상을 경험할 수 있다. 때문에 아동상담에 대한 수요가 증가하고 있으며 유아교육기관이나 학교, 부모교육 분야에서도 문제 예방 차원에서 상담에 많은 관심을 보이고 있다. 이에 본 장에서는 아동상담의 정의와 필요성, 목적과 유형 등에 대해 소개하고자 한다.

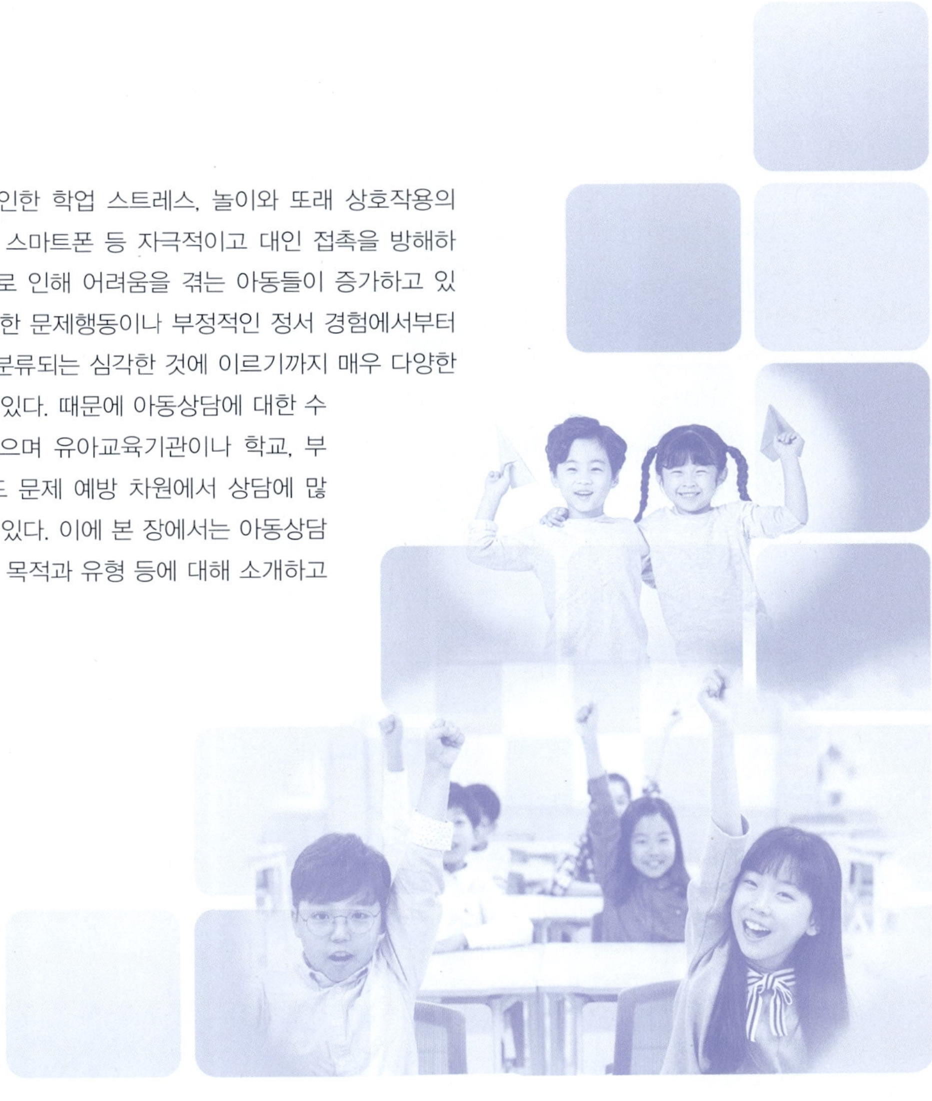

1. 아동상담의 정의와 필요성

1) 정의와 특성

사람들은 일상생활에서 다른 사람들과 대화하며 도움을 주고받는다. 이런 상황을 일컬어 우리는 흔히 누구와 '상담(相談, counseling)한다'라고 표현한다. 이처럼 '상담'은 고민이나 어려움을 해결할 목적으로 나누는 대화란 뜻으로 사용되고 있다. 하지만 여러 상담자와 학자들에 따르면 '상담'을 더 정확히 정의할 필요가 있다. 김춘경 등(2006)은 상담이라는 단어가 일상에서 남용되는 경향이 있다고 지적하면서, 훈련을 통해 자격증을 취득한 의사가 환자를 치료하는 행위를 진료라 하고, 교사자격증을 취득한 교사가 학생을 가르치는 것을 수업이라고 하는 것처럼 상담 역시 전문기관에서 교육과 훈련을 받은 상담자가 조력하는 활동을 의미하는 것이라고 하였다. 이장호(1998)는 상담을 "도움을 필요로 하는 사람이 전문적 훈련을 받은 사람과의 대면 관계에서 생활 과제의 해결과 사고, 행동 및 감정 측면의 인간적 성장을 위해 노력하는 학습과정"이라고 정의하면서 상담이 전문적인 행위임을 강조하였다.

Pietrofesa와 House(김윤옥, 황선희, 2006에서 재인용)는 상담을 "내담자의 자기이해, 의사 결정 및 문제 해결이 이루어지도록 상담자가 전문적으로 도와주는 과정"이라고 하였으며, 한국청소년개발원(2004)에서는 상담을 정의함에 있어 내담자의 의사결정과 문제 해결, 문제 해결 기술의 습득, 새로운 행동의 학습과 행동 변화 및 문제 예방과 같이 상담 과정과 상담의 목표를 중요시 하고 있다. 이상의 내용을 종합해 볼 때, 상담은 내담자의 성장·발달을 도모하기 위해 전문지식·기술을 겸비한 상담자가 내담자와 조력하는 과정으로 정의될 수 있다. 또한, 문제나 어려움을 가진 사람뿐만 아니라, 자기 이해 및 내적 성장을 원하는 사람, 문제를 예방하기 위해 의사결정력이나 문제 해결 기술을 키우고자 하는 사람도 상담의 대상이 될 수 있다.

이상의 내용으로 보면, 아동상담은 전문적으로 훈련을 받은 상담자가 문제를 가진 아동 내담자, 성장과 발달 및 자기 이해를 도모하고자 하는 아동 내담자를 돕는 과정이라 할 수 있다. 그러나 상담의 대상이 아동이라는 점에서 성인을 대상으로 하는 상담과는 차이가 있는데, 이를 이해하기 위해서는 다음과 같은 아동기 특성을 고려해야 한다.

- 아동은 언어 표현 및 수용 능력이 부족하므로 자신과 자신이 가진 문제를 타인에게 알리기 쉽지 않으며, 문제 해결을 위한 조언이 제공되더라도 이해하고 실천하기 어렵다.
- 아동은 인지 능력에 한계가 있으므로 자신이 처한 상황과 문제, 대처 방법 등을 알아차리고 이해하기 어렵다.
- 아동은 부모와 교육기관의 보호 아래 있으므로 상담기관에 자발적으로 도움을 요청하기 어렵다.

아동기 특성으로 인해 아동상담은 청소년, 성인 상담과는 다른 독특성을 갖는다.

- 역할극, 게임, 음악, 미술, 모래 등 다양한 놀이 도구를 사용한다.
- 가족, 교사, 상담자의 민감한 관찰이 매우 중요하다.
- 아동이 상담에 동기를 갖도록 하는 것이 중요한 이슈가 될 수 있으며, 상담을 거부하는 어른을 설득해야 하는 상황이 발생할 수도 있다. 또한, 보호자나 교사와 면담을 실시해야 한다.

2) 필요성

아이들은 크면서 변한다는 생각으로 아동의 문제행동이 저절로 해결되기를 기다리는 경우가 있다. 그러나 어떤 문제들은 시간이 지남에 따라 더 악화되며, 또 다른 문제를 야기하는 원인으로 작용하기도 한다. 따라서 아동에게 어려움이 발견되면 전문가에게 의뢰하여 문제의 심각성을 평가해 보고, 즉각 개입하는 것이 더 효과적일 수 있다. 또한, 아동의 잠재력과 역량은 성장과정에서 자연스럽게 개발되기도 하지만, 상담자의 지지와 전문적 개입을 통해 더욱 효과적으로 계발, 발휘될 수 있다. 정문자 등(2011)은 조기개입 및 잠재력 계발의 일환으로서아동상담의 필요성을 다음과 같이 강조하였다.

- 아동의 성장 과정에 어떤 결함이 생기고 그 결함이 누적되면 이후에 교정하거나 지도하기가 더욱 어렵다.
- 아동은 신체적, 정신적, 사회적으로 미숙하기 때문에 이 시기 동안 잠재력을 발휘시켜 줄 다양한 양육과 지원이 필요하다.
- 아동의 지적, 정서적, 사회적, 신체적 영역은 상호 보완하면서 발달하기 때문에 한 영역의 발달 문제가 다른 영역의 발달에 영향을 미친다.
- 아동기는 어느 시기보다도 문제 교정의 효과가 큰 시기이다.
- 아동은 환경과 제공되는 지원에 의해 회복될 수 있는데, 아동상담은 지원 환경으로서 중요한 역할을 한다.
- 아동상담 훈련을 받은 전문가들은 신체적, 인지적, 정서적, 사회적 영역, 환경과 유전적 요인에 의한 개인차로 인해 아동 개개인이 갖는 상이한 요구에 잘 대처할 수 있다.
- 정신적, 신체적 장애 및 어려움을 가진 아동도 아동답게, 행복하게 지낼 권리가 있다.

아동의 정서·행동장애에 대한 진단 기준이 세분화되고, 정신건강에 대한 과학적 지식이 누적됨에 따라 과거에는 씩씩한 장군감, 얌전한 아이, 늦되는 아이 등으로 명명되던 아동들이 실은 일종의 병리증상을 가진 것으로 판명되는 경우도 증가하고 있다. 즉, 단지 '특이하다'고 간주되던 아동 중 상당수가 어린이집,유치원, 학교 교육과 함께 상담이나 심리치료, 특수 교육을 병행하게 되었고 그 결과 기능이 회복 또는 향상되어 아동 자신은 물론 가족, 또래가 더 행복해지는 결과를 경험하고 있다. 많이 변했다고는 하나 상담실을 찾는 아동들을 문제아로 간주하는 인식이 남아 있어 부모나 교사가 상담 의뢰를 꺼린다. 그러나 아동이 문제행동을 보인다면 아동의 권리 실천과 개인적 성장, 가족과 또래의 행복을 위해 반드시 상담 의뢰를 고려해야 한다.

아래의 〈표 7-1〉에 임상 현장에서 빈번하게 관찰되는 아동기 문제행동과 이에 대한 가능한 진단명(Diagnostic and Statistical Manual of Mental Disorders Ⅳ-TR: DSM-Ⅳ-TR, APA, 2000)을 제시하였다. 이는 아동의 상담 의뢰를 고민하는 부모나 교사에게 참고 자료로 활용될 수 있을 것이다.

〈표 7-1〉 DSM-Ⅳ-TR에 기초한 문제행동과 가능한 진단명

<table>
<tr><th>문제행동</th><th colspan="2">DSM-5에 기초한 가능한 진단명</th></tr>
<tr><td>지적기능(추리, 문제 해결, 계획, 추상적 사고, 판단, 학습 및 경험을 통한 학습)과 적응기능(가정, 학교, 직장, 지역사회 등에서의 의사소통, 사회적 참여, 독립적인 생활 영위 능력)에 어려움을 나타냄</td><td>지적장애</td><td rowspan="4">신경 발달 장애</td></tr>
<tr><td>사회적 의사소통과 상호작용의 결함(예: 눈맞춤, 얼굴표정, 몸짓 등이 부적절함)과 행동, 흥미 또는 활동에서 제한적이고 반복적인 패턴(예: 기이한 행동을 반복하고 어떤 물건이나 일에 고집스럽게 집착함)을 나타냄</td><td>자폐 스펙트럼 장애</td></tr>
<tr><td>부주의(예: 일, 놀이에 지속적으로 주의를 집중하지 못하거나 활동 중 부주의한 실수를 반복함) 및 과잉행동-충동성(예: 몸을 계속 꼼지락거리거나 앉아 있어야 하는 장소에서 자리를 이탈하며 지나치게 뛰거나 질문이 끝나기도 전에 성급하게 대답함)을 지속적으로 나타냄</td><td>주의력 결핍/과잉 행동장애(ADHD)</td></tr>
<tr><td>지능이 정상이고 우울, 불안 등 정서적인 문제가 없음에도 지능수준에 비하여 읽기, 읽은 것을 이해하기(읽기 관련 문제), 맞춤법 사용, 글로 표현하기(쓰기 관련 문제), 숫자 이해 및 계산, 수학적 추론(산술 관련 문제)에 어려움을 나타냄</td><td>특정 학습장애</td></tr>
<tr><td>화나고 짜증나는 기분(예: 별일 아닌 것에도 쉽게 화내거나 짜증 냄), 논쟁과 반항행동(예: 어른의 요구를 거절하고 규칙을 무시함), 보복심(예: 자신의 실수를 다른 사람 탓으로 돌림)을 나타냄</td><td>적대적 반항장애</td><td rowspan="2">파괴적, 충동 통제 및 품행장애</td></tr>
<tr><td>폭력, 방화, 도둑질, 거짓말, 가출 등 폭력적이고 무책임한 행동으로 타인에게 고통을 주는 행위를 반복함</td><td>품행장애</td></tr>
</table>

문제행동	DSM-5에 기초한 가능한 진단명	
5세 이상의 아동이 신체적으로 문제가 없음에도 불구하고 옷, 이불에 반복적으로 소변을 보는 증상	유뇨증	배설 장애
4세 이상의 아동이 적절치 않은 곳(예: 옷)에 반복적으로 대변을 보는 증상	유분증	
애착 대상과 떨어져야 하거나 분리되어야 할 것으로 예상되는 상황에서 연령에 맞지 않는 정도로 과도하게 고통스러워함	분리불안 장애	불안 장애
말을 할 수 있음에도 불구하고, 특정 상황(예: 또래, 친척 앞에서)에서 지속적으로 말을 하지 않거나 다른 사람이 말을 해도 반응을 보이지 않음	선택적 무언증	
원하지 않는 생각(예: 오염, 질병, 의심, 공격)과 행동(예: 씻기, 확인하기, 정리정돈, 숫자세기, 기도하기)을 반복적으로 하게 되는 장애	강박장애	강박 및 관련 장애
자신의 머리털을 반복적으로 뽑는 증상	모발뽑기 장애 (발모증)	외상 및 스트레스
제대로 양육 받지 못한 경험(예: 방임, 박탈)으로 인해, 괴로움을 느낄 때에도 양육자에게 위로 받으려 하지 않으며 양육자의 위안에도 반응하지 않음. 다른 사람들과의 상호작용에서 사회적·정서적 반응을 나타내지 않으며 긍정적인 정서를 거의 느끼지 못하고 양육자와 상호작용 중에 짜증, 슬픔, 공포를 나타냄	반응성 애착장애	사건 관련 장애
우울한 기분, 슬픔, 무가치감이나 죄책감, 고독감으로 인해 일상 적응에 어려움을 겪음	주요 우울장애	우울 장애

2. 아동상담의 목표

아동상담의 궁극적인 목표는 아동이 가진 문제를 해결하고 아동의 전인적 성장과 발달을 촉진하는 것이다. 아동상담의 목표는 다음과 같이 구체화할 수 있다(Shertzer & Stome, 1979).

- 행동의 변화

상담을 통해 내담자의 행동을 변화시킴으로써 생산적이고 만족스러운 삶을 영위할 수 있도록 한다. 즉, 내담자에게 도움이 되는 행동을 더 많이 할 수 있도록 하는 것이 상담의 중요한 목표가 된다.

- 건강한 정신 유지

상담을 통해 건강한 정신을 저해하는 요인을 해결하고 문제를 치료하여 독립적이고 성숙하며 자신의 행동에 책임지게 한다.

- 문제의 해결

내담자가 상담을 원하는 일차적인 이유는 문제를 해결하는 것이다. 상담자는 이러한 요구를 인식하여 내담자의 문제 해결을 도우며, 상담 과정에서 다양한 부정적 정서 및 증상을 제거한다.

- 능력의 향상

상담을 통해 내담자가 가진 능력을 향상시키고 상황적 제약을 극복하도록 도움으로써 내담자가 최대한의 자유와 행복을 누리도록 한다.

- 의사 결정 능력의 증진

선택과 결정, 실천, 평가하는 일련의 의사 결정 능력이 제한된 내담자는 의존적이고 불행감을 느낄 수밖에 없다. 상담에서는 내담자가 스스로 의사 결정을 내리는 기회를 제공함으로써 자신을 수용하고 책임질 수 있게 한다.

아동상담의 기본적인 목표도 청소년이나 성인 상담의 목표와 동일하게 아동의 행동 변화, 정신건강 도모, 능력 향상, 의사 결정 능력을 촉진시키는 것을 포함한다. 이러한 조건이 갖추어질 때, 인격체로서 아동의 행복과 독립성, 성취와 발전이 보장되기 때문이다. 그러나 세부적인 상담 목표는 아동에 따라 달라진다. 아동의 상황과 고유한 특성, 문제 유형 등에 따라 목표가 추가되거나 더 강조된다. 예를 들어, 사회적으로 위축된 두 아동이 있다고 하자. 아동과 그의 가족을 대상으로 면담한 결과 아동 A의 위축은 부모의 폭력과 학대, 아동 B의 위축은 또래와의 갈등에 기인한 것이었다. 두 아동의 증상이 같다고 해서 상담 목표도 동일할까? 당연히 세부적인 상담 목표는 달라진다. 아동 A의 경우 가족관계의 개선에 초점이 맞추어질 것이며 아동 B의 경우에는 관계 맺는 기술의 습득이 주요 목표가 될 것이다. 정리하면, 아동상담의 기본적인 목표는 아동의 행복과 성숙에 필요한 욕구 충족, 능력의 획득과 관련되며 세부적인 목표는 아동에 따라 달라진다.

3. 아동상담의 유형

아동상담에서는 아동의 제한적인 의사소통 능력을 보완하고 상담에 대한 흥미 및 집중력을 높이기 위해 다양한 도구와 매체를 활용한다. 주 활용 매체가 무엇인지에 따라 미술치료, 음악치료, 연극치료, 놀이치료 등으로 명명된다.

아동상담은 참여자에 따라, 한 명의 아동 내담자를 대상으로 하는 개인상담, 동질적인 문제를 가진 유사 연령 아동 두 명 이상을 대상으로 하는 집단상담, 내담아동과 그의 가족이 참여하는 가족상담으로 구분된다.

아동이 가진 문제의 원인이 아동 개인의 능력, 역량, 성향 때문으로 간주될 경우에는 개인상담을 실시하는 것이 일반적이다. 아동의 역량과 능력이 여러 구성원들과의 상호작용, 역동을 통해 효과적으로 계발될 수 있다고 판단된다면 집단상담을 실시하는 것이 효과적일 수 있다. 집단역동을 효과적으로 사용하기 위해서는 5~6명 이상, 10명 이내의 아동으로 집단을 구성하는 것이 좋다. 집단상담은 유사한 문제나 목적을 가진 아동들의 모임이기 때문에 내담아동의 불안감을 덜 수 있으며, 문제 해결 방안을 집단원과 함께 모색함으로써 효율성을 높일 수 있다는 장점이 있다(하승민, 서지영, 강현아, 마주리, 서혜전, 장정백, 2008). 집단상담도 개인상담과 마찬가지로 아동의 의사소통 능력을 보완하고 상담에 대한 집중력을 높이기 위해 미술, 음악, 연극, 놀이 같은 매체를 적극적으로 활용하는데, 어떤 매체를 주로 활용하는지에 따라 집단미술치료, 집단음악치료, 소시오드라마

(집단연극치료), 집단놀이치료로 명명된다.

가족상담은 아동이 가진 문제의 원인이 가족관계, 가족원들 간의 역동에 있을 때 효과적인 상담 방법이다. 예를 들어, 가정에 머무는 시간 동안 아동이 더욱 우울해 한다거나, 소변을 잘 가리던 아이가 집에 머무는 동안 자주 실수를 한다면 문제의 원인이 가족에 있을 가능성이 높고, 이 경우 가족상담 실시를 고려할 수 있을 것이다.

1) 미술치료

(1) 개념

미술치료(art therapy)는 그리기, 색칠하기, 조각하기 같은 미술 활동, 심상(이미지) 그리고 창조 과정을 심리치료와 통합한 상담 방법으로, 1961년 Ulman에 의해 처음으로 '미술치료'라는 용어가 사용되었다. 미술은 원시시대부터 인간의 내면을 표현하고 위안을 얻는 도구로 활용되어 왔다. 언어가 존재하지 않았던 원시시대 사람들에게 그림이나 조형물은 사실 기록의 도구, 욕구나 바람, 행복과 두려움의 표현 수단이자 동물이나 다른 부족의 공격으로부터 자신을 지켜 주는 수호신과도 같았다. 그리기와 조형 등 미술 활동이 이미 오래전부터 사용되어 왔으며 현실 인식, 자신과 상황 표현, 안정감 획득 수단으로 사용되었다는 사실은, 미술치료가 내담자들에게 편안함과 친숙함을 느끼게 하며 치료적 가치를 지님을 보여준다. 미술의 가치와 의미를 구체적으로 살펴보면 다음과 같다(한국미술치료학회, 1997).

- 미술은 이미지(심상)의 표현이다.
- 미술은 비언어적 수단이므로 덜 통제된다.
- 미술을 통해 구체적인 유형의 자료를 즉시 얻을 수 있다.
- 미술작품은 영속성이 있으므로 필요한 때에 다시 볼 수 있다.
- 미술작품은 공간성을 지닌다. 그림이나 조소 작품에는 가족 간의 거리, 결합

과 분리, 유사점과 차이점, 생활환경 등이 표현되는데, 이는 우리의 경험이 반영된 것이다.
- 미술은 창조성과 에너지를 유발하며 이를 발산하도록 돕는다.

이처럼 미술의 기능은 매우 다양한데, 다음의 세 가지로 정리해 볼 수 있다. 첫째, 미술에는 평가 기능이 있다. 미술치료자는 작품의 구도와 등장인물 간의 거리 등을 분석하고 미술작업 중 아동의 태도를 관찰함으로써 아동의 성격, 강점과 약점, 가족·또래 관계 등을 평가해 볼 수 있다. 또한, 미술작품은 보존이 가능하기 때문에 현재와 과거의 작품을 비교해 봄으로써 아동의 변화, 발달 상황을 확인할 수 있다. 둘째, 미술에는 감정 정화의 기능이 있다. 아동은 미술 작업을 통해 사회적으로 수용되며 해롭지 않은 방식으로 분노, 적대감 등을 표현하므로 감정을 정화할 수 있다(김춘경, 2004). 마지막으로, 미술은 성장과 발달을 촉진하는 기능을 한다. 아동은 미술작품을 만들기 위해 느끼고 생각하며 이미지를 구체화한다. 또한, 작품을 완성하기 위해 집중하며 기술을 반복적으로 연습한다. 즉, 미술 작업을 통해 아동의 정서·인지·행동의 발달이 촉진된다.

미술치료에 가장 큰 영향을 미친 사람으로는 정신분석이론의 창시자인 Freud와 분석심리학의 창시자인 Jung을 들 수 있다. Freud는 미술이 작가의 내면 반영 수단, 현실에서 충족되지 않는 욕구 해소 수단이라고 여겨 미술과 정신분석학 사이의 관계를 탐구하였다. 그는 레오나르도 다빈치의 1910년 작 '어린 시절의 어떤 회상'과 미켈란젤로의 1914년 작 '모세상' 등을 자신의 이론으로 해석하였다(한오수, 2001). Jung은 분석심리학을 적용하여 내담자에게 상상하게 한 후에 그 내용을 그림으로 자세히 표현하도록 하였다.

Naumberg(1973)는 미술작품에 내담자의 욕망, 꿈, 환상 등 무의식이 드러나는 것을 발견하고 의사소통 수단으로서의 기능을 강조하였다. 또한, 미술작품의 상징성에 주목하고 이를 해석함으로써 치료가 진행된다고 보았다. Kramer(1979)는 주로 아동 내담자에게 미술치료를 실시하였으며, Naumberg와 달리 미술작품의 해석 과정보다 미술을 통한 자기표현과 욕구의 승화를 강조하였다. 즉, Kramer는 숨겨진 욕구, 긍정적·부정적 에너지, 환상을 미술작품으로 표현하게 하고 이를 인식·통합 갈등을 승화시키는 과정을 미술치료라고 정의했다. 정리하면, 미술치료는 미술 활동 자체가 가진 치유적 가치에 기초하여, 아동에게 미술작품을 창조하게 하고, 작품에 드러난 아동의 욕구와 갈등을 해석·통합함으로써 아동의 성장과 변화를 달성하는 방법이다.

미술치료자는 특정 이론 또는 다양한 이론을 통합한 절충적 이론에 근간을 두고 아동의 치료 과정을 촉진하는데, 어떠한 이론에 기초하는가에 따라 강조하는 부분이 달라진다. 따라서 미술치료자는 자신이 지향하는 이론을 숙지하고 반영하여 상담을 진행하여야 한다. 다음에 이론에 따른 미술치료 개념의 차이를 제시하였다.

〈표 7-2〉 미술치료 이론

미술치료 이론	개념
정신분석 미술치료	내담자의 상상이나 자유연상에 의한 미술 표현을 통해 이미지를 표출하는 것이 무의식을 의식화하는 작업이며 이것이 치료의 효과를 가져 온다.
분석심리학 미술치료	미술이라는 매체를 통해서 개인적 무의식과 집단적 무의식인 원형을 의식화하여 자기성장을 통한 개성화를 목표로 한다.
인간 중심 미술치료	내담자의 능동적인 참여가 중요하며 미술을 통해 개인의 창조적 잠재력과 성장 가능성을 일깨워 자기실현을 목표로 한다.
형태주의 미술치료	미술이라는 매체를 활용하여 내담자가 자신의 모든 감각을 더 자각할 수 있도록 도와 자기인식을 증가시킨다.
행동주의 미술치료	목표행동을 변화시키기 위해서 미술 활동을 통해 행동치료의 원리인 행동 형성을 하는 등 교육적인 측면이 있다.
인지 · 정서 · 행동주의 미술치료	미술 활동을 통해 드러난 내담자의 비합리적 신념을 인식하게 하고 내담자가 좀 더 합리적인 신념을 갖도록 유도한다.

출처: 정문자, 제경숙, 이혜란, 신숙재, 박진아(2011).

(2) 기법

① 난화

아동에게 도화지와 연필, 색연필, 크레파스나 사인펜 등을 제공하고 자유롭게 곡선, 직선, 원 등을 그리게 하는 방법이다. 난화를 그린 후 그림의 방향을 바꾸어 가며 관찰하고 그림에서 연상되는 이미지를 더 구체화시켜 가거나 그림을 보며 이야기를 만들어 아동의 내면을 탐색할 수 있다. 그림 그리기에 자신 없어 하는 아동, 미술 작업에 저항하는 아동, 연령이 어린 아동 등에게 효과적이다.

[그림 7-1] 난화

② 동적가족화

동적가족화(Kinetic Family Drawing: KFD)는 아동을 포함해 가족 모두가 무엇인가를 하고 있는 것을 그린 그림으로 가족 관계 평가를 위해서도 사용된다. 가족 내 역동과 가족에 대한 인식을 파악하고 아동이 자신을 어떻게 생각하는지, 아동의 정서 상태는 어떠한지 알아볼 수 있다. KFD가 완성되면 다음과 같은 질문을 함으로써 상담을 촉진할 수 있다.

[그림 7-2] 동적가족화

- 그림 속 사람들은 누구니?
- 이 사람은 무엇을 생각하니?
- 이 사람의 기분은 어떠니?
- 이 사람에게 무슨 일이 일어날까?
- 너는 가족들이 어떻게 변하길 원하니?

③ 신체 본뜨기

전지 위에 아동이 누우면 상담자가 아동의 신체를 따라 선을 그려 전신상을 그리는 기법이다. 전신상을 그리고 난 후 크레파스나 물감으로 색칠하거나 색종이나 잡지 등을 붙여 꾸민다. 신체 본을 뜨는 동안 아동과 상담자 간 신체 접촉, 눈맞춤이 일어나므로 치료적 관계 증진과 신뢰감 형성에 도움이 되며, 부모가 아동의 신체 본을 뜨게 할 경우 부모-자녀 관계를 촉진할 수 있다. 신체적·정서적 학대 경험이 있는 아동에게 치료 초기 단계에서 적용하면 거부할 수 있으므로 주의한다.

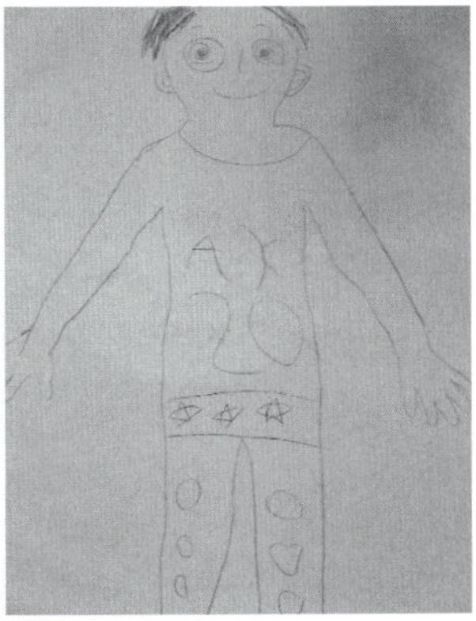

[그림 7-3] 신체 본뜨기

④ 만다라

만다라(mandala)란 중심, 본질, 성취, 몸과 마음을 원만히 하는 것을 뜻하는 불교 용어로(Fincher, 1991) 미술치료에서는 원(圓)을 활용하는 작업을 의미한다. 만다라라는 용어가 낯설 수 있지만, 원형 건물 등을 통해 이미 우리에게 매우 친숙한 형상이다. 큰 원을 그린 종이를 제시하거나 아동에게 직접 접시 등을 대고 원을 그리게 하고 자유연상을 통해 떠오른 이미지를 원에 표현해 보게 한다. 원을 꾸미는 데 크레파스나 색연필 등을 사용해도 좋고, 그림 그리기에 저항적인 아동이라면 잡지나 주변 사물(예: 나뭇잎)을 활용해 콜라주 작업을 해도 좋다.

[그림 7-4] 원형 건물의 내부

[그림 7-5] 만다라

⑤ 핑거페인팅

물감이나 물감에 풀을 섞은 재료로 손가락으로 직접 그림을 그리는 기법이다. 그리는 동안 조명을 조절하거나 음악을 틀어 주면 작업에 몰입하는 것을 도울 수 있다. 매우 자극적이고 감각적인 활동으로 아동에게 안정감을 주고 신체와 정신을 이완시키는 데 도움이 된다. 특히, 치료를 위한 어린 시절로의 퇴행을 촉진할 수 있으므로 아동상담에 매우 효과적이다.

⑥ 출발 용지법

종이에 선이나 도형 또는 신체와 사물의 일부를 그려주고 나머지 부분을 아동에게 그려보게 하는 방법이다. 미술치료자가 그림을 그려 제시하는 대신 잡지에서 사진을 잘라 붙인 종이를 아동에게 제시할 수도 있다. 심하게 위축된 아동, 미술에 거부감이 큰 아동의 참여를 유도하는 데 효과적이다(문혁준 외, 2014).

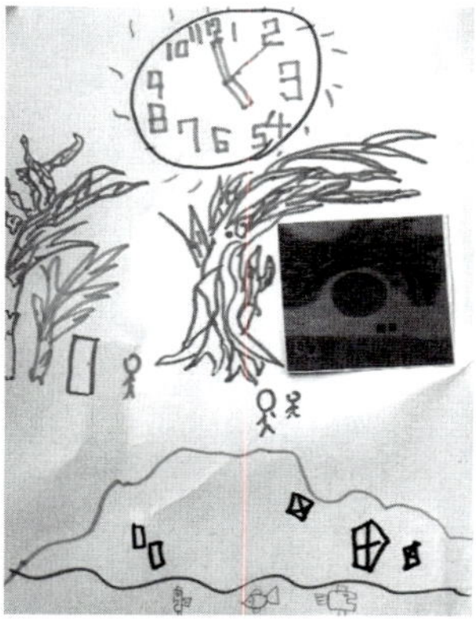

[그림 7-6] 출발 용지법

(3) 사례

유옥현과 장창수(2006)가 부-자가정의 자녀를 대상으로 실시한 미술치료 사례에서 아동에 관한 정보와 미술치료 의뢰 사유, 치료 과정의 내용 중 일부를 제시하였다. 이 사례에서는 내담 아동의 가족이 상담에 참여하기도 하였다.

① 내담자 정보

초등학교 4학년 남아로 아버지, 초등학교 2학년 여동생과 함께 생활하고 있다. 어머니는 내담 아동이 1학년일 때 자살하였으며 아이들을 돌봐줄 가족이 마땅치 않아 집 근처 어린이집 교사가 아이들을 봐주고 있다.

② 의뢰 사유

5분 이상 과제에 집중하지 못하는 등 산만한 편이며 컴퓨터 게임을 많이 하고 학교나 동네에 친한 친구가 없다. 시간 개념이 없고 현실성 없는 이상한 말을 많이 하여 상담에 의뢰되었다.

③ 치료의 실시

내담 아동에게는 총 13회의 미술치료가 실시되었는데, 이 중 여덟 번의 치료 내용을 〈표 7-3〉에 제시하였다.

④ 치료의 효과

미술치료 전과 후에 아동·청소년 행동평가 척도(Korea-Child Behavior Checklist: K-CBCL)를 실시하고 비교한 결과, 사회적 미성숙, 주의집중 문제가 감소된 것으로 나타났다. 치료자는 미술치료 전과 후의 집-나무-사람 검사(House-Tree-Person: HTP)를 분석한 결과, 집 그림이 안정적인 형태로 변화되었다고 보고하였다.

〈표 7-3〉 미술치료 과정 예시

단계	회기	프로그램	목표	내용	참가자
초기 1~2회	1	풍경구성법 (LMT)	• 심리 상태 분석 • 심리적 장애물 파악	• 강, 산, 밭, 길, 집, 나무, 사람, 꽃, 동물, 돌 등을 차례대로 그려 풍경을 구성하고 계절, 날씨, 물이 흐르는 방향, 그림의 구조 등에 대해 이야기 나눈다.	내담 아동
	2	동그라미 중심 가족화, 난화	• 가족관계 파악 • 흥미 유발 및 욕구 표출 • 규칙, 약속의 중요성 인식	• 동그라미 안에 가족을 그리게 한다. • 난화 방법을 모델링하고 규칙에 맞게 그리게 한다.	내담 아동

단계	회기	프로그램	목표	내용	참가자
중기 3~10회	4	가족공동화, 난화	• 가족 지각 및 관계 • 가족 상호작용 향상	• 가족이 함께 한 가지 색의 크레파스로 협동화를 그리게 한다. • 가족 모두 난화를 그리게 한다.	내담 아동, 여동생, 아버지
	6	종이접기, 데칼코마니	• 정서적 안정 • 내면의 심상 발견과 욕구 표현	• 종이를 접어 냄비 받침을 만들어 주고 따라 하게 한다. • 데칼코마니 실시 후 그림에서 연상되는 것을 떠올려 이야기를 나눈다.	내담 아동, 여동생
	8	우리 집, 만다라	• 가족 상호 수용 및 상호작용 향상	• 질문지를 활용해 가족관계에 대한 답을 적고 설명한다. • 만다라 그림을 주고 각자 좋아하는 색으로 색칠한 후 느낌을 나눈다.	내담 아동, 여동생
	10	찰흙놀이	• 감정정화 • 정서안정 및 욕구 표현	• 지점토를 자유롭게 주무르고 반죽한 후 만들고 싶은 것을 만들게 한다.	내담 아동, 여동생
후기 11~13회	12	콜라주 (행복한 우리 집)	• 가족 상호 수용과 긍정적 관계 형성 • 가족의 역할 인식 및 상호 존중	• 잡지를 준 후 '행복한 우리 집'이라는 주제로 공동 콜라주를 완성하게 한다. • 작품을 함께 만들며 느낀 점을 나눈다.	내담 아동, 여동생
	13	가족공동화	• 가족관계 향상 및 상호작용 향상 • 가족의 소속감 및 친밀감 형성	• 최근에 가족이 함께 했던 활동을 작품으로 표현한 후 느낌을 나눈다.	내담 아동, 여동생, 아버지

출처: 유옥현, 장창수(2006). 발췌 수정.

2) 음악치료

(1) 개념

음악은 역사적으로 인간이 가장 오랫동안 관심을 가져온 영역 중 하나이다. 이는 아마도 음악의 시작이 인류의 시작과 시기를 같이 하기 때문일 것이며, 인간이라면 누구나 음악이 몸과 마음에 미치는 신비로운 영향을 경험해 보았기 때문일 것이다.

피타고라스의 정리로 잘 알려진 피타고라스는 기원전 6세기에 활동한 학자이다. 그는 대장간 옆을 지나다가 두 개의 망치질 소리가 조화를 이루는 것을 듣고 아름다운 소리, 즉 음악에 대해 연구했다고 한다. 그는 옥타브와 망치 무게 간의 관계를 계산하는 것으로 시작하여 망치 소리라는 물리적인 자극에서 소리가 인간 심성에 미치는 영향을 설명하였다. 피타고라스로부터 100여 년 후, 플라톤은 몸과 마음의 조화에 대해 강조하면서 신체는 체육을 통하여, 마음은 음악을 통하여 교육이 가능하다고 하였다. 또한, "음악으로 바르게 키워진 사람은 그릇된 것, 아름답지 않은 것을 곧바로 알 수 있어서 선한 것만 찬양하게 되고, 자신의 영혼 속에 아름다움과 선함을 받아들여 아름답고 선한 사람이 될 수 있다."고 하였다(조수철, 2001). 이처럼 오래 전부터 학자들이 음악에 관심을 가져 온 것은 음악이 사람의 마음에 긍정적인 영향을 미치기 때문이었을 것이다. 비엔나 음악학교의 교수이자 Freud의 유명한 사례 'little Hans'의 친아버지인 막스 그라프(Max Graf)는 음악의 기능을 다음과 같이 정리하였다(Silbermann, 1957).

- 음악은 듣는 사람의 마음을 도덕적, 영적 수준에 도달하게 만든다.
- 음악은 듣는 사람이 남들과 함께 연결되어 있다는 느낌을 갖게 한다.
- 음악은 듣는 사람이 무의식에 도달하게 만든다.
- 음악은 듣는 사람이 현재와 과거, 무의식-전의식-의식 사이에서 균형을 잡을 수 있게 해 준다.

이후 과학적인 실험을 바탕으로 음악이 사람에게 미치는 영향이 연구되어 왔는데, 이를 생리적·심리적·사회적 영향으로 구분하여 제시하였다(김춘경, 2004; 최병철, 1994; 허순희, 2003; Michel, 1995).

- 생리적 영향: 조직적인 리듬으로서 음악적인 소리는 사람의 혈압, 심박 수, 호흡, 피부반응, 뇌파, 근육반응에 영향을 미친다. 음악은 이러한 요소를 활

성화시키기도 하며 반대로 저하시키기도 하는데, 이는 개인의 나이, 성별, 몸 상태, 심리적 상태, 개인의 음악에 대한 선호도와 취향에 따라 달라질 수 있다.

- 심리적 영향: 음악은 정서를 환기·변화시키고 행동에 동기를 유발하며 무드를 형성시킨다. 음악은 의미 있는 정서적 반응을 일으키는데, 이는 정서 수정과 관련된다. 정서 수정은 음악적 자극 요소와 내담자의 상황이 맞아 떨어질 때 일어나며 이는 행동 변화를 유지시키는 데 결정적인 역할을 한다.
- 사회적 영향: 음악은 사회에서 표현하기 어려운 주제들이나 숨겨진 내용들을 제재 없이 나타낼 수 있게 해 준다. 언어로 표현하기 힘든 상황을 쉽게 표현하도록 돕고 상대가 그것을 자연스럽게 받아들이게 만든다. 또한, 음악은 사회규범이나 사회적 의식을 확인할 수 있게 해 주며 나가야 할 방향을 제시하고 유도하기 때문에 사회 통합에 기여한다.

이상의 내용을 종합해 음악치료를 정의하면 다음과 같다(허순희, 2003; Bruscia, 1989).

- 음악치료는 음악을 사용하여 환자의 문제행동과 상태를 개선하며, 치료해 가는 방법이다.
- 음악치료는 음악을 이용하여 신체적, 정신적, 감정적인 인간의 이상 상태를 교정하기 위한 일체의 활동을 말한다.
- 음악치료란 치료자가 환자의 건강을 회복시키기 위해 음악 경험이나 관계들을 통해서 역동적인 변화를 가져오게 하는 체계적인 치료 과정이다.

(2) 기법

음악치료에서 사용되는 음악적 활동으로는 가창, 합창, 음악 감상, 기악 연주, 작곡 등이 있으며 치료자는 내담자의 성격, 행동 특성, 적응 정도에 따라 각 활동을 선택해 치료에 활용한다. 이 중 아동에게 유용한 음악치료의 기법에 대해 알아보자.

① 창작 경험

노래 가사나 멜로디, 독특한 소리, 새로운 악기 등을 만들고 소리 내 보면서 다른 사람과 음악으로 의사소통하는 활동을 말한다. 치료자가 치료적 음악과 상황을 연속적으로 창조하고 내담자가 적극적으로 음악 만들기에 참여하기 때문에 적극적이고 표현적인 방법이며 예로는 작곡과 작사를 들 수 있다(김춘경, 2004).

작곡 활동은 새로운 음악을 창조하는 것으로 초기에는 아동과 치료자가 함께 작곡을 하다가 점차 아동이 활동을 주도하게 해 준다. 작곡자는 음악의 구성 요소인 크기, 빠르기, 음색(음성, 악기 소리 등의 구별), 리듬, 멜로디, 화성, 형식과 곡이 다른 사람에게 미치는 영향(예: 이 곡이 청자에게 어떤 정서를 일으킬 것인가?)에 대해 알고 있어야 한다. 치료자는 아동과 창작곡이 자신과 타인에게 미칠 영향과 곡의 스토리 등에 대해 의사소통할 수 있다. 작사 활동으로 아동은 자신의 내면을 표현할 수 있으며 하고 싶은 이야기를 전할 수 있다는 장점이 있으나, 언어발달 수준이 낮은 아동의 경우 효과가 제한적일 수 있다.

② 즉흥 연주

지금 떠오른 악상을 즉각적으로 연주하거나 소리, 음악의 형태로 드러내는 활동이다. 정해진 규칙이나 주제 없이 아동이 원하는 대로 자유롭게 표현하는 활동이므로 창작 경험으로도 분류될 수 있다. 즉흥 연주를 통해 치료자는 아동에게 자극을 제공하고 동기를 부여할 수 있으며 아동과 소통할 수 있다.

③ 감상 경험

내담자의 성향과 문제 유형에 따라 특별히 내담자를 자극하는 음악이 있다는 동질성의 원칙과 내담자의 상태 개선에 효과적인 음악이 있다는 이질성의 원칙에 근거한 치료 기법이다. 우울한 내담자에게 특별히 잘 수용되는 음악은 빠르고 경쾌한 것보다 느리고 슬픈 음악인데 이는 내담자의 내적 상태와 선호되는 음악이 유사한 경향을 띤다는 동질성 원칙의 예이다. 한편, 우울한 내담자에게 차분한 음악을 들려주면 더욱 우울해지지만 경쾌한 음악을 들려주면 기분이 전환될 수 있다. 이는 내담자의 내적 상태와 상반되는 음악을 들려주는 것이 전환에 효과적이라는 이질성 원칙의 예이다. 동질성의 원칙과 이질성의 원칙을 염두에 두고 아동에게 음악 감상 기회를 제공하면 병리 개선에 효과를 거둘 수 있다. 다음에 아동 내담자에게 비교적 자주 관찰되는 증상의 개선에 효과적인 감상용 음악을 제시하였다.

〈표 7-4〉 증상 개선을 돕는 감상용 음악

증상	작곡자	곡명
열등감	베토벤 브람스	교향곡 제9번(합창) 환상곡 제4번(간주곡)
불안증 (불안, 초조, 공황)	비발디 메시앙	사계 중 가을 교향시(새들의 기상)
우울증	차이코프스키 베토벤	우울한 세레나데 크리오란 서곡

출처: 정영조(1990). 발췌 수정.

(3) 사례

김귀복(2008)이 주의력결핍 및 과잉행동장애(ADHD) 아동들을 대상으로 실시한 음악치료 사례를 제시하였다. 이 사례에서는 여러 아동들이 참여하는 집단상담 형태로 실시되었다.

① 참여자 정보

유치원에 다니는 ADHD 아동 8명이 음악치료에 참여하였다. 참여자들은 모두 상담·치료를 받은 경험이 없으며 부모의 동의를 얻어 상담에 참여하게 되었다.

② 치료의 실시

내담 아동들에게는 총 13회의 음악치료가 실시되었는데, 이 중 여덟 번의 치료 내용을 아래에 제시하였다.

〈표 7-5〉 음악치료 과정 예시

단계	회기	주제	활동 내용	기대 효과
관계 형성 단계	1	라포 형성 및 상호작용	• 자신의 이름을 노래로 소개하고 한 명씩 악기 소리를 내어 본다.	• 긴장감 해소 • 친밀감 형성
자기·타인 인식 단계	3	리듬 읽기	• 리듬에 맞춰 손뼉 치고 걷고 구르고 뛴다. 악센트를 통해 박자 읽기를 한다. 박자 인식을 위해 발박과 손박을 활용한다.	• 집중력, 사회성 증진, 타인 소리 인식 및 식별, 눈과 손의 협응 향상
문제 해결·사회 기술 습득 단계	4	나는 누구일까?	• 노래 지시에 따라 색깔 상자에 있는 악기를 꺼낸다(탬버린, 핸드벨, 우드블럭, 마라카스).	• 집중력, 통제력, 성공감 경험 • 소리 인식
	6	소리 듣고 표현하기	• 타악기, 선율악기 소리 식별하기 • '동물의 사육제'를 감상하며 해당하는 동물 흉내를 내 보고 신체로 표현한다.	• 자기조절력 및 자기 표현 증진 • 통제력 향상
	7	노래 부르고 율동하기	• 반주에 맞추어 허밍한 후 음의 높낮이를 신체로 표현하고 다시 허밍한다. • 친구에게 하고 싶은 말을 노래로 표현하고 친구가 신체로 표현하게 한다.	• 주의력, 상호 교류 증진 • 내적 욕구 표현
	9	여러 악기 연주하기	• 여러 악기가 가지고 있는 소리를 들어 보고 소리를 내 보며 연주를 통해 어울림을 배운다. • 가장 연주하고 싶은 악기를 골라 노래 박자에 맞게 신나게 연주해 본 후 느낌을 나눈다.	• 지속력, 집중력, 사회성, 표현력, 협력 기술 증진
	11	빠르기를 조절하면서 협력하기	• 원을 만들어 패들드럼으로 다양한 속도와 크기의 박자를 연주하면서 소리의 크기와 템포에 맞춰 걸어 보고 느낌을 나눈다.	• 충동, 공격성 감소 • 환경에 반응 • 협동 강화
종결 단계	13	미래의 나의 모습	• 준비된 곡을 편안한 상태로 들으며 미래의 나의 모습을 생각해 보고 이야기를 나눈다. • 그동안의 활동에 대해 이야기 나눈다.	• 집중력, 사회성 증진 • 만족감 경험

출처: 김귀복(2008). 발췌 수정.

③ 치료의 효과

상담에 참여하기 전 아동·청소년 행동평가척도(Korea-Child Behavior Checklist: K-CBCL)와 사회기술 평가척도(Social Skills Rating System: SSRS), 또래의 사회적 수용도(Social Status Rating Scale: SSRS) 척도로 아동 상태를 평가하였다. 상담에 참여한 후 다시 이들 검사로 아동의 상태를 체크해 상담 참여 전 검사 결과와 비교하였다. 상담에 참여한 후 ADHD 아동의 주의집중과 공격성이 개선되고 협동성, 자기주장, 통제력이 향상된 것으로 나타났다.

3) 소시오드라마(sociodrama)

(1) 개념

집단을 대상으로 하는 심리치료의 한 방법인 소시오드라마에서 아동은 구성원 공통의 문제를 행위와 언어로 표현하게 된다. 연극 형태로 실시되지만, 대본이 없는 즉흥극 형태로 진행되며 문제 해결에 극의 초점을 맞춘다는 점에서 일반 연극과는 차이가 있다.

소시오드라마는 1921년 Moreno에 의해 고안되었다. Moreno는 공원에서 소꿉놀이를 하는 아이들을 관찰하면서 역할극을 통해 개인의 욕구와 정서, 갈등을 드러낼 수 있음을 알고 이를 통해 내면을 치유하는 방법을 찾고자 하였다. 이렇게 탄생된 것이 개인을 대상으로 실시되는 사이코드라마(psychodrama)이며, Moreno는 이를 집단에 실시할 수 있는 소시오드라마로 확장시켰다. 우리나라에서는 신경정신과 의사인 김유광에 의해 사이코·소시오드라마가 도입되어 현재 정신과병원과 상담소 등에서 활용되고 있다. 소시오드라마의 이론적 기초를 살펴보면 다음과 같다.

- 창조성과 자발성: 개인과 사회의 병리는 창조성, 자발성 결핍에 기인한다. 사이코·소시오드라마는 즉흥적으로 이루어지기 때문에 창조성과 자발성 회복에 효과적이다. 극을 통해 개인은 융통성, 독창성, 신뢰감의 증진과 책임감 향상을 도모할 수 있다.

- 역할이론: ① 역할은 수정되고 학습될 수 있다. ② 역할은 변경 · 수정 · 제거되거나 재정의될 수 있다. ③ 대부분의 역할은 은밀한 혹은 명백한 사회적 계약이다(다른 사람들의 동의를 통해 역할이 획득된다). ④ 역할은 관계 속에 존재한다(예: 주인과 손님, 부모와 자녀). ⑤ 갈등과 어려움은 역할 변화 과정에서 주로 발생한다. ⑥ 역할 간에 갈등이 발생할 수 있다(예: 취업모가 될 것인가 비취업모가 될 것인가?). 사이코 · 소시오드라마는 '역할 입기'를 통해 역할을 연습하고 경험할 기회를 제공하기 때문에 '역할'과 관련된 문제 해결에 효과적이다.
- 행위갈증: 사람에게는 행동하고자 하는 욕구와 경향성이 있다. 사이코 · 소시오드라마는 내담자의 행동과 언어로 진행되기 때문에 행동하고자 하는 욕구를 충족시킨다.

(2) 과정과 기법

① 과정

소시오드라마는 워밍업(warming up)으로 시작하여 실연(acting out)을 거쳐 공유와 종결(sharing and closure)로 마무리된다. 워밍업은 연극을 시작하기 전 심리적, 신체적으로 준비하는 단계로 참여자의 관심을 지금-여기로 옮기고 탐색하고자 하는 문제를 선정하는 단계이다. 아동의 주의를 지금 이 순간으로 이끌기 위해 게임, 이야기 나누기, 동화 읽어 주기, 그림 그리기 등을 실시할 수 있으며, 참여 아동의 특성을 고려해 정적 또는 동적인 활동을 실시할 수 있다. 실연은 집단원들이 자발적으로 선택한 주제를 지금-여기에서 일어나는 것처럼 행동으로 옮기는 단계이다. 이 단계에서 아동은 문제 해결 방법을 탐색하고 연습하며 문제 해결에 따른 변화를 경험해 볼 수 있다. 마지막 단계는 공유와 종결로, 실연 단계에서 탐색한 해결 방안에 대해 서로 고무적이고 긍정적인 피드백을 주고받는다. 상담자(디렉터)는 아동들이 서로를 탓하거나 비난하지 않도록 지도해야 하며 실연 단계에서 탐색한 해결 방안을 일상에 적용해 볼 것을 격려한다. 또한, 해결책이 탐색되었다고 문제가 완벽히 해결된 것은 아니며 변화를 위해 계속 노력해야 함을 일깨워 준다(김유광, 2001; 김태은, 이정숙, 2003).

② 기법

소시오드라마의 기법은 매우 다양하며 기능과 목적이 모두 다르다. 때문에 상담자는 모든 기법에 정통해야 한다. 여기에서는 아동 집단에서 유용하게 활용되는 기법을 중심으로 살펴볼 것이다.

- 역할 전환 기법: 결정적인 순간에 두 사람이 역할을 바꾸는 것으로 서로에 대한 이해를 촉진하는 목적으로 사용된다.
  〈예〉 놀리는 아동과 놀림당하는 아동이 역할을 바꾸어 연기하게 함.
- 이중자아 기법: 극의 주인공이 표현하지 않는 감정이나 사고를 대신 말로 표현해 주는 기법이다. 보조자아(auxiliary ego: 주인공을 도와주는 역할을 할 수 있도록 전문적인 훈련을 받은 사람)가 주인공의 뒤에서 또 다른 자아의 역할을 해 준다.
  〈예〉 슬픔을 느껴야 마땅한 상황에서 전혀 슬프지 않은 척 참는 아동의 속마음을 보조자아가 언급해 줌.
- 독백 기법: 떠오르는 것을 지금-여기에서 말하게 하는 기법으로 아동이 연기하면서 느껴지는 감정이나 떠오른 생각 등을 이야기하게 한다.
- 미래 투사 기법: 앞으로 경험하게 될 상황을 무대에서 미리 경험해 보는 것으로 미래에 대한 현실 판단력을 키울 수 있다.
  〈예〉 전학을 가게 된 아동에게 새로운 친구들과 첫 대면하는 장면을 상상하여 연기해 보게 함.
- 유도된 환상 기법: 어떤 주제를 상상하게 하여 연기하게 하는 것으로 흔히 워밍업 기법으로 사용된다.
  〈예〉 우주, 산, 바닷속, 숲 속 등에 있다고 상상하고 행동하게 함.

- 상징적 거리 기법: 실제 자신과는 전혀 다른 인물을 연기하다가 점차로 자신의 역할을 하도록 이끌어 주는 기법이다.
  〈예〉 반항적인 아동에게 얌전한 아동을 연기하게 하다가 역할을 전환하여 실제 자신의 모습을 연기하게 함.
- 동화 기법: 동화 속 등장인물의 역할을 맡아 연기해 보는 것으로 기쁨과 환희, 슬픔과 고독, 성취와 좌절을 간접 경험하게 돕는다. 아동들은 원작과 다르게 말하고 행동할 수 있는데, 이는 내면의 표현이나 욕구 발산이므로 제재하지 않아도 된다.
  〈유용한 동화의 예〉 『강아지 똥』, 『미운오리 새끼』 – 자아존중감 향상
  『헨델과 그레텔』 – 형제 갈등의 경험과 해결

(3) 사례

안윤영(1998)이 우울 수준이 높은 아동들을 대상으로 실시한 소시오드라마 과정을 제시하였다.

① 참여자 정보

공격성 및 분노 수준이 높은 5~6학년 아동 5명이 참여하였다.

② 치료의 실시

총 15회의 소시오드라마를 실시하였다. 매 회기는 1시간 10분간 진행되었는데, 워밍업 15분, 실연 40분, 공유와 종결에 15분이 소요되었다. 디렉터와 보조자아 두 명이 참여하였으며 〈표 7-6〉에 두 회기를 요약해 제시하였다.

〈표 7-6〉 소시오드라마의 과정 예시

회기	웜업	실연	공유와 종결
1	• 자기소개 • 과정과 규칙 설명 • 집단원들의 행동을 보고 상태 알아맞추기	• 디렉터가 마술가게를 소개하였다. 마술가게는 마음, 느낌, 정신을 파는 곳으로, 마음을 사러 온 손님은 돈 대신 자신이 가지고 있는 정신적인 것을 지불해야 한다. 아동 A가 마술가게를 방문하여 칭찬을 사고 싶다고 하였다. 점원(보조자아)이 A에게 어떤 칭찬을 원하는지, 왜 필요한지 구체적으로 설명해 줄 것을 요구하였다. A는 '엄마 아빠의 칭찬'을 사고 싶다고 하면서, 자신에게는 칭찬을 거의 안 해주지만 동생에게는 많이 칭찬을 해 준다고 하였다. 점원이 '엄마 아빠의 칭찬'을 주자 A 는 짜증을 지불하였다. 점원이 이유를 묻자 짜증을 팔면 더 행복해질 것 같기 때문이라고 답했다. • 디렉터는 짜증을 팔고 칭찬을 산 아동 A가 집으로 돌아가 가족과 함께 저녁 식사하는 장면을 설정하였다. A의 엄마 역할을 맡은 아동 B는 짜증내지 않는 A를 칭찬하였다. • 디렉터는 역할 바꾸기 기법을 적용해 A가 엄마의 역할을, B가 딸 역할을 하게 하였다. 그리고 엄마 역할을 맡은 A에게 짜증 부리지 않는 딸에 대한 느낌을 이야기해 보게 하였다. • 디렉터는 아침이 되어 학교에 간 장면을 연기해 줄 것을 요청했다. A는 학교 친구들(아동 C, D)에게 짜증 내지 않는 자신을 연기하였다. 교사(아동 E)와 친구(아동 C, D)에게 아동에 대한 느낌을 독백하게 하였다.	아동 집단원들의 피드백: 재미있었으며 집에 가서 가족과 마술가게 놀이를 해 보고 싶다고 하였다. 이번 회기 주인공이 되었던 아동 A 를 격려해 주었다. 보조자아의 피드백: 적극적으로 참여한 아동 집단원들을 칭찬했다. 극을 통해 짜증이 없어지면 많은 것이 달라진다는 것을 알았다고 했다. 디렉터의 피드백: 아동 집단원들의 적극성에 놀랐으며 앞으로의 만남이 더욱 기대됨을 표현하였다.

회기	웜업	실연	공유와 종결
15	• 인사 나누기 • 높이뛰기 • 바닷속에 있는 것처럼 걸어보기(유도된 환상 기법)	• 아동 집단원들은 20년 뒤, 어른이 되어 다시 집단원들과 만나는 장면을 연기하기로 자발적으로 선택했다. • 디렉터는 미래 투사 기법을 적용하여, 집단원들에게 20년 뒤 자신을 소개해 보게 하였다. 집단원들은 20년이 흘러 선생님, 회사원, 사업가, 축구감독 등으로 성장한 자신을 소개했다. • 디렉터는 선생님, 회사원, 사업가, 축구감독 등이 된 집단원들이 만나 대화하는 장면을 연기해 보게 하였다. • 집단원들은 서로의 성공을 축하하였고 그간 자신이 얼마나 열심히 살아왔는지 이야기 했으며, 초등학교 시절 소시오드라마에 참여했던 때를 회상하며 대화하는 장면을 연기하였다.	아동 집단원들의 피드백: 재미있었다. 훌륭하게 성장한 미래를 연기해 보니, 열심히 생활해야겠다는 의지가 생겼다. 보조자아의 피드백: 집단원들의 창의성, 유머감각에 놀랐고 연기했던 것처럼 모두 훌륭한 사람이 되기를 바란다고 하였다. 디렉터의 피드백: 아동들의 창의력과 자발성을 칭찬했다. 그간 열심히 소시오드라마에 참여한 열정을 칭찬했다. 상담이 끝나도 꾸준히 자신을 계발하고 더욱 노력해 줄 것을 당부하였다.

출처: 문혁준 외(2014). 발췌 수정.

4) 가족 상담

(1) 개념

가족 상담은 문제를 다루는 데 있어 아동 개인이 아닌, 아동이 속한 가족관계에 개입한다. 아동의 증상이 가족의 행동 패턴과 밀접한 연관이 있으며 가족에서 비롯된 경우가 많으므로 가족의 패턴에 개입하는 것이 문제 해결에 꼭 필요하다고 본다. 아동은 가족 내부의 문제를 가시적으로 드러내는 일종의 대변자, 즉, 지목된 환자(Identified Patient: IP)이며 희생양일 수 있다. 따라서 가족 상담에서는 아동이 가지고 온 문제를 해결하기 위해 아동의 가족관계나 맥락을 일차적으로 고려하며 아동 혼자가 아닌 가족 전체를 대상으로 한다(정문자 외, 2011). 가족 상담은 기초하는 이론에 따라 다양한 모델로 구분되는데, 여기서는 다세대가족 상담과 경험적 가족 상담에 대해 살펴볼 것이다.

(2) 모델

① 다세대 가족상담

다세대 가족상담의 선구자인 Bowen은 한 세대의 문제는 다음 세대로 전수된다고 보았으며 가족문제는 모든 가족원들에 의해 확대되고 유지된다고 하였다. 주요 개념으로는 자기분화와 다세대 전수 과정, 가족투사 과정, 삼각관계, 정서적 단절 등이 있다. 이 중 자기분화와 다세대 전수 과정에 대해 살펴봄으로써 아동의 문제가 어떻게 생겨나고 유지되는지, 그리고 문제를 어떻게 해결할 수 있는지 알아보고자 한다.

자기분화란 정신 내적 측면에서는 생각과 감정을 분리할 수 있는 능력을 의미하고, 대인관계적 측면에서는 자신과 다른 사람을 분리하는 능력을 뜻한다. 분화 수준이 낮은 사람은 다양한 문제행동으로 적응에 어려움을 보인다. 자기분화가 낮은 아동은 타인을 무조건적으로 추종하거나 정반대로 배척하는 태도를 보이며 주관이 없기 때문에 남에게 쉽게 휩쓸린다(정문자, 정혜정, 이선혜, 전영주, 2007). Bowen은 분화 수준은 부모로부터 물려받는 것이라고 보았는데, 이는 다세대 전수 과정이란 개념을 통해 이해될 수 있다.

다세대 전수 과정은 한 사람의 역기능이 이후 세대에도 대물림되는 과정을 설명하는 용어로 낮은 분화 수준은 다음과 같은 과정을 통해 전수된다. 분화 수준이 낮은 두 사람이 결혼을 하면 이들의 자녀는 부모와 비슷한 수준 또는 부모보다 낮은 수준의 분화를 성취하게 된다. 부부의 분화 수준은 자녀의 분화 수준에 한계를 설정할 수 있기 때문이다. 분화 수준이 낮은 자녀는 자신과 유사한 수준의 배우자와 결혼을 하게 되고, 이들의 자녀는 부모나 조부모보다 낮은 수준의 분화를 성취한다. 이 과정이 몇 세대 반복되면 분화 수준이 매우 낮고 불안에 취약한 아동이 생기는데, 이 아동은 정신적 취약성 때문에 정신 병리나 문제행동을 가질 가능성이 높다.

다세대가족 상담에서는 아동의 증상과 가족의 문제를 해결하기 위한 방법으로 가계도를 활용한다. 가계도(genogram)란 3세대 이상(예: 조부모, 부모, 자녀)

의 가족 구성원 및 구성원 간 관계를 도식화한 것으로서 이전 세대로부터 대물림된 정서와 관계, 증상을 탐색하기 위해 사용된다. 가계도에는 아동의 문제와 관련된 윗세대의 특성이나 병리가 주로 포함되지만 가족의 장점과 강점도 포함시킴으로써 문제 해결에 도움이 되는 정보를 수집할 수 있다. 가계도를 작성함으로써 부모는 문제가 아동 개인의 잘못 때문이 아님을 깨닫고 아동에 대한 비난을 멈출 수 있으며, 문제를 해결하기 위해 아동뿐만 아니라 자신도 변해야 한다는 것을 알고 노력할 수 있다.

② 경험적 가족상담

대표적인 경험적 가족 상담자인 Satir는 자아존중감, 의사소통 및 대처 유형, 가족 규칙 등에서의 오류가 아동의 문제를 포함한 가족문제를 야기한다고 보았다. 자아존중감이 낮은 사람은 대인관계에서 비굴하거나 비난적이며 소외되어 있고 가학적이기 때문에 다양한 문제행동을 나타낸다. 아동의 자아존중감은 부모의 태도와 반응, 부모의 의사소통 유형에 영향을 받기 때문에 경험적 가족 상담에서는 낮은 자아존중감을 회복시킴으로써 아동의 문제를 해결하고자 한다.

의사소통 및 대처 유형은 회유형, 비난형, 초이성형, 산만형, 일치형으로 구분되며, 일치형을 제외한 나머지 유형은 자신과 타인, 상황이란 세 가지 요소 중 하나 이상에 대한 배려가 부족하여 생활 적응에 문제가 있는 유형이다. 예를 들어, 회유형은 자신에 대한 배려가 부족하고 타인과 상황만 중시하는 유형으로 타인의 의견에 무조건 동의하고 복종적이거나 의존적인 성향을 보인다. 부모의 부적응적인 의사소통 및 대처 유형은 아동기 자녀의 자아존중감을 저하시키며, 자녀에게 학습될 수 있다. 따라서 경험적 가족상담에서는 조부모, 부모, 아동의 의사소통 및 대처 유형을 점검하고 이를 수정함으로써 아동의 문제 해결을 돕는다.

가족 규칙은 가족의 행동을 통제하는 명령, 규범을 의미하는 것으로, 원가족의 규칙은 다음 세대에서 재연되기 쉽다(예: "어른이 혼낼 때 절대 말대꾸하거나 눈을 똑바로 쳐다보지 마라."라는 규칙을 적용하는 부모는 어린 시절 원가족에서 같은 규칙을 적용받았을 것이다). 가족 규칙은 아동의 문제행동을 야기할 수 있는데 부모가 서로 다른 규칙, 상반된 규칙을 자녀에게 적용하는 경우, 아동이 성장함에도 불구하고, 규칙을 조정하지 않는 경우, "반드시 ~해야만 한다."는 절대적인 규칙을 따라야 하는 경우에 그렇다. 경험적 가족 상담자는 문제행동을 야기하는 역기능적인 규칙을 수정함으로써 아동의 증상을 해결하고자 한다.

4. 아동상담자의 역할과 윤리

아동상담의 유형과 내용을 통해 알 수 있듯이 아동상담자는 아동에 대한 사랑과 존중을 바탕으로 문제 해결을 돕고 아동·가족의 발전에 기여한다. 아동상담자로서의 역할을 잘 수행하기 위해서는 상담에 필요한 지식을 갖추고 슈퍼바이저의 지도 감독하에서 충분히 수련받아야 하며, 상담 자격증을 취득해야 한다. 이러한 내용을 주지하고 따름으로써 아동상담자로서의 윤리와 책임을 다할 수 있다.

아동상담자의 윤리와 관련된 고려 사항들 중 하나는 비밀 유지에 관한 것이다. 아동의 보호자는 일반적으로 아동상담이 진행되는 동안 상담실 밖에서 대기하며 아동상담이 끝난 후 상담자와 따로 면담 시간을 갖는다. 어떤 보호자들은 면담 시간에 상담자가 자녀의 상담 내용을 자세히 말해 주길 바라기도 한다. 그러나 상담자는 아동에게 긴급한 위기가 감지되지 않는 한(예: 아동이 자신이나 타인을 해할 가능성이 있음, 신체적·성적 학대의 징후가 발견됨) 아동과의 상담 내용을 보호자에게 누설해서는 안 된다. 상담 내용의 누설은 아동의 권리를 훼손하는 일이며, 아동-상담자 간 신뢰가 깨져 상담 효과를 저해할 수 있기 때문이다. 이러한 갈등을 예방하기 위해 비밀 유지와 관련된 사항을 첫 상담에서 부모와 아동에게 설명하고 합의하는 것이 바람직하며, 부득이 비밀을 유지할 수 없는 상황(예: 효과적인 상담을 위해 전문가의 지도·감독을 받고자 함)에 대해서는 사전에 알리고 동의를 얻어야 한다.

8장

놀이치료

아동상담의 한 방법인 놀이치료는 아동의 다양한 문제 해결, 문제 예방 및 잠재력 개발의 목적으로 폭넓게 활용되고 있다. 전문인력에 대한 수요가 늘어남에 따라 대학, 학회 등을 통한 교육 기회도 증가하고 있다. 그러나 다른 영역들과 비교하면 놀이치료 교육의 기회는 제한적인 경향이 있다. 이에 본 장에서는 놀이치료의 개념, 구성 요소와 주요 놀이치료 모델에 대해 개관하고자 한다.

1. 놀이치료의 개념

놀이치료는 놀이의 치료적 효과, 놀이치료자의 이론적 지식, 온정적이고 협력적인 치료적 관계가 어우러져 아동의 문제를 해결하고 내적 성장을 도모하는 아동상담의 한 방법이다. 놀이치료는 정신분석 이론의 창시자인 Freud가 1909년 한스라는 아동의 사례에 놀이치료적 접근을 시도한 이래로(김광웅, 유미숙, 유재령, 2004) 지난 한 세기 동안 다양한 이론에 기초해 발전되어 왔다. 우리나라에는 1970년대에 처음 소개되었고 1990년대 들어 널리 사용되었으며, 최근에 수요가 크게 증가하였다.

놀이치료는 기반이 되는 이론에 따라 조금씩 다르게 정의된다. 놀이치료 발전의 초석이라 할 수 있는 정신분석 놀이치료는 Anna Freud와 Klein에 의해 발전되었다. 정신분석 놀이치료에서는 아동의 본능, 기본적인 욕구와 관련된 원초아(id)와 이상, 도덕, 규범과 관련된 초자아(superego)를 조정하는 자아(ego) 기능을 강화하는 것이 놀이치료의 기능이자 효과라고 말한다. 즉, 정신분석 놀이치료는 아동이 사회적 규범 내에서 본능적 욕구를 실현할 수 있도록 돕는 수단으로 정의된다.

아동중심 놀이치료의 전신인 비지시적 놀이치료를 창시한 Axline은 아동에게 치료의 방향과 내용을 전적으로 맡겨 아동이 스스로 결정하고 경험하도록 하는 것을 비지시적 놀이치료라고 정의하였다. 비지시적 놀이치료를 아동중심 놀이치료로 발전시킨 Landreth(1991)는 아동이 이미 성장 경향성을 가지고 있기 때문에 놀이치료자는 아동이 되도록 많은 것을 스스로 결정하도록 두어야 하며, 이를 위해 인내심을 가져야 한다고 강조하였다. 즉, 아동중심 놀이치료는 아동의 성장 경향성에 대한 신뢰를 바탕으로 아동의 전인적 성장을 위해 지지하며 기다리는 과정이라 할 수 있다.

인지행동놀이치료의 이론적 기초인 합리적 정서치료(Ellis, 1957)와 인지치료(Beck, 1963)에서는 공통적으로 정서·행동문제의 원인을 왜곡된 인지에서 찾는다. 때문에 인지행동 놀이치료에서는 아동의 비합리적·부적응적 인지를 발견하고 교정하는 데 초점을 두며, 수정된 인지체계를 강화하기 위해 다양한 기술을 사용한다(Knell, 1997). 즉, 인지행동 놀이치료는 아동의 왜곡된 사고와 신념을 수정하여 행동의 변화를 촉진하는 과정이라 정의될 수 있다.

이처럼 놀이치료는 이론적 접근에 따라 정의와 기능이 서로 다르기 때문에 한마디로 정의하기 힘든 것이 사실인데, 다음과 같은 O'Connor의 정의는 놀이치료를 이해하는 데 도움이 될 것이다.

> 놀이치료는 여러 가지 이론과 기법으로 이루어진 일련의 치료 방법이다. 놀이치료의 다양성과 변이에도 불구하고, 모든 놀이치료 접근들은 공통의 목표를 갖는다. 놀이치료는 내담 아동이 고전적으로 정의된 놀이행동에 열중하도록 한다. 놀이치료자는 재미있고, 내적으로 동기화되고, 인간지향적이고, 다양성과 융통성이 있는 놀이의 자연적 흐름에 따라 그 자체가 목적이 되는 놀이에 몰입할 수 있도록 아동의 능력을 극대화시키는 역할을 한다. 따라서 성숙하고 세련된 놀이치료는 치료사의 이론적 입장과 성격, 내담 아동의 요구가 잘 통합된 형태를 보여준다.

출처: 유가효, 위영희, 문현주, 이희정, 김태은(2010).

2. 놀이치료의 구성 요소

1) 놀이의 치료적 가치

놀이는 놀이치료를 구성하는 중요한 요소 중 하나이다. 아동상담 및 치료에서 놀이가 활용되는 이유는 치료적 가치 때문인데, 이를 이해하기 위해서는 먼저 놀이의 특성을 알아보아야 한다. Rubin, Fein과 Vandenberg(1983)는 놀이의 특성을 다음과 같이 제시하였다.

- 놀이는 그 자체가 목적으로 충분한 만족감을 준다.
- 놀이는 자유롭게 선택된다. 강요나 압력이 따른다면 그것은 놀이가 아니다.

- 놀이는 즐겁다. 즐겁지 않으면 그것은 놀이가 아니다.
- 놀이는 융통적이다. 놀이는 가상적이며 현실과는 다른 측면을 포함하기 때문이다.
- 놀이는 몰입하는 것이다. 놀이에 참여하는 사람은 놀이에 관심을 갖고 빠져들며 적극적으로 관여한다.

아동이 어떤 행위에 능동적으로 참여하여 만족과 자유, 즐거움을 느낄 때, 그것을 놀이라고 부를 수 있다. 보상을 바라거나 강요에 의해 어쩔 수 없이 하는 행위는 놀이보다 일에 가깝다. 순전히 즐거움과 만족을 위해 행해지는 놀이가 왜 치료에 사용되는 것일까?

첫째, 놀이는 치료적인 관계 형성을 촉진하기 때문이다. 아동과 치료자가 처음 만나는 순간 아동에게 치료자는 낯선 존재로, 아동은 치료자에게 경계심을 갖고 어떻게 해야 할지 모르는 막막함을 느끼게 된다. 낯선 사람과 좁은 공간에 단 둘이 머물러 본 적이 있다면, 첫 상담에서 아동이 치료자와 상담실에 있을 때의 느낌을 더 잘 이해할 수 있을 것이다. 더구나 상담에 의뢰된 아동은 자발적으로 찾아오기보다는 부모에게 이끌려 오게 되는 경우가 대부분이라 치료자와 단 둘이 있는 상황이 더 당혹스러울 수 있다. 이런 상황에서 놀이는 어색함을 덜어주며 경계심을 해소하는 좋은 수단이 된다. 아동은 본능적으로 놀이를 추구하기 때문에(Gil, 1994) 자연스럽게 놀이치료에 참여하게 되고, 놀이치료자는 아동의 놀이에 참여함으로써 아동과 관계를 맺을 수 있다. 놀이치료 시간 동안 즐거움과 만족, 신뢰와 수용을 경험하면서 아동-치료자 간 관계는 치료적 관계로 발전해 간다.

둘째, 놀이는 의사소통의 수단이다. 아동의 제한된 의사소통 능력은 놀이를 통해 보완되고 완성된다. 누구나 소꿉장난하는 아이들을 본 적이 있을 것이다. 아동들이 엄마, 아빠, 아기의 역할을 맡아서 열심히 말하고 행동하는 동안 부모의 양육 태도, 부모와의 관계, 부모 간의 관계, 생활 유형이 드러난다. 놀이를 관찰하는 대신 아이들에게 "너의 가족관계는 어떠니? 부모님은 널 어떻게 대해 주시니?"라고 묻는다면 '좋아요' 혹은 '그냥…' 외에 어떤 말을 들을 수 있을까? 아동은 놀이를 통해 생활환경, 대인관계뿐만 아니라 미처 인식하지 못한 욕구나 갈등까지도 표현한다. 예를 들어, 현실에서는 항상 순종적인 아동이 놀이 장면에서 자신을 투사한 모형을 매우 반항적이고 공격적인 상태로 묘사하고 있다면 치료자들은 아동의 내적 갈등을 알아차릴 수 있다.

셋째, 놀이는 아동에게 성취감을 느끼게 하고 잠재력을 인식하게 돕는다. 아동들은 일상에서 자주 좌절을 경험한다. 경쟁적이고 성취지향적인 현대사회에서 아동들은 좌절을 경험할 수밖에 없다. 좌절 경험은 성장의 원동력이 되기도 하지만 자아존중감과 자아개념을 손상시킴으로써 위축, 우울, 공격성과 관련된 문제를 야기하기도 한다. 때문에 아동에게는 성취와 긍정적인 자아개념 형성의 기회가 필요한데, 놀이가 이 역할을 해줄 수 있다.

넷째, 놀이는 부정적인 감정을 정화하는 기능을 한다. 감정정화(catharsis)는 치료의 핵심 요소로서 개인이 표출하고 싶은 생각이나 비밀스러운 정서를 해소하는 과정을 뜻한다(유가효 외, 2010). 누구나 부정적인 정서를 느껴 본 일이 있을 것이며 그로 인해 밤잠을 설치거나, 짜증을 내는 등 고생해 본 적이 있을 것이다. 성인들은 부정적인 감정이 느껴질 때 이를 해소하기 위한 방법을 찾고 적용해 본다. 그 결과, 에너지가 충전되고 다시 일상에 잘 적응할 수 있다. 아동들에게는 가장 익숙하면서 효과적인 감정정화 방법이 바로 놀이이다.

다섯째, 놀이는 아동에게 즐거움과 희망을 제공한다. 사람이 즐거움과 희망을 상실할 때 다양한 병리가 나타나게 된다. 대표적인 증상으로 우울증을 들 수 있으며, 이는 슬픔과 무력감에 기인한다. 아동은 놀이를 통해 현실에서 겪게 되는 스트레스와 슬픔, 불안을 보상받을 수 있으며 즐거움과 자신감을 충전함으로써 현실에 도전할 용기를 얻게 된다.

이상의 내용을 통해 알 수 있듯이, 놀이는 아동의 마음을 어루만지는 치료적 기능을 가지고 있기 때문에 놀이치료는 아동의 변화와 성장을 돕는 도구로 사용된다.

2) 치료자의 이론적 지식과 수련 경험

미국상담협회(American Counseling Association: ACA)는 지속적인 교육 참가, 자격증과 면허 갱신, 내담자에 대한 최신 정보와 최고의 상담 실제 유지, 전문가로서 요구되는 정확한 지식 획득, 자격 내용의 명확한 기술, 훈련받고 지도감독받은 방식대로 서비스를 제공하기라는 상담자 윤리강령을 제시하고 이를 준수해야 한다고 하였다(정문자 외, 2011). 윤리적인 상담의 시작은 이론적 지식에서 시작된다. 놀이치료자가 되기 위해서는 아동발달 및 문제행동, 정서·행동장애에 대한 이해가 선행되어야 하며, 다양한 심리치료 이론과 치료 모델, 가족발달 및 가족문제, 복지 서비스, 심리 측정 및 평가, 상담윤리 등에 대한 지식을 갖춰야만 한다. 만일 이 중 어떤 영역에 대한 지식이 부족하다면 아동에게 최상의 치료를 제공할 수 없는데, 이는 아동과 가족에게 시간과 비용을 더 쓰게 만들고 이들이 겪는 고통의 기간을 연장시키는 비윤리적인 결과를 낳는다.

Scheafer와 Millman(1977)이 제안한 '처방적 접근(prescriptive approach)'이란 개념은 치료자의 이론적 지식과 수련 경험의 중요성을 강조하는 개념이다. 처방적 접근은 내담자에게 가장 적절한 치료적 기술을 결정하고 적용해야 하는 치료자의 의무와 관련된다. 아동에 따라 적합한 놀이치료 모델이 다를 수 있기 때문에 치료자는 아동에게 가장 효과적인 놀이치료 모델을 선택·적용할 수 있어야 한다. 흔히 한 가지 놀이치료 모델에 정통해지기 위해 수년에서 10년 이상의 시간이 걸린다고 말하는데, 이는 과장된 얘기가 아니다. 놀이치료 모델로는 정신분석 놀이치료, 아동중심 놀이치료, 인지행동 놀이치료, 모래 놀이치료, 게임 놀이치료, 부모 놀이치료, 가족 놀이치료, 치료놀이, 발달 놀이치료, 해결중심단기 놀이치료, 해결지향적 놀이치료 등이 있으며, 아동상담 모델까지 확장해 보면 가족치료, 미술치료, 음악치료, 연극치료 등 무수히 많은 모델을 찾을 수 있다. 모델들은 서로 다른 이론적 접근에 기초하기 때문에 인간관, 치료 원리, 치료 기법, 치료 과정, 치료적 요소 등이 각기 다르다. 따라서 모든 치료 모델의 이론과 기술에 정통하기란 매우 어려운 일이다. 현실적으로 어려움이 있다고 해서 한두 가지 모델을 모든 아동에게 적용해서는 결코 안 되며, 처방적 접근을 실천할 수 있도록 계속 노력해야만 한다. 우리나라 대부분의 상담 관련 학회에서는 상담 관련 과목 이수, 시험, 일정 시간 이상의 상담 수련과 워크숍 참가를 통해 자격증을 취득한 이후에도 워크숍 및 상담 사례 회의에 지속적으로 참가해야 자격이 유지된다고 규정하고 있다. 놀이치료자는 이러한 기회를 통해 처방적 접근 실천 및 윤리 준수를 위해 노력할 수 있으며, 한국아동학회, 한국놀이치료학회, 한국가족치료학회, 한국청소년상담원 홈페이지를 통해 보다 구체적인 정보를 얻을 수 있다.

3) 아동–치료자 간 치료적 관계

심리치료 전문의인 가모시타 이치로가 쓴 『관계로부터 편안해지는 법』에는 다음과 같은 이야기가 나온다.

> 제가 신경내과 의사이기 때문에 주변에 마음의 상처가 낫지 않아 괴로워하는 사람을 많이 알고 있습니다. 저는 치료를 하면서 환자에게 넌지시 물어봅니다. "평소에 누구와 함께 식사를 하시나요?" 중요한 것은 '무엇을 먹느냐'보다 '누구와 먹느냐'입니다. '편안한 마음'이라는 토양이 있어야 영양분도 효과적으로 섭취할 수 있습니다. 사람은 다른 사람에게 상처를 주지만 그 마음의 상처를 낫게 하는 것도 역시 사람밖에 없습니다.

출처: 가모시타 이치로(2010).

이 이야기는 놀이치료자들에게 시사하는 바가 크다. 이론적 지식이 충분한 치료자가 좋은 도구(놀잇감)로 치료한다 할지라도 아동과 치료자의 관계가 편안하고 신뢰롭지 못하다면 아동은 치료가 제공하는 양분을 섭취할 수 없다. 내담자와 치료자 간 관계의 중요성은 Rank에 의해 최초로 언급되었다(최명선, 김광웅, 2005에서 재인용). 이후 Anna Freud(1950)는 아동과 치료자 간 '정서적 애착'이 중요함을 강조하면서, 아동은 치료적 관계를 통해 주 양육자와의 손상된 관계도 회복할 수 있다고 하였다. 많은 문제행동이 '관계의 병리'에 의한 것임을 고려할 때 아동과 치료자의 관계는 무엇보다 중요하다고 하겠다.

좋은 관계는 상대에 대한 수용적인 태도와 대등한 지위 설정에서 시작된다. 아동과 치료자의 관계도 마찬가지이다. 그러나 아동은 성인에 비해 자기 통찰이 부족하고 자신의 문제나 욕구를 잘 표현하지 못하며 자발적 의지로 상담에 참여하는 것이 아니기 때문에 치료 관계에서 소극적이기 쉽다(최명선, 김광웅, 2005). 따라서 놀이치료자는 치료적 관계를 촉진하는 다양한 지식과 기술을 익힐 필요가 있다. Giordano, Landreth와 Jones(2005)가 제안한 치료적 관계 형성 기술을 요약해 제시하면 다음과 같다.

- 비언어적인 행동 인정하기(행동 트래킹하기): 아동의 행동과 비언어적인 놀이에 반응하는 것으로 치료자는 자신이 관찰한 아동의 행동을 언급한다. 놀잇감을 블록, 자동차 등으로 명명하지 않도록 주의해야 하는데 아동은 블록, 자동차를 불도저, 우주선, 또는 동물로 가정할 수 있기 때문이다.

  〈예〉 그것(차)을 저쪽으로(터널) 미는구나.
  그곳(물통)에 모래를 많이 넣는구나.
  그것(펀치 백)을 발로 차는구나.

- 내용 반영하기: 아동이 말한 것을 약간 다른 용어를 사용해 다시 언급하는 것이다.

  〈예〉 아동 – "잠시 후 큰 지진이 일어날 거예요. 아무도 지진을 막지 못해요. 슈퍼맨도 못 막아요."
  치료자 – "아무도 지진을 멈출 수가 없구나."

- 감정 반영하기: 아동의 감정과 욕구를 이해하고 수용하는 것으로 치료자가 아동에게 관심이 있으며 아동을 이해하려 노력한다는 것을 알려준다.

  〈예〉 너 기뻐 보인다.
  넌 화가 났구나.
  넌 ~하길 원하는구나.

- 의사 결정권과 책임감 촉진하기: 아동이 질문을 하거나 도움을 청할 때, 놀이치료자는 아동이 스스로 답을 찾거나 문제를 해결하여 책임감을 발달시키도록 도울 수 있다. 이런 반응은 아동이 의사 결정권을 행사하도록 격려하며 문제에 책임감을 가지고 대처할 수 있도록 돕는다.

  〈예〉 아동 – "먼저 무엇을 가지고 놀까요?"

  치료자 – "네가 원하는 것을 결정하는 사람은 바로 너란다."

- 자아존중감과 격려 촉진하기: 칭찬하는 대신 격려함으로써 아동의 노력을 인정하고 아동이 자신의 능력을 중요하게 생각하게 돕는다. 격려받는 아동은 자신을 자랑스럽게 여기며, 타인의 평가로 인해 자아존중감이 훼손되지 않는다.

  〈예〉 아동 – 닭요리를 접시에 담는 시늉을 하고 치료자에게 내민다. 그리고 "닭고기 좋아하세요?" 라고 묻는다.

  치료자 – (감탄하며) "나를 위해 음식을 만드느라 애썼구나."

- 제한 설정하기: 아동과 치료자, 놀잇감, 놀이치료실을 보호하고 놀이치료 회기를 현실과 연결하며 회기 구조화, 아동의 통제력 향상을 위해 행동에 한계를 지어 준다. 감정 인정하기 → 제한 전달하기 → 대안 제시하기(Acknowledge the feeling → Communicate the limit → Target an alternative: ACT) 단계를 따라 진행한다.

  〈예〉 A– 나는 네가 의자에 색칠하고 싶어 하는 것을 알아.

  C– 그렇지만 의자에는 색칠하는 것이 아니란다.

  T– 대신 너는 종이에 색칠할 수 있단다.

- 아동이 원하는 것을 제공하기

  놀이치료자의 역할 중 하나는, 아동이 원하는 놀이를 선택할 수 있게 허용하고 놀이를 관찰하는 것이다. 이론에 따라 다소 차이가 있기는 하나, 일반적으로 놀이치료자는 아동이 요청할 때에만 놀이에 참여해야 한다. 아동이 치료자를 놀이에 초대할 때에는 아동의 지시를 따라 역할을 맡고, 말하고 행동해야 한다. 놀이에서 어떻게 행동하고 말해야 할지 알 수 없을 때에는 아동에게 "선생님이 어떻게 하면 되니?", "뭐라고 말을 해야 할까?"라고 직접 물어보고, 아동이 원하는 반응을 해 주어야 한다. 그러나 초보 치료자들은 아동에게 적극적으로 놀이를 제안하거나, 놀이 속 등장인물을 맡아 주도적으로 말하고 행동하는 실수를 하기 쉽다. 이 경우, 놀이치료는 아동이 아닌 치료자를 위한 시간이 되고 만다(문혁준 외, 2014). 놀이치료는 아동의 욕구와 의도에 따르는 시간이어야 하며, 그럼으로써 아동은 놀이치료를 통해 욕구를 충족시키고 갈등을 드러내고 해결할 수 있음을 기억해야 한다.

〈예〉 아동 – "선생님이 엄마 역할을 하세요. 아이가 공부를 안 해서 엄마는 화가 났어요."

치료자 – "(화난 목소리로) 너 왜 공부를 안 하니!"

아동 – (침묵한다)

치료자 – "(작은 목소리로) 이제 뭐라고 말할까?"

3. 놀이치료의 실제

놀이치료는 기초 이론에 따라 여러 가지 모델로 구분되며, 이론에 따라 치료목표와 과정, 기법 등에 차이가 있다. 여기에서는 정신분석 놀이치료, 아동중심 놀이치료, 인지행동 놀이치료에 대해 알아보고자 한다.

1) 정신분석 놀이치료

Freud가 창시한 정신분석은 상담의 이론 중 가장 긴 역사를 갖고 있으며, 다른 이론들의 탄생과 발전에 크게 기여한 이론이다. 정신분석에서는 사람이 삶의 본능인 리비도(Libido)를 가지고 태어나며 리비도는 만족과 쾌락을 추구한다고 본다. 본능적 욕구는 사회의 규범, 윤리와 대립되기 때문에 사람은 끊임없이 갈등한다고 보았다. 또한, 사람의 성격과 그에 따른 행동은 생의 초기에 이미 결정되어 변하지 않으며 정해진 단계를 따라 발달한다고 본다. 즉, 정신분석의 인간관은 결정론적이며 비관론적이라고 할 수 있다.

정신분석 놀이치료에서는 아동의 자아 기능을 강화하는 것에 초점을 맞춘다. 자아 기능이 강화됨에 따라 개인은 본능적 욕구 충족과 사회적 규범을 모두 고려할 수 있게 되며 이는 개인의 정신·신체건강 유지뿐만 아니라 사회 안녕에 기여한다.

정신분석 놀이치료의 목표는 무의식의 내용을 의식하는 것이다. 무의식은 '쓰레기의 저장 창고'라는 말로도 표현되는데, 이는 쓸모없다는 의미가 아니라 의식 수준에서 깨닫기에 고통스러운 것들이어서 깊이 묻어 버린 것들이라는 의미이다. 고통스러워서 무의식에 버려진 것들은 다양한 증상을 만들어 낸다. 따라서 아동의 증상을 없애기 위해서는 무의식의 내용들을 탐색해야만 한다. Freud는 저서 『꿈의 해석』에서 꿈을 해석함으로써 자신의 무의식을 인식한 경험을 소개하였다.

> 나는 어떤 '늙은 남자'와 함께 기차역에 서 있다. 그는 장님이다. 나는 그에게 소변통을 건넨다. 맙소사! 나는 이 노인의 간호사다! 이 순간 나는 화장실에 가고 싶어서 잠에서 깼다. Freud는 이 꿈을 꾼 후 7~8세 무렵 부모님의 침실에서 오줌을 쌌던 때를 떠올렸다. 당시에 Freud의 아버지는 소변을 가리지 못하는 Freud를 '쓸모없는 녀석'이라며 혼냈었다. Freud는 이 기억을 바탕으로 눈이 보이지 않는 노인에 관한 꿈을 해석했다.
> "꿈속 장님 노인은 눈 수술을 받은 나의 아버지이고 아버지를 보살피는 사람은 나이다. 나를 '쓸모없는 녀석'이라고 모욕했던 아버지에게 '봐요, 난 쓸모 있는 훌륭한 사람이 되었다구요!'라고 말하고 싶었던 것 같다. 아버지의 간호사가 됨으로써 나는 쓸모 있는 사람이 되고 싶었던 소망을 이뤘다. 또 다른 해석은 어린 시절 내가 오줌 싼 일로 혼나는 동안 나를 방어할 수 없었던 것처럼, 꿈속에서 아버지를 방어할 수 없는 상황에 놓고 창피를 주고 싶었던 것 같다."

정신분석적 발달 단계는 연령에 따라 구분되는데, 놀이치료에 의뢰되는 모든 아동이 제 연령에 맞는 발달 단계에 해당되는 것은 아니다. 예를 들면, 10세 아동이라 할지라도 심리성적으로는 4세 수준(남근기)에 머물러 있는 상태일 수 있다. 정신분석 놀이치료에서는 이렇게 발달이 지연된 이유를 무의식에서 찾을 수 있다고 본다. 즉, Freud의 발달 단계는 아동이 생리적 연령에 맞는 심리성적 발달 단계에 도달해 있는지 평가해 보는 준거를 제시해 준다.

(1) 치료 과정

① 사정과 평가

아동과 보호자를 면담하여 아동의 문제, 발달력 및 발달 단계 등에 관한 자료를 수집한다. 그리고 아동의 성격 구조(원초아, 자아, 초자아)를 평가하는데, 이를 통해 놀이치료의 목표를 수립하고 아동의 저항 및 전이를 예측해 볼 수 있다. 필요에 따라 검사 도구를 사용하여 추가적인 정보를 얻기도 하는데, 정신분석에 기초한 투사적 검사들(CAT, TAT, HTP, SCT 등)이 사용될 수 있다. 이 단계에서는 진단적 놀이 회기를 실시해 놀이의 내용과 형태 등을 파악할 수도 있다. 정보가 수집되면 놀이치료자는 사례를 형성한다. 여기에는 정신분석 관점에서 인식된 문제의 원인과 진행 과정, 이에 근거한 치료 목표 및 계획 등이 포함된다.

② 도입

도입은 정신분석 놀이치료의 시작 단계 혹은 초기 단계에 해당되며, 아동마다 도입에 소요되는 회기 수는 각기 다르다. 도입은 아동과 보호자, 치료자가 함께 의뢰 이유와 치료의 목적에 대해 나누고 치료 일정 등을 계획하는 것으로 시작된다. 첫 회기에서 치료자는 아동에게 놀이 도구와 치료 도구를 소개하고 아동의 놀이를 격려한다. 그리고 아동에게 놀이하는 동안 떠오른 생각이나 이미지, 기억들을 이야기해 줄 것을 요청한다. 도입 시기 동안에 달성해야 하는 다른 과업으로는 아동–치료자 간에 치료적 관계를 맺는 것과 치료자가 내면을 언어로 표현하는 모델이 되어 주는 것이 있다.

③부정적 반응의 표출

아동의 삶에서 중요한 인물들에 대해 내면화된 부정적 측면이 드러나는 단계로 아동은 부정적이고 적대적인 감정을 치료자에게 전이시킬 수 있다. 아동이 약속 시간에 늦거나, 침묵하는 것, 특정 주제에 대한 이야기나 놀이 거부 등과 같은 행동이 저항 내지는 전이 현상임을 알아차리고 개입해야 한다. 아동이 치료가 안전하다고 느끼게 되고 치료자와 비밀에 대해 이야기할 수 있다고 여기게 되면 이러한 문제는 사라진다. 이 과정이 끝나면, 아동은 무의식에 저장된 갈등과 공격성, 상처에 대한 힌트를 치료자에게 제공하기 시작한다.

④ 훈습

특정한 갈등을 추적하거나 위장되어 있는 갈등이나 상황을 반복해서 해석함으로써 치료자가 해석을 정교화하고 확장하는 과정이다(유가효 외, 2010). 치료자는 아동의 놀이를 관찰하며 해석을 통해 아동의 무의식에 다가가고 아동은 이에 반응하면서 무의식을 의식화해 간다. 이 과정에서 아동은 치료자나 치료자의 해석에 저항할 수 있다. 즉, 치료자가 아동의 저항을 해석하고 아동이 이에 반응하는 과정은 계속 반복되어 나타날 수 있는데, 이는 매우 일반적인 것이므로 놀이치료자는 불안해하거나 당황스러워하지 않도록 한다.

⑤ 종결

아동이 자신의 무의식적 갈등을 깨닫게 되고, 이를 바탕으로 자신의 욕구와 사회적 규준을 통합적으로 고려할 수 있게 되면 종결을 고려할 수 있으며 변화가 충분히 지속될 때 종결하는 것이 좋다. 종결할 때에는 아동이 상실감을 경험하지 않도록 미리 준비할 수 있도록 하며, 종결을 준비하는 동안에는 치료를 통해 깨달은 바를 공고히 하는 시간을 갖는다.

(2) 치료 기법

① 해석

해석은 놀이, 아동이 보고한 꿈, 아동이 가진 증상 등에 드러난 의미를 발견하여 전달하는 것이다. 해석을 통해 아동은 문제행동의 원인과 의미를 통찰할 수 있다. 해석에는 아동이 미처 인식하지 못한 내용이 포함되기 때문에 아동이 받아들일 수 있는 시점을 포착해 전달하는 것이 중요하며, 일반적으로 다음의 3단계로 진행된다.

- 아동의 놀이를 관찰하면서 가능한 해석을 정리한다.
- 아동의 역사와 내·외적 역동을 관찰한다.
- 적당한 시기에 치료적 해석을 전달한다.

예를 들어, 등교를 거부하는 아동이 있다고 하자. 놀이치료자가 관찰해 보니, 아동은 부모가 사고당하는 놀이를 반복한다. 아동은 이 놀이를 하며 불안해하고 두려워하지만 놀이의 주제를 바꾸지 않는다. 부모 보고에 따르면, 아동이 어린이집에 간 동안 부모가 사고를 당한 적이 있는데, 이때 아동을 친척 집에 6개월 정도 맡겼었다고 한다. 부모는 아동이 워낙 어렸을 때의 일이라 잘 기억하지 못할 것이고, 사고 이후 아동은 한 번도 이에 대해 이야기를 꺼낸 적이 없다고 한다. 정신분석 놀이치료자는 아동 관찰 결과와 부모 보고를 토대로 "아동이 등교를 거부하는 이유는, 자신이 학교에 간 동안 부모에게 무슨 일이 일어날지 모른다고 걱정하기 때문이다."라는 해석을 할 수 있을 것이고, 아동이 이를 인식하지 못하는 이유는 기억이 무의식에 존재하기 때문이라고 가정할 것이다. 치료자는 아동과의 동맹이 확고해지고 아동이 해석을 수용할 수 있다는 확신이 들면 아동에게 전달할 것이다.

② 꿈 분석

앞서 무의식을 설명하면서, Freud가 자신의 꿈을 직접 해석(분석)한 예를 제시하였다. 이 예에서처럼, 꿈은 무의식에 억압된 내용을 담고 있으므로 꿈을 해석하는 것은 치료적으로 의미 있는 일이다. 꿈 분석은 아동이 꾼 꿈의 잠재적 의미를 분석해 알려주는 것으로 해석과 마찬가지로 분석 내용을 전달하는 시점이 중요하다.

③ 자유연상

아동에게 마음에 떠오르는 모든 내용을 숨김없이 놀이나 언어로 표현해 보게 하는 것이다. 이상하고 별것 아닌 것으로 생각될지라도 모두 표현할 수 있게 격려하는 것이 중요하다. 연상된 내용들을 기록하고 엮어 가면서 무의식에 억압된 것을 발견할 수 있다.

2) 아동중심 놀이치료

아동중심 놀이치료는 Rogers의 인간중심 이론에 기초한다. 인간중심 이론을 아동에게 적용한 아동중심 이론에서는 아동이 선천적으로 선하게 태어났으며 자신을 실현하고 향상시키려는 '실현화 경향성'을 가지고 태어났다고 본다. 또한, 무엇보다 중요한 것은 '경험'으로, 아동은 경험을 통해 가치를 형성하고 성장해 간다고 간주한다. 아동이 이처럼 낙관적이고 긍정적인 존재임에도 불구하고, 문제행동을 보이는 이유는 자신이 원하는 것을 무시하고 부모나 사회의 바람을 따라 행동하기 때문이라고 본다.

❖ 주요 개념

① 자아

자아(self)는 아동중심 성격 이론의 핵심 개념으로 Rogers는 자아를 '인식될 수 있는 자기 지각의 조직화된 형태'라고 정의하였다. 자아는 자신의 특성과 능력에 대한 지각, 타인이나 환경이 미치는 영향에 따라 끊임없이 변화한다. 자아 혹은 자아개념은 조직화되고 일관된 지각의 패턴으로(노안영, 2005) 어떤 아동이 자신에 대해 "난 뭐든 할 수 있는 사람, 노력하면 되는 사람"이라는 인식을 가지고 있다면 "긍정적인 자아를 가지고 있다.", "자아가 건강하다."고 표현할 수 있다. 이 아동은 어떤 경험을 계기로(예: 누군가 반복해서 "넌 왜 항상 그 모양이니?"라고 언급함) "난 안 돼. 난 무능해."라는 생각을 갖게 될 수 있다. 이는 자아가 경험을 통해 변할 수 있음을 보여주는 예이다.

② 실현화 경향성

Rogers는 아동이 실현하고 유지하며 향상시키려는 경향성을 타고났다고 보았는데 이를 실현화 경향성이라고 한다. 사람뿐만 아니라 살아 있는 모든 동물이나 식물은 실현화 경향성을 가지고 있다. 이로 인해 악조건에서도 생명체(유기체)는 살아남고 더 나은 개체로 진화한다. 모든 유기체가 실현화 경향성을 가지고 있다 하더라도 자신을 유지, 실현, 향상하려는 노력 없이는 발전할 수 없다. Rogers는 이를 일컬어 "자기실현에는 고통과 투쟁이 따른다."는 말로 표현하였다.

③ 가치의 조건화

"당신은 졸업 후 어떤 직업을 가지길 원합니까?" 이 질문에 답해 보고 왜 그 직업을 원하는지 생각해 보자. 내가 흥미 있고 원하는 일이기 때문에 어떤 직업을 원하는 경우도 있을 것이며, 타인이나 사회로부터 인정받기 때문에 원하는 경우도 있을 것이다. 인간중심이론(아동중심이론)에서는 후자의 경우처럼, 타인과 사회가 원하기 때문에 어떤 일이 가치 있다고 여기는 것이 가치가 조건화 되었기 때문이라고 본다.

아동은 부모나 교사처럼 자신에게 중요한 대상에게 존중받길 원한다. 때문에 아동은 부모가 원하는 것을 함으로써 인정받고 칭찬받으려 한다. 결과적으로 아동은 존중받기 위해 부모, 교사, 사회의 가치 기준을 따르면서 그들의 가치를 내면화한다. 타인이 중요하게 여기는 가치를 내면화한 아동은 자신이 원하는 것, 자신이 중요하게 여기는 가치를 위해 살지 못하고 다른 사람이 중요하게 여기는 것을 위해 살아가게 된다. 따라서 아동중심 놀이치료에서는 "아동을 칭찬하지 말라."고 조언한다. 조건화된 가치로 인해 아동은 진정으로 원하는 것을 포기하게 되어 실현화 경향성과 자아의 성숙이 억제된다고 보는 것이다.

아동중심 놀이치료에서는 아동이 타고난 실현화 경향성을 발휘하는 경험을 제공하며, 가치를 조건화하는 대신 경험을 통하여 가치를 정립할 수 있게 돕는다. 실현화 경향성을 회복하고 경험을 통해 가치를 형성함으로써 아동은 긍정적인 자아를 형성하고 성장할 수 있다. 이를 위해 필요한 것은 아동의 욕구와 감정을 수용해 주고, 아동이 원하는 것을 발견하고 실천할 수 있게 해 주는 것, 변화를 재촉하지 않고 기다려 주는 것이다. 하지만 이것은 아동의 모든 행동을 허용한다거나 아동을 방치한다는 의미가 아니다. 아동의 욕구와 감정은 조건 없이 수용하되, 자신과 타인에게 해가 되는 행동이나 윤리 및 규범에 위배되는 행동은 아동의 안전과 사회 적응을 위해 제한되어야 한다.

(1) 치료 과정

① 사정과 평가

아동과 부모를 면접하여 아동의 발달 수준, 가족·또래와의 관계, 아동의 생활환경 등에 관한 정보를 수집한다. 또한, 심리검사를 계획하고 실시하며, 이를 바탕으로 치료 목표를 설정하고 치료 계획을 수립한다.

② 구조화

구조화는 놀이치료의 목적과 필요성, 규칙과 허용, 치료자와 치료실, 치료 시간이나 장소 등에 대해 설명하고 합의하는 것을 의미하며 첫 회기에서 이루어진다. 아동중심 놀이치료는 아동의 선택·결정을 존중하므로 최소한의 제한과 규칙을 적용하고 치료실에서 할 수 있는 것, 허용되는 것을 중심으로 설명한다(그림에도 불구하고, 아동중심 놀이치료에서 제한과 한계는 분명하게 설정된다). 모든 규칙을 첫 회기에서 다 설명하기보다는 핵심적인 것(예: 너나 내가 다칠 수 있는 위험한 행동을 빼면 치료실에서 원하는 것을 할 수 있어)을 이해하기 쉽게 설명하고 부차적인 것은 이후 회기들을 통해 차차 알려주는 것이 효과적이다.

③ 변화와 진전

이 단계에서 가장 중요한 이슈 중 하나는 치료자와 아동 간의 신뢰를 바탕으로 한 치료적 관계의 형성이다. 관계 형성을 촉진하는 방법은 앞의 '아동-치료자 간 치료적 관계' 부분에 기술되어 있다. 이 단계에서 치료자는 아동이 스스로 결정하고 책임지는 경험을 할 수 있도록 선택과 행동의 자유를 보장해야 한다. 이를 위해 지시나 제안, 칭찬을 삼가고 아동을 격려하는 데 초점을 맞춰야 한다. 아동은 이 단계에서 좌절을 경험하기도 하는데, 치료자는 함께 견뎌 주고 지지함으로써 극복하게 도울 수 있다. 아동이 자아의 부정적 측면(예: 능력의 한계)을 인식하게 될 때에는 극복하도록 격려하는 것도 중요하지만 한계를 인정하고 수용할 수 있게 함으로써 아동이 자신을 온전하게 수용할 수 있게 한다(김태은, 2009). 이 과정을 거치며 아동은 긍정적인 자아를 형성하고 가치의 조건화로부터 벗어나 자기실현 경향성을 발휘하게 된다.

④ 종결

아동중심 놀이치료의 목표는 주 호소 문제를 해결하는 것뿐만 아니라, 아동이 자기실현 경향성을 회복하고 경험을 통해 가치를 발견하게 하는 것이다. 따라서 주 호소 문제가 해결되었다 할지라도 즉시 놀이치료를 종결하기 보다는, 여유를 가지고 관찰하면서 종결 시기를 결정해야 한다. 어떤 아동은 놀이치료가 종결되는 것에 대해 상실감이나 불안감을 느끼기도 하는데, 이로 인해 문제가 재발하거나 새로운 문제가 등장하기도 한다. 이를 예방하기 위해서는 아동의 부모 및 아동과 함께 종결 시기를 상의하여 결정하는 것이 좋다. 또한, 치료자와 아동이 함께 변화된 점, 달라진 점을 살펴보고 추후 상담을 계획하거나, 언제든 다시 치료자를 만날 수 있음을 알려줌으로써 종결에 대한 불안감을 다룰 수 있다.

(2) 치료 기법

① 일치성

일치성(congruence)은 진실성(realness), 진솔성(genuineness) 등으로도 표현되며 아동과의 관계에서 경험되는 감정, 생각을 솔직하게 표현하는 치료자의 태도를 일컫는다. 치료자의 일치성을 경험하면 아동은 놀이치료자를 신뢰할 수 있게 되고 내부의 느낌과 경험을 개방적으로 표현하므로 자신의 일치성을 발달시키게 된다. 치료자가 아동에 대해 애정과 관심, 뿌듯함을 느낄 때 이를 표현하는 것은 쉽지만 지루함이나 짜증, 성가심 등의 감정도 솔직하게 표현하기란 쉽지 않다. 그러나 부정적 느낌이나 생각들도 거짓 없이 표현될 때 아동은 변화·성장할 수 있다.

② 무조건적인 긍정적 존중

무조건적인 긍정적 존중(unconditional positive regard)은 말 그대로 아무런 조건 없이 아동을 존중하고 수용하는 것, 아동을 신뢰하는 것을 뜻한다. 아동을 완전하게 믿는 태도는 아동이 자신을 믿고 성장하는 것을 촉진한다. 치료자는 아동에 대한 존중과 신뢰를 "네가 스스로 결정할 수 있다고 믿어."와 같은 형식으로 표현할 수 있다.

③ 공감적 이해

공감적 이해(empathic understanding)는 아동이 주관적으로 경험하는 것을 마치 치료자도 경험하는 것처럼 정확하고 민감하게 이해하며, 이를 아동에게 전달하는 것이다. 아동을 공감적으로 이해하고 표현하기 위해 치료자는 전문가로서의 시각은 유지하면서, 아동의 '내적 참조 틀(internal frame of reference)'에서 경험할 수 있어야 한다. 많은 어른들은 아이들이 어떤 것에 대해 걱정할 때 "그게 뭐가 무섭니?"라고 말한다. 이런 반응을 보이는 이유는 아동의 내적 참조 틀에서 상황을 보지 못하기 때문이다. 아동중심 놀이치료자는 이런 상황에서 "넌 그게 정말 무섭구나."의 형태로 감정을 반영하고 수용함으로써 공감적 이해를 실천할 수 있다.

3) 인지행동 놀이치료

인지행동 놀이치료는 정신분석에 도전한 Ellis의 합리적 정서치료(Rational-Emotive Behavior Therapy: REBT)와 Beck의 인지치료(Cognitive Therapy: CT)에 기초한다. Ellis는 인간이 합리적으로 사고할 수 있는 능력과 비합리적으로 사고할 수 있는 능력을 모두 가지고 태어났다고 본다. 합리적 신념으로 발전적이고 성숙한 삶을 살 수도 있지만 비합리적인 신념 때문에 힘들고 고된 삶, 정체된 삶을 살기도 하는데, 아동이 문제행동을 보이는 이유는 비합리적인 신념과 왜곡된 인지를 가지고 있기 때문이다. 따라서 인지행동 놀이치료에서는 인지적 오류를 교정하여 아동이 문제행동에서 벗어나 성장하도록 돕는다.

❖ 주요 개념

① 비합리적 신념

Ellis(1962)는 정서 · 행동장애를 유발하고 지속시키는 비합리적인 신념을 다음의 11가지로 정리하였다.

- 모든 사람에게 인정받고 사랑받아야 한다.
- 모든 일을 잘해 낼 수 있는 능력을 갖춰야만 가치 있는 사람이다.
- 나쁜 사람, 잘못을 저지르는 사람은 반드시 처벌받아야 한다.
- 원하는 대로 되지 않으면 곧 실패한 것이다.
- 불행은 외부에서 발생하는 사건 때문인데, 인간은 이를 통제할 수 없으며 그

에 따른 슬픔과 제약도 통제할 수 없다.

- 두려운 일에 대해서는 계속 걱정해야 하며, 이런 일은 언제라도 일어날 수 있으므로 항상 걱정해야 한다.
- 난관, 책임져야 할 일은 피하는 것이 상책이다.
- 의지할 수 있는 강한 사람이 필요하며, 항상 의지해야만 한다.
- 과거는 계속 나에게 영향을 미친다. 과거는 바꿀 수 없으므로 과거에 의해 결정된 채로 살 수밖에 없다.
- 다른 사람이 문제를 겪으면 나도 그 사람을 걱정해야만 한다.
- 완벽한 문제 해결책은 분명히 있다. 따라서 이를 찾지 못하면 실패하는 것이다.

이상의 신념들에는 공통점이 있다. "~해야만 한다, ~할 수밖에 없다."는 당위성을 가지며, 성공 아니면 실패로 결과가 양분된다는 것이다. "~해야만 한다."는 절대적 지론은 지킬 수 없는 약속이다. 우리는 반드시 하루에 2시간 이상 공부하기, 매일 아침 6시에 기상하기, 항상 남을 배려하기와 같이 훌륭한 것들을 하겠다고 약속한다. 그러나 몸이 아프다든지 자존심이 상했다든지 등의 이유로 어길 수밖에 없는 상황이 생긴다. 이는 곧 실패와 파국을 의미하는 것일까? 자신과의 약속이 "반드시 해야만 한다."는 형태로 기술된다면 해내지 못한 경우는 실패를 의미한다. 그러나 "하고 싶다, 하길 원한다." 등의 형태로 기술된다면 지키지 못해도 실패한 것이 아니다. 이러한 사실을 알지 못하는 사람은 절대적인 신념을 어긴 결과로 고통받는데, 이는 융통적·합리적인 신념을 습득함으로써 해결된다.

② ABCDEF 모델

감정과 행동은 사건을 어떻게 인식하고 평가하느냐에 따라 달라진다. Y와 Z라는 두 아동이 시험에서 만족스럽지 못한 점수를 받았다고 가정해 보자. 시험 결과에 대해 아동 Y는 '내가 이번에 노력을 덜 했기 때문'이라고 평가했고 아동 Z는

"시험문제가 이상했기 때문"이라고 평가했다. Y와 Z의 감정은 각각 어떠할까? 그리고 다음 시험에 대비하여 두 아동은 어떻게 행동하게 될까? Y는 기분은 좋지 않지만 내가 노력을 덜 했으니 어쩔 수 없다고 느끼고 다음 시험에서는 더 노력하게 될 것이다. 그러나 Z는 나는 할 만큼 했으나 문제가 이상했다고 여기기 때문에 기분이 상했을 것이며, 다음에도 이번과 유사한 수준으로 노력하게 될 가능성이 높다. 그 결과 둘의 다음 시험 성적은 크게 차이 날 수 있다. 이 예에 기초하여 ABCDEF 모델을 설명해 보면 다음과 같다.

- A(Activating event): 활성화된 사건, 일어난 일(Z와 Y가 시험을 망침)
- B(Belief): 개인의 신념, 믿음(Z와 Y의 시험 결과에 대한 평가, 인식)
- C(Consequence): 정서적, 행동적 결과(Z와 Y의 감정, 다음 시험을 위한 행동)

아동 Z에게 치료자가 개입한다고 가정하고, DEF의 요소를 추가해 도식화하면 다음과 같다.

- D(Disputing): 논박, 인지행동치료의 중재기법(Y의 인식에 대한 치료자의 개입)
- E(Effect): 효과(Y의 인식, 신념 변화)
- F(Feeling): 새로운 감정(Y의 감정이 변화됨)

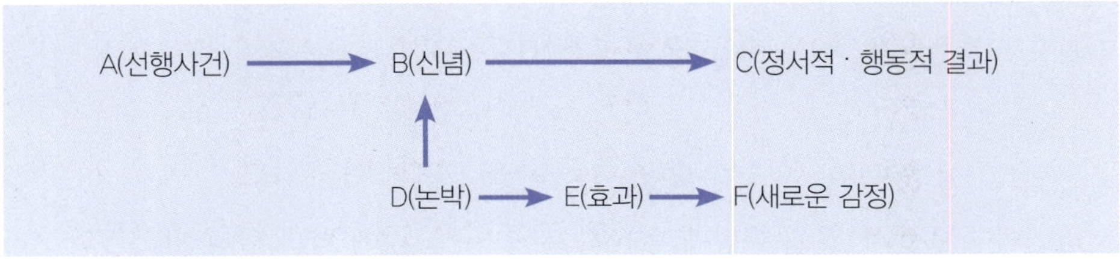

[그림 8-1] ABCDEF 모델의 도식화

③ 조작적 조건 형성

어떤 행동이 등장·유지·소거되는 것은 행동에 대한 결과에 의해 결정된다. 예를 들어, 아동이 책을 읽는 것을 보고 부모가 칭찬한다면 이 아동은 더 자주 책을 읽을 것이다. 반대로 아동이 떼를 쓸 때 부모가 이를 무시한다면 아동의 떼쓰기 행동은 점차 줄어든다. 이처럼 아동의 긍정적 행동을 더 많이 만들고 이를 유지시키기 위해 칭찬 등의 보상을 제공하거나 부정적 행동을 없애기 위해 무관심과 무시 등을 제공하여 변화를 유도하는 과정을 조작적 조건 형성이라 한다.

인지행동 놀이치료에서는 이와 같은 원리에 따라 아동의 비합리적인 신념을 발견하고 이를 수정함으로써 아동이 새로운 정서와 행동을 보일 수 있도록 돕는다. 그리고 합리적 신념과 긍정적 행동의 강화를 위해 조작적 조건 형성의 원리를 사용한다.

(1) 치료 과정

① 도입

도입 단계에서는 다른 놀이치료에서와 마찬가지로 치료에 대해 소개하고 치료자와 아동 간 관계를 형성한다. 인지행동 놀이치료는 치료자와 아동 간의 긍정적 관계를 강조하기는 하지만 인간적인 온정이나 공감이 치료에 반드시 필요한 요소는 아니라고 보는 특징이 있다(Knell, 1993). 또한, 이 단계에서는 아동과 부모가 언급하는 주 호소 문제를 듣고 평가 계획을 세운다.

② 평가

인지행동 놀이치료는 특정 행동의 변화를 추구하며, 목표 지향적이기 때문에 아동의 신념과 인지 도식의 평가뿐만 아니라 관찰을 통한 행동 측정도 중요시한다. 그리고 아동의 문제를 강화, 유지해 온 외적 강화물을 찾아내고 기록하여(O'Connor, 2000) 치료 과정에서 이를 소거하고자 한다. 평가 결과를 바탕으로 치료 목표를 설정하는 데 목표는 다른 놀이치료들보다 좀 더 구체적이고 명료하게 기술된다. 평가는 보통 이 시기에 집중적으로 이루어지지만, 전체 치료 과정에서 반복될 수 있으며 결과를 반영해 목표나 계획이 조금씩 수정될 수도 있다.

③ 치료

인지행동 놀이치료는 구조적이고, 직접적이며, 목표 지향적이다(유가효 외, 2010). 따라서 치료자는 이 단계에서 다른 이론에 기초하는 치료자들보다 훨씬 더 적극적이고 주도적인 역할을 수행한다. 인지행동 놀이치료에서 치료자의 주된 역할은 시나리오를 작성하는 감독자로, 치료자는 아동의 문제에 대해서 대처 방법 모델을 제시해 주고 긍정적인 강화와 차별적인 강화의 기술을 사용한다(Knell, 1997). 그 결과, 아동의 부정적인 인지도식이 수정되고, 비합리적인 신념이 합리적인 것으로 대체되어 문제행동이 감소하게 된다.

④ 종결

인지행동놀이치료는 구조화된 과정과 명확한 목표 설정, 치료자의 주도성 등으로 비교적 단기간에 종결에 도달한다는 특징이 있다. 또한, 다른 모델에 비해 아동에 대한 공감과 관심이 부족한 경향이 있기 때문에(Corey, 2001) 치료자는 아동이 종결을 갑작스럽다고 느끼지 않도록 미리 준비해야 한다. 종결을 준비하는 과정에서는 아동이 치료를 통해 얼마나 많이 변했는지를 강조하고 아동의 인지와 행동 변화를 강화하기 위해 노력해야 한다.

(2) 치료 기법

① 논박

논박은 인지 수정을 위한 대표적인 기법이다. 논박은 아동이 가진 비합리적인 신념을 지적하고 이를 합리적인 신념으로 바꾸어 표현하게 하는 과정이다. 예를 들어, "나는 항상 사랑받아야만 해."라는 비합리적인 신념을 "나는 사랑받고 싶다."는 합리적 표현으로 바꾸어 진술하게 한다. 그리고 재구성된 신념이 합리적이라면 기존의 신념을 새 것으로 대체하도록 지도한다.

인지행동 놀이치료에서 논박은 주로 퍼펫을 사용한 역할놀이 형태로 진행된다. "항상 완벽해야 한다."는 신념 때문에 실수할 것을 걱정하여 수업시간에 발표하지 않는 아동이 있다고 하자. 치료자는 아동과 같은 문제를 가진 퍼펫이 등장하는 역할놀이를 진행할 수 있다. 아동이 퍼펫과 상호작용하면서 퍼펫이 가진 신념이 비합리적임을 깨닫고 설명하며, 대체할 수 있는 합리적인 신념을 제안할 수 있도록 치료자는 시나리오를 작성한다.

② 강화

강화는 조작적 조건 형성 원리에 기초한 행동주의 기법으로 긍정적인 행동을 형성하고, 합리적 신념을 확고히 하거나 합리적 신념 형성을 촉진하는 데 사용될 수 있다. 즉, 강화는 긍정적인 행동을 만드는 데 사용되는 것으로 정적 강화와 부적 강화로 구분된다. 긍정적 행동이 나타날 때 아동이 좋아하는 자극이나 보상을(예: 칭찬, 포옹) 제공하는 것을 정적 강화라 한다. 부적 강화는 긍정적인 행동이 나타날 때 아동이 싫어하는 것을(예: 숙제, 청소) 제거하거나 줄여 줌으로써 긍정적 행동이 더 자주 나타나도록 하는 것을 말한다.

③ 모델링

모델링은 아동이 습득해야 할 행동을 보여주는 인물 또는 사물을 관찰함으로써 아동의 변화를 유도하는 방법이다. 주로 퍼펫 등이 긍정적인 행동을 하는 상황을 제시하고 아동이 이를 관찰하는 형태로 모델링을 촉진하는데, 퍼펫 대신 책이나 영화를 활용할 수도 있다.

4. 놀이치료실과 치료 도구

가장 좋은 놀이치료실은 아동에게 안정감과 편안함을 주는 곳이다. 아동이 자신의 모든 것을 여과 없이 보여주는 시점에서 치료가 시작되기 때문에 놀이치료실은 보호받는 공간으로 인식될 수 있도록 따뜻하고 허용적인 분위기로 꾸며져야 한다(최은미, 2009). 놀이치료실은 상담소의 다른 공간과는 분리되어 있어야 하며 창문이 없는 것이 좋다. 치료실의 크기는 너무 넓거나 좁지 않아야 하는데 약 3.5m×4.5m 정도가 적당하다. 치료실의 바닥에는 온돌을 설치하여 아동이 엎드리거나 눕는 데 불편함이 없도록 한다. 서양과 달리 우리나라의 치료실에는 대부분 온돌이 설치되어 있으며 이로 인해 치료자와 아동의 접촉이 촉진되고 치료실에서 아동이 더 다양한 행동을 취할 수 있다는 장점이 있다.

벽의 색깔은 편안하고 부드러운 것이 좋으며 무늬가 있는 벽지나 포인트 벽지 등은 사용하지 않도록 한다. 치료실 벽에는 치료 도구를 정리해 놓을 선반을 설치하는데, 아동이 도구를 꺼내는 데 어려움을 느끼거나 치료자에게 의존하지 않도록 높이는 최대 1m를 넘기지 않는 것이 좋다. 개수대를 설치하여 물을 사용해야 하는 놀이를 할 수 있게 하는 것이 좋은데 설치가 어려울 경우에는 회기 시작 전 미리 충분한 양의 물을 치료실에 가져다 둔다. 놀이치료 장면을 관찰할 수 있도록 일방경이나 관찰 카메라를 설치하는 것은 매우 유용하다. 부모와 아동의 놀이를 관찰할 수 있으며 슈퍼비전을 위해 회기를 기록하는 데도 도움이 된다. 또한, 효과적인 상호작용 방법을 교육하기 위해 부모가 아동에 대한 치료자의 반응을 관찰하게 할 수도 있으므로 일방경이나 카메라는 설치하는 것이 좋다.

치료실 벽면에 설치된 선반에는 다양한 치료 도구를 비치한다. 도구들은 유형별로(예: 자동차, 사람, 동물) 항상 같은 자리에 둠으로써 아동이 도구를 찾기 쉽게 하고 일관성을 경험하게 할 수 있다. 치료실에는 가족이나 다양한 직업을 상징하는 사람, 동물, 아동들에게 친숙한 캐릭터 모형, 퍼펫, 인형집과 가구들, 젖병, 인형용 유모차, 소꿉놀이 도구(그릇, 수저, 장난감 칼과 음식), 아동이 들어갈 수 있는 볼풀이나 모형집, 보보인형, 자동차, 모형 총과 칼, 공, 크고 작은 블록, 이젤과 도화지, 물감, 크레파스, 색연필, 색종이, 가위, 풀, 모래상자, 아동용 책상과 의자, 게임 등의 치료 도구를 갖춘다. 치료 도구를 선택할 때에는 크기가 너무 작아 아동이 삼킬 염려가 있는 것은 피하고 다루기 너무 어렵거나 고장 나서 좌절감을 줄 수 있는 것은 비치하지 않는다. 시간이 너무 오래 걸리는 게임도 피하는 것이 좋다. 주의가 필요한 대표적인 도구로는 모형 총과 칼이 있다. 총과 칼은 치료에 유용한 도구이지만, 상대를 향해 직접 겨누지 않는다는 제한을 두어야 한다.

치료 도구는 그 자체로 치료적 힘을 가지며, 아동의 표현을 돕고 아동과 치료자 간의 관계 형성을 돕기 때문에 놀이치료에서 매우 중요하다. 그러나 너무 많은 도구는 아동과 치료자 간 상호작용을 방해할 수 있다. 놀이치료를 포함한 모든 상담은 내담자와 치료자 간 상호작용 방식 그리고 그 질에 따라 성과가 달라질 수 있다. 이러한 점을 주지하여 치료실을 구성하고 도구를 선택해야 할 것이다.

9장

장애아동 교육

장애아동 교육이란 보편적 발달을 보이는 아동과 달리 일반의 규준과 현저하게 차이를 보이는 특수아동을 대상으로 실시되는 특수교육을 말한다. 따라서 장애아동을 교육할 때는 전문가에 의한 정확한 진단에 의거하여, 장애아동의 특성에 맞는 개별화된 교육이 진행되어야 한다. 또한, 장애아동이 차별받지 않는 통합교육이 실시되어야 하고, 장애를 조기에 발견하여 치료 및 중재를 통해 발달을 촉진할 수 있는 다양한 지원이 우선적으로 실시되어야 하며 성장 과정에서 직면할 수 있는 2차 장애를 예방할 수 있도록 한다.

1. 장애아동의 이해

1) 장애아동의 정의

모든 아동은 자신만의 독특하고 개별적인 특성을 가지고 있다. 장애아동 또한 독특하고 개별적인 특성을 가진 다양한 아동 속에 포함된다. 장애아동이란 보편적인 발달을 보이는 아동과 달리 특정 영역에서 신체적, 정신적인 특성이나 학습능력이 규준과 현저하게 차이를 보임으로 개별화된 특수교육이 필요한 아동을 말한다.

우리나라의 「장애인복지법」 제2조에서는 '장애인'이란 신체적·정신적 장애로 오랫동안 일상생활이나 사회생활에서 상당한 제약을 받는 자로 정의하고 있다. 여기서 '신체적 장애'란 주요 외부 신체 기능의 장애, 내부기관의 장애를 말하며, '정신적 장애'란 발달장애 또는 정신질환으로 발생하는 장애를 말하는데, 이 법을 적용받는 장애인은 대통령령으로 정하는 장애의 종류 및 기준에 해당하는 자를 말한다.

또한, 「장애인 등에 대한 특수교육법」 제15조의 특수교육대상자의 선정을 보면 "교육장 또는 교육감은 다음 각 호의 어느 하나에 해당하는 사람 중 특수교육이 필요한 사람으로 진단·평가된 사람을 특수교육대상자로 선정한다. 1. 시각장애, 2. 청각장애, 3. 지적장애 4. 지체장애, 5. 정서·행동장애, 6. 자폐성장애(이와 관련된 장애를 포함), 7. 의사소통장애, 8. 학습장애, 9. 건강장애, 10. 발달지체, 11. 그 밖에 대통령령으로 정하는 장애"로 규정하고 있다.

따라서 장애아동이란 진단 및 평가에 의해 비장애아동과 다른 차이를 보이는 특수아동으로 어떠한 차이가 있는지가 고려되어야 한다. 이때 중요한 점은 장애아동들 또한 보편적 발달을 보이는 아동들과 여러 측면에서 비슷한 특성을 가지고 있다는 것이다. 이는 장애의 정도에 따라 다르게 나타나며, 따라서 장애아동들을 교육하는 교사들은 장애로 인한 차이점을 보는 것보다는 대부분의 아동들과 유사한 발달 및 행동 특성들을 가지고 있음을 인식함으로 장애아동의 잠재 능력을 증진시키는 교육을 제공해야 한다.

2) 장애 위험 아동

장애 위험 아동(at risk children)은 현재 시점에서 장애로 진단받지는 않았지만 앞으로 장애를 일으킬 상황에 처한 아동을 의미한다. 일반적으로 환경적 위험, 생물학적 위험, 이미 형성된 위험의 세 가지 위험 상태에 놓인 아동으로 조기에 적절한 교육적 서비스를 제공받지 않을 경우 발달상의 문제를 보일 수 있어 장애 위험 아동으로 분류한다.

먼저 환경적 위험은 가정의 빈곤이나 학대, 보호자의 부재로 인한 방임 등으로 아동발달에 부정적인 영향을 미치는 경제적 또는 사회적 위험 요인을 의미하며, 생물학적 위험은 산모의 특정 질병이나 감염, 조산 등의 출산 전후나 출산 중에 나타나는 비전형적인 발달이나 지체를 초래하는 특정 위험 요인을 말한다. 마지막으로, 형성된 위험 요인은 뇌성마비나 다운증후군과 같은 염색체 이상, 선천적 기형 등 유전학적으로나 의학적으로 이미 형성된 조건에 의해서 장애나 지체를 유발할 가능성이 있는 경우를 의미한다.

2. 장애아동의 영역별 발달 특성

장애아동들은 다양한 범주에 걸쳐 장애를 가지고 있기 때문에 분류하는 기준을 정하기란 쉽지 않다. 장애 영역을 나누는 기준과 관련하여 〈표 9-1〉에서와 같이 우리나라는 「장애인 등에 대한 특수교육법」에 의한 특수아동을 의미하는 특수교육대상자 선정 기준과 「장애인복지법」에 의해 분류된다.

〈표 9-1〉 특수교육 대상의 비교

<table>
<tr><th>장애인 등에 대한 특수교육법 시행령(2021)</th><th>장애인복지법 시행령(2021)</th></tr>
<tr><td rowspan="2">지체장애</td><td>지체장애</td></tr>
<tr><td>뇌병변 장애</td></tr>
<tr><td>시각장애</td><td>시각장애</td></tr>
<tr><td>청각장애</td><td>청각장애</td></tr>
<tr><td>의사소통 장애</td><td>언어장애</td></tr>
<tr><td>지적장애</td><td>지적장애</td></tr>
<tr><td>자폐성 장애(이와 관련된 장애를 포함)</td><td>자폐성 장애</td></tr>
<tr><td>정서 · 행동 장애</td><td>정신장애</td></tr>
<tr><td rowspan="7">건강장애</td><td>신장장애</td></tr>
<tr><td>심장장애</td></tr>
<tr><td>호흡기 장애</td></tr>
<tr><td>간장애</td></tr>
<tr><td>안면장애</td></tr>
<tr><td>장류 · 요루장애</td></tr>
<tr><td>뇌전증장애</td></tr>
<tr><td>학습장애</td><td rowspan="3"></td></tr>
<tr><td>발달지체</td></tr>
<tr><td>그 밖에 대통령이 정하는 장애</td></tr>
<tr><td>11개 영역</td><td>15개 영역</td></tr>
</table>

특수교육대상자는 총 95,420명으로 이를 영역별로 살펴보면 지적장애가 50,693명(53.1%)로 가장 많고, 다음으로 지체장애 9,928명(10.4%), 자폐성장애 13,917명(14.6%), 발달지체 8,434(8.8%), 청각장애 3,313(3.3%), 의사소통장애 2,404명(2.5%), 정서행동장애 1,993(2.1%), 시각장애 1,908(2%), 건강장애 1,785(1.9%), 학습장애 1,226명(1.3%)순으로 나타나고 있다(교육부, 2020).

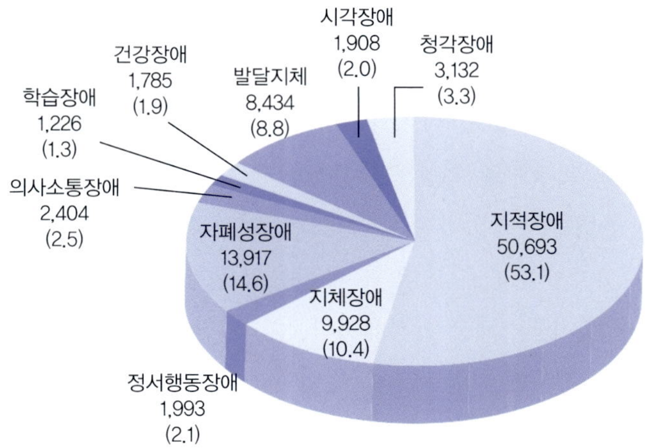

[그림 9-1] 장애 영역별 특수교육 대상 (단위: 명, %)

장애인 등에 대한 특수교육법에 의한 각 장애 영역별 장애특성과 교수방법을 살펴보면 다음과 같다.

1) 발달지체

(1) 발달지체의 정의 및 특성

장애인 등에 대한 특수교육법	신체, 인지, 의사소통, 사회 · 정서, 적응행동 중 하나 이상의 발달이 또래에 비하여 현저하게 지체되어 특별한 교육적 조치가 필요한 영아 및 9세 미만의 아동

출처: 장애인 등에 대한 특수교육법 시행령 제10조 및 별표.

발달지체의 법적 정의는 신체, 인지, 의사소통, 사회·정서, 적응행동 중 하나 이상의 발달이 또래에 비하여 현저하게 지체되어 특별한 교육적 조치가 필요한 상태이다. 그러나 지적장애, 정서·행동장애, 자폐성 장애, 의사소통장애 등 장애의 유형으로 판별되는 아동은 제외하며, 일반적 발달을 보이는 아동들에 비해 일탈적 특성이나 지체로 이미 장애를 가지고 있거나 장애를 가질 위험이 있는 아동들을 말한다.

영유아기의 장애의 적격성을 판단하는 것은 쉽지 않다. 초기발달은 안정적, 지속적이지도 못하는 특성이 있고, 나이가 어릴수록 주의가 산만하며 집중력이 짧을 뿐만 아니라 언어의 부재로 특정개념이나 인지 기술을 유추해서 결정하는 경우도 있어 정확한 능력을 파악하기 어렵다. 또한, 낯선 환경과 진단자와의 관계에서 최상의 행동을 보이지 않을 수도 있기 때문에 영유아를 진단하기 위해서는 가정이나 놀이상황 등의 자연스러운 환경에서의 직접 관찰이 적절하다.

따라서 영역별 장애분류에 의한 표찰은 발달과정에 있는 영유아기 시기에 장애유형에 따른 특수교육을 받는 장점도 있으나, 아동의 독특하고 개별적인 특성을 인식하기보다는 장애명으로 인한 낙인의 결과를 가져올 수 있다. 반면, 발달지체는 상대적으로 표찰 기능이 적어 이러한 부정적인 영향을 예방하고 적절한 교육을 통해 지체의 정도에 따라 향후 학령기의 정상발달의 범주에 들어가기도 하고, 또 학령기에 구체적 장애범주로 판정되기도 한다.

(2) 발달지체 아동의 교수방법

먼저 적응행동(신변처리) 영역으로 대·소변 가리기, 식사하기, 옷 입고 벗기, 몸단장하기 및 여러 가지 적응 기술을 지도할 때는 구체적으로 제시하며, 오랜 시간 반복적인 제시를 통해 습득할 수 있도록 촉진한다. 또한, 습득 단계를 세분화하여 보다 성취감을 높일 수 있도록 하며, 무엇보다 교육기관과 가정의 연계된 지도가 필요하다.

둘째, 운동성 영역으로 운동성은 신변처리 등 다른 행동의 발달에 기초를 이루며, 인지발달과도 연관이 깊다. 발달이 지체된 아동일수록 자발적인 운동이 적기 때문에 처음에는 부모나 교사가 약간의 의도성과 강제성을 가지고 계속 실시하면서 아동을 관찰하고, 아동이 자발성과 적극성을 가지고 몸을 움직이도록 포기하지 말고 꾸준히 계속하는 것이 최고의 교수법이다. 사지와 몸통의 움직임인 대근육운동과 눈과 손의 협응 기능인 소근육운동, 감각과 감각통합으로 구성된다.

셋째, 인지 영역으로 주의집중과 모방행동, 사물의 특성을 기억하고 비교하여 추상적인 개념을 습득하는 능력을 포함하는 광범위한 영역으로, 교재·교구 사용 시 직접 조작할 수 있는 것으로 모형물보다 실제 물건을 사용하여 활동하는 것이 좋다. 또한, 또래의 바람직한 행동을 관찰·모방할 수 있도록 하며, 또래와의 상호작용하는 방법을 직접 가르친다.

넷째, 언어 영역으로 언어는 말을 알아듣는 수용언어와 말을 하는 표현언어로 나누는데, 아동이 의사소통 행동을 할 때 부모 및 교사가 적극적으로 반응하여 아동의 수준에 맞는 언어적 모델을 제공한다. 아동의 모든 행동을 말로 설명해 주고, 주변 사물의 이름을 말해 주며, 스스로 말을 할 수 있는 기회를 많이 제공하고, 아동이 하는 말을 확장해 준다.

2) 지적장애

(1) 지적장애의 정의 및 특성

법령	구분	정의
장애인 등에 대한 특수교육법 시행령 제10조 및 별표	지적장애	지적 기능과 적응행동상의 어려움이 함께 존재하여 교육적 성취에 어려움이 있는 사람
장애인복지법 시행령 제2조 및 별표1	지적장애	정신 발육이 항구적으로 지체되어 지적 능력의 발달이 불충분하거나 불완전하고 자신의 일을 처리하는 것과 사회생활에 적응하는 것이 상당히 곤란한 사람

지적장애(mental retardation)는 「발달장애인법」 제2조에 의한 발달장애에 속하며, 현재 기능에 실질적인 제한성이 있는 것을 지칭한다. 지적장애는 유의하게 평균 이하인 지적 기능과 동시에 그와 연관된 적응적 제한성이 두 가지 혹은 그 이상의 실제 적응기술영역들, 즉 의사소통, 자기관리, 가정생활, 사회성 기술, 지역사회 활용, 자기지시, 건강과 안정, 기능적 학업교과, 여가, 직업기술의 영역에서 존재하는 것으로 특징 지워진다. 지적장애는 18세 이전에 나타난다(박승희, 1994).

일반적으로 지적장애는 유의하게 평균 이하인 지적기능과 함께 적응행동의 어려움을 보이는 사람으로 만 18세 이전에 나타난다. 1973년부터 표준화된 지능검사에서 표준편차 2이하(IQ 70 이하)를 지적장애로 규정하고 지능검사점수의 기준을 70~75 사이로 융통성 있게 규정하였다. 이는 지능점수 1~2점보다는 적응기술에 대한 전문가와 주위의 임상적 판단이 더 중요하기 때문이다. 적응기술이란 개인이 생활환경에 적응하는 데 필요한 기술로서 자기관리, 의사소통, 사회성 기술이 포함되며 지적 능력과 함께 지적장애의 주요 요인이다. 그럼에도 지적장애의 장애정도에 따른 분류기준은 IQ 검사 결과에 기초한다. 2019년 7월 1일부로 장애등급제가 폐지되어 정도가 심한 지적장애로 통일되었고, 지적장애는 아니지만 정상 지능보다는 낮은 경우 '경계선 지능'으로 분류한다. 이전의 지적장애 분류를 살펴보면, 경도 지적장애는 IQ 55~70으로 완전한 자조기능을 가지며 대략 지적장애의 80%를 차지하고, 중등도 지적장애는 40~55로 기본적인 자조기능과 기능적 학업기술을 배울 수 있으며 지적장애의 10%를 차지한다. 중도 지적장애는 25~40으로 부분적으로 자조기술은 가질 수 있으나 독자적인 기능은 어려우며 지적장애의 3~4%를 차지하고, 최중도 지적장애는 25미만인 경우로 약간의 자조기술은 가질 수 있지만 항상 많은 감독이 요구되며 지적장애의 1~2%를 차지한다(미국정신의학협회, 1973).

(2) 지적장애 아동의 교수방법

교사는 활동내용을 아동의 관심과 흥미를 반영하고 있어야 하고 해당 아동의 재능을 향상시킬 수 있는 것으로 구성한다. 아울러, 활동을 계획할 때 지적장애 아동이 습득하는 데 어려움을 보이거나 동기유발이 되지 않을 경우에 속도를 늦추거나 난이도를 낮춘 쉬운 활동으로 제공한다.

또한, 언어발달이 늦어 의사소통이 잘 이루어지지 않으므로 항상 언어적인 자극을 주도록 하고, 대부분 정서적인 장애가 있으므로 개별지도가 이루어지도록 한다.

과제습득을 위해서는 과제를 작은 단계로 나누어 가르치며 가장 마지막 단계를 처음에 시행하는 것이 효과적인 제시가 되고, 학습 시에는 이전의 리허설을 점점 늘여가는 등 활동의 반복을 통해 아동이 학습에 참여할 수 있는 기회를 증진시킨다.

3) 지체장애

(1) 지체장애 및 뇌병변장애의 정의 및 특성

장애인 등에 대한 특수교육법 시행령 제10조 및 별표	지체장애	기능 · 형태상 장애를 가지고 있거나 몸통을 지탱하거나 팔다리의 움직임 등에 어려움을 겪는 신체적 조건이나 상태로 인해 교육적 성취에 어려움이 있는 사람
장애인복지법 시행령 제2조 및 별표1	뇌병변 장애	뇌성마비, 외상성 뇌손상, 뇌졸중(腦卒中) 등 뇌의 기질적 병변으로 인하여 발생한 신체적 장애로 보행이나 일상생활의 동작 등에 상당한 제약을 받는 사람
	지체장애	① 한 팔, 한 다리 또는 몸통의 기능에 영속적인 장애가 있는 사람, ② 한 손의 엄지손가락을 지골(指骨: 손가락 뼈) 관절 이상의 부위에서 잃은 사람 또는 한 손의 둘째 손가락을 포함한 두 개 이상의 손가락을 모두 제1지골 관절 이상의 부위에서 잃은 사람, ③ 한 다리를 리스프랑(Lisfranc: 발등뼈와 발목을 이어주는) 관절 이상의 부위에서 잃은 사람, ④ 두 발의 발가락을 모두 잃은 사람, ⑤ 한 손의 엄지손가락 기능을 잃은 사람 또는 한 손의 둘째 손가락을 포함한 손가락 두 개 이상의 기능을 잃은 사람, ⑥ 왜소증으로 키가 심하게 작거나 척추에 현저한 변형 또는 기형이 있는 사람, ⑦ 지체(肢體)에 위 각 목의 어느 하나에 해당하는 장애정도 이상의 장애가 있다고 인정되는 사람

지체장애 아동들은 장애 종류나 원인, 질환 등의 범위가 넓고 장애의 정도와 유형이 다양하다. 지체장애의 정의는 「장애인 등에 대한 특수교육법 시행령」 제10조와 「장애인복지법 시행령」 제2조에서 각각 규정하고 있으나 약간의 차이를 보이고 있다.

지체장애는 뇌병변, 간질을 포함한 경련장애, 외상성 뇌손상 등의 신경학적 손상과 근육마비증 등의 근골격계 손상, 심혈관계 기형 및 안면 두 개 기형 등의 선천적 기형으로 분류된다.

영유아 교육현장에서 가장 많이 접하게 되는 뇌병변 장애는 출생 전후나 출생 시 뇌손상에 의해 발생되는 기능장애로 주로 운동기능장애를 나타내며, 많은 동반 증상을 나타낸다. 뇌병변장애의 40~50%가 지체장애뿐만 아니라 지능장애를 동반하고 경련장애도 많이 나타나며, 사시(50%), 동측반맹(편마비에서의 시야장애), 안구진탕(실조형) 등의 시각장애도 전체의 15%에게서 나타난다. 청각장애는 5~8%, 기타 감각장애는 42%에게서 보이며, 의사소통장애는 30~70%로 폭넓게 나타난다(조윤경, 김수진, 2008).

뇌병변장애는 마비가 일어나는 부위나 정도에 따라 다양한 형태로 나타나며 근육이 너무 뻣뻣해서 잘 움직이지 못하는 경우도 있고, 근육의 힘이 너무 약해서 흔들흔들하거나 의도한 동작을 잘 할 수 없는 경우도 있다(교육인적자원부, 2007).

또한, 뇌병변의 정도에 따라 하지마비와 편마비, 삼지마비, 사지마비 등으로 분류된다.

(2) 지체장애 및 뇌병변장애 아동의 교수방법

지체장애 아동을 교육할 때는 신체적 발달을 최대화하며, 이를 위해 물리치료사 및 작업치료사와 교사가 밀접한 유대관계를 형성하고 지도해야 한다. 장애아동들이 원하는 활동을 할 수 있도록 조작하고 있는 물체를 고정시켜 준다든지, 조작을 도와주는 보조기구와 도구를 사용하는 등의 활동 수정이 필요하다.

뇌병변장애 아동의 경우 교사가 요구하는 것을 이해하고 반응을 나타내기까지 한참의 시간이 걸리는 경우가 많으므로 반응을 충분히 기다려 주어야 하고, 장애아가 활동에 좀 더 참여할 수 있도록 취할 수 있는 자세가 어떤 것인지 물리치료사, 작업치료사와 상담하여 지원해 줄 수 있어야 하며, 혼자서 이동할 수 있도록 충분한 공간이나 통로를 확보해 주어야 한다. 아울러, 아무리 심한 지체장애아라도 관찰만 할 것이 아니라 가능한 부분적으로라도 참여할 수 있도록 최대한 노력해야 한다(한국보육진흥원, 2010).

4) 정서 · 행동장애

(1) 정서·행동장애의 정의 및 특성

장애인 등에 대한 특수교육법 시행령 제10조 및 별표	정서 · 행동 장애	장기간에 걸쳐 앞의 항목의 어느 하나에 해당하여, 특별한 교육적 조치가 필요한 사람 가. 지적 · 감각적 · 건강상의 이유로 설명할 수 없는 학습상의 어려움을 지닌 사람 나. 또래나 교사와의 대인관계에 어려움이 있어 학습에 어려움을 겪는 사람 다. 일반적인 상황에서 부적절한 행동이나 감정을 나타내어 학습에 어려움이 있는 사람 라. 전반적인 불행감이나 우울증을 나타내어 학습에 어려움이 있는 사람 마. 학교나 개인적인 문제에 관련된 신체적인 통증이나 공포를 나타내어 학습에 어려움이 있는 사람
장애인복지법 시행령 제2조 및 별표1	정신장애인	다음 각 목의 장애 · 질환에 따른 감정 · 조절 · 행동 · 사고 기능 및 능력의 장애로 일상생활이나 사회생활에 상당한 제약을 받아 다른 사람의 도움이 필요한 사람 가. 지속적인 양극성 정동장애(情動障碍, 여러 현실 상황에서 부적절한 정서 반응을 보이는 장애), 조현병, 조현정동장애(調絃情動障碍) 및 재발성 우울장애 나. 지속적인 치료에도 호전되지 않는 강박장애, 뇌의 신경학적 손상으로 인한 기질성 정신장애, 투렛장애(Tourette's disorder) 및 기면증

정서 · 행동장애의 정의는 각 전문 영역의 논쟁 속에서 수없이 제기되고 있는 가장 시급하게 해결해야 할 과제다. 정서 · 행동장애의 정의를 어렵게 만드는 요인은 여러 가지이다. 인간의 다양한 행동을 정상과 비정상으로 구분하는 경계 설정이 어렵고, 정서 · 행동장애를 보는 견해가 다양해서 공통된 정의를 내리기가 어려우며, 정서 · 행동장애에 대한 측정 또한 어려움이 많다. 또한, 정서 · 행동장애는 기

타 장애와의 관계에서 오는 문제 때문이기도 하고, 정서나 행동 특성이 일시적인 경우도 있으며, 장애의 정해진 정의에 따라 부정적인 표찰이 주어질 수 있기 때문이다(Kauffmann, 2001).

현재 우리나라에서는 정서 · 행동장애를 「장애인복지법 시행령 제2조」에서는 '정신장애인'으로 분류하고 있고, 「장애인 등에 대한 특수교육법 시행령 제10조」에서는 '정서 · 행동장애'라는 용어를 사용하고 있다. 「장애인 등에 대한 특수교육법 시행령 제10조」 내용을 보면, "정서 · 행동장애아는 지적 · 감각적 · 건강상의 이유로 설명할 수 없는 학습상의 어려움을 지니고, 또래나 교사와의 대인관계에 어려움이 있고, 부적절한 행동이나 감정을 보이고, 전반적으로 불행감이나 우울증을 나타내며, 학교나 개인적인 문제에 관련된 신체적인 통증이나 공포를 나타내어 학습에 어려움이 있는 사람으로 장기간에 걸쳐 앞의 항목의 어느 하나에 해당하여, 특별한 교육적 조치가 필요한 아동"을 의미한다.

정서 및 행동장애 아동의 범주에는 또래들과 유대관계가 거의 없고, 무책임한 행동이나 공격적인 행동을 보이는 품행장애와 산만하고, 집중력이 짧으며 지나치게 행동 통제가 이루어지지 않고 충동성을 보이는 주의력결핍 과잉행동장애, 그리고 막연히 미래에 대한 두려움이나 공포를 느끼는 불안장애 등이 있다.

〈주의력결핍 과잉행동장애의 특징〉

주의력결핍 과잉행동장애는 유아기에 이미 나타나지만 주로 초등학교에 들어가면서 부모나 주변 사람들이 그 문제의 심각성을 인식하게 된다. 왜냐하면 학업성취가 매우 부진하고 수업시간에 돌아다니는 등 과잉행동으로 수업을 방해하여 교사로부터 제재를 받거나 친구들로부터 비난 또는 거부를 당하는 등 학교생활에서의 부적응이 뚜렷해지기 때문이다. 학업성취 및 사회관계에서의 심각한 부적응은 결과적으로 자신에 대한 무능감, 좌절감 또는 고립감 등 부정적인 자아개념 형성으로 이어지고, 이로 인해 반항성장애, 품행장애, 불안장애, 우울증, 뚜렛장애와 같은 다른 장애를 수반할 위험성이 높아진다.

(2) 정서·행동장애 아동의 교수방법

정서·행동장애 아동은 지적장애아, 학습장애아의 행동 양상과 비슷하게 나타난다. 즉, 어느 정도의 문제행동을 보이게 되는데, 이들에게 적용하는 문제행동지도는 대상 아동의 장애와 상관없이 유사하게 적용할 수 있고, 정상 발달을 보이는 아동에게도 활용된다.

문제행동을 지도할 때는 어떤 상황에서 왜 그런 문제가 보이는지를 관찰하고, 문제의 원인을 찾아본다. 즉, 아동의 행동을 주의 깊게 관찰한 후 상황을 예측할 수 있는 환경을 변화시켜 주거나, 문제의 원인이 되는 요소를 조절 또는 제거하는 방법을 사용할 수 있다. 또한, 집단 활동을 방해하는 소리 지르는 행동의 경우 적절한 방법으로 자기표현을 할 수 있도록 가르치고, 신체적 공격을 가하는 행동 시 관심을 끌기 위한 것으로 보일 경우 바람직한 행동으로 안내하며, 긍정적 상호작용을 할 때 칭찬을 하거나 시범 보이기, 역할놀이 등을 통해 대처 방법을 학습할 기회를 제공한다.

5) 자폐성장애

(1) 자폐성장애의 정의 및 특성

장애인 등에 대한 특수교육법 시행령 제10조 및 별표	사회적 상호작용과 의사소통에 결함이 있고, 제한적이고 반복적인 관심과 활동을 보임으로써 교육적 성취 및 일상생활 적응에 도움이 필요한 사람
장애인복지법 시행령 제2조 및 별표1	소아기 자폐증, 비전형적 자폐증에 따른 언어 · 신체표현 · 자기조절 · 사회적응 기능 및 능력의 장애로 인하여 일상생활이나 사회생활에 상당한 제약을 받아 다른 사람의 도움이 필요한 사람

자폐성장애는 「발달장애인법」 제2조에 의한 발달장애에 속하며, 출생 시부터 사람과 상황의 사회적 상호작용과 의사소통에 있어 비정상적인 발달을 보이면서 활동과 관심영역이 제한된 특성을 보이는 사회성 발달장애로 알려졌으나, 미국의

장애인교육법(IDEA, 2004)과 우리나라의 장애인복지법 시행령, 장애인 등을 위한 특수교육법 시행령에 독립된 장애로 명시되어 있다.

자폐성장애 아동은 다양한 특성을 보이지만 부적절한 기능적 언어사용으로 의사소통과 사회적 상호작용에 문제를 보이거나 반복적인 상동행동, 동일한 것에 대한 집착 등의 특성을 보인다. 이러한 행동들은 일반적으로 3세 이전에 발생하며 이로 인해 학습 및 일상생활 적응에 어려움을 보인다. 이러한 특성들이 모두 자폐성장애성향을 가진 유아에게 동일하게 나타나지 않고 개별적인 특성으로 다양하다는 점에 유의해야 한다.

자폐성장애를 진단하기 위해 가장 많이 사용하는 진단기준은 미국 정신의학협회에서 출간한 진단기준으로 2013년에 DSM-5를 개정하여 자폐범주성장애(ASD)를 진단하기 위한 3가지 규준을 제시했다.

〈자폐범주성장애의 DSM-5 준거〉

① 사회적 의사소통과 상호작용에서 임상적으로 명확하고 지속적인 결함 : 다음 세 가지 내용을 모두 포함한다.
   a. 사회적 상호작용을 위한 비언어적·언어적 의사소통의 뚜렷한 결함
   b. 주고받기(give-and-take)와 같은 사회적 상호성의 부족
   c. 발달수준에 적합한 또래 관계 형성과 유지의 실패

② 행동과 흥미, 활동에서의 제한적이고 반복적인 형태 : 다음 중 적어도 두 가지를 포함해야 한다.
   a. 틀에 박힌 신체움직임이나 언어행동 또는 독특한 감각행동
   b. 규칙적인 일상에 대한 지나친 집착과 의례적인 행동패턴
   c. 제한적이며 고착된 관심

③ 증상은 유아기에 나타난다(제한된 능력을 넘는 사회적 요구가 있을 때까지 드러나지 않을 수 있다).

(2) 자폐성장애 아동의 교수방법

자폐성장애 아동들은 다양한 지적 기능을 가지나 70~80% 정도가 지적장애를 함께 보이고 있어 아동의 수준에 맞는 개별화된 접근이 요구된다. 우선 아동에 대한 특성을 파악하기 위해 부모와 가족의 상담이 필요하며, 개별화된 교육 계획에 따라 부모와 교사가 적절한 환경 속에서의 교육적 접근을 하는 것이 중요하다. 또한, 자폐성장애의 경우 목소리를 듣고 반응하는 것보다 시각적 단서에 민감하게 반응하므로 그림이나 사진 등으로 하루 일과를 알 수 있게 하는 의사소통이 효과적이다.

6) 의사소통장애

(1) 의사소통장애의 정의 및 특성

장애인 등에 대한 특수교육법 시행령 제10조 및 별표	의사소통 장애	가. 언어의 수용 및 표현 능력이 인지능력에 비하여 현저하게 부족한 사람 나. 조음능력이 현저하게 부족하여 의사소통이 어려운 사람 다. 말 유창성이 현저하게 부족하여 의사소통이 어려운 사람 라. 기능적 음성장애가 있어 의사소통이 어려운 사람
장애인복지법 시행령 제2조 및 별표1	언어장애	음성 기능이나 언어 기능에 영속적으로 상당한 장애가 있는 사람

의사소통장애는 말을 할 수 있는 것뿐만 아니라 특정 규칙에 따라 추상적 상징체계를 가진 언어를 통해서 서로의 생각을 나누는 것의 어려움, 즉 언어를 통한 이해장애와 표현장애를 의미한다. 이러한 의사소통장애는 말장애나 언어장애로 보이는 것만은 아니며, 아동이 정상적인 의사소통을 방해하는 환경적인 영향으로 발생할 수도 있으며, 지적장애와 같은 다른 장애의 원인으로도 나타나기도 한다.

의사소통장애를 보이는 아동들은 또래와의 상호작용에서 소외됨으로 열등감을 경험하게 되며, 낮은 자존감과 때로는 이러한 부정적인 경험으로 위축행동이나 분노, 적대감을 보이기도 한다.

교사들이 학급에서 만나게 되는 모든 아동들은 말·언어에 있어서 일반적으로 네 가지 유형으로 나누어진다. ① 앞으로 교육적·사회적·직업적 필요를 충족시키기 위한 적절한 말·언어를 지닌 아동 ② 잘못된 말이나 언어기술을 보이지만 성장함에 따라 점차 교정이 되는 아동, ③ 언어적 자극이 필요한 아동, ④ 언어병리학적 치료를 필요로 하는 좀 더 심각한 결함을 지닌 아동, 이 중에서 ③과 ④의 아동들은 교사와 언어치료전문가의 협력적인 접근을 통한 효율적인 언어교육을 필요로 한다(Hallahan & Kauffman, 2003).

의사소통장애의 유형으로는 또래에 비해 발음이 불분명한 조음장애, 목소리의 크기나 높낮이 조절이 어려운 음성장애, 말을 자연스럽게 이어가지 못하는 유창성 장애, 동일연령의 아동과 비교할 때 다른 사람의 말을 이해하거나 자신의 의사를 표현하는데 어려움이 있는 언어발달지체 등이 있다. 단순언어장애(Specific language impairment: SLI)는 다른 발달 영역은 이상이 없는데 언어발달영역에서만 이상을 보이는 장애이다. 이와 달리 지적장애, 뇌성마비, 청각장애, 자폐범주성장애 등의 발달장애는 언어발달영역 이외의 신경·감각·신체적 결함 등의 특수장애로 인해 언어발달이 지체되거나 장애가 발생되어 결국 의사소통능력에 이상이 나타나는 경우에 해당한다.

(2) 의사소통장애 아동의 교수방법

조음장애의 경우 교사의 말을 듣거나 입 모양을 보면서 따라 하게 하거나 음성을 듣고 인식하며 구별할 수 있는 능력을 기르며, 음성장애는 매체를 통하여 여러 가지 소리를 듣게 하고 구별하게 하며, 적절한 발음과 억양으로 이야기할 수 있는 또래나 교사가 시범을 보이도록 한다. 유창성 장애는 아동과 함께 그림책을 소리 내어 읽거나 노래를 부르며, 아동이 말을 할 때 수용적인 환경을 조성해 준다. 언어발달지체는 말을 이해하는 수용언어가 어려운 아동일 경우에는 요점만 간단히 전달하는 방식으로 하며, 자신의 생각을 전달하는 표현언어에 문제를 보일 경우 개방적 질문보다는 폐쇄적 질문을 하는 것이 도움이 된다. 또한, 교사는 문법적으로 정확한 문장을 사용하여 일관성 있는 시범 보이기를 한다.

7) 시각장애

(1) 시각장애의 정의 및 특성

장애인 등에 대한 특수교육법 시행령 제10조 및 별표	시각계의 손상이 심하여 시각기능을 전혀 이용하지 못하거나 보조공학기기의 지원을 받아야 시각적 과제를 수행할 수 있는 사람으로서 시각에 의한 학습이 곤란하여 특정의 광학기구 · 학습매체 등을 통하여 학습하거나 촉각 또는 청각을 학습의 주요 수단으로 사용하는 사람
장애인복지법 시행령 제2조 및 별표1	가. 나쁜 눈의 시력이 0.02 이하인 사람 나. 좋은 눈의 시력이 0.2 이하인 사람 다. 두 눈의 시야가 각각 주시점에서 10도 이하로 남은 사람 라. 두 눈의 시야 2분의 1 이상을 잃은 사람

시각의 기능은 물체의 존재를 확인하고 그 물체의 모양, 크기, 색깔 등 세부사항을 인식하는 능력인 시력과 눈이 볼 수 있는 범위인 시야, 빛의 파장으로 물체의 색채를 구변하는 색각으로 구성되어 있다. 시각은 대부분 시력이 낮아서 시각장애를 일으키는 경우가 많다.

시각장애의 유형으로는 가까운 것은 잘 볼 수 있으나 멀리 있는 것이 잘 보이지 않는 근시, 반대로 가까이에 있는 것은 잘 볼 수 없으나 멀리 있는 것은 잘 보이는 원시, 각막 이상으로 인해 물체가 왜곡되거나 흐리게 보이는 상태인 난시, 수정체의 혼탁으로 인한 백내장 외 색소결핍증, 색맹 등 여러 가지 시각장애가 있다.

시각장애 아동은 학습에 중요한 통로를 하나 잃었거나 제한적으로 사용할 수밖에 없기 때문에, 주변환경에 대한 정보를 얻기 위해서 특별한 지원과 관심을 필요로 한다. 특히, 시각장애로 인해 일반적인 운동기능발달이 지체될 수도 있으므로 방향감각이나 움직임(이동성)에 대한 특별한 지도가 요구된다. 또한, 만 5세 이전에 시력이 손상된 아동은 시각적 상(visual image)을 갖지 못하고, 개념에 대한 학습이 청각적인 정보를 통해서 이루어지게 되므로 언어적인 개념을 알게 하기 위해 부가적인 노력이 필요하다(Hallahan & Kauffman, 2003, 조윤경 외, 2015 재인용).

(2) 시각장애 아동의 교수방법

시각장애 아동의 생활환경 내의 가구나 그 밖의 물건들을 일정한 장소에 두어서 이 아동들이 어떻게 환경 내의 장소들에서 움직이고, 장애물을 피하는지를 알게 해 준다. 효과적인 교육을 위해서는 청각이나 후각, 운동 등 감각통로를 이용하여 학습할 수 있도록 격려한다. 또한, 저시력 장애아를 위한 조도, 색대비, 거리, 위치를 고려하여 잔존시력을 사용할 수 있는 최적의 교육 환경을 제공하며, 주위의 환경에서 일어나는 행동, 상황을 설명할 때는 간단하고 구체적인 언어적 단서를 사용한다. 아울러, 시각장애 아동을 지도하는 가장 일반적인 방법으로 '손 위의 손 방법'을 활용하여 교사가 아이의 손을 위에서 잡거나, 아동이 교사의 손을 잡도록 아동의 손아래 놓고 아동이 과제를 수행할 수 있도록 돕는다.

8) 청각장애

(1) 청각장애의 정의 및 특성

장애인 등에 대한 특수교육법 시행령 제10조 및 별표	청력 손실이 심하여 보청기를 착용해도 청각을 통한 의사소통이 불가능 또는 곤란한 상태이거나, 청력이 남아 있어도 보청기를 착용해야 청각을 통한 의사소통이 가능하여 청각에 의한 교육적 성취가 어려운 사람
장애인복지법 시행령 제2조 및 별표1	가. 두 귀의 청력 손실이 각각 60데시벨(dB) 이상인 사람 나. 한 귀의 청력 손실이 80데시벨 이상, 다른 귀의 청력 손실이 40데시벨 이상인 사람, 다. 두 귀에 들리는 보통 말소리의 명료도가 50퍼센트 이하인 사람 라. 평형 기능에 상당한 장애가 있는 사람

청각장애란 선천적 혹은 후천적으로 청각기관의 발달 결함 및 손상으로 보청기를 사용하여도 청력을 통해 의사소통에 어려움이 있는 상태를 말한다. 청각장애 아동에게 가장 큰 어려움은 의사소통 기술의 발달이다. 수화에 노출되지 않는 경우, 생애 초기 의사소통이 상당히 지연되는 경향이 있으며 언어와 문자 해독력은 매우 어려운 부분이다. 말과 언어능력의 지체로 인해 사회적 상호작용에도 부정

적인 영향을 받게 된다. 청각장애 아동의 인지능력은 전혀 문제가 없다. 다만, 다른 장애를 중복으로 가지고 있는 아동이 있는데 이런 경우 청각장애로 인해 인지발달에 더욱 심각한 영향을 받는다.

교육적 청각장애는 보청기를 사용했을 때 말소리를 인지할 수 있을 만큼 충분한 잔존청력을 가진 난청과 보청기를 사용해도 말소리를 인지하기 어려운 농으로 구별된다. 고도난청의 경우 인공와우수술 등을 통해 잔존청력을 최대한 활용할 수 있는 기술을 적용하고 있다.

청력의 정도는 dB로 표시하는데 25dB 이하는 정상적인 의사소통이 가능한 정도, 26~40dB(경도)은 작은 소리의 인지가 어려워 약간의 지체현상을 보인다. 41~55dB(중도)은 입술 읽기와 말하기 훈련과 함께 보청기 사용이 필요하며, 56~70dB(중등도)는 보조기를 착용하면 음을 이해할 수 있고, 큰소리는 이해할 수 있으나 말하기와 언어훈련이 필요하며, 71~90dB(고도)은 보청기를 착용해도 음을 이해하기 어렵고, 전일제 특수교육을 받아야 하며, 구화기술훈련을 통해 언어훈련이 부분적으로 가능한 정도이다. 91dB(최고도)는 청력에 의한 학습활동이 어렵고, 보청기를 착용해서도 어음변별력이 현저하게 떨어져 특수한 프로그램이 요구되는 정도이다.

교육적인 측면에서 청각장애(hearing impairment)는 경도에서 최중도에 이르는 청력손실을 모두 지칭하는 일반적인 용어로서 농과 난청이 모두 여기에 속한다. 농(deaf)은 청력손실이 심하여 보청기를 착용하고도 청각을 통해 언어적 정보를 주고받지 못하는 사람이고, 난청(hard of hearing)은 대개 보청기를 착용했을 때의 잔존청력이 청각을 통한 정보교환이 가능한 정도를 말한다(조윤경 외, 2015)

(2) 청각장애 아동의 교수방법

손의 형태와 위치, 운동에 의한 기호나 제스처를 이용한 수화교육과 잔존청력을 최대한 활용하는 음성언어 교육 및 말하는 사람의 입술의 움직임에서 말소리를 판별하는 시각적 단서인 독화를 포함하는 구화법을 가르침으로 의사소통과 사회적 상호작용을 할 수 있도록 한다.

그러나 특정한 의사소통 방식을 벗어나 말하기, 말읽기, 보청기 사용을 통한 수화, 구화, 읽기, 쓰기, 그림 등 가능한 언어습득 방법을 동원하여 총체적으로 언어을 습득할 수 있도록 한다.

또한, 활동 시 음원 가까운 곳에 아동의 좌석을 배치하고, 아동의 흥미를 유발할 수 있는 비행기, 전화벨 소리 등의 소리를 통해 잔존청력을 발달시키며, 아동의 주의를 끌기 위해 아동의 이름을 활용함과 동시에 어깨를 살짝 두드림과 같은 행동으로 아동이 쳐다볼 때까지 기다렸다가 지시한다.

9) 건강장애

(1) 건강장애의 정의 및 특성

장애인 등에 대한 특수교육법 시행령 제10조 및 별표	건강장애	만성질환으로 인하여 3개월 이상의 장기입원 또는 통원치료 등 계속적인 의료적 지원이 필요하여 학교생활 및 학업 수행에 어려움이 있는 사람
장애인복지법 시행령 제2조 및 별표1	신장 심장 호흡기 간 안면 장루 요루 간질장애	– 신장의 기능부전으로 인하여 혈액투석이나 복막투석을 지속적으로 받아야 하거나 신장기능의 영속적인 장애로 인하여 일상생활에 상당한 제약을 받는 사람 – 심장의 기능부전으로 인한 호흡곤란 등의 장애로 일상생활에 상당한 제약을 받는 사람 – 폐나 기관지 등 호흡기관의 만성적 기능부전으로 인한 호흡기능의 장애로 일상생활에 상당한 제약을 받는 사람 – 간의 만성적 기능부전과 그에 따른 합병증 등으로 인한 간기능의 장애로 일상생활에 상당한 제약을 받는 사람 – 안면 부위의 변형이나 기형으로 사회생활에 상당한 제약을 받는 사람 – 배변기능이나 배뇨기능의 장애로 인하여 장루(腸瘻) 또는 요루(尿瘻)를 시술하여 일상생활에 상당한 제약을 받는 사람 – 간질에 의한 뇌신경세포의 장애로 인하여 일상생활 또는 사회생활을 하는 데 있어 상당한 제한을 받아 다른 사람의 도움이 필요한 사람

건강장애는 "만성적인 질환이나 허약 등으로 인해 장기간의 입원이나 통원치료 등 계속적인 의료적 지원을 받아야 하므로, 학습활동이나 일상생활에서 특별한 지원을 지속적으로 요구하는 자"로 '심장장애', '신장장애', '일반건강장애' 등 만성 질환으로 인하여 3개월 이상의 장기입원 또는 통원치료 등 계속적인 의료적 지원이 필요하며 학교생활, 학업수행 등에 있어서 교육적 지원을 지속적으로 받아야 하는 자를 말한다(조윤경, 김수진, 2008).

건강장애 아동은 만성적인 질병으로 인해 사회적인 고립을 초래하고 초기 학습 촉진을 방해하며, 신체적인 제한이나 질병 치료로 인한 부작용으로 활동 수준을 감소시킴으로 신체적인 위험뿐만 아니라 심리적, 정서적인 손상을 입을 수도 있다. 아울러, 장기간의 입원 및 치료로 인해 과잉보호나 과잉통제로 아동의 사회적 적응을 방해할 수 있다

(2) 건강장애 아동의 교수방법

건강장애 아동의 상태에 대한 정확한 지식을 가지고 지도하며, 질병으로 인한 정서적 발달의 부정적인 영향을 고려한다. 또한, 또래들과 잘 어울릴 수 있도록 환경을 조성하여 사회적으로 고립되지 않도록 하고, 과잉보호와 과잉통제를 하지 않으며, 교사와 부모, 부모를 통한 병·의원과의 협력을 꾀한다(이소현, 이승연, 이명희, 원종례, 2007).

10) 학습장애

(1) 학습장애의 정의 및 특성

장애인 등에 대한 특수교육법 시행령 제10조 및 별표	개인의 내적 요인으로 인하여 듣기, 말하기, 주의집중, 지각(知覺), 기억, 문제 해결 등의 학습기능이나 읽기, 쓰기, 수학 등 학업 성취 영역에서 현저하게 어려움이 있는 사람

학습장애란 비교적 정상적인 지능을 가지고 있으나 학습상의 문제를 지닌 아동들을 지칭한다. 학습장애 아동은 일반적으로 평균이나 평균 이상의 지능을 가지고 있으나 학습영역, 즉 듣기, 말하기, 읽기, 쓰기, 산수 등의 영역 중 한 가지 이상에서 어려움을 가지고 있다. 또한, 잠재적인 능력은 있으나 특정 학습영역에 있어서 심각한 어려움을 경험하며, 학업수행이 있어서 영역 간 불균형한 성취를 보이는 특징을 가진다.

학습장애의 원인은 정확하게 아는 데 어려움이 있다. 그럼에도 학습장애를 일으킬 수 있는 원인으로 먼저 기질적·생물학적 요인 중 중추신경계의 기능장애가 원인이라는 것과 유전적 요인으로 학습문제를 지닌 아동의 약 88% 정도가 가족들 중에 유사한 문제를 보이는 것으로 나타났다. 또한, 환경적 요인을 들 수 있는데 이는 경제적으로 빈곤한 환경, 빈약한 사회적·정서적·지적 환경, 부적절한 영양공급 등 환경적인 불이익을 경험한 아동들에게서 학습문제가 나타날 확률이 더 크다는 것이다. 또 다른 환경적 요인으로 교사의 부적절한 교수가 아동의 학습문제를 일으킨다는 것이다. 이는 양질의 교수를 제공하지 못하면 학습장애를 일으킬 수도 있고, 반대로 조기에 학습문제를 잘 다룰 수 있으면 학습장애를 예방할 수도 있다는 점을 시사한다.

〈특정학습장애〉

DSM-Ⅳ에서 읽기, 쓰기, 셈하기 장애와 그 밖의 학습장애로 분류된 학습 관련 장애를 묶어서 DSM-5에서는 특정학습장애(Specific Learning Disorder)로 명명하였다. 특정학습장애란 개인의 생활연령이나 측정된 지능, 연령에 맞는 교육 경험을 제공한 후 기대되는 수준보다 현저하게 낮은 학업기능을 보여주는 것을 의미한다. 즉, 읽기, 쓰기, 셈하기 등 특정한 학습 영역 중 하나 이상의 영역에서 연령과 지능에 비해 그 수행 정도가 심하게 떨어지는 것으로, 그 원인이 지적장애나 자폐범주성장애 등 다른 장애나 교육기회의 제한에 의한 것이 아닌 경우이다. 정상적인 범위 내에서 학업성적이 낮거나 교육적 기회를 갖지 못해서, 혹은 교수방법이 잘못되었거나 문화적 요인으로 인해 나타날 수 있는 학업문제와는 구별되어야 한다.

(2) 학습장애 아동의 교수방법

학습장애의 경우 인지능력은 정상이나 읽기, 쓰기, 산수 영역 중 특정 영역에서 어려움을 보이는 것으로 학습적인 어려움은 가지고 있으나, 일상생활과 관련된 적응행동에서 어려움을 보이지 않기 때문에 장애인복지법의 장애인으로 분류되지 않는다.

학습장애 아동을 교육할 때는 먼저 아동이 어려워하는 특정 영역을 중심으로 과정훈련 접근을 통해 성취를 경험할 수 있도록 한다. 과정훈련 접근이란 지각과정을 향상시켜 보다 더 큰 학습 상의 손실을 줄임으로 특정과제를 향상시킬 수 있는 훈련과정을 말한다. 또한, 아동이 학습과제를 수행할 때 가르치는 기술의 결함인지를 분석하여 향후 IEP(개별화교육계획)에 적용하는 방법을 사용할 수 있다. 그러나 무엇보다 다감각적인 방법을 통해 모든 학습양식이 동원되어 학습능력을 높이는 접근이 필요하다.

11) 반응성 애착장애

(1) 반응성 애착장애의 정의 및 특성

반응성 애착장애(reactive attachment disorder)는 자폐증과 매우 유사한 행동특성을 나타내는 장애로, 1987년 DSM-Ⅲ-R이 나오기 전까지는 자폐증과 구별되지 않다가 그 이후부터 장애의 원인에 따라 다르게 진단되는 장애이다. 자폐증은 그 원인을 선천적인 뇌 기능 손상으로 보는 반면, 반응성 애착장애는 그 원인을 부적절한 양육 환경으로 본다. 반응성 애착장애는 자폐증과 유사한 행동상의 특성을 보이지만, 자폐증의 선천적으로 타고난 유전적 요인에 의한 발생하는 것과 달리, 선천적으로 타고난 원인은 없으며 부적절한 양육환경 속에서 후천적으로 발생한다. 부적절한 양육환경이란 양육자의 애정 부족이나 무관심, 또는 양육자가 자주 바뀐 경우를 뜻하며, 이로 인해 양육자와 애착을 안정적으로 형성하지 못하여 장애가 발생하는 것으로 본다. 조기에 발견하여 적절한 양육환경이 주어지면 정상적인 회복이 가능하지만, 그렇지 못할 경우 아동기와 청소년기, 그리고 그 이후 시기까지 지속적인 영향을 미치게 된다.

반응성 애착장애를 보이는 아동은 부모에 대한 반응을 억제하고 양가적이며 상반된 반응을 보이는 유형과, 모든 성인에게 무차별적인 애착반응을 보이는 유형이 있다. 반응성 애착장애는 안락함, 자극, 애정 등 아동의 기본적인 감정적 욕구를 지속적으로 방치하는 경우, 아동의 기본적인 신체적 욕구를 지속적으로 방치하는 경우, 또는 양육자가 자주 변경됨으로써 안정된 애착을 형성하지 못한 경우에 나타난다. 보통 생의 초기인 5세 이전에 시작되는데 처음에는 분리에 대해 강력하게 저항하다가, 이후에는 실망과 좌절 상태에 빠지고, 시간이 더 지나면 기존에 형성된 애착관계의 변질과 분리를 보인다. 엄마에 대한 분노와 원망, 불신과 두려움을 느끼며 양가감정을 가지게 된다. 이로 인해 이후의 대인관계에서 무감각한 성격을 가지게 되거나 따뜻한 인간관계를 형성하는데 어려움을 겪게 된다.

(2) 반응성 애착장애 아동의 교수방법

반응성 애착장애는 그 원인이 부모의 양육태도와 관련되므로 놀이치료, 부모-자녀 치료놀이를 통해 치료하는 것이 바람직하다(정옥분, 정순화, 2008). 이러한 치료를 통해 부모는 자녀와의 애착관계를 개선하는 데 도움을 제공받을 수 있다. 반응성 애착장애는 부모의 양육 태만, 학대 또는 잘못된 양육방법에 기인하므로 양육자의 양육형태가 변할 경우 증세가 호전될 수 있어 부모의 적극적인 치료 참여가 요구된다. 반응성 애착장애 증상을 보이는 아동은 사회적 놀이의 어려움으로 인해 안정적인 대인관계를 형성하지 못하는 경향이 있다. 따라서 대인관계 및 사회성 발달을 위해 개별치료, 집단치료를 통해 정서 상태 및 능력에 적절한 놀이를 적극적으로 시도해야 한다. 피부 접촉과 적극적 놀이를 유도하고, 적절한 행동통제 등의 방법을 통해 사회적 상호관계 및 정서적 유대관계가 최대한 안정되도록 도와준다. 특히, 가족구성원 간 갈등이나 어머니의 성격에 문제가 있으면 별도로 가족치료를 실시함으로써 근본적 원인을 가능한 제거하도록 노력해야 한다.

〈인터넷 중독〉

인터넷 중독(internet addiction)은 인터넷 이용자가 지나치게 오랜 시간 컴퓨터에 접속하여 일상생활에 심각한 육체적, 정신적, 사회적, 금전적으로 지장을 받고 있는 상태로 지나친 인터넷 접속으로 인하여 이용자에게 내성, 의존성, 금단증상 등이 발생하여 일상생활이 힘들어진 상태를 의미한다(인터넷윤리실천협의회, 2012). 인터넷 중독의 기준은 다음과 같다(Young, 1998). 첫째, 접속하지 않았을 때도 접속한 경험에 대한 생각에서 헤어나지 못한다. 둘째, 인터넷 사용 시간을 늘려야 만족할 수 있다고 여긴다. 셋째, 인터넷 사용 중단을 결심했다가 실패한 경험이 있다. 넷째, 인터넷 사용을 중단하면 불안하고 우울해진다. 다섯째, 계획했던 시간보다 인터넷을 오래 사용하는 경향이 있다. 일곱째, 도피나 불쾌감의 경감을 위해 인터넷을 사용한다.

〈스마트폰 중독〉

스마트폰 중독(smartphone addiction)이란 스마트폰에 지나치게 몰입한 나머지 스스로를 제어할 수 없는 상태에 이른 것을 의미한다(박용민, 2011). 즉, 스마트폰의 과도한 몰입으로 인하여 생기는 초조, 불안과 같은 일상생활에서의 장애이다. 스마트폰 중독의 문제를 보여주는 예가 '스마트폰 폐인'이다. 이는 스마트폰에 지나치게 몰두하고 의존하는 사람을 의미한다. 스마트폰 폐인은 스마트폰을 항상 손에 쥐고 있고, 스마트폰을 사용하는 도중에는 타인과 대화를 거의 하지 않으며, 타인과의 의사소통이 불필요하다고 생각한다. 스마트폰에 중독된 아동은 책을 읽거나 친구들과 상호작용하기보다 스마트폰으로 채팅을 하거나 게임을 하는 데 더 친숙하다. 밥을 먹거나 길을 가는 중에도 스마트폰 게임을 즐기는 아동이 증가하고 있는 시점에서 스마트폰 사용으로 인한 악영향에 대한 우려의 목소리가 높아지고 있다(매일경제, 2013. 3. 30.). 아동의 스마트폰 사용은 시간의 구애를 받지 않고 언제든지 가능하다. 이러한 특성으로 인해 아동의 스마트폰 사용은 중독으로 이어질 수 있으므로 나이 어린 아동에게는 스마트폰과 같은 스마트미디어를 제공하지 않아야 하며, 부모가 스마트미디어를 제공하는 경우에도 시간에 제한을 두어 사용하도록 한다(황현주, 유은정, 박혜정, 서은경, 신현정, 2013). 스마트폰과 테블릿 PC 등의 스마트미디어를 아동이 지나치게 사용할 경우 중독에 이를 수 있으므로 부모가 자녀의 스마트미디어 사용에 관심을 가지고 지도할 필요가 있다.

3. 장애아동 교육

1) 장애아동 교육의 개념

장애아 교육은 장애아의 개별성에 맞게 특별히 고안된 교수를 말한다. 「장애인 등에 대한 특수교육법」(2021) 제2조 제2항에서 "특수교육이라 함은 특수교육대상자의 요구를 충족시키기 위하여 특성에 적합한 교육과정 및 관련 서비스 제공을 통하여 이루어지는 교육활동을 말한다."로 정의한다. 또한 제2항에서 "특수교육 관련 서비스란 특수교육대상자의 교육을 효율적으로 실시하기 위하여 필요한 인적·물적 자원을 제공하는 서비스로서 상담지원·가족지원·치료지원·보조인력지원·보조공학기기지원·학습보조기기지원·통학지원 및 정보접근지원 등을 말한다."로 관련 서비스를 들고 있다. 즉, 장애아 교육이란 특수교육 담당교사가 장애아동의 독특한 교육적 요구에 적절한 교육내용을 특별한 방법 및 매체 등을 활용하여 실시하는 교육 및 관련 서비스를 말한다. 아울러, 특수교육대상자에 대한 가족지원, 치료지원, 보조인력지원 등의 관련 서비스 제공을 의무화함으로써 장애인의 교육권을 실질적으로 보장하고 있다.

2) 장애아동 교육의 현황

특수교육이 필요한 아동 중에 특수교육대상자로 선정되어 특수학교 및 특수교육지원센터, 일반학교에서 특수교육을 받고 있는 특수교육대상학생 수는 2014년 82,535명에서 2020년 95,420으로 증가하고 있으며 이는 최근 특수교육대상학생의 교육기회 확대 및 지원서비스 강화로 인한 결과이다(특수교육실태조사, 2020).

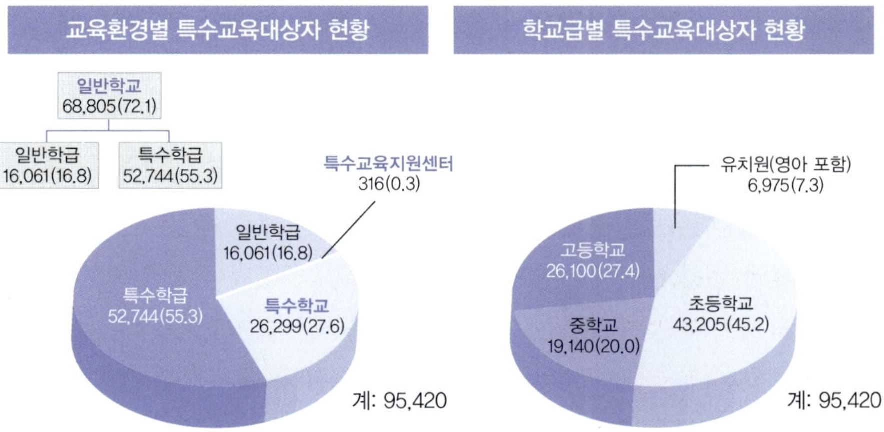

[그림 9-2] 특수교육대상자 현황 (단위: 명, %)

출처: 특수교육실태조사(2020).

〈표 9-2〉 연도별 특수교육대상자 현황 (단위: 명, %)

연도	특수학교 및 특수교육지원센터	일반학교	전체
2016	25,961 (29.5)	61,989 (70.5)	87,950 (100)
2017	26,199 (29.3)	63,154 (70.7)	89,353 (100)
2018	26,337 (29.0)	64,443 (71.0)	90,780 (100)
2019	26,459 (28.4)	66,499 (71.6)	92,958 (100)
2020	26,615 (27.9)	68,805 (72.1)	95,420 (100)

출처: 특수교육실태조사(2020).

특수교육대상자 중 영유아는 전체 7.3%로 이 중 유치원에서 교육을 받고 있는 유아는 5,618명(특수학급 1,086개 3,866명, 일반학급 1,585개 1,752명)이며, 특수교육지원센터를 통해 순회교육을 지원받고 있는 영아 316명을 포함하여 총 6,975명이 특수교육을 받고 있다(특수교육실태조사, 2020).

한편, 2020년 어린이집의 장애아 보육을 살펴보면 장애아 전문 어린이집 177개소에서 6,206명, 장애아 통합어린이집 1,211개소에서 4,959명, 일반 어린이집 893개소에서 1,064명으로 전국 2,281개 어린이집에서 장애아 12,229명을 보육하고 있다(보육통계, 2020)

〈표 9-3〉 어린이집 장애아 보육 현황

유형	어린이집 수	장애아동 수
장애아 전문 어린이집	177개소	6,206명
장애아 통합 어린이집	1,211개소	4,959명
일반 어린이집	893개소	1,064명
총계	2,281개소	12,220명

출처: 보육통계(2020).

3) 장애아동 교육과정

(1) 발달영역별 교육

① 적응행동(신변처리) 영역

자기가 자신을 돌보는 적응행동 기술은 스스로 살아가는 환경에서 자신을 독립적인 존재로 인식하는 능력으로 일상생활을 유지하기 위한 기본 행동이며 신체적 기능과 관련되어 있다. 적응행동(신변처리) 기술은 식사, 대소변 가리기, 옷 입고 벗기, 몸단장하기 등과 안전띠 착용하기, 안전하게 길 건너기 등의 사회적응 기술도 포함되며 장애아 보육과정에서는 적응행동(신변처리) 영역으로 구분한다.

② 운동성 영역

우리 몸의 근육의 움직임과 관계된 모든 행동을 운동성이라 하며, 이 운동성은 신변처리 등 다른 행동의 발달에 기초를 이루는 동시에 발달 초기 지능 발달과도 관련이 깊다.

팔, 다리, 사지, 몸통을 사용하는 큰 동작 활동으로 눈과 발 협응하기, 신체 인식하기 등의 대근육 발달 기술과 몸의 작은 근육의 움직임으로 주로 손의 기능과 관련이 있는 소근육 발달 기술을 증진시킨다.

③ 사회성 영역

사회성은 일상생활에서 다른 사람과 잘 지내는 능력으로 다른 사람과 관계를 주고받는 데 필요한 규칙, 예절 등 적절한 행동을 말한다. 사회성에 관련된 기술은 발달 과정 중에서 일어나지만 장애아동의 경우 장애문제가 사회적 기술의 지체를 가져오게 되므로, 장애아동이 적절한 사회성 기술을 습득할 수 있도록 사회성 기술의 목표를 가진 프로그램이 준비되어야 한다.

④ 인지 영역

인지는 자극에 주의를 기울이고, 행동을 모방하며, 사물의 특성을 기억하고 비교하여 추상적인 개념을 습득하는 능력을 망라하는 광범위한 영역이다. 장애아동들은 주의집중과 초점 맞추기 등에 어려움과 정보를 조직화하는 기술사용이 효과적이지 못하고, 장기기억에 비해 단기기억의 어려움 등을 보인다. 따라서 일상생활에서 아동의 흥미와 선호를 높이는 중재가 필요하며 현재 아동이 나타내고 있는 행동을 격려하는 등 아동의 강점을 중심으로 지도한다. 아울러, 가족지원 중심의 중재로 부모와 아동 간의 상호작용 관계를 계발하고 지원해야 한다.

⑤ 의사소통 영역

의사소통은 말을 알아들을 수 있는 수용언어와 이에 대한 구어적 표현인 표현언어로 나누는데, 일반적으로 수용언어 발달을 근거로 표현언어가 나타난다.

언어는 그 구성 요소에 따라 음의 결합 형태인 음운론, 음절의 결합을 통한 어휘 생성인 형태론, 어휘의 배열인 문법 체계인 구문론, 문장을 통한 내용 전달인 의미론, 그리고 실제 상황에서의 언어 사용인 화용론으로 나뉘기도 한다.

언어교육은 실제적이고 자연스러운 활동 속에서 아동이 흥미가 있을 때, 사회적 유용성이 있을 때, 학습 목적과 관련이 있고, 아동이 쉽게 접근할 수 있을 때 언어 학습이 쉽게 이루어지며, 아동과 무관하고, 지루하고 무의미 하며, 흥미가 없고, 아동이 쉽게 접근할 수 없을 때 언어 학습이 어렵다. 따라서 아동의 언어발달에 근저를 두고, 의미 있고 자연스러운 활동 속에서 아동 스스로 학습을 해나갈 수 있는 방법들이 광범위하게 모색되어야 한다(조윤경, 김수진, 2008).

(2) 진단

진단은 장애아동을 교육하기 위해 교사나 전문가들이 대상 아동의 특수교육 필요성 여부를 결정하고 적절한 교육 프로그램을 제공하기 위해서 끊임없이 아동을 관찰하고 정보를 수집하는 과정이다. 이러한 진단은 여러 가지 방법을 통해서 수집된 정보에 의해 적절한 판단을 하거나 해석하는 평가와 함께 적용된다.

진단의 단계별 과정 및 기능을 살펴보면, 1단계에서 대상자를 발견하고, 2단계에서는 정밀한 진단의 필요성을 확인하는 발달선별검사를 실시하며, 3단계에서 문제의 성격 및 정도를 분석하는 장애진단을 하고, 4단계에서 아동의 현재의 능력과 학습 요구를 결정하는 교육 진단이 이루어지며, 5단계에서 학습 진도의 지속적인 평가로 진도 점검을 하고, 마지막 6단계에서 프로그램의 효율성을 진단하는 프로그램 평가를 한다(이소현, 2007).

(3) 개별화교육프로그램(IEP)

장애인 등에 대한 특수교육법	개화교육이란 각 급 학교의 장이 특수교육대상자 개인의 능력을 계발하기 위하여 장애유형 및 장애특성에 적합한 교육목표 · 교육방법 · 교육내용 · 특수교육 관련 서비스 등이 포함된 계획을 수립하여 실시하는 교육을 말한다.

개별화교육프로그램(Individualized Education Program)이란 각 아동들이 지니는 개인차와 장애로 인한 발달상의 개인차로 인해 단일 교육과정으로는 대상아동의 필요를 충족시킬 수 없음으로 인해 교육을 계획하고 실시함에 있어 아동의 발달에 적절한 프로그램을 계획하고 시행하는 것을 말한다. 여기서 개별화란 교사와 아동이 일대일로 교육하는 것이 아닌 교육프로그램이 각 아동에게 맞추어 작성되는 것을 의미한다(이창미, 장혜성, 김수진, 2005).

개별화교육프로그램의 구성요소에는 장애아동의 현 수준을 서술하는 현재 수행수준과 현행수준을 바탕으로 장애아동의 강점과 지도점을 고려해서 각 발달영역별 1년 동안의 장기목적이 서술되어야 한다. 1년 동안의 장기목적을 지도하기 위해 교육목표를 세분화 하는 단기목표가 서술되며, 현재 장애아동이 받고 있는 언어치료, 물리치료 등의 관련 서비스 프로그램에 대한 내용이 포함되어야 한다. 또한, 서비스 시작 시기와 지속시간에 대한 기간이 표기되어야 하며, 장애아가 일반교육에 참여하는 통합정도, 그리고 교육배치 형태와 IEP 과정에 참여하는 구성원, 마지막으로 객관적인 기준과 절차에 따른 평가가 기술되어야 한다.

이렇게 구성된 개별화교육은 장애아동을 위한 교육적 서비스가 보장된 가장 덜 제한적이고 가장 자연스러운 환경에서 이루어져야 한다. 특히, 취학 전 장애아동은 학령기 장애아동 교육보다 자연적 환경에서의 중재 및 교육이 더 강조되고, 통합 환경에서 일반유아들과 함께 일상적인 일과 및 활동에 참여하여 교육목표를 수행할 수 있도록 교육과정의 수정과 개선이 필요하다. 교육과정의 수정 및 개선은 장애아동의 요구에 부합하기 위한 것으로만 이해되는 것이 아니라 근본적으로 교육과정 자체가 다양한 아동들의 욕구를 반영할 수 있어야 한다.

진단평가
교육진단 : 평가도구 활용/ 행동관찰, 일과 적응도 평가 등
교사, 부모 면담/ 가족 관련 정보(가정방문)

⬇

아동의 현행수준에 근거한 장단기 교육 우선순위 결정
가족의 요구와 자원 반영

⬇

조작적인 목표 설정
목표행동 구체화, 교수계획, 성취기준의 구체화

⬇

아동의 개별적인 목표의 일과 내 삽입교수
신변처리, 인지, 언어, 대소근육 기술, 정서 및 사회적 행동
통합상황인 경우 유아교육과정 수정과 동시에 시행

⬇

평가
진보 평가, 자원 조정, 목표 수정

[그림 9-3] 개별화교육프로그램 개발과정

출처: 조윤경, 김수진(2015).

(4) 평가

평가는 초기 장애아동의 진단을 위한 평가에서부터 1학기 또는 1년 동안의 개별화교육프로그램의 발달영역별 목표와 일과목표에 대한 평가까지 지속적으로 이루어지며, 아동의 행동특성 및 주요 지원방안, 가족에 대한 지원방안이 잘 실행되었고 그것이 효과적이었는지를 평가하여 이후의 교육에 반영하는데 목적을 둔다. 평가를 할 때에도 가정과 연계하여 가정에서의 수행도를 포함하여 진행하며, 아울러, 평가서를 가정으로 보내어 장애아동에 대한 가족의 이해를 높이고 정보를 공유함으로써 교사와 부모가 협력하여 최적의 교육환경을 만들어 간다.

4. 장애아동 통합교육

1) 통합교육의 정의

국제사회에서 일고 있는 통합과 비슷한 개념으로 1974년 유엔 장애인생활환경 전문가회의에서는 장벽 없는 건축 설계(barrier free design)에 대한 보고서가 나온 이후, 장애인도 살기 편한 도시 만들기 의미로 Barrier Free 개념이 대두되었다. 이 개념으로 주택, 도로 등의 물리적 장벽뿐만 아니라 제도, 법률, 신문 등 커뮤니케이션의 장벽과 차별과 편견 등 의식상의 장벽을 제거하자는 움직임이 미국, 일본 등 선진국에서 일어났다.

1990년 미국 노스캐롤라이나 주립대학의 유이버설디자인센터에서는 장애의 유무나 연령 등에 관계없이 모든 사람을 위한 디자인으로 Universal Design 개념이 제창되었다. 이는 Barrier Free 개념에서 한층 진보된 것으로 보다 완전한 통합사회를 지향한다. 그림으로 표현하면 [그림 9-4]와 같다.

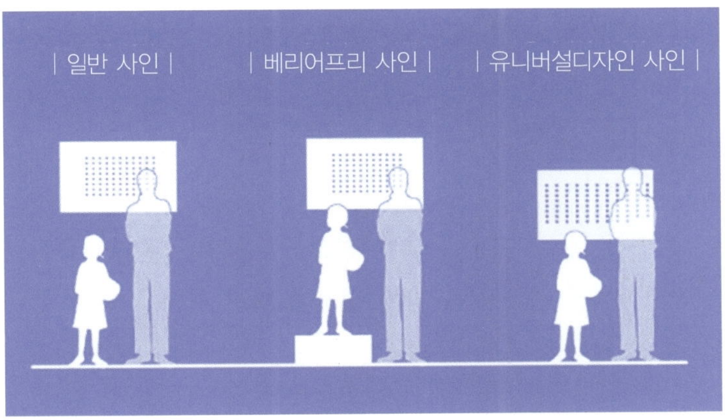

[그림 9-4] 일반 사인, 베리어프리 사인, 유니버설디자인 사인

출처: 뉴스와이어(2011. 3. 31.).

통합의 관련용어와 개념을 살펴보면, 1970년대에 주로 사용되던 일반교육에의 통합을 나타내는 mainstreaming(주류화), 1980년대에 주로 쓰인 일반과 특수교육의 동등한 수준의 통합을 주장하는 integration(통합), 1990년대에 주로 사용된 특수아동에게 적절한 수준까지 최대한 일반학급에의 통합을 지칭하는 inclusion(포함) 등이 있다(조윤경 외, 2015).

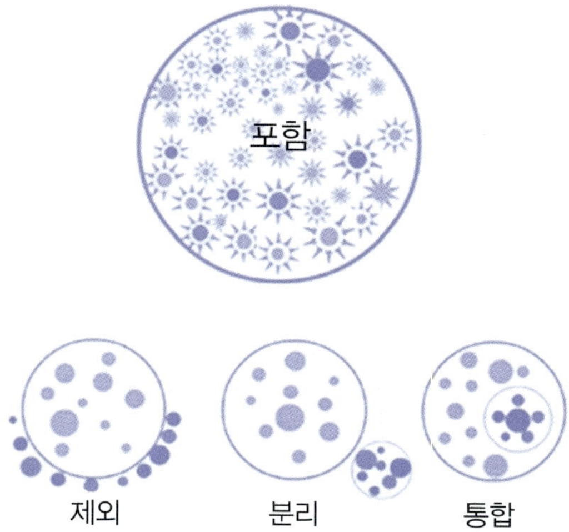

[그림 9-5] 장애통합 관련 용어와 개념

장애인 등에 대한 특수교육법(2007) 제2조 6항에서는 "통합교육이란 특수교육대상자가 일반학교에서 장애유형·장애 정도에 따라 차별을 받지 아니하고 또래와 함께 개개인의 교육적 요구에 적합한 교육을 받는 것을 말한다."로 정의하고 있다.

Kauffman 등(1975)의 정의에 의하면, 통합은 특수아동을 일정시간 동안 일반 또래들과 동일한 교육환경에 배치하는 물리적 통합과, 일반학급의 학업활동에 의미 있게 참여하는 교수 활동적 통합, 학급의 교사와 또래들로부터 학급의 구성원으로 수용되는 사회적 통합이 있다. 진정한 통합이 이루어지기 위해서는 사회적 통합까지 이루어져야 하는데, 실제로 장애가 경한 아동의 경우에는 학급 구성원으로서 완전히 수용되는 단계의 통합까지도 가능하다(이소현, 박은혜, 1998).

〈표 9-4〉 Kauffman 등에 의한 장애통합 유형

유형	내용
물리적 통합	일정 시간 동안 일반 또래 아이들과 동일한 교육 환경에 배치함
교수활동적 통합	일반학급의 학업 활동에 의미 있게 참여함
사회적 통합	통합 학급의 교사와 또래로부터 구성원으로 수용됨

장애아동을 교육할 때 기억해야 할 점은 장애아동 또한 일반아동의 발달범주에 들어간다는 사실이다. 장애아동도 일반아동과 같은 발달적 욕구와 과제가 있고 그런 발달적 욕구에 교사가 민감하게 대처할 때 장애아동의 발달이 촉진된다. 또한, 장애아동의 놀이발달도 정상적인 놀이발달을 거치는데 다만 속도가 느리고 세분화 된 발달단계를 거친다. 모든 아동들처럼 장애아동도 놀이를 통해 사람과 관계를 맺고, 사물을 탐색하고, 자기 자신과 세상의 균형을 조절한다. 따라서, 장애로 인해 발달이 늦고 개별화된 욕구가 있음을 정상적으로 이해할 수 있어야 하며, 장애아동의 일반적이지 않은 행동을 쉽게 문제행동으로 규정해서는 안 된다. 아울러, 이러한 장애아동의 발달특성은 적절한 개별화교육프로그램을 통해 정상적인 발달의 기회와 경험을 할 수 있다(이창미 외, 2009).

2) 통합교육과정 모형

장애아동 통합교육을 위한 성공적인 교육과정 모형으로 교수단계모형(building blocks model)을 들 수 있다. 교수단계모형은 미국의 Odom 등이 주관한 조기통합교육연구소(The Early Childhood Research Institute on Inclusion)에서 실시한 통합관련 연구를 통해 장애아를 지도하는 교사, 부모, 가족, 학생, 연구가들이 이해하고 적용하기 쉬운 적절한 성공적인 교육과정 모형으로 개발되었다. 이 모형

에 의하면, 장애아동 통합교육은 모든 유아들이 건전하게 양육되고 발달적 요구가 충족되는 양질의 유아교육 프로그램이 기초가 되어야 함을 알 수 있다.

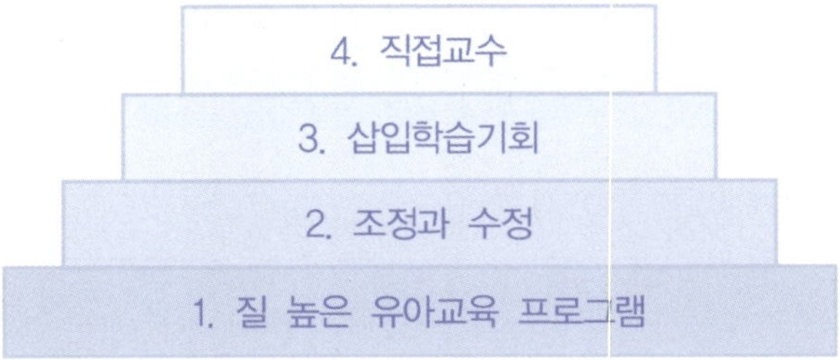

[그림 9-6] 교수 단계 모형(Building Blocks Model)

장애아동 통합교육 시 성공적인 통합교육을 위해서 가장 우선으로 갖추어야 하는 전제조건은 질 높은 교육과정이다. 장애아동을 위한 별도의 프로그램을 마련하는 것이 아니라 장애아를 포함한 모든 아이들(all children)에게 질적인 환경이 기반이 되어야 하는 것이다. 즉, 유아교육과 장애아동 교육은 장애유무를 떠나 모든 유아에게 질적인 서비스를 제공하기 위한 공통적인 목적을 향해 나아가며 그 속에서 합의된 일치점을 찾아나가야 한다. 따라서 유아교육의 최상의 실제를 바탕으로 자연적인 환경, 놀이상황에서의 교육, 유아-주도적인 활동, 자연적으로 발생하는 하루일과와 활동에 대한 아동의 참여, 사회적인 상호작용의 중요성을 강조한다(조윤경, 김수진, 2015).

2단계로 조정과 수정은 학급에서 진행되는 일과와 활동을 장애아동의 개별적인 특성에 맞게 수정전략을 사용하는 것을 의미한다. 일반 교육과정이 진행되는 교실에서 장애아동의 최대한의 참여를 높이기 위해 진행 중인 활동이나 자료, 수준, 지원의 양 등이 장애아동의 수준에 맞게 개별적인 수정을 계획하고 촉진하는 것을 말한다.

교육과정 수정유형으로 자리배치, 특수 장비나 기구 활용 등의 물리적 환경지원과 자료수정, 활동의 단순화, 장애아의 선호 활용, 성인지원, 또래 지원, 보이지 않는 지원 등의 교육과정의 조정 등이 있다.

3단계로 삽입학습기회(Embedded Learning Opportunity: ELO)란 통합교육 환경에서 활동이 진행되는 동안 장애아동을 교실에서 분리해서 직접교수를 하지 않는 것을 강조하면서, 개별화교육프로그램에 명시된 목표를 달성하도록 학급일과나 활동 내에 목표를 삽입하는 것을 말한다.

ELO의 목적은 교사의 교수활동과 유아의 학습기회를 증가시키는 것으로 효과는 유아의 목표행동에 대한 도달 정도로 측정될 수 있다. 진보가 보인다면 교수는 계속되어야 하겠지만, 직절한 진보를 보이지 않는다면 수정을 하여야 한다.

4단계의 직접교수는 성공적인 학습적 상호작용을 통해서 학습을 하는 효과적인 교수전략을 포함하는 것으로, 교사가 직접 특정 기술이나 행동발생을 목적으로 직접적으로 아동에게 촉진을 제공하는 것이다. 촉진은 아동으로 하여금 교사가 원하는 반응을 하도록 아동을 도와주는 모든 방법, 즉 모든 교수적 촉진과 강화의 방법이 활용될 수 있다(Sandall, Schwartz, & Joshep, 2002).

교수적 촉진의 범주에는 과제를 수행하는데 신체적 지원을 해주는 신체적 촉진과 과제를 수행하도록 설명을 해주는 언어적 촉진, 그리고 목표행동을 직접해보고 따라하게 하거나, 기술 시연 등의 시범 보이기와 그림, 사진, 색깔 등의 단서를 사용하는 시각적 촉진이 있으며, 자극 내 자극으로 예를 들면 신발장에 이름과 사진을 함께 붙여놓는 등의 자극 정보를 제공하는 것 등이 있다.

3) 통합교육의 이점

(1) 장애아동에게 주는 이점

장애아동은 통합교육을 통해 보편적인 발달을 보이는 아동들과 함께 생활하면서 또래에게서 나타나는 적절한 행동을 관찰할 수 있으며, 그러한 행동으로 자연스럽게 상호작용하는 경험을 높일 수 있다(Odom & McEvoy, 1990). 이는 분리

교육으로부터 오는 사회성의 지체를 막을 수 있으며, 또래들과의 의사소통, 놀이와 일상생활을 통한 상호작용은 장애아동의 사회성발달을 촉진한다(Guralnick, Connor, Hammond, Gottman, & Kinnsh, 1996; Jenkins, Odom, & spelts, 1989; Odom, McConnell, & Chandler, 1993).

통합교육 시 개별화교육프로그램(IEP)을 통한 접근은 장애아동에게 적절한 수정전략과 삽입기술을 적용함으로 일반교육 프로그램의 참여를 높이고, 장애아동 발달을 촉진하여 교육적 성과를 증진시킨다.

(2) 일반아동에게 주는 이점

현장에서 장애아동을 통합할 때 가장 어려움은 일반아동의 교육에 방해가 되어 일반아동에게 부정적인 영향을 미칠 것으로 우려하는 것이다. 이러한 염려들을 해결하기 위해서 그동안 많은 연구들이 진행되었고 연구결과들을 살펴보면, 통합교육을 통해 일반 아동들에게 부정적인 영향을 미치기 보다는 일반 아동들의 행동과 발달측면에서 긍정적인 결과를 보이는 것으로 나타났다(이소현 역, 1995; Odom, DeKlyen, & Jenkin, 1984). 즉, 장애아동을 고려한 교육과정과 교수방법에 대한 신중한 배려는 다양한 일반아동들에게도 보다 구체적이고 배려된 교수상황을 만들어 놓음으로써 일반아동의 발달에 도움이 되었다는 것이다. 예를 들어, 장애아동의 교육환경을 만들기 위해 교육기관의 문턱과 계단을 없애는 경우 일반아동들의 바퀴달린 자동차 사용이나, 유모차 이용뿐만 아니라 아동들의 안전한 보행에도 많은 도움이 된다.

발달의 성취부분에서도 통합되지 않은 일반아동과 통합된 일반아동을 비교했을 때 통합아동들의 발달상의 성취가 수 개월 앞서거나, 성숙효과로 예상할 수 있는 발달보다 더 높은 비율의 성취를 보이는 것으로 나타났다(Bricker, Bruder, & Bailey, 1982; Bricker & Sheehan, 1981; 이소현, 2007 재인용).

또한, 장애아동을 위한 사회성 발달 촉진 프로그램 실시 결과 통합된 일반아동이 통합되지 않는 아동들보다 더 높은 수용을 보이고 있으며(조윤경, 이소현,

2002), 실제 현장에서의 통합아동들을 볼 때 장애친구를 '생각이 어린친구', '나의 도움이 필요한 친구'로 자연스럽게 인식하며, 함께 놀이하는 가운데 친구를 배려하며, 타인의 입장을 생각하는 능력을 키우게 된다. 이러한 경험은 차이가 차별로 인식되지 않는 성숙한 인성과 사회성을 기를 수 있게 하여 다문화 사회 속에서 살아가는 데 필요한 문화적 역량을 키우게 된다.

(3) 부모 및 지역사회에게 주는 이점

통합교육은 장애아동 부모와 일반아동 부모에게 모두 긍정적인 영향을 미친다. 먼저 장애아동 부모의 경우 통합 상황에서 일반아동의 발달에 대한 정보를 갖게 됨으로 장애를 가진 자녀의 생활연령에 맞는 적절한 행동발달을 촉진할 수 있게 된다. 또한, 통합이 성공적으로 이루어질 때 장애를 가진 자녀에게 보다 긍정적인 역할태도를 보이게 될 뿐만 아니라 자연스럽게 일반아동의 부모와 접촉할 기회를 갖게 됨으로써 소외감과 고립감을 피할 수 있게 된다.

일반아동 부모의 경우에도 자녀가 장애아동과 상호작용을 통해서 폭넓은 대인관계를 형성하게 되고, 교육과정에서도 보다 세심한 교수방법을 통한 활동 진행으로 다양한 자녀들의 개별성을 존중받게 되는 혜택을 보게 된다. 또한, 장애아동과 그 가족을 이해하고 장애인에 대한 올바른 인식을 가지고, 그들의 요구에 관심을 가지게 되며, 자녀양육 시 보이는 문제해결의 가능성에 대해 긍정적 자극을 얻게 된다(Bailey & Winton, 1987).

통합교육을 통한 지역사회적 이점은 장애아동을 사회에 통합시킴으로 사회적 응력을 높이게 되어 장애로 인한 사회문제를 예방할 수 있도록 하며, 장애에 대한 올바른 인식을 통해 더불어 사는 바람직한 사회의 형태를 만들어 가게 된다. 아울러, 장애아동에 대한 적절한 교육서비스가 기존의 교육프로그램 내에서 이루어지기 때문에 분리교육으로 인한 교육비용을 절감하는 이점이 있다.

5. 조기중재

1) 조기중재의 개념

생애 초기 영아기의 경험은 발달에 있어 중요한 역할을 담당하며 이 시기에 영아는 부모와의 상호작용을 통해 기본적인 생활습관이나 태도, 가치와 규범 등을 습득하고 다양한 외부환경의 자극을 통해 인지적, 정서적인 성장이 이루어진다. 그러나 장애영아는 부모와의 상호작용과 외부환경의 자극이 일반영아와 동일하게 주어지더라도 장애로 인해 정상적인 발달의 어려움을 초래한다.

이에 영아기의 장애를 조기에 발견하고 아동의 장애유형과 발달특성에 따른 적절한 조기교육이 제공되어야 하며 이를 통해 정상적인 발달촉진과 함께 2차 장애를 예방할 수 있어야 한다(이소현 역, 1995).

우리나라 장애영아에 대한 조기교육 및 지원은 모자보건법(2005)과 장애인복지법(2005)에서 법적 근거를 찾을 수 있으며, 어린이집의 경우 영유아보육법(1991)에 의거 2003년부터 장애영유아 무상보육을 실시해 오고 있다. 이후 장애아 등에 대한 특수교육법(2007)에서 장애유아에 대한 의무교육과 장애영아의 무상교육실시가 명기되었다. 장애아 등에 대한 특수교육법 제4장 제18조(2007)를 살펴보면, 장애영아의 교육지원을 만 3세 미만의 장애영아로 규정하고 특수교육지원센터의 진단·평가 결과를 특수학교의 유치원과정, 영아학급 또는 특수교육지원센터에서 조기교육을 받게 하고 있다. 또한, 장애영아가 의료기관, 복지시설 또는 가정 등에 있을 경우에는 특수교육교원 및 특수교육 관련 서비스 담당 인력 등으로 하여금 순회교육을 제공하도록 하였으며, 국가 및 지방자치단체는 장애영아를 위한 교육여건을 개선하고 설비를 정비하기 위하여 노력하도록 명시하였다. 아울러 장애의 조기발견은 「장애아동복지지원법」 제12조에서 "시장·군수·구청장은 「국민건강보험법」 제52조, 「의료급여법」 제14조 및 「모자보건법」 제10조 제1항에 따라 영유아에 대하여 정기적인 건강검진·예방접종을 실시하는 경우 장애의 유무를 조기에 발견하기 위하여 선별검사를 실시할 수 있다. 국가와 지방자치단체는 장애의 조기발견을 위하여 방송·신문 및 인터넷 등 다양한 매체를 이용하여 홍보하여야 한다."로 규정하고 있다.

조기중재(early intervention)는 0~3세 미만의 장애영아에게 특수교육과 관련 서비스를 실시하여 2차적인 장애를 예방하고, 발달지체를 포함한 장애영아의 발달 촉진을 목적으로 영아와 그 가족들을 지원하는 포괄적 서비스를 말한다.

이러한 조기중재가 필요한 장애영아 무상교육 대상자는 발달상의 지체를 보이는 영아, 형성된 장애요인을 지닌 것으로 진단된 영아, 발달지체 위험요인을 지닌 영아 등으로 구분할 수 있다(이소현, 최진희, 조윤경, 2007). 그러나 실제로 장애영아의 무상교육 대상자는 이미 형성된 장애요인을 지닌 것으로 진단된 영아와 발달상의 지체를 보이는 영아들이 대상이 된다. 아직까지 장애 위험요인을 지닌 영아 지원에 대한 근거가 미흡한 상황으로, 조기중재의 목적에 맞게 장애 위험요인을 지닌 영아에 대한 구체적 근거를 찾아 서비스를 지원함으로 장애를 예방할 필요가 있다(Farran, 2005).

2) 조기발견의 현황 및 실태

특수교육실태조사 장애영아 실태조사는 장애영아 보호자, 장애영아 배치 특수학교 및 특수교육지원센터 관리자 및 교사를 대상으로 조사하였다(특수교육 실태조사 보고서, 2014). 장애영아 현황을 보면, 전체 장애영아 680명 중 특수학교 재학 중인 영아는 141명으로 이중 '2세 이상'은 94명으로 전체 영아 중 13.8%에 해당되며, 특수교육지원센터에 재학 중인 영아는 538명으로 전체 영아 중 79%에 해당하는 것으로 나타났다. 장애 진단을 실시했던 경험이 있는 경우 장애 발견(의심) 시기는 '1월~6월'이 54.1%로 가장 높게 나타났고, 다음으로 '6~12월 미만'이 15.8%의 순으로 나타나 장애 발견 시기가 대체로 1년 이내인 것으로 나타났다. 장애 진단을 실시했던 경험이 있는 경우 장애 진단 시기는 '1월~6월 미만'이 28.5%로 가장 높았고, 다음으로 '12~18개월 미만'이 23.5%로 나타났다. 장애 발견 시기와 장애 진단 시기에 차이가 나는 이유로는 대체로 너무 어려 의사가 예후를 보고 추후 진단할 것을 권유한 경우, 그리고 자라면서 나아질 것이라고 여긴 때문으로 나타났다. 특수교육 관련 서비스 지원 실태 및 요구에서 보호자들이 가장 많이 지원 받고 있는 특수교육 관련 서비스는 '치료지원'이 76.2%였으며, 다음으로 '가족지원'이 10.9%로 나타났다.

최근 2020년 특수교육 연차보고서의 장애영아 현황을 살펴보면 「장애인 등에 대한 특수교육법」에 따른 장애영아 무상교육 지원 현황은 2020년 4월 기준 특수학교 45학급, 특수교육지원센터 50학급, 총 95학급의 장애영아 학급이 설치되어 있다. 특수학교에서 무상교육 지원을 받는 장애영아 수는 123명, 특수교육지원센터에서 지원을 받는 장애영아 수는 316명으로, 총 439명의 장애영아가 무상교육 지원을 받고 있다. 연령별 현황은 1세 미만 15명, 1세 117명, 2세 307명으로, 총 439명이다. 또한 2021년 전국 연령별, 장애 정도별, 성별 등록 장애인 수 통계에 따르면 장애영아 수는 0세 36명, 1세 381명, 2세 916명으로, 총 1,333명이 등록되어 있다(교육부, 2020).

2021년 현재 우리나라는 영유아 월령에 적합한 건강검진 프로그램 도입으로 영유아의 성장발달 사항을 추적 관리하고 보호자에게 적절한 교육 프로그램을 제공하여 영유아 건강증진을 도모하는 영유아건강검진 사업을 진행하고 있다. 이 사업은 「건강검진기본법」 제5조(국가와 지방자치단체의 의무), 「국민건강보험법」 제52조(건강검진) 및 같은 법 시행령 제25조, 「의료급여법」 제14조(건강검진)의 법적 근거로 2007년 만 6세 미만 영유아 295만 명을 대상으로 한 무료 건강검진을 시작하였다. 대상자는 출생 후 71개월까지 영유아로 생후 14일이 되는 날부터 총 8차로 구분하여 검진을 받으며, 주요 선별 목표질환으로는 성장·발달 이상, 비만, 안전사고, 영아돌연사증후군, 청각·시각 이상, 치아우식증 등이며 5개 분야(계측, 측정, 문진, 진찰, 교육) 24개 항목을 검진하고 상담한다. 영유아 성장·발달의 중요시기에 필수 진찰 프로그램을 도입하여 검진을 통해 빌환 및 이상 소견을 조기발견하며, 출생 후 71개월까지 성장·발달의 시계열적인 추적으로 정기적인 진찰을 통해 건강관리가 가능한 이점이 있다(보건복지부, 2021).

영아 장애는 출생 후 1년 안에 발견되므로 건강검진을 통해 정밀검사가 요구될 경우 부모를 비롯한 병원, 보육기관 등의 관계자들이 조기에 중재할 수 있도록 다양한 지원이 요구되며, 조기발견 조기중재에 대한 대중 인식을 강화시킬 수 있는 방안 마련이 시급하다. 즉, 장애 위험 및 장애영아에 대한 조기발견과 조기개입 서비스의 연계를 위해서 장애에 대한 인식과 대처를 위한 즉각적인 정보제공과 교육적 지원을 실행할 수 있는 체계적인 시스템이 마련되어야 한다. 이러한 필요성을 반영하여 「장애아동복지지원법」에서도 조기발견과 장애영유아에 대한 체계적인 사례 관리를 시행하는 '장애아동지원센터' 설립과 운영이 강조되고 있다(조윤경, 2013).

또한, 어린이집 및 특수교육기관과 특수교육지원센터의 장애영아 전담 특수교사의 배치비율을 높여 장애영아 특성에 맞는 개별화된 가족지원이 이루어질 수 있도록 하며, 장애가족의 건강한 생활을 위한 가족강화 프로그램의 도입이 필요하다.

3) 조기중재 프로그램

영아기에 장애로 판정을 받은 경우 영아의 건강한 발달을 촉진하기 위해 의료적인 치료와 더불어 인지, 의사소통, 정서적 안정, 부모 및 또래와의 상호작용 등 전반적인 영역에서의 교육적 중재가 이루어져야 한다. 이러한 조기중재는 영아들의 일상생활, 즉 자연스러운 환경 속에서 접근해야 하며, 여기에는 가족과 영아가 주로 생활하는 교육기관 등이 포함될 수 있다. 아울러, 중재 대상이 가족요인을 넘어 이웃과 지역사회와 같은 생태학적 요인을 고려한 포괄적인 중재프로그램이 바람직하다(Bricker, 1989).

(1) 조기중재서비스 전달 모형

① 기관 중심 영아 프로그램

우리나라에서 진행되는 영아 프로그램의 대부분을 차지하고 있는 기관 중심의 중재는 발달에 적합하고, 연령에 맞는 교육환경을 구성하고, 계획된 활동에 따른 교육을 통해 영아의 발달을 촉진시킨다. 기관 내 일과 속에서의 상호작용적인 놀이를 통해 의사소통 기술을 증진시키고, 활동이나 단계를 분석하여 이를 직접 교수하는 교사주도의 활동을 진행할 수 있다(Gargiulo & Kilgo, 2000).

기관 중심의 중재는 교사가 시간을 효율적으로 활용하고 감독할 수 있으며, 영아의 사회성 발달의 기회를 제공하고, 또한, 시각적으로 볼 수 있기 때문에 지역사회에 조기교육의 필요성을 알리는 역할을 할 수 있다. 그러나 영아의 통학의 어려움이 있으며 기관을 유지하는 비용이 들어가며, 교사와 가족의 긴밀한 관계를 통한 가족지원서비스의 초점을 맞추기 어렵다.

② 가정 중심 영아 프로그램

가정 중심의 중재는 아동이 가정에서 교육서비스를 받는 것으로 교사의 방문을 통해서 이루어지며, 부모에게 자녀교육에 대한 정보를 제공하는 등의 다양한 가족을 지원하는 형태다. 교사는 방문을 통해 교육을 실시할 때 목표활동에 대한 활동의 기초선을 정하고, 부모는 교사가 제시한 활동의 시범을 보이고 부모와 교사가 활동을 반복하며, 다음 교사의 방문 때까지 부모가 영아를 가르친다. 교사는 부모와 정보를 나누고 다시 활동을 계획하는 과정이 반복되며, 부모가 능동적으로 참여하는 부모중심 접근이 이루어진다.

가정 중심의 영아 프로그램은 이동하기 어려운 영아와 가족들에게 이동하지 않고 집에서 서비스를 제공받을 수 있게 하며, 부모와 영아가 1:1로 활동하기 때문에 교수전략의 개별화를 꾀할 수 있고, 가정이라는 자연스러운 환경에서 교육이 이루어지므로 일반화하기가 쉬우며, 가족의 필요에 수시로 대처할 수 있는 장점이 있다.

그러나 장애영아를 보살피며 교육하는 등 부모에게 요구되는 일이 너무 많아 이를 수행하지 못했을 때 부모는 정신적인 부담과 죄책감을 느끼게 된다. 또한, 영아가 성장함에 따라 또래 친구들과의 상호작용이 필요하게 되어 기관을 찾게 되고, 방문교사들이 길에서 많은 시간을 보내게 되는 어려움이 존재한다.

③ 기관–가정 협력 모형

기관–가정 협력 모형은 기관 중심의 중재와 가정 중심의 중재를 적절히 병합하여 실행하는 것을 말한다. 가족의 생태에 대한 이해를 바탕으로 개별화가족지원서비스 개발을 위해 가족의 일과 내에서 평가를 시행한 후, 초학제적인 팀 접근을 통해 가족을 지원한다. 아울러, 학급 내에서 이루어지는 모든 활동에 영아의 치료교육에 필요한 목표들을 삽입하여 실행하며, 자연스러운 통합 환경에서 치료를 실시하게 된다. 이를 위해 가정방문을 실시하고, 통합적 치료나 교수를 활용한 협력적인 양육자문을 시행한다(조윤경, 김수진, 2008).

(2) 개별화가족서비스지원계획(IFSP)

개별화가족서비스지원계획(Individualized Family Service Plan: IFSP)은 장애영아를 대상으로 개별화된 교육 프로그램을 제공하기 위한 구체적인 실행 계획이다. 개별화가족지원서비스계획(IFSP)은 이름에 가족이 포함된 것으로도 알 수 있듯이 장애영아들의 교육에 있어서 가족들이 주양육자로서의 역할을 잘 감당하기 위해 가족을 강화하고, 지원하며, 이들의 적극적이고도 의미 있는 참여를 촉진한다. 따라서 가족진단을 수행해야 하며, 가족의 관심, 우선순위, 지원과 가족을 위한 목표 및 서비스 내용을 포함해야 하는 가족 중심의 교육 프로그램이다(이병인, 2003).

개별화가족지원서비스계획의 구성요소로는 영아의 현행수준에 대한 서술과 가족의 자원, 우선순위, 영아의 발달을 촉진하는 것과 관련된 관심사와 영아와 가족이 성취하도록 기대되어지는 목표를 기록한다. 또한, 특정 조기개입서비스에 대한 구체적인 서술과, 서비스가 제공될 자연적 환경, 그리고 서비스 시작일과 기간, 서비스 계획 참여자와 제공자의 이름을 기록해야 하며 마지막으로 유아특수교육 프로그램이나 다른 적절한 서비스로 옮겨가는 전환 지원 계획이 포함된다.

4) 조기중재의 방향

장애영아의 조기중재를 활성화시키기 위한 방안으로 첫째, 어린이집과 유치원, 특수교육센터에 장애영아 전담 특수교사 배치를 확대하여 개별화된 교육 지원을 강화해야 한다.

둘째, 장애영아를 발견하고, 의뢰하며, 선별, 배치에 이르기까지 지속적인 관리를 통해 조기중재가 이루어질 수 있도록 서비스 조정자의 개념이 도입되어야 한다. 이를 위해, 가까운 기관을 안내해 줄 수 있는 체계가 필요하며, 병원과 어린이집, 특수교육기관 등 장애영아와 관련된 모든 기관의 연계와 더불어 보건복지부와 교육부를 중심으로 한 각 부처별 위원회의 구성이 필요하다.

셋째, 장애영아의 교육 형태는 최초 가정 중심의 교육 프로그램을 적용하고, 점차 기관 중심 프로그램으로 전환하여 지도하는 형태가 되어야 하며, 가정과 기관 간의 연계가 더욱 긴밀해져야 한다. 그리고 교육 활동으로 영양, 휴식, 놀이, 정서 및 사회성 발달을 위한 다양한 상호작용 활동이 연령에 따라 적절하게 제공되어야 한다.

마지막으로, 장애영아가 향후 유아기 교육을 효율적으로 받기 위한 통합 보육 및 교육기관의 지속적인 확대가 요구된다.

10장

아동복지

아동복지는 아동권리에 대한 인식이 확산되어 감에 따라 요보호 아동을 중심으로 실시되어 오던 것이 모든 아동의 행복 추구를 목표로 하는 보편적 복지 서비스로 확대되고 있다. 그럼에도 가정 유형의 다양화, 가정의 정서적 고립에 따른 가정의 양육 기능 약화와 아동에게 유해한 환경의 증가 등으로 아동의 행복과 건전한 성장이 위협받고 있다. 본 장에서는 아동권리와 아동복지의 기본 조건 및 실천 원칙에 따른 아동복지의 이해, 그리고 아동복지의 접근 방법과 다양한 아동복지 영역에 대해서 알아보고 아동복지의 과제와 전망을 살펴본다.

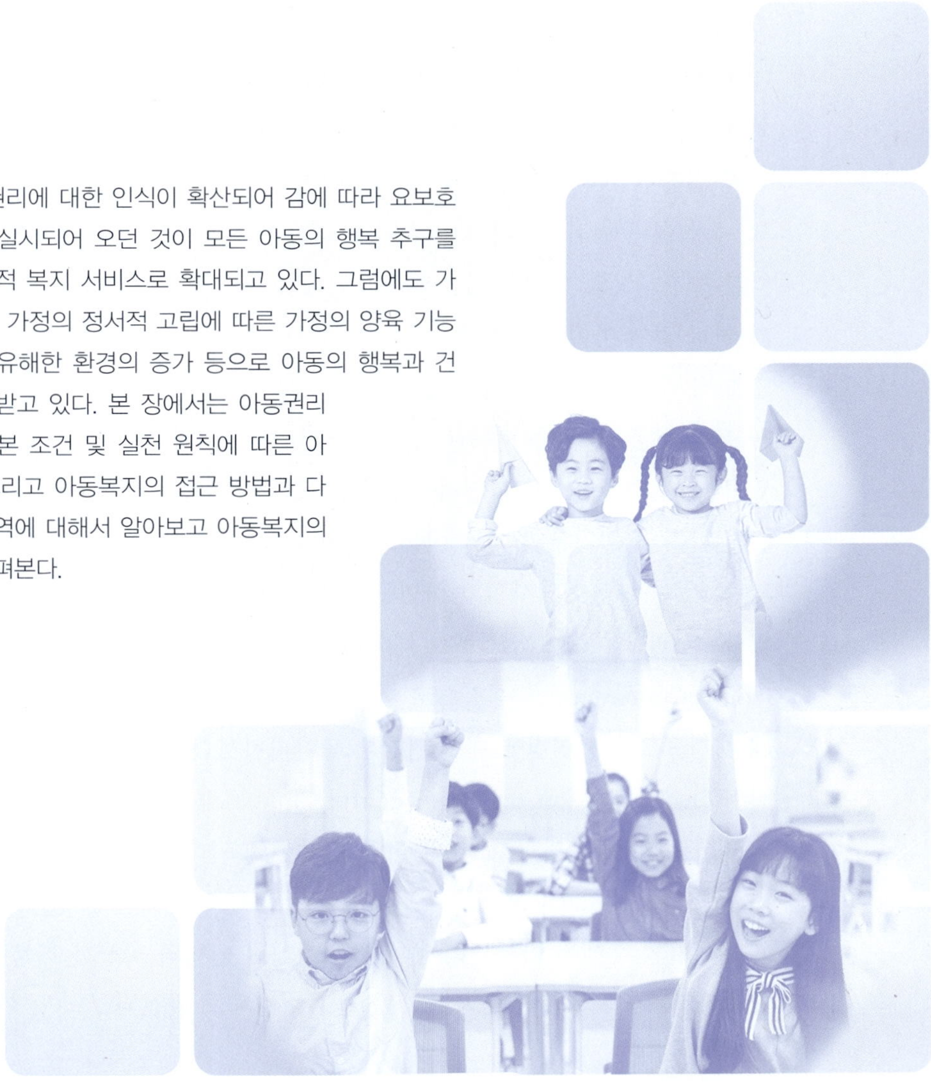

1. 아동복지의 이해

1) 아동복지의 필요성

아동복지는 고대사회로부터 현재까지 역사적인 맥락 가운데 우리 사회가 아동을 이해하고 발견하는 과정을 통해 함께 발전되어 왔으며, 현대사회에 이르러 다양한 가족 및 사회적 구조와 기능의 변화 가운데 그 필요성이 더욱 중시되고 있다.

현대사회가 산업화, 도시화 되면서 핵가족화와 취업모의 증가로 인한 아동양육과 보호기능의 중단은 아동을 위기상황으로 만들었고, 대도시로의 인구집중과 주거지 밀집현상이 심화됨에 따라 아동이 안전하게 놀이할 수 있는 장소가 감소되고, 폭력이나 범죄로부터 자유로울 수 있는 안전지대도 줄어들게 되었다. 아울러, 자본주의 시장의 특성인 이윤추구로 인해 무분별한 유해상품과 과소비, 향락문화가 여과 없이 아이들에게 제공되는 지역사회환경이 조성되기도 하였다.

20세기는 '아동의 세기'로 불릴 만큼 아동에 대한 연구가 활발하게 전개되어, "아동은 튼튼하게 태어날 권리, 건전하게 키워질 권리, 정상적인 가정생활을 영위할 권리, 교육을 받을 권리, 정신적·도덕적 훈련을 받을 권리, 유희나 오락을 충분히 즐길 권리를 가지는 아동"(주정일, 이소희, 1992)으로 전반적인 아동인권과 특히 아동을 미래사회의 국민을 육성하기 위한 교육의 대상으로 인식하게 되었다. 1909년 미국의 루스벨트 대통령이 개최한 아동에 관한 '백악관 회의'(White House Conference)를 시작으로 아동복지가 국가적 과제가 되었고, 거듭되는 세계 대전으로 아동권리에 대한 관심이 높아지면서 '세계아동헌장'(1922), '아동권리선언(Declaration on the Right of the Child)'(1959) 등이 채택되었고, 1979년을 '세계아동의 해'로 정하고, 10년 이후 '유엔 아동권리협약'(UN Convention on the Right of the Child: CRC)이 제정되었다.

20세기 이후에는 아동권리에 대한 범세계적 인식의 확산과 더불어 위탁기관과 아동시설은 요보호아동을 보호하는 보편적 형태로 발전되었으며, 아동 노동에 대한 새로운 인식과 조치가 함께 이루어져 아동복지에 있어 전문화가 이루어진 시기로 아동복지에 대한 사회와 국가 책임의 필요성이 강조되었다.

2) 아동복지의 정의

아동복지는 사회복지의 한 분야로 아동복지에 대한 이해는 사회복지에 대한 이해에서 출발한다. 어원상 사회복지는 사회와 복지의 복합어로서 복지(welfare)는 행복, 복리(wellbeing), 안녕 등과 같이 '잘살아가는 것'을 의미하며, 사람들이 살아가면서 가지는 욕구를 충족시키고, 문제가 해결되는 상태를 말한다. 여기에 '사회적'(social)이라는 용어가 합해진 '사회복지'라는 개념은 '개인의 복리를 위한 사회적인 노력'을 의미하는 것으로 사회구성원이 잘 살아가도록 사회가 다양한 방법으로 지원하는 것을 말한다. 이때 사회적 지원은 개인적이고 주관적인 욕구나 문제라기보다는 사회적인 보편성과 공통성을 지니는 사회적 욕구 및 사회적 문제가 된다. 따라서 아동복지란 "아동의 기본욕구 충족과 문제해결을 통해 아동의 행복한 삶을 실현하기 위한 사회적인 제반 노력"이라 할 수 있다(장영인 외, 2006).

아동복지는 20세기 전후의 사회적 변화와 깊은 관계가 있으며 Kadushin과 Martin(1988)은 이러한 시대적 분위기를 여덟 가지로 정리한다.

첫째, 인본주의 이념과 함께 발전하였다. 기독교의 생명존중사상과 18세기 이후 계몽주의는 아동복지를 개인적 의무에서 종교적, 시민적 의무로 인식하는 원동력이 되었다.

둘째, 인도주의적 이념의 강화와 산업혁명으로 인한 경제발전은 아동문제를 사전에 예방하여 미래의 사회적 문제를 줄여야 한다는 인식을 확장하였고, 투표권이 빈민에게까지 확대되어 이들의 욕구와 이익에 관심을 기울일 수밖에 없는 정치적 상황은 아동복지 발전에 계기가 되었다.

셋째, 아동기가 인간의 성장과정에서 중요한 시기이며, 아동을 특수한 성질, 독특한 욕구와 능력을 가진 인구집단으로 인식하기 시작하였다.

넷째, 가족과 이웃의 기능쇠퇴와 사회제도의 전문화가 요구되었다.

다섯째, 사회 내에서 가족과 아동이 차지하는 지위가 향상되었다.

여섯째, 사회가 저출산과 고령화로 변화하면서 부모와 자녀의 정서적 애착관계가 보다 친밀하고 강화되었다.

일곱째, 과학적 지식의 진보는 아동복지학문과 전문직을 탄생시켰다.

여덟째, 아동의 법적 지위기 향상되었다(서보준, 김우호, 박선태, 이정미, 2013).

일반적으로 아동복지란 일반적으로 아동에게 혜택을 주기 위한 사회복지 프로그램을 통해 아동복지서비스를 제공해 주는 사회사업을 의미하며, 그 대상이 아동에게 초점을 맞춘다는 데서 출발한다(박희숙, 유주희, 이광희, 2014).

아동복지에 대한 개념은 학자마다 제시하는 정의가 일부 차이가 있다. Kadushin & Martin(1988)은 협의의 아동복지란 특수한 욕구를 가진 아동과 가족을 대상으로 사회복지기관을 비롯한 특정기관에서 제공하는 서비스를 의미하며, 광의의 아동복지란 모든 아동들의 행복을 위해 그들의 신체적·사회적·심리적 발달을 도모하고 촉진하기 위한 모든 대책이라고 정의하였다. 장인협과 오정수(2001)는 "아동의 기본적인 욕구를 충족시키고 건전한 성장과 발달을 도모하기 위해 여러 가지 활동을 가능하게 하는 공식적인 방법과 절차"라고 정의하였으며, 한성심, 송주미(2003)는 "모든 아동과 그들의 가족이 지닌 욕구와 문제를 해결하고 행복한 생활을 할 수 있도록 공·사 단체 및 국가에 의해 이루어지는 일련의 계획적이고 조직적인 활동을 포함한 제도"라고 정의하였다.

과거 아동복지는 빈곤, 가출, 비행, 학대, 해체가정의 아동 등 구조적으로나 기능적으로 부적절한 환경에 처한 아동이나 신체·정서·행동적 장애를 가진 아동 등 요보호 아동중심으로 서비스가 실천되어 왔다. 그러나 현재, 아동복지법 제1조에 "아동이 건강하게 출생하여 행복하고 안전하게 자라나도록 그 복지를 보장함을 목적으로 하고 있다."로 명기된 바와 같이 요보호아동뿐만 아니라 모든 아동의 안녕과 복지를 제도적으로 보장하는 광의의 개념으로 아동복지를 정의하고 있다. 이러한 맥락에서 아동복지란 "모든 아동과 그 가족을 대상으로, 국가 및 다양한 아동복지주체들이 상호협력하여 아동의 건강한 성장·발달과 삶의 질 향상을 위해 수행하는 총체적 활동"으로 정의할 수 있다(한미현 외, 2013).

3) 아동권리와 아동복지

인권은 사람이 이 세상에 태어나면서 출생과 더불어 존재로서 소유하는 자연법적 권리를 말한다. 아동권리는 성인에게 주어지는 인권의 측면과 아동기라는 발달단계에 있는 특성을 반영한 보호권과 발달권 측면이 함께 부가된다(이순형, 2001).

아동권리는 크게 수동적 권리와 능동적 권리로 구분된다. 수동적 권리란 성인의 보호 아래 있는 아동기의 특성상 법정양육의무자로부터 보호와 원조를 받음에 따라 법적 효력을 갖는 권리로, 아동이 권리를 수용하는 수동적 존재로서 양육을 제공하는 자의 의식과 자각에 따라 아동권리가 보장되는 정도가 달라질 수 있음을 의미한다. 반면, 능동적 권리는 아동이 단순히 권리를 수용하는 것뿐만 아니라 권리를 행사하는 주체로서 자신의 의견을 주장하고 행사하는 자유를 얻음에 따라 법적 효력을 가지는 권리를 말한다. 아동복지서비스는 아동의 권리를 옹호하기 위한 서비스로 수동적 측면과 능동적 측면 있으나, 아동권리에 대한 국제협약을 감안하면 오늘날에는 수동적 권리를 기반으로 한 능동적 권리보장이 요구된다(김혜원, 2006).

20세기 들어 국제사회는 수동적인 아동보호에서 능동적인 아동권리보장이라는 적극적인 아동권리사상이 발달하게 되었다. 1922년 독일 바이마르 헌법 아래 세계 최초의 아동법이 제정되었고, 이어 1924년 국제연맹(League of Nation)에 의하여 '아동의 권리에 관한 제네바 선언'이 채택되었으며, 1959년 국제연합은 10개 항으로 구성된 '아동권리선언'을 발표하게 된다. 그 후 20년 후인 1979년에 '세계 아동의 해'를 맞아 아동권리협약 초안을 준비하고, 10년 후 1989년 유엔총회에서 '아동의 권리에 관한 국제협약'(Convention on the Right of the Child: CRC)을 채택, 1년 후인 1990년 9월에 20개국 이상의 비준을 받아 국제법으로 공포되었다. 협약이란 특정한 법을 지키자는 국가들 사이의 약속으로, 효력을 가지려면 협약을 최종적으로 확인·동의하는 절차인 비준(ratification)을 하여 국제적 규범과 수준(international norms and standards)에 맞게 자국민의 인권을 보호하고 보장하겠다는 표명을 의미한다. 이는 해당 협약과 조화를 이루기 위해 당사국의 모든 사법적·행정적 제도를 정비하겠다는 약속으로 현재 비준한 국가는 미국을 제외하고 2015년 비준한 소말리아를 포함하여 196개국이다.

유엔 아동권리협약은 18세 미만의 모든 아동을 권리의 주체로 인정한 세계 최초의 국제규범으로, 아동의 경제적, 사회적, 문화적 권리와 시민적·정치적 권리가 보장되었다. 제3부 총 54개 조문으로 구성된 협약의 전문은 인간의 존엄과 가치, 평등권 등 인간의 기본적 인권을 확인하면서 아동이 특별한 보호와 원조를 받을 권리를 가진 주체임을 명시하고, 아동의 보호에 대한 가족의 1차적 책임을 강조하였다. 또한, 출생 전후 아동의 법적 보호, 아동이 속한 사회의 문화적 가치의 존중, 아동의 권리를 지키기 위한 국제사회의 협력을 강조하였다.

아동권리협약의 4가지 기본원칙은 모든 어린이는 부모님이 어떤 사람이건, 어떤 인종이건, 어떤 종교를 믿건, 어떤 언어를 사용하건, 부자건 가난하건, 장애가 있건 없건 모두 동등한 권리를 누려야 한다는 무차별(Non-Discrimination), 아동에게 영향을 미치는 모든 것을 결정할 때는 아동의 이익을 최우선적으로 고려해야 아동 최선의 이익(Devotion To Best Interests Of The Child), 생애시기에서 특별히 생존과 발달을 위해 다양한 보호와 지원을 받아야 한다는 생존 및 발달의 권리(The Right To Life, Survival And Development), 책임감 있는 어른이 되기 위해 어린이 자신의 능력에 맞게 적절한 사회활동에 참여할 기회를 가지고, 자신의 생활에 영향을 주는 일에 대하여 의견을 말할 수 있어야 하며 그 의견을 존중받을 수 있어야 한다는 어린이 의견존중(Respect For The Views Of The Child)으로 구성되어 있다(유니세프 한국위원회, 2015).

또한, 아동권리협약은 국제적인 인권조약으로 〈표 10-1〉과 같이 아동의 생존권, 보호권, 발달권, 참여의 권리 등 아동의 인권과 관련된 모든 권리를 규정하고 있다.

〈표 10-1〉 유엔 아동권리협약의 4가지 기본권리

4대 권리	내용
생존의 권리 (Right to Survival)	적절한 생활수준을 누릴 권리, 안전한 주거지에서 살아갈 권리, 충분한 영양을 섭취하고 기본적인 보건서비스를 받을 권리 등, 기본적인 삶을 누리는데 필요한 권리
보호의 권리 (Right to Protection)	모든 형태의 학대와 방임, 차별, 폭력, 고문, 징집, 부당한 형사처벌, 과도한 노동, 약물과 성폭력 등 어린이에게 유해한 것으로부터 보호 받을 권리
발달의 권리 (Right to Develop-ment)	잠재능력을 최대한 발휘하는데 필요한 권리로, 교육 받을 권리, 여가를 즐길 권리, 문화생활을 하고 정보를 얻을 권리, 생각과 양심과 종교의 자유를 누릴 권리
참여의 권리 (Right to Participation)	자신의 생활에 영향을 주는 일에 대하여 의견을 말할 수 있어야 하며 그 의견을 말하고 존중 받을 권리로, 표현의 자유, 양심과 종교의 자유, 의견을 말할 권리, 평화로운 방법으로 모임을 자유롭게 열 수 있는 권리, 사생활을 보호받을 권리, 유익한 정보를 얻을 권리

우리나라 최초의 아동권리선언은 소파 방정환이 '어린이'라는 말을 처음으로 사용하며 일어난 소년운동으로, 1923년 어린이날을 기념하며 '아동의 권리공약 3장'의 선포를 들 수 있다. 그 내용은 아동에게 완전한 인격적인 예우를 하고, 14세 이하 아동에 대한 무상 또는 유상 노동을 폐지하며, 아동이 배우고 놀 수 있는 가정 또는 사회적 시설을 행하도록 하였다. 그 후 1975년 어린이 헌장이 제정되고, 1988년 11개 조항으로 개정되었다.

우리나라는 1991년 협약 비준 이후 협약 이행에 대한 보고 의무에 따라 정기적으로 국가보고서를 제출하고 유엔의 심의를 받고 있다. 1996년에 제1차, 2003년 제2차, 2011년 제3·4차 심의가 있었고, 2019년 9월 제5·6차 심의를 받았다. 이러한 심의는 협약 이행에 대한 국가보고서 뿐 아니라 민간단체 및 국제기구 등의 보고서와 자료를 통해서 우리나라의 아동권리 전반에 대해 종합적인 정보를 수집하여 이루어진다. 이러한 심의 결과를 바탕으로 발표하는 유엔 아동권리위원회의 최종 견해는 아동권리 이행에 대한 평가와 개선 권고가 담기게 되기 때문에, 우리나라의 아동권리 상황과 수준을 가장 잘 보여주는 지표라고 할 수 있겠다.

제5·6차 최종 견해에서는 우리나라에 대해 「난민법」 제정(2012년), 「아동학대범죄의 처벌 등에 관한 특례법」 제정(2014년) 및 입양허가제 도입 등에 따른 관련 유보조항 철회(2017년), 아동수당 도입(2018년), 아동정책영향평가 체계 수립(2019년), 아동 성범죄의 처벌 강화, 남성 육아휴직 및 한부모가정 지원 확대 등의 일련의 입법적, 정책적 노력에 대해 의미 있는 성과로 인정하면서도, 아동권리 이행을 위해 개선이 필요한 사항들에 대해 권고 형태로 의견을 제시하였다(굿네이버스, 2019).

또한, 2013년 5월 '유엔 아동권리협약', '아동매매 등에 관한 선택의정서'와 함께 아동인권과 관련된 핵심조약인 '헤이그국제아동입양협약'에 가입하고 비준을 기다리고 있다. '헤이그국제아동입양협약'은 아동보호를 목적으로 아동이 원래의 가정에서 보호받을 수 있어야 한다는 것을 제일 원칙으로 삼고 있으며, 불가능할 경우 가정위탁이나 국내입양 등 국내에서 보호할 수 있는 방법을 찾고, 이마저도 불가능할 경우 국제입양을 추진한다는 것이다. 또한, 국제입양 시 그 절차를 엄격히 하여 입양절차의 전 과정을 국가의 책임으로 규정하고 아동의 안전과 권리를 보장하도록 한다. '헤이그국제아동입양협약'의 비준은 아동 최선의 이익이라는 가치를 중심으로 국제입양의 체계를 개선해야 함을 의미하며 우리 사회의 많은 변화를 예상한다.

4) 아동복지의 기본조건 및 실천원칙

(1) 아동복지의 기본조건

아동복지의 기본조건은 아동복지가 반드시 갖추어야 할 기본요소를 의미한다. 아동복지가 아동의 행복추구를 목표로 한다면 아동의 행복을 보장하는 기본요소는 아동의 기본욕구를 충족시켜주고 그 권리를 보장하는 것이 될 것이다.

아동복지의 기본조건에 대해 다양한 견해들이 있는데(한미현 외, 2013, 강란혜 외, 2005; 공계순 외, 2003; 사회사업백과사전, 1995; 아동권리협약, 1989; 이은화 외, 1999; 장인협 외, 2001) 공통적으로 제시된 요소를 중심으로 부모 및 가정환경, 경제적 안정, 건강, 교육, 놀이, 노동으로부터의 보호, 안전 및 특수보호 등으로 나누어 살펴보고자 한다.

① 안정된 부모 및 가정환경

아동은 가정에서 부모에 의해 양육되면서 부모에게 물질적인 제공뿐만 아니라 특별한 애정과 헌신적 보살핌을 받으며 양육된다. 가정환경은 아동이 태어나서 최초로 접하는 생활환경으로 발달과정에 있는 아동기 동안 안정된 양육을 제공한다. 아동이 어릴수록 아동의 건강한 발달은 부모의 양육태도에 전적으로 좌우되며, 특히 아동기 초기에 부모의 관심 어린 공감과 격려 등 안정된 심리·정서적 환경을 제공해주는 것이 아동으로 하여금 자기신뢰와 자아존중감을 형성하고 이후의 건강한 발달을 지속할 수 있게 해주는 중요한 요소이다(Baumind, 1967; Bowlby, 1951).

그러나 부모가 정신적으로 미성숙하고 부모의 문제를 건강하게 해결할 수 없는 경우 자녀에게 미치는 부정적 영향은 매우 커서, 아동이 부모에게 방임되거나, 유기, 폭력 등의 학대를 당하는 상황을 초래하기도 한다. 따라서 안정된 가정환경 속에서 부모의 양육을 받으며 성장할 수 있도록 부모와 가정을 지원해야 하며, 부모 또는 보호자가 없는 경우 최대한 가정적 분위기에서 성장할 수 있도록 가정위탁이나 입양 등과 같은 지원을 우선적으로 실시해야 한다.

② 경제적 안정

가정의 경제적 안정은 아동의 기본욕구를 충족시키기 위한 절대적 요소이다. 아동은 가정을 통해 의식주를 제공받고 건강, 교육, 오락 등을 보장받으며 이를 통해 성장하고 발달한다. 따라서 가정의 경제적 불안정은 부적절한 영양과 주거

문제, 교육, 정서행동 등 다양한 문제를 파생시킴으로써 이후의 성장과 발달에 부정적인 영향을 미치고, 아울러 부모의 양육방식과 가정해체의 원인이 될 수도 있어 아동의 삶을 위태롭게 할 수 있다. 따라서 경제적 안정은 아동자체의 기본생활권 보장을 위해서도 필수적이지만 바람직한 부모-자녀 관계를 위한 기본요소가 된다(이은화, 이경우, 문미옥, 유희정, 1999). 아동이 빈곤한 환경에서 지속적으로 생활할 경우 삶의 많은 장애와 제한을 받고 성인이 되어서도 빈곤에 처할 가능성이 매우 높다. 따라서 가정의 경제적 안정을 위해 각종 수당제도, 조세제도 등의 사회정책적 개입과 부모취업 등의 지원이 필요하다.

③ 건강

아동의 건강은 아동행복의 기본 조건이며, 아동의 인지·사회성 발달에 영향을 미치는 중요한 요소이다. 아동은 신체적, 정신적으로 건강하게 출생하고 성장해야 한다. 따라서 임신 중에서부터 출산 전후의 임산부의 건강관리가 필요하며 영유아에 대한 조기 건강검진체계가 구축되어 질병의 조기 발견 및 치료, 예방적 차원의 건강관리가 이루어져야 한다.

④ 교육

교육은 인간의 기본 권리인 발달권을 보장하는 것이며, 아동기 성장과 발달의 욕구를 실현하는 중요한 수단이다. 모든 아동에게는 교육의 기회가 부여되어야 하며, 아동의 지적, 정서적, 심리적, 사회적 발달을 돕고, 아동의 능력, 필요, 흥미에 따라 적절한 교육이 제공되어야 한다. 따라서 부모의 열악한 환경으로 인하여 교육기회가 박탈되지 않도록 모든 아동에게 일정수준의 교육을 받을 수 있는 기회제공이 필요하며, 의무교육제도는 그 대표적인 예로 볼 수 있다. 아울러, 발달상의 제한을 받는 장애아동들 또한 잠재능력을 최대한 발휘하여 자신을 실현할 수 있도록 지원하는 것이 필요하다.

⑤ 놀이

아동은 놀이를 통해 학습하고 발달한다. 또한, 놀이를 통해 주변 환경을 경험하고 탐색함으로써 자신을 둘러싼 세계를 이해해 나간다. 놀이는 아동의 자발적인 감동, 여유, 즐거움을 수반하는 행동으로 아동기 생활의 대부분이 놀이로 구성되어 있기 때문에 놀이를 통해 기초적인 개념을 형성하고 새로운 기술을 습득할 뿐만 아니라 에너지를 방출하고 다양한 정서를 표출할 기회를 갖게 되면서 심신의 건강한 발달이 이루어진다. 이러한 놀이의 중요성에도 불구하고, 현실생활에서 아동은 놀이의 기회, 공간, 시간의 확보가 점차 어려워지고 있으며, 놀 권리가 존중되지 못하고 있다. 놀이를 통해 아동의 전인적 발달을 도모하고 충분히 놀이할 수 있는 자유와 권리를 위한 부모와 지역사회, 국가의 대책이 요구된다.

⑥ 노동으로부터의 보호

아동권리협약에서는 아동이 노동착취로부터 보호받을 권리를 명시하고 있으며, 우리나라 근로기준법에는 15세 미만 아동노동의 사용금지(62조)와 여성 및 18세 미만인 자의 도덕상, 보건상 유해·위험 사업장에서의 사용을 금지하도록 규정(63조)하고 있다. 이러한 규정에도 불구하고, 육체적인 노동착취 외에도 미성년자를 유흥업소에 고용하거나 인터넷을 통해 아동의 성을 매매하는 등의 사회문제가 근절되지 않고 있다. 이는 빈곤가족상황, 왜곡된 성문화, 아동권리에 대한 인식부족 등 경제적·사회문화적인 요인과 연관을 가진 결과로 법적 규정만의 한계를 극복할 수 있도록 사회문화적 풍토와 사회인식의 변화를 포함한 포괄적이고 적극적인 국가의 역할이 필요하다.

⑦ 안전 및 특수보호

현대사회에 들어와 아동의 권리가 신장되고, 아동에 대한 보호수준도 많이 향상되었다. 그럼에도 불구하고, 다양한 안전사고와 폭력, 교통사고 등 아동의 안전을 위협하는 많은 사고가 발생하고 있다. 사고가 발생하는 장소도 가정을 포함하여 아동이 주로 생활하는 어린이집, 유치원, 학교 등 가장 안전해야 할 공간에서 안전사고가 발생한다. 이는 대부분이 성인의 보호의식의 결여에 의한 결과이며, 또한, 성인에 의해 자행되는 폭력, 유괴, 납치 등의 범죄행위 등의 발생을 감안하면 아동의 안전문제는 더욱 심각하다. 특히, 경제적·사회적으로 불안정한 사회일수록 아동들이 각종 범죄의 직접적인 대상이 되어 희생될 가능성이 높아진다(장영인 외, 2006).

아동의 안전을 보장하기 위해서는 가정, 학교, 지역사회 환경이 안전하고 건전한 환경이 될 수 있도록 보호자와 성인들에 대한 안전교육과 더불어 사회적인 인식을 변화시키며 국가 차원에서 안전보호지침을 철저하게 준수하도록 하는 대책이 요구된다.

(2) 아동복지의 실천원칙

아동복지의 실천원칙은 아동복지의 정책을 마련하고 서비스를 실천하는 과정에서 필요한 기준이다. 일반적으로 다음 5가지의 원칙이 제시된다(장인협, 오정수, 2001).

① 권리와 책임의 원칙

아동의 최선의 이익을 추구하기 위해서는 아동뿐만 아니라 아동에게 중요한 환경인 부모와 가정, 국가 및 사회의 권리와 책임이 수반된다. 아동복지는 이 세 주체의 권리와 책임의 확립을 바탕으로 상호작용과 협력 속에서 수행되어야 한다.

아동은 발달단계 특성상 부모와 사회로부터 보호받을 권리가 있으며, 자신의 기본 권리를 보장하고 양육하는 부모와 사회의 양육방침과 규정한 질서에 따라야 하는 책임도 있다.

부모 또한 자녀를 보호하고 양육하는 일차적인 책임과 아동이 건강하게 성장할 수 있도록 정서적·물질적인 안정된 환경을 제공해야 한다. 더불어 아동이 성장할 때까지 아동의 친권자로서 자녀의 생활방식과 행동기준을 결정할 권리를 가진다.

아울러, 국가 및 사회는 아동복지를 위한 법과 제도적 장치를 마련할 책임과 권리를 가진다. 아동권리협약(18조)에 의하면 국가는 부모가 자녀양육 책임을 잘 수행할 수 있도록 적절한 지원을 제공하고, 아동에게 보호시설을 지정해야 하며, 취업부모의 아동을 보호하기 위한 조치를 취해야 한다. 또한, 의무교육을 통한 교육권 보장과 유해환경으로부터의 보호, 학대 등 부모 역할의 현저한 문제 발생 시 위탁가정이나 시설보호조치를 취해야 한다. 이처럼 국가가 법과 제도를 통해 아동복지증진을 꾀하는 것은 이를 위한 책임과 의무를 사회구성원 전체로 확대시키는 것을 의미하며, 아동복지에 대한 사회적 책임을 강화하는 것이다.

② 보편성과 선별성의 원칙

사회복지는 제한된 자원으로 복지급여대상자를 선정함에 있어 보편주의와 선별주의의 논쟁을 계속하여 왔다. 아동복지 또한 동일한 맥락에서 보편성과 선별성에 대한 논쟁을 피할 수 없으며, 다만 양자가 장단점이 있기 때문에 적절한 조화가 필요하다.

보편성의 원칙은 제도적 사회복지 개념으로 사회구성원 모두를 대상으로 사회복지급여가 제공되는 것을 말하며, 예를 들어, 아동수당, 가족수당, 무상 의무교육, 무상급식 등을 모든 아동을 대상으로 실시한다. 이는 사회문제가 개인의 잘못이 아닌 사회적 불평등 상태에서 기인한 것으로 보며, 따라서 사회적 권리를 행사하는 것으로 인식하기에 낙인감이 없다.

선별성의 원칙은 잔여적 사회복지 개념으로 장애아동, 빈곤아동, 위기가정의 아동 등과 같이 특정 범주의 아동을 우선복지 대상으로 삼아 급여를 제공함을 말한다. 이는 문제의 원인이 개인적인 결함에 있다는 전제하에 지원하는 것으로 일시적, 보완적, 시혜적 성격이 강하고, 낙인효과에 의한 수치감을 초래할 수 있다.

우리나라는 요보호아동을 주요 대상으로 한 선별적 복지에 치중되어 있지만 점차 모든 아동을 대상으로 한 보편적 아동복지로 확대하고 있다.

③ 개발적 기능의 원칙

개발적 기능의 원칙이란 과거 아동복지가 구호적이고 사후대책적인 기능에서 벗어나, 아동의 욕구나 문제에 적극적으로 대처할 수 있도록 바람직한 방향으로 사회구조나 조건을 변화하는 등의 사회적 개발을 통해 사회 발전을 촉진하는 것을 의미한다. 사회적 개발 과제로는 경제성장, 욕구의 발견, 사회계획, 변화와 발전에 대한 사람들은 참여, 지도자의 개발, 기관과 집단 사이의 조정과 협조의 향상, 직원의 훈련과 감독 등을 들 수 있다. 아울러, 이 원칙에는 장애아동, 빈곤가정의 아동 등 요보호 아동을 포함한 모든 아동이 대상이 된다.

④ 포괄성의 원칙

포괄성의 원칙이란 아동복지를 진행함에 있어 아동을 둘러싼 부모 및 가정, 학교, 노동, 오락 및 놀이, 보건 특수보호 등과 같은 아동의 욕구 모두를 동시에 고려해야 하기 때문에 경제, 교육, 보건, 사회문화, 노동 등 다양한 분야의 포괄적 접근이 수반되어야 함을 의미한다. 따라서 관련부처 간의 유기적인 협조체계가 이루어져야 하며, 아동복지서비스를 제공 시에도 지역사회 내 관련 기관 간의 협력체계를 통해 아동의 다양한 욕구를 충족시킬 수 있어야 한다.

⑤ 전문성의 원칙

아동에 대한 서비스나 정책은 아동의 욕구와 문제에 대한 전문적 판단에 의한 대책수립이 전제된다. 아동은 신체, 인지, 정서, 사회, 도덕성 발달은 상호 연관되어 발달하고, 또한 가족과 사회변화 속에서 복잡하고 다양한 문제를 보인다. 따라서 아동복지서비스를 실천함에 있어 아동학, 사회복지, 심리학, 교육학 등의 다양한 학문분야 전문가들의 협력이 필요하며, 아동복지 전문기관에서 전문 인력에 의한 서비스 제공이 이루어져야 한다.

5) 아동복지의 대상과 서비스 분류

(1) 대상

아동복지 대상 연령으로 유엔 아동권리협약(제1조)과 우리나라 아동복지법(제2조)에서는 아동을 18세 미만의 자로 규정하고, 아동이란 신체적·정신적·인지적으로 발달과정에 있으며, 건강한 성장과 발달을 위해 책임 있는 성인의 보호와 교육이 필요한 존재로 정의한다(한미현 외, 2013). 그러나 특수 상황에 있는 아동의 교육이나 보호를 위해서 20세까지 서비스를 받을 수 있는 권리가 연장되어 적용된다.

아동복지서비스의 수혜대상은 보호대상아동과 일반아동으로 구분된다. 1981년 아동복지법 전면 개정으로 '모든 아동'을 대상으로 아동복지의 보편적 특성이 강화되었고, 모든 아동이 부모의 보호와 양육을 통해 건강한 성장과 발달이 이루어지므로 부모(보호자)를 서비스 대상에 포함하였다.

보호대상아동이란 외부로부터 특별한 도움이 필요한 결손가정, 빈곤가정, 부모부재가정의 아동 등 부적절한 양육환경의 아동과 신체 및 발달상의 장애를 지닌 아동을 말한다. 보호대상아동은 2018년 3,918명에서 2020년 4,120명으로 다소 증가하였으나, 2013년 6,020명 이후 감소 추세에 있다(보건복지부, 2020).

〈표 10-2〉 연도별 보호대상아동 발생 원인 및 보호조치 현황 (단위: 명, %)

	보호대상아동발생수	귀가 및 연고자 인도	보호조치 아동의 발생 원인											
			계	남	여	유기	미혼부모·혼외자	미아	비행가출부랑	학대	부모빈곤·실직	부모사망	부모질병	부모교정시설입소	부모이혼 등
2020	5,053	933	**4,120**	2,188	1,932	169	466	11	468	1,766	181	279	75	166	539
2019	4,612	565	**4,047**	2,135	1,912	237	464	8	473	1,484	265	297	83	–	736
2018	4,538	620	**3,918**	1,914	2,004	320	623	18	231	1,415	198	284	92	–	737

<table>
<tr><th rowspan="3">전체</th><th colspan="10">보호조치 현황</th></tr>
<tr><th colspan="5">시설입소</th><th></th><th colspan="4">가정보호</th></tr>
<tr><th>소계</th><th>양육 시설 등</th><th>임시보호 시설</th><th>장애아동 시설</th><th>공동생활 가정</th><th>소계</th><th>소년소녀 가정</th><th>입양</th><th>가정 위탁</th><th>입양 전 위탁</th></tr>
<tr><td>4,047
(100.0)</td><td>2,739
(67.7)</td><td>1,707
(42.2)</td><td>401
(9.9)</td><td>6
(0.1)</td><td>625
(15.4)</td><td>1,308
(32.3)</td><td>5
(0.1)</td><td>104
(2.6)</td><td>1,003
(24.8)</td><td>196
(4.8)</td></tr>
</table>

출처: 사회보장통계(2019).

일반아동은 외부의 특별한 도움이 받지 않고도 생활할 수 있는 아동으로서 잠재된 문제를 가진 아동을 전제로 한 예방적 차원의 접근을 필요로 한다. 일반아동을 위한 복지서비스는 아동이 지속적으로 건강한 발달과 행복한 생활을 영위할 수 있도록 부모 및 가족기능 강화사업, 아동의 심신보건, 교육 및 보육사업, 아동수당, 놀이시설 확충 등의 다양한 아동복지서비스를 포함한다.

부모 또는 보호자는 아동복지에서 아동 외에 가장 관심을 가지는 복지의 대상이다. 아동복지법 제2조 4항에서 '보호자'라 함은 친권자, 후견인, 아동을 보호·양육·교육하거나 그 의무가 있는 자 또는 업무, 고용 등의 관계로 사실상 아동을 보호·감독하는 자를 말한다. 아동의 건강한 성장과 발달을 위해 부모 또는 보호자가 행복한 삶을 영위하며, 아동양육에 대한 책임과 역할을 다할 수 있도록 국가와 사회, 아동복지기관의 적극적인 지원이 필요하다.

(2) 서비스의 분류

아동복지서비스는 먼저 장소에 따라서 재가서비스와 가정 외 서비스로 분류된다. 재가서비스는 원가족의 기능 중 결손 된 부분을 보충하여 원가정의 해체를 막고, 가정의 강점을 지원하여 위기를 극복할 수 있도록 지원하는 것을 말하며, 가정 외 서비스란 아동이 원가정을 떠나 일정기간 위탁가정이나 시설 등에서 양육되는 것을 말한다.

또한, 아동복지서비스는 부모를 포함한 가정의 양육기능을 지지하거나, 보완 또는 대리해 주는 기능으로 분류된다.

지지적 서비스는 원가정을 유지하면서 아동의 욕구를 충족시키기 위한 부모의 능력을 지원, 강화하는 것으로 소득보완, 부모상담 및 부모교육, 학대, 방임아동에 대한 서비스 등을 말한다.

보완적 서비스는 부모의 보호가 부적절하고 제한되어 있을 때 이를 보완하기 위해 부모 역할의 일부를 대행하거나 돕는 것으로 일시적 위탁, 보육서비스 등을 들 수 있다.

마지막으로, 대리적 서비스는 아동 개개인의 문제에 따라 제삼자가 부모 역할의 일부 또는 전부를 대신하는 서비스로 아동의 원가정이 해체되어 일시적 또는 영구적으로 다른 가정이나 시설이 아동의 보호와 양육기능을 대신 제공함을 말한다. 입양, 가정위탁, 시설보호 등이 이에 속한다(Kadushin & Martin, 1988).

그러나 [그림 10-1]과 같이 지지적, 보완적, 대리적 아동복지서비스는 부모역할에 대한 '최소 제한'으로부터 '최대 제한'에 이르는 연속선상에 위치하며, 각각의 서비스는 상호배타적이라기 보다는 서로 보완되거나 중복되는 개념으로 볼 수 있다(Mather & Lager, 2000, 한미현 외, 2013, 재인용).

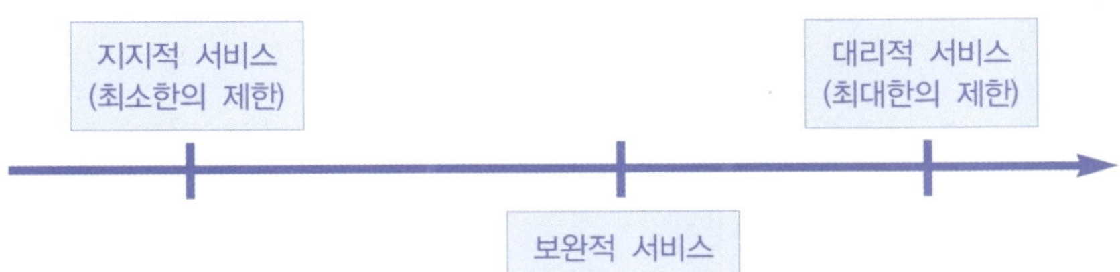

[그림 10-1] 연속선상의 아동복지서비스

2. 아동복지의 접근방법

1) 정책적 접근방법

아동복지정책은 국가의 정책으로서 법률로 규정되고, 제도화되어 조직적인 활동으로 전개된다. 우리나라는 아동복지법을 통해 아동복지의 기본 방향을 설정하며, 그 실행에 있어 관련법 적용을 받는다. 특히 아동학대를 예방하기 위한 아동보호에 관련된 법으로는 아동복지법, 아동학대범죄의 처벌 등에 관한 특례법, 가정폭력범죄의 처벌 등에 관한 특례법, 청소년보호법 등을 들 수 있다. 〈표 10-3〉과 같이 아동과 직접 관련되는 법, 공공부조 및 아동복지서비스와 관련되는 법, 보건 · 의료와 관련되는 법, 교육과 관련되는 법, 노동과 관련되는 법, 법무와 관련되는 법으로 분류하고 있다(박희숙 외, 2014).

〈표 10-3〉 아동복지 분야별 관련법

분류	해당 법
아동과 직접 관련되는 법	아동복지법, 영·유아보육법, 모자보건법, 입양특례법, 장애아동복지지원법, 청소년기본법, 청소년보호법, 청소년복지지원법, 보호시설에 있는 미성년자의 후견직무에 관한 법률, 아동의 빈곤예방 및 지원 등에 관한 법률, 아동·청소년 성보호에 관한 법률, 장애아동복지지원법
공공부조 및 아동복지서비스와 관련되는 법	국민기초생활보장법, 사회복지사업법, 장애인복지법, 성매매방지 및 피해자 보호 등에 관한 법률
보건·의료와 관련되는 법	국민건강보험법, 의료보호법, 정신보건법, 지역보건법, 학교보건법
교육과 관련되는 법	교육기본법, 유아교육법, 학교급식법, 장애인 등에 대한 특수교육법
노동과 관련되는 법	근로기준법, 직업안정법, 최저임금법, 장애인고용촉진 및 직업재활법
법무와 관련되는 법	소년법, 보호소년 등의 처우에 관한 법률, 보호관찰 등에 관한 법률, 민법, 가족관계의 등록 등에 관한 법률, 가사소송법

1961년 제정되었던 아동복리법은 1981년 아동복지법으로 전면 개정되었고, 2012년 전부 개정되는 과정을 거쳤다. 아동복지법 제11조에서는 아동종합실태조사를 법제화하여 5년마다 조사를 실시하도록 하였다. 이에 2008년 '한국 아동청소년 종합실태조사'가 이루어졌으며 그 후속조사로서 2013년 아동정책 수립에 필요한 기초자료 및 기본지표의 생산을 목표로 조사가 실행되었다. 이후 심각한 저출산의 위기에 따른 우리나라 아동의 보편적인 발달과 성장조건을 향상시키기 위한 근거 기반 아동정책의 수립과 추진에 필요한 기초자료를 목적으로 2018년에 아동종합실태조사가 이루어져 이를 바탕으로 2020~2024년 제2차 아동정책기본계획을 수립하게 되었다. 2021년 12월 아동복지법 일부개정으로 아동종합실태조사는 5년 주기에서 3년 주기로 변경되었다.

아동복지법의 목적(제1조)은 "아동이 건강하게 출생하여 행복하고 안전하게 자라나도록 그 복지를 보장함을 목적으로 한다."로 규정하며, 보호대상자는 18세 미만의 아동(제2조)으로 요보호아동뿐만 아니라 일반아동을 대상으로 하며, 아동의 복지증진 및 보호책임의 주체로 국가와 지방자치단체, 아동의 보호자, 그리고 국민 등을 규정하고 있다(제4조).

아울러, 관련법들에 의한 아동복지정책을 보면 공공부조와 사회보험으로 가정에 소득보장을 해줌으로써 아동에게 경제적 지원을 하고, 보건, 의료 관련법에 의해 의료서비스를 지원하며, 교육관련법에 따른 아동복지정책으로 초·중등교육과정까지의 의무교육을 실시하고 있다.

2) 아동복지 행정과 전달체계

아동복지행정은 아동복지사업 실천방법의 하나로서 아동복지서비스를 용이하게 하는 기능을 한다. 즉, 아동복지행정은 아동복지정책을 아동복지서비스로 전환시키는 데 필요한 사회복지조직에서의 총체적 활동으로 아동복지기관의 목표달성, 정책형성, 기획, 인사활동, 재정조달, 평가 등 직접적 서비스를 지원하는 실천방법이다. 또한, 아동복지 조직과 아동복지 전문가들이 아동을 위한 복지서비스를 효과적으로 기획, 실천, 평가할 수 있도록 지원해 주는 것으로 아동복지 관련법과 아동복지정책에 따라 다양한 조직을 통해 아동복지 서비스를 복지대상자에게 효과적으로 제공하는 데 기여하는 것에 목적이 있다.

아동복지전달체계는 수요자에게 각종 복지서비스에 대한 정보제공과 교육기능, 다른 서비스 기관과 협력하는 기능을 수행한다. 즉, 아동복지정책에 따른 급여나 서비스를 전달하는 조직적 체계로서 운영주체에 따라 공적전달체계와 민간전달체계로 구분된다.

공적전달체계는 중앙정부나 지방정부 등 공공기관이 직접 관리·운영하는 것을 말하며, 현재 우리나라는 보건복지부 산하 저출산고령정책실의 인구아동정책관을 두고 아동복지를 담당하고 있으며, 여성가족부 산하 청소년가족정책실의 청소년정책관을 통한 청소년정책을 각 지방자치단체와 연계하여 실시하고 있다.

민간전달체계는 개인 또는 민간인으로 조직된 단체에 의해서 실시되는 서비스로 비영리법인, 종교법인, 영리법인 등이 운영하는 아동복지시설 또는 단체 등이 해당한다. 또한, 이러한 민간기관은 아동복지협의회, 어린이집연합회 등의 협의체를 결성하여 중간조직으로서 공·사 조직 간, 각 기관 간의 다양한 이해관계를 조정하며, 서비스의 질을 높이기 위한 집단적 정책 건의 등을 하기도 한다(도미향, 남연희, 이무영, 변미희, 2015, 박희숙 외, 2014).

3) 실천적 접근방법

아동복지실천은 사회복지실천을 아동복지분야에 적용하는 것으로 개별아동복지 실천과 집단아동복지 실천방법으로 접근한다.

(1) 개별아동복지 실천

개별아동복지 실천은 아동 개개인에 대한 개입을 통해 문제를 해결해 나가는 서비스로 초기단계와 개입단계, 종결단계로 나누어서 실시된다. 초기단계는 아동복지 전문가와 클라이언트가 처음 대면하는 단계로 아동은 비자발적 클라이언트일 가능성이 높아 부모 또는 배우자와 함께 방문하는 경우가 많다. 따라서 아동복지 전문가는 아동뿐만 아니라 부모 또는 보호자와 함께 초기면접을 진행하게 되며, 이때 부모의 방문 동기와 기대 등을 명료화하는 것이 중요하다. 이 단계에서는 아동의 문제를 파악하고, 파악된 문제해결을 위해 생태학적 관점에서 아동과 가족 그리고 그들이 상호작용하는 사회적 관계망을 탐색하여 얻은 정보를 사정과정을 통해 문제를 정의한다. 아울러, 문제를 해결하기 위해 해당 기관이 제공할 수 있는 서비스를 확인하며, 이후 전문적 개입에 대한 합의를 도출해야 한다.

개입단계는 사정을 통해 얻어진 결과를 바탕으로 개입목표를 설정하고, 개입방법을 결정하며, 개입과정에 참여시킬 대상을 선정한다. 또한, 개입단위, 이용 가능한 자원과 아동이 지닌 특성을 고려하여 적절한 개입모델을 선택하여 개입한다. 이때 아동복지 전문가는 중재자, 조력자, 교사, 중개자 및 옹호자의 역할을 할 수 있으며, 아동에 대한 개입 기술로 의사소통기술, 놀이치료, 행동수정을 위한 행동계약 등을 사용할 수 있다(문선화, 구차순, 박미정, 김현옥, 2007).

종결은 개입활동을 계획에 따라 마무리하는 과정이다. 아동복지 전문가는 아동과 부모 모두에게 종결에 대한 준비를 미리 하도록 해야 하며, 개입과정에서 생긴 상호 간의 친밀감이 갑작스러운 종결로 아동에게 배신감을 야기시키지 않도록 주의해야 한다. 개입을 통해 이루어진 아동의 변화는 종료 후에도 계속 유지되도록 아동과 부모가 문제해결의 기본 원칙을 파악하도록 도와주고, 사후관리를 통해 아동이 잘 적응하고 있는지를 점검한다. 사후관리를 통해 아동은 자기의 노력에 대한 확인과 격려를 받을 수 있어 강화되고, 아동복지 전문가는 필요한 경우 추가 원조를 제공할 수 있다(엄명용 외, 2000).

개별아동복지 실천으로는 놀이치료, 클라이언트 중심치료, 정신역동적 아동치료, 인지행동적 아동치료 등이 있다(Webb, 1996, 하승민, 장미경, 김유진, 신현정, 임동호, 김소윤, 2014, 재인용).

(2) 집단아동복지 실천

집단아동복지 실천이란 의도적으로 구성된 집단 활동을 통해 구성원들의 상호작용을 기능적으로 변화시켜 개인과 집단이 처한 문제를 보다 능동적으로 해결해 나갈 수 있도록 돕는 것을 말한다. 아동을 위한 집단은 유사한 문제행동을 갖고 있는 또래 집단이나 자조 집단을 대상으로 문제해결 집단을 구성할 수 있다. 이는 개별아동복지 실천과는 달리 집단의 역동성과 응집력을 통한 문제해결접근으로 집단의 상호작용, 프로그램, 집단지도 전문가의 역할이 매우 중요하다. 동일한 문제를 경험한 집단구성원이 서로에게 의미 있는 영향력을 행사할 때 집단지도의 효과가 높아지며, 프로그램의 내용과 실시방법에 따라서도 차이를 보인다. 아울러, 집단지도 전문가는 집단구성원이 가진 문제를 해결하기 위한 일련의 활동과 과정을 모두 포함하는 프로그램을 계획하고, 실시하고 평가하기 때문에 집단지도 전문가의 역량은 결과에 큰 영향을 미친다(김춘경 외, 2009).

아동집단은 최소 두 명 이상의 아동이 공통의 목표나 유사한 인지적·정서적·사회적 욕구를 가지고, 반복적으로 모여 서로에게 영향을 주며, 함께 기능할 수 있는 규범을 만들고, 집단적 활동을 하기 위한 목표와 응집력을 발달시키는 모임을 말한다(한미현 외, 2013).

아동에 대한 집단적 아동복지 실천방법의 과정을 보면 준비단계, 초기단계, 중기단계, 종료단계로 나누어진다.

준비단계에서 아동복지 전문가는 집단에 참여할 아동의 동질성 여부, 집단의 크기, 집단의 형태 등을 기본적으로 고려한다. 또한, 아동이 집단 구성원으로서 지켜야 할 집단 규칙과 구성원으로서의 역할을 설명하고, 아동과 아동복지 전문가가 함께 규칙과 역할을 설정하는 것이 좋다.

초기단계는 집단 구성원의 참여가 결정되고, 집단이 형성되는 시기이므로 아직 집단으로서의 속성보다는 구성원 개개인의 목적과 느낌이 강하게 나타난다. 그러나 점차 집단이 발달해 가면서 집단의 목표가 명확해지고 구성원 간의 역동성이 활발해지기 시작한다. 동시에 아동의 갈등과 문제행동을 보이는가 하면 침묵하는 아이들도 나타난다. 아동복지 전문가는 개별 면담을 통해 아동의 문제를 해결하도록 돕고, 집단의 규칙을 조정하는 방안 등을 통해 소극적인 수준에서라도 집단에 참여할 수 있도록 도와야 한다.

중기단계는 문제 해결과 목적 달성의 단계로 집단의 응집력과 상호의존성이 높고 고도의 협동체계가 형성되어 문제해결 능력이 극대화된다. 또한, 아동이 집단과 동일시하는 경향이 높아지며 전문가를 모델링하기도 하고, 특히 집단과정에서 자기노출을 많이 시도하기도 하기 때문에 전문가는 비밀보장에 대한 부분을 감안해야 한다.

종결단계가 되면 헤어진다는 사실에 다소 불안과 우울을 경험할 수 있고, 집단 밖에서 자신이 배운 것을 적용하는 것에 대한 두려움도 느낄 수 있다(공계순, 2003). 이러한 아동의 상실감이나 슬픔을 집단 내에서 표현하도록 하며, 아동이 집단 활동을 통해 얻은 경험을 소중하게 간직하고 집단이 종결된 후에도 행동변화가 유지될 수 있도록 격려하는 기회도 필요하다(문선화, 2007).

3. 아동복지 실천영역

1) 빈곤아동

2017년에 제정된 아동의 빈곤예방 및 지원 등에 관한 법률(2017, 약칭 아동빈곤예방법) 제3조에 의하면 "아동빈곤"이란 아동이 일상적인 생활여건과 자원이 결핍하여 사회적·경제적·문화적 불이익을 받는 빈곤한 상태를 말한다(3조 2항). 또한 "빈곤아동"이란 생활여건과 자원의 결핍으로 인한 복지·교육·문화 등의 격차를 해소하기 위하여 지원이 필요한 아동을 말하며, 그 구체적인 기준은 보건복지부령으로 정하고 있다(3조 3항).

빈곤아동은 아동이 있는 가구의 생활수준이 일정수준 이하인 가구로 정의된다. 가구의 생활수준은 소득수준을 기준으로 하며 소득의 결핍은 아동발달에 필요한 주거환경, 영양, 건강, 양육, 교육 등에서 재화 및 서비스 이용을 제한한다. 아동에 대한 충분하지 않은 투자와 빈곤경험은 성장기의 발달을 저해할 뿐만 아니라, 성인기의 빈곤과도 연결된다(정은희, 최새은, 이상균, 하태정, 2013).

빈곤에 대한 개념은 절대적 빈곤과 상대적 빈곤으로 정의된다. 절대적 빈곤이란 빈곤선 이하 또는 최저생계비 이하의 생활을 하는 상태를 말하며, 상대적 빈곤이란 다른 사람들과 비교해서 상대적으로 적게 가지고 있는 상태(대체로 중위소득 50% 이하)를 의미한다.

우리나라의 절대적 빈곤아동은 국민기초생활보장수급자 가구와 최저생계비 120% 이하에 속하는 차상위계층 가구의 18세 미만 아동으로 정의할 수 있고, 상대적 개념의 빈곤아동은 우리나라 평균가구 소득의 하위 20% 이하의 가정과 평균소득 하위 50% 이하에 속하는 가정의 아동을 의미한다(김성경, 김혜영, 최현미, 2005).

2018 아동종합실태조사에서 기초생활보장급여 또는 한부모가족지원사업의 수급여부에 따른 구분에 의해 살펴보면 일반가구의 아동은 95.7%, 수급가구의 아동은 전체 아동의 4.3%이며 가구소득 수준별 분포는 가구균등화 중위소득 50% 미만 가구 아동은 9.1%, 50~100% 미만 가구의 아동은 38.2%, 100~150% 미만 가구의 아동은 38.7%, 150% 이상 가구의 아동은 13.2%이다.

우리나라의 아동빈곤율은 2006년 이래로 지속적으로 감소하고 있다. 전체 아동 중 중위소득 50% 미만의 빈곤아동 비율은 2006년 10.1%에서 2016년 6.7%로 크게 하락하였다. 이는 전체 인구 빈곤율이 정체되어 있는 것과 대조적인 현상이다. 2006~2016년 절대적 아동빈곤율과 상대적 아동빈곤율을 살펴보면 [그림 10-2]와 같다(사회보장위원회, 2022).

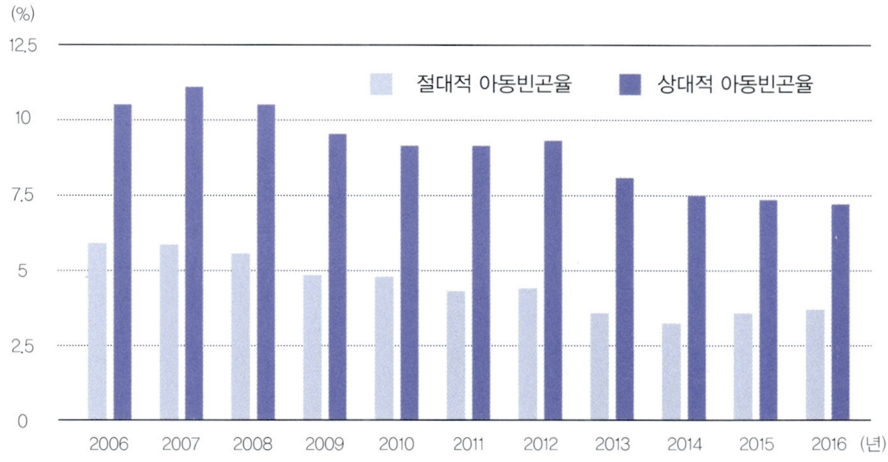

[그림 10-2] 절대적 아동빈곤율과 상대적 아동빈곤율

실제로 우리나라의 빈곤율은 OECD 국가들 중에서도 낮은 편에 속한다. 2016년 기준으로 우리나라의 아동빈곤율은 7.1%로 덴마크, 핀란드, 아이슬란드, 슬로베니아에 이어 다섯 번째로 낮은 아동빈곤 수준을 보이고 있다. 우리나라 아동빈곤의 감소 추세는 아동이 있는 가구 내 경제 활동 인구의 증가로 인한 가구 근로소득의 상승과 저출산 등을 이유로 들 수 있다. 또한 가족을 대상으로 한 복지 중 무상보육 서비스 등의 기여로 보인다.

가족형태별 빈곤율은 양부모가구의 경우 3.93%, 한부모·조손가구의 경우 46.6%로 높게 나타났다. 이는 양부모가구의 빈곤율보다 한부모·조손가구의 빈곤율이 12배가량 높은 결과로(동아일보, 2019. 07. 23.) 한부모가구의 빈곤율이 높게 나타나는 이유는 소득원이 한 명일 가능성이 높고 따라서 양부모가구보다 소득이 낮을 가능성이 높기 때문이다. 조손가족가구의 경우, 노인의 노동시장 참여 가능성이 낮고, 참여하는 노동시장의 임금 또한 높지 않기 때문에 소득이 낮을 가능성이 높다고 볼 수 있다.

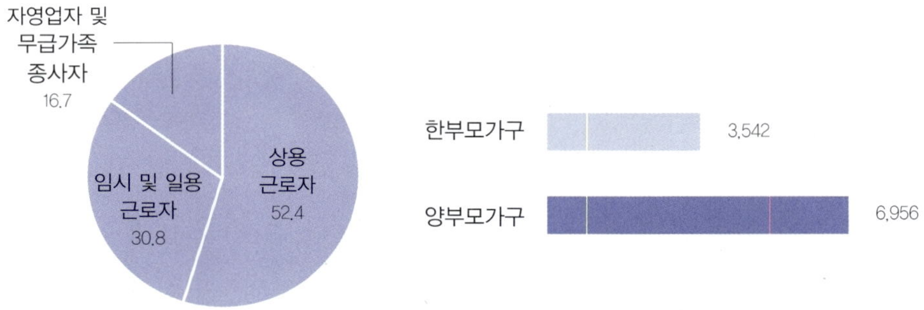

[그림 10-3] 한부모 종사상 지위 및 가구 유형별 평균소득 (단위: %, 만 원)

출처: 동아일보(2019. 07. 23.).

빈곤아동의 대표적인 유형으로 한부모·조손가족과 더불어 소년소녀가정 아동을 들 수 있다. 소년소녀가정이란 부모의 사망, 질병, 심신장애, 가출, 이혼, 수형 등으로 인하여 만 18세 이하의 소년소녀가 실질적인 가장으로 가계를 책임진 세대로서, 조부모나 부모 중 한 명과 함께 살아도 노령 및 병환으로 실제적인 가장의 역할을 하는 경우를 말하며, 국가의 보호와 지원을 필요로 하는 세대를 말한다.

IMF 경제 위기 이후 어려운 경제·사회적 환경으로 인한 가족해체 현상이 증가함에 따라 소년소녀가정도 증가하고 있다. 1985년 선정된 소년소녀가정은 총 4,901세대였고, 해마다 증가하는 양상을 보이다가 2000년 이후 감소하는 양상을 보이게 되는데 이는 1998년부터 소년소녀가정이 15세 미만인 경우에는 가정위탁이나 시설입소로 유도하기 때문이다.

아동연령 또한 빈곤율과 관계가 있는 것으로 나타남을 알 수 있는데, 2019년도 국민기초생활보장수급 아동 수는 총 356,031명으로 연령별로 0~4세 24,198명, 5~9세 68,695명, 10~14세 112,100명, 15~19세 151,038명으로 아동의 연령이 어릴수록 빈곤율이 낮게 나타났다.

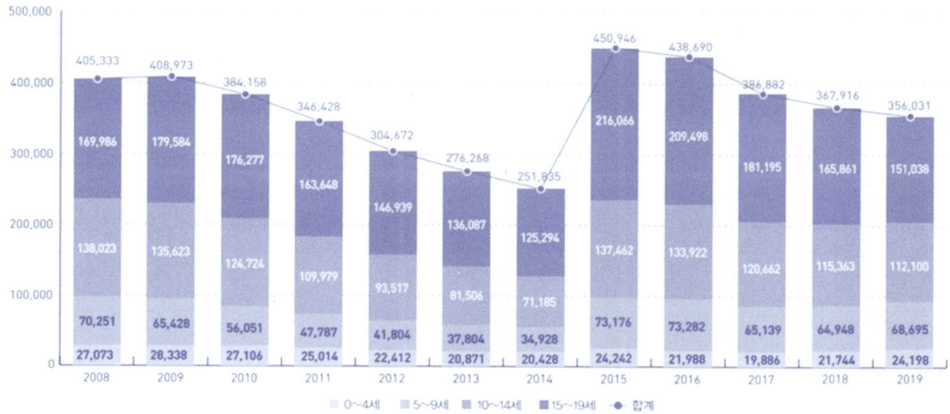

[그림 10-4] 연령별 국민기초생활수급자 아동 수(2008~2019)

출처: 사회보장위원회(2020). 통계로 보는 사회보장 2020.

2022년 우리나라의 최저생계비는 국민생활실태조사를 바탕으로 대략 1인 가구 58만 원, 2인 97만 원, 3인 125만 원, 4인 153만 원으로 책정되어 있다.

〈표 10-4〉 2022년 기준 중위소득 (단위: 원)

구분	1인 가구	2인 가구	3인 가구	4인 가구	5인 가구	6인 가구	7인 가구
금액(월)	1,944,812	3,260,085	4,194,701	5,121,080	6,024,515	6,907,004	7,780,592

※ 8인 이상 가구의 기준 중위소득: 1인 증가 시마다 873,588원씩 증가(8인 가구: 8,654,180원)

출처: 보건복지부 고시 제2021-211호.

〈표 10-5〉 2022년 생계급여의 선정 기준 및 최저보장수준 (단위: 원)

구분	1인 가구	2인 가구	3인 가구	4인 가구	5인 가구	6인 가구	7인 가구
금액(월)	583,444	978,026	1,258,410	1,536,324	1,807,355	2,072,101	2,334,178

※ 8인 이상 가구의 선정기준: 1인 증가 시마다 262,076원씩 증가(8인 가구: 2,596,254원)

출처: 보건복지부 고시 제2021-211호.

빈곤이 아동에게 미치는 영향은 신체, 인지, 정서, 사회 등 전반적인 발달문제를 야기하며 성인 이후 평생 인생 기회의 박탈이 이어진다. 빈곤아동은 부족한 영양, 부진한 발육, 의료 서비스 부족, 건강 상태 저하를 경험하며, 가족의 소득수준이 낮아 자녀에 대한 교육투자 수준 또한 낮을 수밖에 없어 자녀의 학구적 발달과 학력성취 수준이 저하되고(구인회, 2003; 오승환, 2000), 아동의 낮은 학업성취는 성인기 직업 선택에 영향을 미쳐 빈곤이 세습되는 부정적인 결과를 낳게 된다. 또한, 빈곤 아동들은 높은 수준의 품행장애와 행동문제, 우울증, 낮은 자존감, 빈약한 사회 적응력을 나타내며, 빈곤은 아동의 자신감과 절망감, 우울, 행동문제, 또래 갈등에 영향을 주며, 약물 사용, 비행, 폭력, 범죄 등과 같은 부정적 발달과도 높은 상관을 보인다(최선희, 2003; Duncan & Brooks-Gunn, 2000; McLoyd & Wilson, 1992). 그리고 빈곤부모의 양육행동을 살펴보면, 아동에게 위협적이거나 강압적이며, 애착 관계가 약하고 아동에 대한 정서적 지지수준이 낮고, 신체적인 체벌을 가하는 폭력, 학대, 방임 수준 또한 높게 나타났다(방경숙, 유혜라, 현명선, 2010; Bordin, Duarte, & Peres, 2009; Oh & Moon, 2006).

빈곤아동을 위한 복지사업을 살펴보면, 먼저 실질적 가정을 이끌어 가는 소년소녀가정의 아동에게 국민기초생활보장법에 의한 급여 지원, 후견인 지원, 결연사업 등을 제공하며, 빈곤 한부모가족 지원사업으로 국민기초생활보장법의 생계비 지원과 양육비, 교육비, 의료비 등을 지원하고 있다.

또한 2018년 12월에 아동권리보장원 설립을 위한 아동복지법이 국회를 통과함으로 2019년 중앙입양원, 아동자립지원단, 드림스타트사업지원단, 실종아동전문기관 등이 통합되어 아동권리보장원이 출범되었다. 이어 2020년에는 중앙아동보호전문기관, 지역아동센터중앙지원단, 중앙가정위탁지원센터, 디딤씨앗지원사업단 등이 통합되고 기획재정부 고시 공공기관으로 지정되어 다함께돌봄사업지원단 업무를 포함하여 우리나라 아동정책에 대한 종합적인 수행과 아동복지 관련 사업을 효과적으로 추진하기 위한 기관으로 설립 운영되고 있다(아동권리보장원, 2022).

[그림 10-5] 아동권리보장원 홈페이지

출처: 아동권리보장원(https://www.ncrc.or.kr/ncrc/main.do).

전국의 아동복지기관 현황(2021)은 전체 4,567개로, 지역아동센터 4,140개, 아동보호전문기관 73개, 가정위탁지원센터 18개, 입양기관 25개, 아동자립지원전담기관(자립생활관) 26개, 다함께돌봄센터 221개, 지자체별 아동학대긴급전화 73개로 구성되어 있다(아동권리보장원 홈페이지, 2022).

이 중 다함께돌봄센터는 2017년부터 설치되기 시작하여 지역사회 중심의 돌봄체계를 구축하고 돌봄 사각지대를 해소하고자 돌봄 서비스 공백이 큰 초등학생들을 대상으로 아동보호, 체험 활동 및 문화·예술프로그램, 긴급돌봄 등 다양한 서비스를 제공하는 기관이다. 전국에서 다함께돌봄센터를 이용하고 있는 아동 수는 2020년 6월 기준 6,176명이다. 지역아동센터의 경우 보호자와 지역사회의 연계를 통해 아동을 보호하고, 교육 및 건전한 놀이와 오락을 제공하여 건강한 아동 육성을 도모하는 것을 목적으로 서비스를 제공한다. 2020년 전국에서 106,510명이 지역아동센터를 이용하고 있으며 이는 2019년 108,971명에 비해 2,461명(2.3%) 감소하였다.

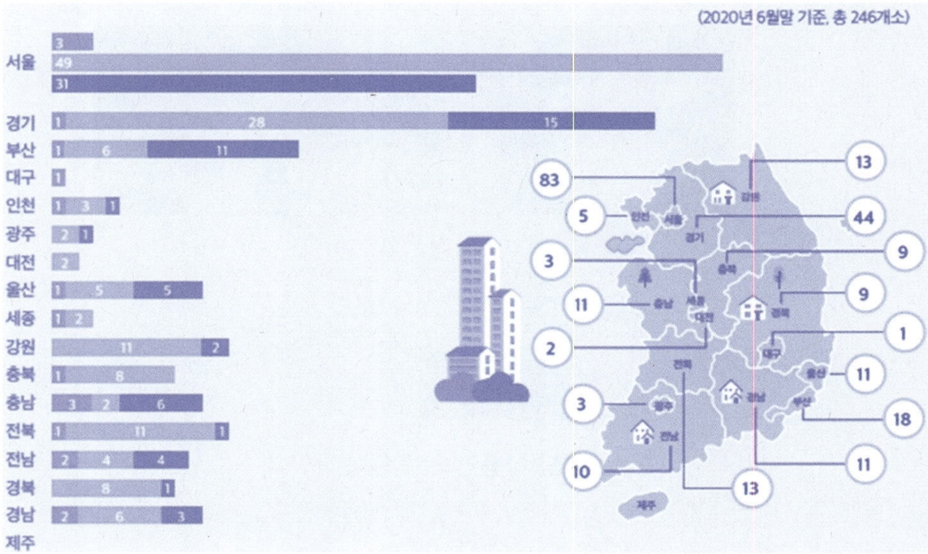

[그림 10-6] 다함께돌봄센터 지역별 설치 현황

출처: 보건복지부 외(2020). 다함께돌봄.

〈표 10-6〉 지역아동센터 이용 아동 현황(2016~2020년)

구분		2016	2017	2018	2019	2020
센터 수		4,104	4,189	4,138	4,081	4,008
신고정원		118,441	120,883	118,192	116,773	114,668
이용 아동 수	전체	106,668	108,578	109,610	108,971	106,510
	남	55,328	54,733	55,873	55,770	54,483
	여	51,340	53,845	53,737	53,201	52,027
	센터당 평균	26.0	25.9	26.5	26.7	26.6

출처: 보건복지부(2020). 전국 지역아동센터 통계조사보고서.

또한 취약지역에 거주하는 저소득 임산부와 만 12세 이하 아동가구를 대상으로 드림스타트 사업을 실시하고 있다. 아동통합사례관리사를 통해 아이들에게는 건강·복지·보육 등 맞춤형 통합사례관리 서비스 제공을 통하여 아동의 전인적 발달을 지원하고, 부모들에게는 가족기능을 회복시켜 공평한 양육여건을 보장하기 위해 직업훈련·고용촉진 서비스를 제공한다. 드림스타트 사업은 2007년 전국 16개 시범지역에서 시작한 것이 2015년에는 229개 지역으로 확대 실시되고 있다. 아울러, 지역사회종합복지관에서는 빈곤가정 아동을 위한 상담, 정서적 지원, 가사지원, 결연 서비스 등을 제공하고 있다.

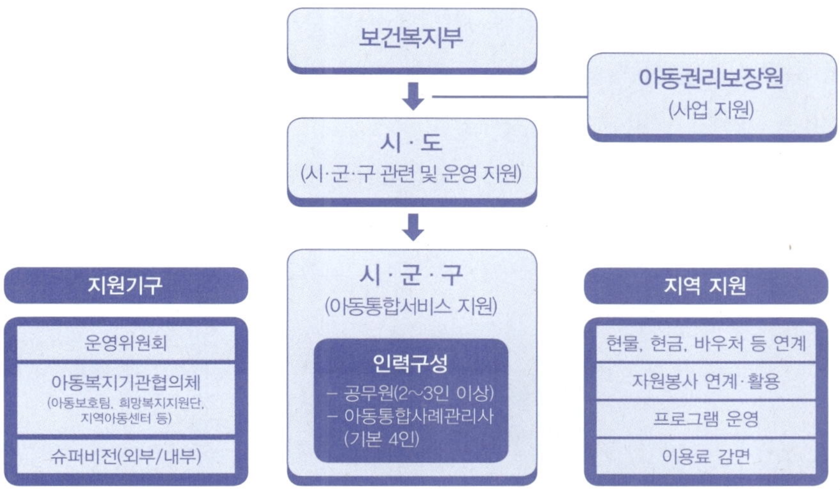

[그림 10-7] 드림스타트 사업 추진체계도

출처: 보건복지부, 아동권리보장원(2020). 2022년도 드림스타트 사업안내.

2) 장애아동

장애에 대한 개념은 1975년 유엔(UN)의 장애인 권리선언 이후 1980년 세계보건기구(WHO)에서 기능장애, 능력장애, 사회적 분리 등 국제장애분류(ICIDH)의 개념을 제시하였고, 이후 2001년 5월 세계보건기구(WHO)에서 그동안의 개념을 수정하여 개인적 요인과 사회적 요인을 동시에 고려한 개념(ICIDH-2)으로 정의되어 왔다.

장애아동이란 장애인복지법을 비롯한 장애 관련 법들에서 규정한 장애유형을 가진 18세 미만의 아동을 의미한다. 장애인복지법과 특수교육진흥법에 들어 있는 장애유형을 살펴보면, 시각장애, 청각장애, 언어장애, 지적장애, 지체장애, 뇌병변장애, 정서 및 행동장애, 학습장애, 건강장애 등이 포함된다.

2019년 말 기준 장애인 수는 2,618,000명으로 전체 인구 대비(51,850,000여 명) 5.1%로 나타났으며 19세 이하 장애아동의 수는 전체 인구의 1.9%(90,762명)로 나타났다. 이를 9세 이하와 19세 이하로 나누어 살펴볼 경우 9세 이하는 0.7%(31,120명), 10~19세는 1.2%(59,648명)로 연령이 올라갈수록 장애비율이 높아지는 것을 알 수 있다. 장애유형을 살펴보면 또한, 18세 미만 아동의 경우 전체 장애인의 8.4%(8,267명)로 지적(47.2%), 자폐성(16.9%), 언어(13.9%) 장애순으로 발달장애인 비중이 상대적으로 높게 나타났다(보건복지통계연보, 2020).

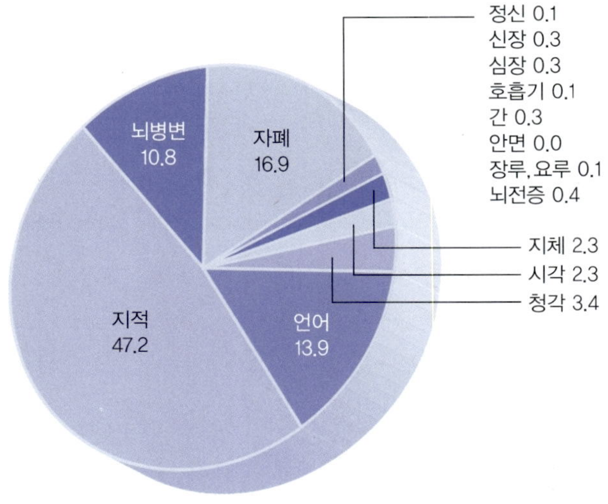

[그림 10-8] 0~17세 아동 장애유형별 비중 (단위: %)

출처: 보건복지부(2020). 장애인현황.

장애아동이 겪는 가장 큰 어려움은 일상생활에서 남의 도움을 필요로 하는 것이다(오혜경, 2002). 또 다른 어려움은 장애아동교육으로 현재 우리나라는 0~만

2세까지는 무상보육, 만 3세 이상은 어린이집과 유치원부터 고등학교에 이르기까지 의무교육을 실시하고 있다. 장애아동교육에서 가장 적합한 환경은 통합으로 장애아동이 고립되지 않고 일상생활을 하는 가운데 자연스럽게 중재가 이루어질 수 있도록 통합 환경을 확대해 나가는 것이 필요하다. 그러나 장애에 대한 이해가 부족하고, 통합 환경에서 장애아동과 비장애아동 모두의 발달을 지원할 수 있는 교육과정프로그램의 부족과 교사 대 장애아동의 비율의 적정성, 통합 환경에서의 특수교사 및 일반교사의 전문성 등 여러 가지 문제로 아직까지 통합교육을 실현하기에는 많은 어려움을 가지고 있다.

장애아동의 문제는 아동에게만 국한되는 것이 아니라 가족 전체에게 영향을 미친다. 장애아동을 돌보는 데 필요한 양육비용과 치료비용은 가정의 경제적인 문제를 야기시키며, 장애아동양육에 부모 중 한 명이 전념하는 데서 맞벌이의 기회를 상실한 결과 상대적으로 낮은 소득수준을 보인다. 이러한 경제적인 문제뿐만 아니라 자녀의 장애로 인한 죄책감, 분노와 적대감, 우울 등으로 부모는 많은 정서적 스트레스를 경험하며, 장애아동의 형제자매 또한 장애아동에 대한 과도한 책임감을 부여받음으로 여러 가지 어려움을 경험하게 된다.

장애아동 복지서비스를 살펴보면, 먼저 장애인복지시설로 장애인복지관을 비롯하여 수용보호시설과 재활시설 및 이용시설이 있으며, 장애아 전문 및 통합보육시설, 장애아동 재가봉사센터 등의 이용시설이 있다. 또한, 장애아동 있는 가정의 경제적 지원서비스로 장애아동수당과 장애아동 양육수당이 있다. 장애아동수당은 만 18세 미만 등록 장애아동 중 국민기초생활수급자 및 차상위계층 대상자로 2022년 현재 중증장애아동은 월 22만 원, 경증장애아동은 월 11만 원이 지급되며, 장애아동양육수당의 경우 36개월 미만 아동은 월 20만 원, 36개월 이상 84개월 미만 아동에게는 월 10만 원을 지급한다. 그 밖에 교육서비스로 어린이집과 유치원부터 고등학교까지 의무교육을 실시하고 있으며, 의료급여에 따른 의료서비스와 모자보건법에 의한 장애예방사업, 그리고 장애가족기능을 강화하기 위한 가족지원서비스, 장애인식개선을 위한 노력이 실시되고 있다.

〈표 10-7〉 2022년도 장애아동수당

구분	생계·의료급여 수급자(재가)	생계·의료급여 수급자(시설)	주거·교육급여 수급자 및 차상위
중증장애아동	22만 원	9만 원	17만 원
경증장애아동	11만 원	3만 원	11만 원

출처: 보건복지부 보도자료(2022. 1. 3.).

장애아동복지서비스는 보호와 교육, 치료와 재활 등 종합적인 접근으로 진행되어야 하며, 장애아동뿐만 아니라 가족에 대한 지원이 함께 이루어져야 하고 아울러, 연령이 높아질수록 장애의 비율이 높아지는 것을 볼 때 예방서비스 또한 매우 중요하다. 아울러 장애에 대한 사회적 편견으로 인한 차별을 없애기 위해 장애인식개선을 위한 노력이 지속적으로 이루어져야 한다.

3) 학대아동

아동학대는 어느 시기, 어느 사회에서나 발생하는 현상이지만 그것을 문제로 정의하고 사회적 개입의 정도를 결정하는 수준과 방법은 해당 사회의 시대적, 문화적 배경과 밀접하게 관련된다. 예를 들어, 체벌이 자녀양육의 한 방법으로 이해되기도 하지만 다른 문화에서는 아동학대의 행위로 간주된다(장영인 외, 2006). 이는 아동학대의 범위를 결정하며 보통 협의의 개념과 광의의 개념으로 정의한다. 협의의 개념은 신체적인 학대로 한정하며(Kempe, Silveman, & Sreek, 1962), 보호자 또는 돌보는 사람이 의도적으로 신체적 폭력을 행한 것을 말한다. 이는 의학적 검증과 법적 증거가 용이하고 학대 후 사후처리가 유용하다(주영희, 1984). 광의의 개념은 보다 다양한 영역을 포함하는 것으로 '아동의 평등한 권리와 자유를 박탈하거나 아동의 적절한 발달을 저해하는 행위'(Gil, 1970)로 정의한다. 즉, 광의의 개념은 학대행위뿐만 아니라 아동을 적절히 돌보지 않는 방임을 포함한다. 우리나라 아동복지법 2조 4항에서는 "아동학대라 함은 보호자를 포함한 성인에 의하여 아동의 건강·복지를 해치거나 정상적 발달을 저해할 수 있는 신체적·정신적·성적 폭력 또는 가혹행위 및 아동의 보호자에 의하여 이루어지는 유기와 방임을 말한다."로 정의하고 있다.

아동학대는 신체적 학대, 정서적 학대, 성적 학대, 방임 및 유기 등의 유형으로 구분한다. 신체적 학대란 아동의 정상적 발달을 저해할 수 있는 신체적 폭력 또는 가혹행위를 의미하며, 직접적 신체 가해 행위 및 도구 등을 활용한 간접적 신체 가해 행위 등이 포함된다. 정서적 학대란 아동에게 행하는 언어적 폭력, 정서적 위협, 감금 등을 말하며 성학대는 아동대상의 모든 성적 행위를 의미하는데, 성인이 자신의 만족을 위해 아동을 관찰하거나 아동에게 성적인 노출을 하는 행위나 성적으로 추행하는 행위 등이 해당한다. 마지막으로 방임이란 아동의 보호자가 아동을 유기하거나 방임하는 행위를 뜻하며, 방임은 세부적으로 물리적 방임, 교육적 방임, 의료적 방임, 그리고 유기로 분류된다.

아동학대의 원인은 학대자의 심리적 특성 및 성격구조상의 결함을 원인으로 보는 정신병리학적 관점과 아동의 신체적·행동적 특징에 의해 학대를 유발시킨다고 보는 발달론적 관점, 양육자와 아동, 가정, 사회가 상호적으로 영향을 주고받는 과정에 초점을 두는 사회환경적 관점과 체계론적 접근인 생태학적 관점이 있다.

아동학대 현황을 살펴보면, 2020년 아동학대 신고 건수는 42,251건이고 이 중 응급아동학대의심사례는 1,858건(4.4%), 아동학대의심사례는 37,071건(87.7%)로 전체 아동학대의심사례는 총 38,929건으로 전체 신고접수의 92.1%로 나타났다. 이외 동일신고는 557건(1.3%), 일반상담은 2,761건(6.5%) 등이었다.

〈표 10-8〉 아동학대 신고접수 건수 (단위: 건, %)

아동학대의심사례			동일신고	일반상담	해외발생사례	계
응급아동학대 의심사례	아동학대 의심사례	소계				
1,858	3,7071	38,929	557	2,761	4	42,251
(4.4)	(87.7)	(92.1)	(1.3)	(6.5)	(0.0)	(100.0)

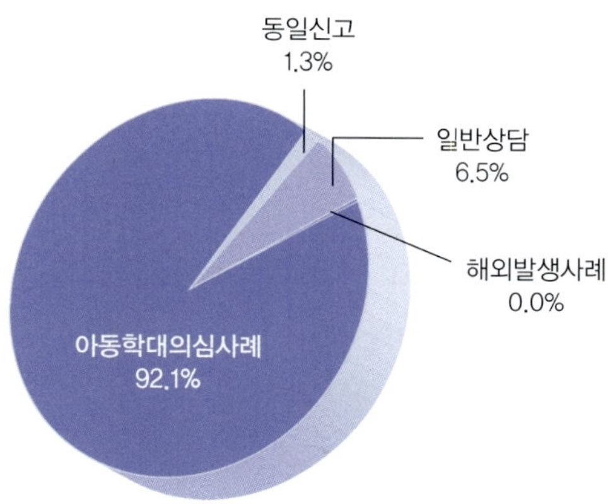

출처: 보건복지부(2020). 아동학대 주요통계.

신고자 유형으로 아동학대의심 신고자는 신고의무자와 비신고의무자로 구분된다. 총 38,929건 중에 아동학대 신고의무자에 의한 신고는 10,973건(28.2%)으로 나타났으며, 세부적으로는 초·중·고교 직원이 3,805건(9.8%)이 가장 높았다.

비신고의무자에 의한 신고접수 건수는 27,956건(71.8%)이었으며, 아동보호전문기관장과 종사자 10,254건(26.3%), 부모 6,284건(16.1%), 아동본인 5,533건(14.2%), 이웃·친구 1,945건(5.0%)순으로 나타났다.

아동학대를 의심하고 신고된 사례판단 결과를 살펴보면, 아동학대의심사례 총 38,929건 중 아동학대사례는 30,905건(79.4%), 조기지원사례 827건(2.1%), 일반사례 7,057건(18.1%), 조사진행중사례 140건(0.4%)으로 나타났다.

〈표 10-9〉 아동학대의심 신고 사례판단 결과

아동학대사례	조기지원사례	일반사례	조사진행중사례	계
30,905	827	7,057	140	38,929
(79.4)	(2.1)	(18.1)	(0.4)	(100.0)

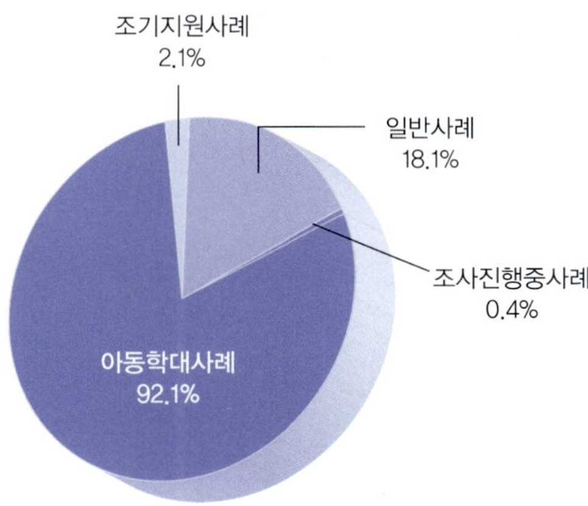

출처: 보건복지부(2020). 아동학대 주요통계.

연도별 아동학대사례 건수 및 아동보호전문기관의 수는 꾸준히 증가하였다. 아동학대사례는 전년 대비 아동학대사례 증가율이 2.9%이었다. 기관 수의 경우 2016년 59개소에서 2020년 71개소로 12개소 증가했다.

〈표 10-10〉 연도별 아동학대사례 건수 및 아동보호전문기관 수

<table>
<tr><th colspan="2">구분</th><th>2016</th><th>2017</th><th>2018</th><th>2019</th><th>2020</th></tr>
<tr><td rowspan="2">아동학대사례</td><td>건수</td><td>18700</td><td>22367</td><td>24604</td><td>30045</td><td>30905</td></tr>
<tr><td>증가율</td><td>59.6</td><td>19.6</td><td>10.0</td><td>22.1</td><td>2.9</td></tr>
<tr><td rowspan="2">아동보호전문기관</td><td>기관 수</td><td>59</td><td>60</td><td>62</td><td>67</td><td>71</td></tr>
<tr><td>증가 기관 수</td><td>4</td><td>1</td><td>2</td><td>5</td><td>4</td></tr>
</table>

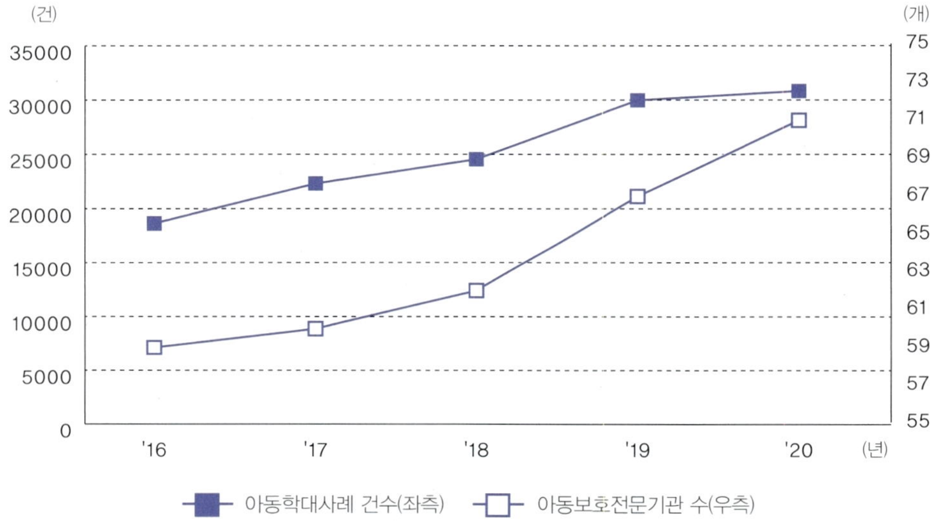

출처: 보건복지부(2020). 아동학대 주요통계.

아동학대 피해아동의 특성을 살펴보면 피해아동 성별의 경우 아동학대로 판단된 30,905건 중 남아가 15,815건(51.2%), 여아가 15,090건(48.8%)으로 피해아동은 남아가 더 많은 것으로 나타났으며, 피해아동 연령의 경우, 중학생에 해당하는 만 13~15세가 7,077건(22.9%)으로 가장 큰 비중을 차지하였고, 그다음으로는 만 10~12세가 6,957건(22.5%), 만 7~9세가 6,016건(19.5%)으로 나타났다. 피해아동의 가족유형의 경우, 친부모가정 18,059건(58.4%), 모자가정 3,977건(12.9%), 부자가정 3,521건(11.4%), 재혼가정 1,686건(5.5%)의 순으로 나타났다.

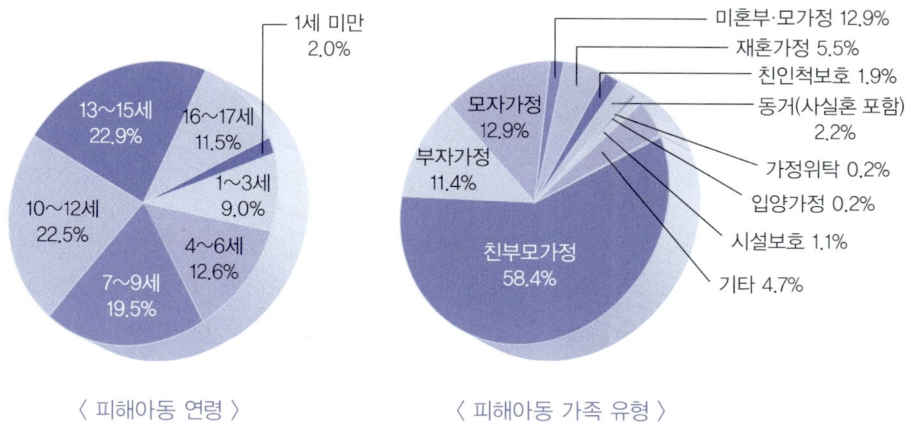

[그림 10-9] 피해아동의 연령과 가족유형

출처: 보건복지부(2020). 아동학대 주요통계.

아동학대로 판단된 30,905건 중 학대행위자 성별은 남성 17,145건(55.5%), 여성 13,760건(44.5%)으로 남성이 여성에 비해 더 높게 보고되었다. 학대행위자 연령의 경우, 40대가 14,286건(46.2%)으로 가장 많았으며, 그다음으로는 30대가 8,133건(26.3%), 50대 4,446건(14.4%), 20대 2,517건(8.1%), 60대 911건(2.9%), 70세 이상 369건(1.2%), 19세 이하 133건(0.4%)의 순으로 나타났다. 학대행위자와 피해아동과의 관계는 부모 25,380건(82.1%), 대리양육자 2,930건(9.5%), 친인척 1,661건(5.4%), 타인 565건(1.8%) 등의 순으로 나타났다. 부모에 의해 발생한 사례 중 친부에 의해 발생한 사례가 13,471건(43.6%), 친모는 10,945건(35.4%), 계부 578건(1.9%), 계모 312건(1.0%) 순으로 높게 나타났다. 대리양육자 중에서는 초·중·고교 직원이 882건(2.9%)으로 가장 높았다.

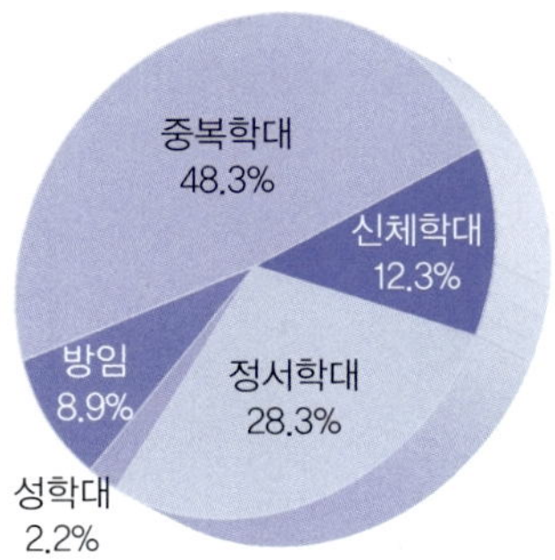

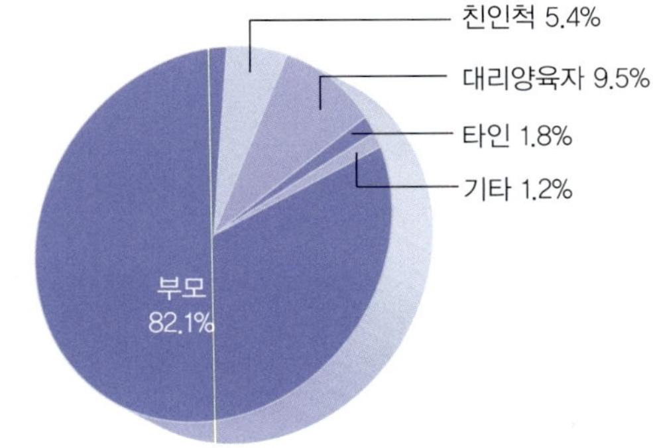

[그림 10-10] 아동학대 사례 유형 및 아동학대 행위자와 아동의 관계

출처: 보건복지부(2020). 아동학대 주요통계.

아동학대 발생장소의 경우, 전체 아동학대사례 중 가정 내에서 발생한 사례가 26,996건(87.4%)으로 가장 높게 나타났고, 이 중 아동의 가정 내에서 발생한 사례는 26,249건(84.9%)이었다. 어린이집, 유치원, 학교와 같이 아동을 돌보고 교육하는 기관에서 발생한 아동학대는 각각 658건(2.1%), 129건(0.4%), 893건(2.9%)으로 파악되었다. 또한 복지시설의 경우, 아동복지시설이 605건(2.0%), 기타복지시설이 34건(0.1%)으로 전체 사례 중 2.1%였다.

아동학대 사례 유형은 중복학대가 14,934건(48.3%)으로 가장 높았다. 정서학대 8,732건(28.3%), 신체학대 3,807건(12.3%), 방임 2,737건(8.9%), 성학대 695건(2.2%)의 순으로 높게 나타났다. 중복학대 중 신체학대·정서학대가 12,130건(39.2%)으로 가장 높았고, 정서학대·방임이 1,086건 (3.5%), 신체학대·정서학대·방임이 996건(3.2%), 모든 학대 유형이 함께 발생한 신체학대·정서학대 ·성학대·방임은 19건(0.1%)이었다.

마지막으로 피해아동 응급조치 현황을 살펴보면 상담원이 응급조치를 실시한 건수는 811건(53.8%), 아동학대전담공무원이 응급조치를 실시한 건수는 77건

(5.1%), 경찰이 응급조치를 실시한 건수는 620건(41.1%)으로 건수가 총 1,508건이었다. 응급조치 내용 중 가장 많은 조치를 취한 내용은 3호(피해아동 보호시설 인도) 1,285건(62.7%)이었고, 다음으로 2호(피해아동으로부터 행위자 격리) 365건(17.8%), 1호(학대행위 제지) 275건(13.4%), 4호(피해아동 의료기관 인도) 126건(6.1%) 순으로 나타났다.

아동학대를 예방하기 위한 프로그램으로 1, 2, 3차 예방프로그램이 있다. 1차 예방프로그램은 아직 문제가 발생하기 전 일반가정과 아동에 대해 안전·건강·복지를 지원하고 일반인들의 아동학대 심각성에 대한 인식을 제고하는 데 목적이 있다. 2차 예방 프로그램은 아동학대의 발생위험이 높은 집단을 파악하여 위험요인을 최소화하고 아동학대로 진전되지 않도록 하며, 3차 예방프로그램은 아동학대가 발생한 가정에 개입하여 치료하고 재발을 방지하는 데 목적이 있다.

아동학대는 해마다 계속 증가하고 있으며 아동이 가장 안심하고 생활해야 하는 가정 내에서, 부모에 의한 비율이 전체 80% 이상을 차지하고 있다. 이는 우리 사회의 심각한 문제가 아닐 수 없으며, 아동학대의 예방과 조기발견을 위한 범국민적 체계 구축과 피해아동의 보호와 안전한 성장 환경을 위한 법·제도의 개선이 더욱 요구된다.

4) 가정위탁, 입양, 시설보호

모든 아동은 자신이 태어난 가정에서 친부모의 보호와 양육을 받으며 성장하는 것이 가장 바람직하다. 그러나 가정환경이 부적절하거나, 부모가 아동을 보살필 능력이 없거나, 이혼, 유기, 사망 등으로 가정이 해체될 경우 부득이 아동의 보호와 양육을 위한 대안을 모색해야 한다. 이처럼 아동이 친가정에서 친부모와 양육을 받을 수 없는 경우 최대한 친가정과 유사한 형태의 보호를 받을 수 있도록 하는 것이 바람직하다. 따라서 가장 먼저 고려할 것은 원가정에서 아동이 성장할 수 있도록 원가정을 지원해주는 복지서비스가 가장 우선시 되어야 하며, 원가정이 아동을 보호할 수 있는 환경으로 회복될 때까지 일정 기간 타가정에 위탁을 하는 대리가정의 형태를 취할 수 있다. 이는 가정위탁서비스로서 친가정과 유사한 환경인 친인척 가정 또는 타인의 가정에서 계획된 기간 동안 대리보호 함을 의미한다. 그럼에도 원가정에서 성장이 불가능할 경우 영구적인 대리가정으로 법적 절차를 밟아 친부모와 자녀관계를 형성해주는 입양을 고려해야 하며, 입양이 불가능할 경우에 마지막 단계에서 아동을 집단으로 수용·보호하는 아동복지시설에 보호하도록 한다.

우리나라 18세 미만 아동 인구는 2011년 9,920,000명(전체 인구의 19.6%)에서 2020년 7,710,000명(전체 인구의 14.9%)으로 빠르게 감소하였고, 2018년 이후 합계 출산율이 1명 이하가 되면서 아동인구 비중은 더욱 감소할 것으로 전망된다.

이 중 보호대상아동을 살펴보면 2010년 보호대상아동 발생 수는 9,960명에서 2019년 4,612명으로 감소하였고, 18세 미만 아동인구 천명 당 보호대상아동은 2015년 이후 0.56~0.60명 수준을 유지하고 있다. 보호조치 아동의 발생 원인별 현황을 살펴보면, 아동학대가 차지하는 비중이 2010년 12.1%에서 2019년에는 36.7%로 빠르게 증가하였고, 비행, 가출, 부랑아의 비율 또한 2010년 9.0%에서 2019년에는 11.7%로 2배 정도 증가하였다. 아울러 보호조치 아동(2019) 총 4,047명 중 시설입소 아동은 2,739명(67.7%), 가정보호 아동은 1,308명(32.3%)으로 보호조치 아동 중 시설입소 아동 비중은 2010년 56.4%에서 2019년 67.7%로 증가한 반면, 가정보호 아동 비중은 2010년 43.6%에서 2019년 32.3%로 감소하였음을 알 수 있다(국회예산정책처, 2021).

보호대상아동의 보호조치 결과 시설보호 아동이 가정보호 아동의 2배 이상을 차지하는 것으로 나타남에 따라 보호대상아동의 안정적인 성장을 위한 방안으로 원가정의 회복을 위한 가정위탁서비스의 확대와 대리가정을 통한 보호와 양육이 이루어지도록 입양사업의 강화 등 다양한 방안이 모색되어야겠다.

〈표 10-11〉 발생 원인별 보호조치 아동 현황 (단위: 명, %)

구분		2010	2011	2012	2013	2014	2015	2016	2017	2018	2019
보호조치 아동 수(명)		8590	7483	6926	6020	4994	4503	4583	4125	3918	4047
점유율(%)	유기	2.2	2.9	3.4	4.7	5.6	7.1	5.8	6.3	8.2	5.9
	이혼부모·혼외자	32.6	33.6	28.70	25.5	24.5	20.7	18.7	20.5	15.9	11.5
	미아	2.4	1.1	0.7	0.3	0.3	0.6	0.2	0.3	0.5	0.2
	비행·가출·부랑아	9.0	9.9	10.2	8.5	10.2	8.0	6.9	5.5	5.9	11.7
	아동학대	12.1	15.0	16.2	18.6	22.1	24.3	33.4	35.0	36.1	36.7
	부모빈곤·실직	6.8	5.6	6.5	5.6	6.2	6.2	6.3	5.4	5.1	6.5
	부모사망	9.0	7.2	7.7	9.1	9.0	6.7	6.2	6.8	7.2	7.3
	부모질병	2.4	2.1	2.4	2.2	1.3	2.7	2.7	2.1	2.3	2.1
	부모이혼 등	23.5	22.7	24.2	25.5	20.8	23.8	19.7	18.1	18.8	18.2

출처: 국회예산정책처(2021). 보호대상아동 지원사업.

5) 다문화아동

행정안전부의 '2021년 지방자치단체 외국인주민 현황' 조사결과 발표에 따르면, 우리나라에 거주하는 외국인주민 수는 2,150,000명으로, 총인구 대비 4.1%에 이르는 것으로 나타났으며, 이는 2006년 발표 이래 처음으로 감소된 수치이다.

유형별로 살펴보면 한국국적을 가지지 아니한 자(외국인근로자, 외국국적동포, 결혼이민자 등) 1,695,643명(79.0%), 한국국적을 취득한 자 199,128명(9.3%), 외국인주민 자녀(출생)가 251,977명(11.7%)으로 나타났다. 이는 2019년 2,216,612명에 비해 69,864명(3.2%) 감소한 수치로, 2006년 통계 발표 이래 지속적으로 증가하던 외국인주민 수가 처음으로 감소한 것이다. 이는 2019년과 비교해 외국인근로자, 유학생의 감소 폭이 큰 점 등으로 미루어볼 때 코로나19로 입국이 줄어든 것이 주요 원인으로 분석된다(행정안전부 보도자료, 2021. 11. 17.).

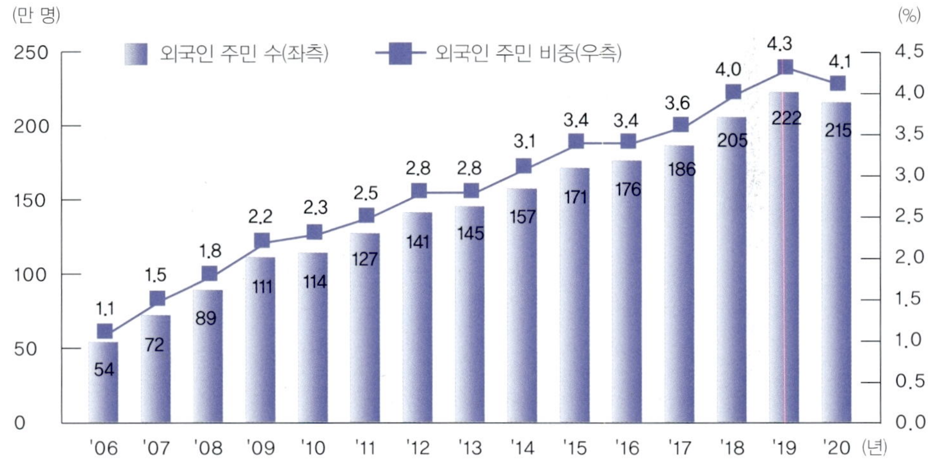

[그림 10-11] 외국인주민 수 변동 추이

출처: 행정안전부(2021).

한국 국적을 가지지 않은 자 중에서 아동의 연령별 현황을 살펴보면, 10세 미만이 62,830명(3.7%), 10대가 42,927명(2.5%)의 분포를 보이고, 한국국적을 취득한 자 중에서 아동이 차지하는 비율은 10세 미만 5,701명(2.9%), 10대가 6,582명(3.3%)을 차지하고 있다.

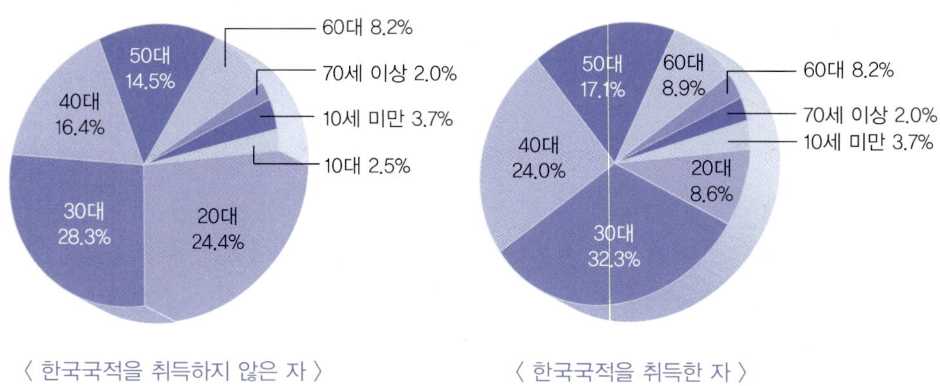

[그림 10-12] 외국인주민 연령별 현황

출처: 행정안전부(2021).

외국인주민 자녀들이 겪는 어려움은 정체성의 혼란, 언어적 소통의 문제, 학습부진, 집단따돌림의 노출, 정서적 문제 등을 들 수 있다. 먼저, 아이들은 서로 다른 문화적 배경을 둔 아버지와 어머니 사이에서 서로 다른 두 가지 문화를 모두 습득할 수 있는 장점을 가지고 있다. 그러나 한쪽 문화가 억압되거나 통제된다면 두 문화적 배경을 가진 아동도 억압과 통제의 환경 속에서 혼란을 경험하게 된다. 게다가 외모가 주변 친구들과 다르다는 이유는 또래 관계에서 놀림거리가 되며 아동의 자기정체성 형성에 부정적인 영향을 준다.

또한, 이중 언어를 할 수 있는 상황에서 자연스럽게 두 가지 언어를 습득할 수 있는 좋은 환경을 가지고 있다. 그러나 현실적으로 두 가지 언어를 사용할 수 없는 상황에서 결혼이주 여성인 어머니의 모국어는 사용할 수 없게 되고, 한국어를 제대로 구사하지 못하는 어머니와의 상호작용에서 아이의 언어소통은 많은 어려움을 경험할 수밖에 없다.

언어소통의 어려움은 자연스레 학습부진으로 이어지게 되고, 생김새가 다르고 언어소통의 어려움을 겪으며 학습도 부진한 다문화 아이들은 집단따돌림의 대상이 되기도 한다. 그리고 사회적 지지가 부족하고 정체성의 혼란을 경험하며, 언어적, 대인관계적 소통에 어려움을 겪게 되면서 불안하고, 자존감이 낮아지며 정서적으로 매우 우울한 상태에 놓이게 된다.

현재 정부에서는 다문화가족지원법에 근거하여 다문화가족지원센터를 통해 가족교육, 상담, 문화 프로그램 등의 서비스 제공을 통해 한국사회 조기적응 및 안정적인 가족생활을 지원하고 있다. 특히, 경제적인 어려움이나 거리가 멀어서 집합교육에 참여하지 못하는 가정을 대상으로 한국어지도사 또는 아동양육지도사가 방문하여 의사소통을 지원하고 있으며, 만 12세 이하 자녀에 대한 언어발달 진단 및 교육을 실시하고 있다. 아울러, 다문화적 감수성을 지닌 인재로 성장하도록 결혼이민자의 모국어 언어 및 문화 수업을 지원한다. 이처럼 다양한 지원에도 불구하고, 우리 사회에서 가장 시급한 것은 다문화가정 아이들에 대한 편견을 버리는 것이다. 정책과 서비스 이전에 다문화가정 아이들을 함께 더불어 사는 주체로 보고 통합사회를 구현하는 것이 무엇보다 중요함을 인식해야 한다(하승민 외, 2014).

4. 아동복지의 과제와 전망

1) 아동복지의 과제

최근 서구의 복지정책은 아동의 권리 강화와 더불어 가족을 강화함으로써 부모가 아동양육 등의 책임을 다하도록 하는 경향을 보인다(Cannan & Warren, 1997). 이는 급변하는 사회 속에서 건강한 아동발달에 영향을 미치는 것은 무엇보다도 부모 역할이기 때문이다. 따라서 아동복지의 우선적 과제는 다양한 가족형태와 가족구성에 따라 그 특성에 맞는 부모 역할을 효과적으로 수행할 수 있도록 지원하는 것이다.

또한, 요보호아동에 대한 복지정책으로 가정위탁과 입양의 활성화에 따른 사후관리를 의무화하여 위탁가정과 입양가정에서 안정된 양육을 받을 수 있도록 각 가정이 경험하는 문제들에 대해 전문적인 서비스가 체계적으로 지원되어야 한다. 아울러, 시설에 보호할 경우 소규모의 전문화된 시설에서 가정과 비슷한 분위기의 양육이 이루어질 수 있도록 기숙사 제도와 그룹홈 등의 활성화가 필요하다.

그리고 아동학대를 예방하기 위해 온 국민이 아동학대신고의무자의 역할을 할 수 있도록 인식의 변화를 위한 홍보와 교육이 이루어져야 하며, 아동보호전문기관의 확대를 통해 피해아동을 보호하고 가해자에게 교육과 훈련의 기회를 제공하는 등의 전문적인 서비스가 이루어져야 한다.

더불어, 출생 전부터 장애를 예방할 수 있도록 모자보건사업이 강화되어야 하며, 장애아동의 예방, 조기발견 및 진단, 특수교육 및 치료, 부모상담 및 교육 등과 관련된 종합적 장애아동복지 서비스 체계가 구축되어야 한다.

마지막으로, 갈수록 증가하는 다문화가정 아동들이 차별받지 않고 적극적 평등이 실현되는 사회통합정책이 마련되어야 한다.

2) 아동복지의 전망

우리나라의 아동복지는 1961년 아동복리법을 제정하고 1991년 유엔의 아동권리협약 국가로 비준한 이후 지금까지 비교적 짧은 기간 동안 많은 발전을 해왔다. 아동복지법 제1조에 따르면, 아동복지의 목적은 아동이 건강하게 출생하여 행복하고 안전하게 자라나도록 복지를 보장한다. 이는 요보호아동뿐만 아니라 모든 아동의 삶의 질 향상을 목적으로 하며 보편적인 아동복지를 추구한다. 그러나 우리나라의 아동복지 정책은 다른 사회정책의 결정이나 이해집단에 의해 수시로 변화되어 왔으며, 아동을 중심으로 한 정책보다는 여성노동력의 공급이나 출산율을 높이기 위한 수단으로 시행되는 경향이 크다(이옥, 2004).

앞서 살펴본 아동복지의 과제와 더불어 앞으로 나아가야 할 방향은 먼저 아동권리에 대한 인식 제고 및 협약의 이행이다. 유엔 아동권리위원회는 아동권리협약 제5·6차 권고에서 입양허가제 도입(2017), 난민법(2012), 아동학대처벌법(2014) 등의 법률제정과 아동수당(2018), 아동정책영향평가 도입(2019), 아동권리보장원 설립(2019) 등의 신규제도, 그리고 기타 남성 육아제도 확대(2014), 온라인 출생신고제도 도입(2017) 등을 의미 있는 아동정책 성과로 보았다. 반면에 개선이 필요한 사항으로 예산에서 국내총생산(GDP) 대비 낮은 아동 예산과 소수아동에서 미등록 이주아동, 난민 차별해소(출생 등록, 보건, 복지, 교육서비스)를, 또한 교육에서 아동의 학업스트레스, 경쟁 중심의 교육환경을 들었고, 기타 아동성범죄(온라인 그루밍) 등의 방지와 우범소년 삭제 등 소년사법 개선 등을 권고하였다.

〈표 10-12〉 유엔 아동권리위원회 주요 권고사항(아동권리협약 제5·6차 권고)

의미 있는 아동정책 성과		개선이 필요한 사항	
유보조항 철회	• 입양허가제 도입(2017)	예산	• 국내총생산(GDP) 대비 낮은 아동 예산
법률제정	• 난민법(2012) • 아동학대처벌법(2014)	소수아동	• 미등록 이주아동, 난민 차별해소 (출생등록, 보건·복지·교육서비스)
신규제도	• 아동수당(2018) • 아동정책영향평가 도입(2019) • 아동권리보장원 설립(2019)	교육	• 아동의 과도한 학업스트레스 • 경쟁 중심의 교육환경
기타	• 남성 육아휴직 확대(2014) • 온라인 출생신고제도 도입(2017)	기타	• 아동성범죄(온라인 그루밍) 등 방지 • 우범소년 삭제 등 소년사법 개선 등

출처: 보건복지부(2020). 제2차 아동정책 기본계획(안).

우리나라 아동복지법은 관계부처 합동으로 아동정책 기본계획 수립을 의무화하고 있는 바 2020년부터 향후 5년간 추진되는 중장기 계획 수립을 추진하였다. 아동정책 기본계획은 정부의 포괄적인 아동정책 수립 방향을 규정한다는 점에서 타 법률 등에 의한 기본계획과 구분된다. 이는 유엔 아동권리위원회 권고사항을 포함하여 아동 관점이 반영된 아동권리가 실현되어 아동 행복이 향상되도록 하는 데 방향을 두고 있다. 이를 위해 아동기본법을 제정하고(2022), 모든 아동 관련 계획을 대상으로 아동정책영향평가를 실시하며, 지역아동복지사업의 품질을 제고하는 방안을 마련할 계획이다. 또한 아동 중심 공적 보호·돌봄체계를 구축함으로써 보호대상아동 조사 및 지원 전과정과 입양 전과정에서 공적 책임을 강화하고, 가정위탁 양육비 지원 확대, 전문가정위탁제도 법제화 등의 가정형 보호 강화 등을 내용으로 하고 있다. 아울러 10여 종으로 분산된 아동시스템을 통합하고 위기청소년, 교육행정정보시스템과 연계를 추진하여 아동을 중심으로 급여, 서비스, 상담, 사례관리 등 이력관리로 맞춤형서비스를 제공할 계획이다. 이와 더불어 저소득 아동의 주거권 보장, 한부모, 장애아 양육 지원 강화를 통한 취약아동 국가책임 강화를 포함하고 있다.

이에 우리 사회에서 아동권리신장을 위한 아동의 권리를 보장해 주는 법적 장치의 마련과 아동복지정책 및 서비스의 대상과 종류, 정책을 집행할 행정체계, 재원 등을 마련하는 등 보다 적극적인 범국민적, 국가적 노력이 이루어져야 한다.

〈표 10-13〉 제2차 아동정책 기본계획('20~'24)

구분		정책 방향 및 주요 내용
비전		행복한 아동, 존중받는 아동
목표		아동 행복도 증진, 아동 최우선 원칙 기반 실현 조성
5대 영역	1. 미래를 준비하는 삶	누리과정 내실화, 문화인프라 확충 등 아동이 개인의 삶과 미래사회 발전에 요구되는 다양한 능력을 갖춰 나갈 수 있는 사회적 지원체계 마련
	2. 건강한 삶	정신 건강 관리 인프라 확충, 생활습관(비만) 관리, 아동 예방접종 향상 등 아동 건강관리체계 마련
	3. 안전한 삶	아동학대, 불량식품 등 아동기 안전 위해요인에 대한 대응 마련
	4. 함께하는 삶	방과 후 돌봄체계 정비 등 사회적 보호가 필요한 아동(빈곤, 장애, 다문화 등)에 대한 종합적 보호대책 마련
	5. 실행기반 조성	육아휴직 급여지원 등 아동정책 지원 인프라 확충, 아동 친화적이고 편안하게 양육·보호될 수 있는 발달환경 조성

출처: 보건복지부(2020). 제2차 아동정책 기본계획('20~'24).

11장

아동과 환경 Ⅰ

본 장에서는 아동의 사회화에 핵심적 역할을 담당하는 가족의 기능 등을 살펴보고, 이어서 아버지 역할의 중요성과 급변하는 현대사회에서 증가하는 맞벌이 및 학대 부모에 대해 다루어 본다. 그리고 아동의 행동을 파악하기 위한 방법으로 생태학적 접근을 살펴본다.

1. 가족

1) 가족의 정의

가족이란 결혼과 혈연으로 맺어진 구성원들이 의식주 생활을 함께 하며, 공동의 생활 목표를 실현해 가는 집단이다. 개인에게 사회화를 경험하게 하는 일차적 집단이며, 가족 내에서의 상호작용을 통해 아동의 사회적 경험은 시작된다. 세대, 성, 역할 등 여러 하위 체계로 구성된 하나의 사회적 체계로서 직접 또는 간접적으로 서로 영향을 주고받게 되며([그림 11-1] 참조), 가족 구조, 가족 분위기 및 가족 내 관계는 아동의 건강한 성장에 있어 기초가 된다. 이러한 일련의 과정들은 결과적으로 아동의 발달에 영향을 주게 되는 등 상호 밀접한 관계를 가지게 된다. 예를 들어, 아동의 까다로운 기질적 특성은 어머니의 양육 스트레스에 영향을 미쳐 부정적 양육행동을 초래하는 데 반해 원만한 부부관계는 양육효능감을 높여 긍정적 양육행동에 도움이 될 수 있다.

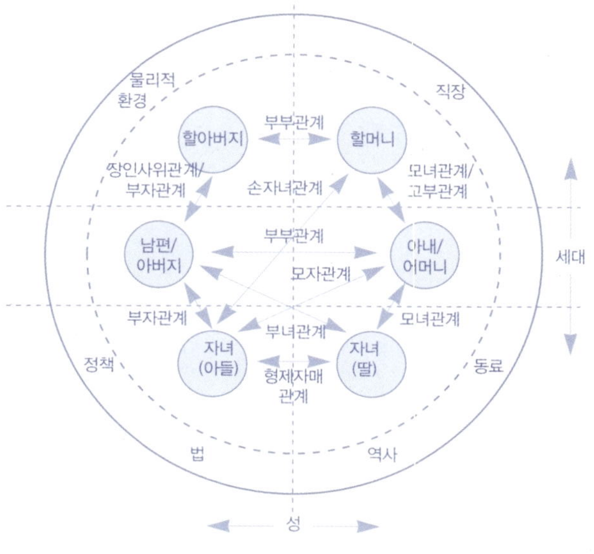

[그림 11-1] 가족 내의 가족관계와 가족관계에 영향을 미치는 사회적 환경

출처: 정현숙, 유계숙(2001).

2) 가족의 기능

가족의 기능이란 가족이 수행하는 역할을 의미하며, 그 가족이 속한 사회적, 경제적, 정치적, 문화적 변화에 따라 영향을 받는다. 즉, 농경사회에서 부모는 자녀에게 파종, 모내기, 추수 등에 관한 지식과 기술을 전수하였으나 현대사회에서 가족의 교육 기능은 학교로 많이 이전되었다. 특히, 아동의 발달에 있어 중요한 의미를 지니는 가족은 성적 욕구 충족 및 통제의 기능, 자녀 출산·양육·사회화의 기능, 돌봄의 기능, 경제적 기능, 사회적 지위 부여의 기능, 애정적 기능, 휴식 및 오락의 기능 등 다양한 역할을 수행한다.

(1) 성적 욕구 충족 및 통제의 기능

모든 사회는 개인의 성적 욕구를 충족시키기 위한 제도를 가지고 있으며, 가족의 기본적 기능 중 하나가 혼인을 통해 성인 남녀의 성적 욕구를 합법적으로 충족시키는 것이다.

(2) 자녀 출산·양육·사회화의 기능

가족은 사회를 유지하기 위해 새로운 구성원을 출산하며, 아동이 성인이 되기까지 필요한 의식주를 제공하며 양육할 의무를 지닌다. 또한, 가족은 자녀가 사회에 적응하기 위해 필요한 주요 가치, 관습, 규범 등을 가르치는 기능을 수행한다.

(3) 돌봄의 기능

가족은 구성원을 보호하고 돌보는 기능을 수행한다. 시설 등의 발달로 가족 내 돌봄 기능이 과거에 비해 약화되었지만, 가족 구성원을 돌보는 일차적 책임은 여전히 가족에게 있다.

(4) 경제적 기능

가족의 경제적 기능은 생산 기능과 소비 기능으로 구분할 수 있다. 가족은 사회에 노동력을 제공하고, 그 대가로 임금을 받아 필요한 물품을 구매하는 소비 주체가 되었다.

(5) 사회적 지위 부여의 기능

가족은 구성원들에게 다양한 지위를 부여한다. 예를 들어, 가족이 속한 사회경제적 계층 또는 가족 내에서 출생 순위나 성별에 따라 다른 지위를 획득하게 되며, 이러한 지위는 개인의 심리 상태 및 사회적 관계 등에 영향을 미친다.

(6) 애정적 기능

가족은 구성원들에게 사랑, 이해, 격려, 신뢰, 친밀감 등을 제공하며, 서로를 수용하며 지지하는 기능을 수행한다.

(7) 휴식 및 오락의 기능

가족 구성원들은 함께 여가와 오락을 즐기면서 긴장과 스트레스를 풀고, 휴식을 취하면서 가족 내 응집력을 강화하고, 가족의 다른 기능들을 더 잘 수행할 수 있게 된다.

2. 부모

부모는 아동을 위한 일차적인 환경으로 아동이 한 문화에서 반드시 습득해야 할 보편적인 습관, 기술, 행동, 가치관을 발달시키게 도움을 주고, 심신이 건강한 인간으로 성장하는 데 결정적인 역할을 담당한다. 예를 들면, 온정적이고 민감한 양육 태도를 보이는 부모의 경우는 영아와 자주 대화를 나누며 호기심을 자극하는 환경을 제공하여 자녀와 안정적인 애착을 형성하는 데 긍정적인 요소로 작용하는 것이다. 부모가 되는 동기 유형은 〈표 11-1〉과 같다.

〈표 11-1〉 부모가 되는 동기 유형

동기 유형	특성
숙명적 이유	• 운명에 순종한다는 사고 • 종교적 신념에 따르는 사고 • 자녀를 통해 가계를 잇는다는 사고
이타주의적 이유	• 자녀에 대한 관심과 애정을 위한 비이기적 소원 • 부모가 되고자 하는 기본적 욕구
자기도취적 이유	• 자녀를 가짐으로써 심리적 안정을 얻을 수 있다는 사고 • 자녀를 가짐으로써 성인 대열에 속했다는 심리적 안정 유지 욕구
도구적 이유	• 자녀를 통해 대리보상을 충족하고자 하는 욕구 • 부모에게 만족감을 주기 위한 사고 • 부부 간의 불화를 방지할 수 있다는 의식

전통적 부모역할과 현대적 부모역할을 요약해 보면 〈표 11-2〉와 같다. 사회환경의 변화로 인해서 부모 됨에 대한 동기와 모성이데올로기의 변화로 인하여 자녀 양육을 부모가 공유하는 방향으로 가고 있고, 권위주의적 부모와 순종하는 자녀의 관계에서 민주적인 관계로 바뀌고 있다. 한편, 급속한 정보화와 대중매체의 영향으로 부모의 자녀에 대한 영향력이 약화되고 부모-자녀 간의 대화와 친밀감이 적어져 가족원의 응집성이 약화될 수 있다. 그 결과, 가족의 변화에 적응해야 하는 자녀에게 심리·정서·행동 문제가 발생하는 경우도 늘어나고 있다.

〈표 11-2〉 전통적 부모 역할과 현대적 부모 역할

전통적 부모 역할	현대적 부모 역할
• 자녀 양육과 교육은 어머니 책임임 • 아들이 대를 잇고 부모를 부양하므로 아들이 있어야 하고 그가 잘 되어야 함 • 가문의 영광을 위해 자녀를 키워야 함 • 남자는 남자답고 강하게, 여자는 여자답게 키워야 함 • 부모는 부모의 가치관을 자녀에게 잘 전달해야 하고 자녀는 부모에게 복종해야 함	• 자녀 양육과 교육의 책임은 부모가 공유함 • 혈통 계승은 중요하지 않음 • 자녀를 키우는 기쁨을 경험하고 자녀의 능 력을 개발시켜 좋은 시민으로 독립시키는 것이 부모의 보람임 • 남성다움이나 여성다움보다는 자신의 개성 대로 인간답게 살아가게 키움 • 부모는 자녀의 좋은 친구, 안내자가 되어 자 녀의 인생을 살도록 도움

〈부모기의 잘못된 인식〉

- 자녀 키우는 일은 재미있다. 실제로 자녀 키우는 일은 재미가 있기도 하지만 결코 재미만 있는 것은 아니다. 많은 부모들이 자녀 양육 과정에서 보람과 기쁨을 느끼기도 하지만 오히려 이보다 많은 과제와 의무가 수반된다.
- 아동은 사랑스럽고 귀엽다. 아동은 귀엽고 사랑스러운 존재이기도 하지만 때로는 기분을 상하게도 하고 회피하고 싶은 존재이기도 하다.
- 자녀를 둠으로써 부모의 결혼생활을 향상시킨다. 자녀를 둠으로써 결혼생활을 향상시킬 수 있다는 논리를 뒷받침해 주는 연구 결과는 없으며, 자녀가 부부관계에 악영향을 주는 경우도 있다는 주장이다.
- 좋은 부모는 어떤 아동도 잘 다룰 수 있다. 부모가 자녀를 사회화시키는 데 있어 좋은 부모가 어떤 자녀든 잘 다룰 수 있다고 생각하기 쉽다. 그러나 특정 아동의 기질이 부모의 역할을 수행하는 데 결정적인 영향을 주게 되기 때문에 좋은 부모라고 해서 어떤 아동이든 잘 다룰 수 있는 것은 아니다.
- 자녀가 없는 부부는 좌절하며 불행하다. 전통적인 대가족제도하에서는 자녀에 대한 가치 부여가 높았지만 근래 와서는 부모-자녀 관계 자체가 선택의 문제로 되어 가고 있다. 따라서 자녀가 없는 부부는 반드시 좌절하며 불행하다고는 볼 수 없다.

- 좋은 부모를 만나면 아이들은 훌륭하게 성장한다. 좋은 부모를 만나면 훌륭하게 자녀를 성장시킬 수 있다는 가정은 반드시 철칙이 될 수 없다. 각 아동마다 개인차가 있을 수밖에 없어 능력이 뛰어난 부모라도 모든 아이들을 훌륭하게 성장시킬 수는 없다.
- 부모가 자녀를 올바르게 양육시키면 자녀는 올바르게 성장한다. 부모가 올바르게 자녀를 양육시키지만 자녀가 올바르게 성장하지 못한 경우도 있다. 자녀에게 좋은 본보기를 보인다고 해서 자녀들이 반드시 따르는 것도 아니며, 결과가 나타나는 것도 아니다.
- 부모는 성인이다. 어느 사회든 전통적으로 부모가 되는 연령은 성인 연령으로 인식되어 왔다. 그러나 근래에 와서는 20세가 넘는 성년만이 부모가 되는 것은 아니며, 10대의 미혼모가 증가하고 있는 현상과 함께 사회에 따라서 조혼하는 경향도 있다.
- 부모는 자녀에게 충분한 사랑을 주기만 하면 된다. 부모의 사랑은 자녀의 성장발달에 절대적인 영향을 주지만 그렇다고 자녀 양육에 필요한 지식과 조절이 필요하지 않은 것은 아니다.
- 자녀를 하나만 가져서는 안 된다. 자녀를 하나만 두는 것은 바람직하지 않다는 사회의 통념이 있다. 그러나 자녀를 하나만 두는 것은 그 나름대로의 장단점이 있다. 부모로부터 충분한 관심과 사랑을 받고 성장할 수도 있지만 반면, 과대한 관심과 과보호의 우려가 있다.
- 자녀들은 부모들에게 감사하고 있다. 자녀들이 부모에게 효도하고 감사하고 있다는 관념 또한 잘못된 통념이다. 특히, 오늘날 자녀들은 부모에게 감사하는 마음이 별로 없으며 자기가 받은 것은 당연한 권리라고 여기고 있다.
- 문제아는 없다. 문제 부모가 있을 뿐이다. 이 통념은 부모가 노력한다면 어떤 아동도 성공적으로 성장시킬 수 있다는 논리에서 출발한다. 그러나 아동의 양육 과정에서 부모의 역할이 중요한 것은 사실이나 자녀의 성장 과정에 영향을 주는 요인은 부모 이외에도 많다.
- 젊은 부모들은 예전의 부모들만큼 부모역할을 수행하지 못한다. 젊은 부모라고 해서 예전의 부모들보다 부모역할을 잘 수행하지 못한다는 논리는 성립하지 않는다. 부모의 역할 수행도 개인차가 있을 뿐만 아니라 사회적인 맥락 안에서 이해되어야 한다.

- 편부모 가족은 병적이다. 자녀 양육에 있어서 부모 모두가 있고 양부모가 자녀를 양육하는 것은 바람직한 일이나 편부모 가족이 병적이라는 논리를 일반화시키기에는 무리가 있다.
- 부모-자녀 관계는 사회적으로 최우선적으로 고려되어야 한다. 부모의 역할은 성인의 여러 역할 중 하나이다. 현실적으로 부모의 역할보다 직업이나 사회 내의 다른 역할이 우선되는 경우도 많다. 따라서 부모-자녀 관계가 사회적으로 최우선적으로 고려되어야 한다는 것은 지나친 가정이다.
- 부모는 자녀들의 장래를 위해 최선을 다해야 하며, 자녀를 기르는 어려움도 자녀들의 보다 나은 세상을 위해 합리화될 수 있다. 부모가 자녀의 장래를 위해 어려움을 극복해야 하며, 보다 나은 세상을 위해 자녀를 기르는 어려움을 극복해야 한다는 논리는 타당치 않다. 부모 세대가 어려움을 극복한 경우 다음 세대에게 보다 나은 세상을 만들어 내일이 오늘보다 반드시 나을 수 있다는 논리도 적합하지 않다.
- 자녀가 성장하면 부모의 임무는 완수된다. 자녀가 성장한다고 해서 부모의 임무가 완수되는 것은 아니다. 부모는 계속 주는 존재이고 자녀는 지속적으로 받는 존재일 경우가 많다.
- 자녀가 성장하여 집을 떠나면 부모들은 허탈감을 가질 수 있다. 부부관계의 만족도는 자녀의 출생과 함께 급속히 떨어지지만 자녀들이 성장하여 집을 떠난 후 만족도는 상승한다.

출처: 이재연, 김경희(1989); LeMaster & DeFrain(1983).

1) 부모 양육 태도

양육 태도의 대표적 학자인 Baumrind는 애정과 통제라는 차원으로 부모의 양육 태도를 네 가지 유형으로 나누었다. 즉, 애정과 통제 차원이 둘 다 높은 경우는 권위가 있는 부모, 통제 차원은 높지만 애정 차원이 낮은 경우는 권위적 부모, 애정 차원은 높은데 통제 차원이 낮은 경우는 허용적 부모, 애정과 통제 차원이 다 낮은 경우는 무관심한 부모로 분류하였다.

(1) 권위가 있는 부모

권위가 있는 양육 태도(authoritative style)는 자녀에게 온정적일 뿐만 아니라 자녀의 요구에 대한 수용도가 높고 민감하게 반응하며, 적정한 수준에서 통제를 하는 가장 바람직한 양육 방식이다. 또한, 합리적인 기대 수준을 갖고 일관된 규칙을 명확하게 설명하고 의사 표현을 격려하는 등 자율성을 형성할 수 있도록 도와준다. 아울러, 부모와 자녀 간에 이견이 있을 경우에는 토론 등의 방법을 통해 함께 의사 결정이 이루어지도록 노력한다. 이러한 부모 밑에서 성장한 자녀들은 책임감과 자신감이 있으며, 높은 자존감을 형성하여 사회적, 도덕적으로 성숙된 모습을 보이고 학업성취도에 있어서도 우수하다는 특징을 가진다.

(2) 권위적 부모

권위적 양육 태도(authoritarian style)는 자녀의 요구에 대해 비교적 덜 수용적이며 참여 정도 또한 낮고, 자녀의 자율성을 거의 인정하지 않는다. 또한, 명령적이고 호통을 치며, 위협적으로 지시하는 경향이 있으며, 자녀가 부모의 지시에 복종하지 않을 경우, 체벌이나 강압적인 태도를 보이기 쉽다. 특히, 부모가 모든 결정을 시도하며, 자녀에게 부모의 지시에 대해 무조건적인 복종을 강요한다. 이러한 부모 밑에서 성장한 자녀들은 자율성을 상실하여 다른 사람에게 의존적이지만 반항적, 공격적 성향을 보이기 쉬우며, 행복감을 갖지 못하고 항상 불안감을 느끼게 된다. 또한, 낮은 수준의 자존감과 자기 신뢰감을 형성하여 학업성취도가 대체로 저조한 경우가 많다는 특징을 가진다.

(3) 허용적 부모

허용적 양육 태도(permissive style)는 대체로 온정적이고 수용적이지만 부모가 자녀의 요구에 대해 지나치게 관대하거나, 자녀의 발달 수준과 상관없이 모든 결정을 자녀가 하도록 허락하는 등 적절한 통제 및 제지가 거의 이루어지지 않는다. 따라서 아동들은 규칙을 준수하거나 책임과 역할을 수행하는 것에 어려움을 겪게 된다. 이러한 부모 밑에서 성장한 자녀들은 충동적이거나 반항적이고 과도한 요구를 하는 경우가 많으며, 참을성이 없고, 학교생활에도 부적응을 많이 나타낸다. 또한, 규율을 무시하고 제멋대로 행동하며, 자기중심적이고 공격적이며, 독립심이 부족한 경향이 있다는 특징을 가진다.

(4) 무관심한 부모

무관심한 양육 태도(uninvolved style)는 자녀 양육에 대한 참여 의지도 희박하고 애정 및 자녀의 요구에 대한 수용 정도도 낮으며, 부모는 정서적으로 자녀와 분리되어 있거나 우울증에 빠져 있는 경우가 많다. 또한, 아동의 기본적인 신체적 욕구와 정서적 욕구에 드물게 반응하는 등 가장 바람직하지 않은 양육 방식이다. 따라서 개입과 조정, 지도와 보호가 필요한 경우에 그 상황을 회피하고 모면하려고 하며, 최악의 경우에는 아동학대의 유형 가운데 하나인 방임의 단계에 이르기도 한다. 이러한 부모 밑에서 성장한 자녀들은 애착 관계, 인지발달, 놀이, 사회성 개발 등 거의 모든 발달 영역에 부정적 영향을 주게 되며, 학업 수행 능력이 떨어지고, 공격적, 적대적, 자기중심적 경향을 보인다. 특히, 청소년기에 이르러서는 일탈 행동을 보이는 특징을 가진다.

〈표 11-3〉 부모 양육 태도의 유형별 특성

양육 태도	허용과 참여	통제	자율성의 인정
권위가 있는 부모	자녀의 요구에 대해 민감하게 반응하고, 관심이 있으며, 참을성을 갖고 자녀와 관계를 형성함	자녀에게 합리적 요구를 하고 부모의 지시에 대해 설명하며, 일관된 입장과 태도를 유지함	자녀 스스로 결정하도록 기회를 제공하고 자녀의 생각, 감정 욕구를 표현하도록 지지하며, 의견이 불일치하는 경우에는 함께 의사를 결정함
권위적 부모	자녀에 대해 냉담한 태도를 보이고, 거부적으로 행동하며 빈번하게 자녀를 비난함	체벌과 권력을 이용해 자녀에게 강압적으로 요구 하고, 자녀의 자율성을 인정하지 않으며, 사랑을 회피함	자녀를 대신하여 부모가 모두 결정하고, 드물게 자녀 입장에서 의견을 고려함
허용적 부모	자녀에게 따뜻하게 반응하지만 지나치게 관대하고, 자녀와 건성으로 관계를 형성함	자녀에게 요구 자체가 거의 없음	발달 단계상 자녀가 충분히 준비되지 않은 상태에서 많은 것을 결정하도록 함
무관심한 부모	자녀와 정서적으로 분리, 고립된 관계를 유지함	자녀에게 요구 자체가 거의 없음	자녀의 의사 결정이나 입장에 대해 무관심함

출처: 권민균 외(2012).

한편, 아동의 특성 또한 부모 양육 태도에 영향을 줄 수 있다. 아동의 특성 중 대표적인 것이 기질이다. 기질이란 일찍부터 뚜렷한 개인차를 나타내는 영아 개인의 특성이며, '어떻게 행동하는가'에 대한 행동 방식이다. 아동의 기질을 고려한 양육 행동은 〈표 11-4〉와 같다.

〈표 11-4〉 아동의 기질을 고려한 양육 행동

구분	양육 행동
융통성 있는 아동	• 규칙적으로 아이의 생리적 현상 점검하기 • 가끔씩 아이에게 다가가 특별한 관심을 보여주기
까다로운 아동	• 다른 아이가 갖고 노는 장난감을 뺏으려 하면 관심을 다른 곳으로 전환시키기 • 아이의 변덕스런 기분이나 예측하기 어려운 행동에 성인이 융통성을 가지기 • 아이가 예측하고 마음의 준비를 할 수 있도록 앞으로 일어날 일을 미리 알려 주기 • 활발하게 움직이고 싶어 하는 것을 발산할 수 있는 기회 주기
겁 많은 아동	• 강요하지 않기 • 혼자서도 할 수 있다는 것을 천천히 격려하기 • 자기만의 특별한 공간을 주어 안정감을 느끼게 하기

출처: California State Department of Education(1990).

2) 아버지

현대사회에서 아버지는 자녀 양육에서 어머니 못지않게 중요한 존재로 인식되고 있으며, 가정 내 아버지의 양육 참여 요구 및 역할에 대한 관심 또한 높아져 왔다. 과거에는 경제적 책임자로서의 아버지의 역할이 주로 강조되었으나 산업화 이후 부인의 취업, 이혼과 같은 가족 구조상의 변화로 인하여 충고 또는 조언자로서의 소극적 역할뿐만 아니라 적극적인 의미의 양육자 역할이 요구되고 있다. 또한, 실제 양육 능력 면에서 볼 때에도 영아에 대한 아버지의 반응성이나 민감성은 어머니와 별 차이가 없으며, 신체적 돌봄 위주인 어머니와 달리 아버지는 활동적인 놀이를 주로 하여 자녀의 건강한 발달에 있어 아버지 역할의 중요성이 강조되어 왔다. 특히, 이러한 영향력은 자녀가 성장하여 성인이 될 때까지 지속되어 부모가 양분된 역할을 감당하는 것보다 동등하게 부모역할을 수행하는 것이 바람직한 모델로 인식되는 것이 일반적이다.

다양한 문화에서 이루어진 연구들은 아버지의 따뜻함이 아동의 장기간에 걸친 순조로운 발달에 크게 기여한다고 설명한다. 특히, 안아주기, 위로하기, 놀아 주기, 언어적으로 사랑을 표현하기, 아동의 행동을 칭찬해 주기와 같은 행동들에서 분명히 나타난다. 그리고 아버지의 따뜻함은 아동기 정서와 행동 문제 그리고 사춘기 물질 남용과 비행을 포함하는 다양한 위기에 아동을 보호하는 것으로 밝혀졌다. 독일 연구에서도 아버지가 자녀의 놀이 주도성을 인정하고, 그들의 정서 표현에 적절하게 반응하며 적절하게 놀이 행동을 적용할 경우 아동기와 사춘기 동안 아버지–자녀 관계의 안정성에 도움을 주는 것으로 보고되었다.

또한, 아버지가 다정하고 자녀를 격려해 주며 잘 도와주는 경우 자녀의 인지 능력은 높고, 민주주적이면서 친숙한 양육 태도를 보이는 아버지의 자녀는 명철하고 창조적이며 융통성과 상상력이 풍부하며 높은 학업 성취와 관련이 있었다. 이에 반해, 거리감이 있고 독재적이며 처벌 위주인 아버지는 자녀의 성취 동기를 저하시키고 아버지가 권위적인 양육 태도를 가진 경우 아동의 지적 능력이 떨어졌다.

한편, 과거에 비해 아버지들이 자녀 양육에 참여하는 시간이 늘어나고는 있지만 여전히 많은 수의 아동들이 어머니와 더 많은 시간을 보내고 있어 자녀의 전인적인 성장·발달을 위해서는 아버지의 양육 참여가 더욱 요구된다.

〈표 11–5〉 좋은 아버지상의 변화

전통적인 좋은 아버지	현대적인 좋은 아버지
• 자녀를 위해 목표를 세운다. • 자녀를 위해 일하고 무엇인가를 주는 것을 강조한다. • 자녀에게 무엇이 옳은 것인지를 안다고 생각하여 부모가 자녀의 규칙을 정한다. • 아버지는 항상 옳고 강하며 권위적이다. • 자녀에게 지시·명령을 하고 순종하기를 • 요구한다. • 아버지로서 책임의식이 강하고 자녀를 관리한다. • 자녀에게 엄격하고 과묵하다.	• 자녀의 자율성과 실패할 자유를 허용한다. • 자녀에 대해 비현실적 기대를 갖지 않고 잠재력을 개발하도록 돕는다. • 자녀의 특성과 기질, 생각과 감정을 이해하고 규칙을 정할 때 자녀의 의견을 존중해 준다. • 아버지도 실수할 수 있고 잘못을 사과할 수 있다. 자녀의 권리뿐만 아니라 부모의 권리도 존중된다. • 자녀를 인격체로 대하고 지적, 사회적, 정서적 발달을 자극시킨다. • 아버지가 되는 것을 선택하고 자녀와 함께하는 시간을 즐긴다. • 칭찬과 격려를 잘한다.

출처: Duvall(1980).

생각해보기

일본 교육문화 전문 기업 베네세코퍼레이션의 베네세 차세대 육성연구소는 영유아 자녀를 둔 동아시아 3개국 4개 도시(서울, 도쿄, 베이징, 상하이) 아버지 6,248명을 대상으로 육아 실태 설문 조사를 했다. 이상적인 아버지상을 묻는 질문에 4개 도시에서 공통적으로 '존경할 수 있는 아버지'나 '의지할 수 있는 아버지'라는 답변이 대다수를 차지했다. 특이한 점은 이상적 아버지상이 친구 같은 존재라고 답한 아버지가 서울에서 특히 많았다는 것이다. 1,046명 가운데 62.4%나 차지했다. 도쿄 아버지 1,602명 중에선 6.2%, 베이징과 상하이 아버지 각 1,800명 중에선 22.9%와 19.9%에 불과했는데 말이다.

서울 아버지는 휴일에 아이와 함께 특히 많은 시간을 보내는 것으로 나타났다. 10시간 이상~거의 하루 종일 아이와 지낸다는 응답이 48.4%, 베이징(34.0%), 상하이(30.8%) 아버지보다 눈에 띄게 많았다. 서울 아버지는 자녀 문제를 아내와 상의하는 빈도도 높다. 아이에 대해 아내와 매일 이야기한다는 응답이 서울에선 50.7%에 달했다. 도쿄와 베이징, 상하이에선 각각 35.3%와 38.6%, 38.2%에 그쳤다. 또한, 아이와 어울리는 일에 자신이 없다고 느낄 때가 있느냐는 질문에 '자주 있다'고 응답한 서울 아버지는 3.5%에 불과했다. 중국 아버지들은 10%를 훌쩍 넘었다. 조사 결과, 여러 가지 육아 활동에 참여하는 빈도를 거의 매일 또는 주 3~5회라고 답한 비율은 한국과 일본에 비해 중국이 전반적으로 높았다. 아이 목욕시키기를 거의 하지 않는다고 답한 아버지가 서울이 24.9%로 도쿄(7.4%)와 베이징(18.5%), 상하이(14.9%)에 비해 월등히 많았다. 또한, 아이를 거의 매일 직접 재워 주는 서울 아버지는 18.5%, 아이에게 거의 매일 공부를 가르쳐 주는 서울 아버지는 6.2%밖에 안 됐다. 중국 아버지들이 25% 안팎으로 높게 나타난 데 비해 대조적이다. 특히, 교육과 관련된 육아 활동에선 한국 아버지들의 역할이 상대적으로 미미했다. 아이 책이나 과외학습 프로그램을 선택하는 주체가 누구냐는 질문에 '주로 내가 한다'고 답한 서울 아버지는 3.7%. '주로 아내가 한다'는 응답은 60%를 넘었다. 도쿄도 비슷한 양상이다. 이에 비해, 중국 아버지들은 책이나 과외학습을 자신이 직접 고른다는 응답이 25%에 가까웠다. 자신과 아내가 결정하는 비율이 같다고 답한 경우도 47~62%로 서울이나 도쿄와 차이가 컸다. 아버지가 아이의 학습이나 교육에 어머니 못지않게 적극 개입한다는 뜻이다.

3) 맞벌이 부모

맞벌이 부모와 자녀의 발달과 관련된 연구들은 주로 어머니의 취업과 관련되어 연구되어 왔다. 이는 발달심리학에서 중시하는 초기 애착 형성 이론에 근간한 것으로, 어린 시기의 자녀를 둔 어머니의 취업은 자녀 양육에 할애할 수 있는 절대적인 시간 부족과 직장에서 받은 스트레스 등으로 어머니가 자녀의 기본적인 욕구를 충족시켜 주기 어렵고, 오히려 자녀의 정서적인 불안을 야기할 것이라고 간주되었다. 그러나 연구 결과들은 어머니의 취업이 자녀의 발달에 부정적인 영향을 미치는 것만이 아니라 긍정적인 영향도 미친다고 밝히고 있다. 예를 들면, 어머니가 자신의 일을 즐기고 열심히 자녀를 양육하면 아동들은 잘 발달하여 자기존중감도 높고, 가족관계와 또래 관계도 긍정적이고, 성 정형화된 신념을 적게 가지고, 학교 성적도 좋다고 밝혀졌다. 특히, 여아들은 여성들에 대한 유능한 이미지에서 도움을 많이 받는 것으로 보고되었다. 그러나 고용이 어머니의 스케줄에 너무 부담이 되거나 다른 이유로 스트레스가 되면 아동들은 비효과적인 양육을 받기 쉽다. 즉, 저소득 계층의 어머니가 낮은 임금과 신체적으로 힘든 일을 지속하게 되면 우울해지고 양육도 거칠고 일관성이 없어지므로 부정적 영향이 커질 수 있다. 대조적으로 어머니가 시간제로 근무하고 작업 스케줄도 융통성이 있으면 아동들이 잘 적응한다. 이런 방식은 일가정의 갈등을 방지하여 부모가 아동의 요구를 잘 충족시키도록 돕는다.

〈표 11-6〉 맞벌이 부모가 자녀의 발달에 미치는 영향

긍정적인 영향	부정적인 영향
• 자립적이고 독립적인 아이로 자란다. • 성역할에 대한 고정관념이 없다. • 사회성의 발달이 빠르다. • 엄마를 자랑스럽게 여긴다. • 대화의 소재와 내용이 다양하다.	• 또래보다 어른스러움을 강요당한다. • 정서적 안정감을 갖기 어렵다. • 언어·지능 발달이 늦어질 수 있다. • 물질만 아는 아동으로 키워지기 쉽다. • 고집쟁이로 키워지기 쉽다.

맞벌이 가족이 가지고 있는 다양한 문제들을 해결하기 위해서는 무엇보다도 가족 구성원들이 서로의 역할에 대해 인정하고 배려하는 노력들이 필요할 것이다. 예를 들면, 부부가 주말에 더 많은 시간을 자녀들과 함께 하면서 질적으로 높은 수준의 상호작용을 통해 가족의 문제들을 해결해 나갈 수 있다. 또한, 남편이 아내가 직업을 갖는 것에 대해 긍정적인 태도를 가지고 아내의 직업을 인정하고, 집안일을 분담하고 자녀 양육에 참여하면서 정서적 지원을 해주면 맞벌이 가정의 많은 문제가 극복될 수 있을 것이다.

4) 학대부모

아동학대의 증가는 현대사회의 가족 생활 전반에 걸친 다양한 조건의 변화와 관련이 있다. 20세기 후반 들어 눈에 띄게 증가한 가족 해체를 포함한 가족의 불안정성 증가, 빈곤, 지역사회 기능의 후퇴 및 도시화로 인해 이 시대의 아동 양육 책임은 과거 당연히 기대할 수 있었던 확대가족이나 지역사회의 도움과 같은 사회적 지원 없이 부모에게만 부과되고 있다. 가족 구성원의 스트레스 증가, 전통적인 지역사회의 와해에 따른 가족의 사회적 소외 현상, 그리고 가족의 실질적 해체 등이 아동학대와 방임의 범위와 정도를 심화시키고 있다.

학대하는 부모들의 특성을 분석해 보면, 첫째, 학대부모의 대다수는 정신적인 기준에서 비학대부모와 별 차이가 없으며, 아동을 학대하는 성인이 정신 또는 심리적 장애로 고생하고 있는 것도 아니며, 성격적인 결함이 있는 것도 아니다. 둘째, 아동을 학대하는 부모는 어린 시절 학대를 당한 경험이 있으나 학대받은 아동이 반드시 학대부모가 된다는 것을 의미하는 것은 아니다. 셋째, 아동을 학대하는 부모는 부정적인 양육 기술을 사용하며, 아동을 통제할 힘이 없다고 믿고 있다. 즉, 부모의 사회적인 고립이나 정서적인 미숙함, 낮은 자아존중감, 감정이입 능력의 결함, 또는 처벌적인 양육 행동이 효과적이라는 확신 등이 원인이 되고 있으며, 아동이 기질적으로 너무 까다롭다든지 오늘은 너무 피곤하다든지 자신의 통제 밖에 있는 요소들을 탓하는 경향이 있다. 넷째, 학대 가족의 남편과 아내 모두

비예측적이고, 비지지적이며, 만족스럽지 못한 상호작용이 스트레스를 유발하고 이로 인한 분노나 증오가 조절되지 못한 채 아동에게 그대로 표출됨으로써 부정적인 양육 태도를 초래한다.

〈표 11-7〉 아동학대와 관련된 요인

일반적인 범주	특수한 영역
문화적 그리고 공동체의 영향	• 학대는 신체적 처벌을 수용하는 문화에서 보편적으로 발생한다. • 학대는 경제적인 이유로 스트레스를 받는 빈곤 가정에서 보편적으로 발생한다. • 학대는 부모가 사회적 지원이 부족하기 때문에 사회적으로 고립되어 있을 때 보편적으로 발생한다.
부모의 특징	• 아동을 학대하는 부모는 어린 시절 학대를 당한 경험이 있다. • 아동을 학대하는 부모는 양육 기술이 좋지 못하다.
아동의 특징	• 어린 아동은 자신의 행동을 통제할 수 없기 때문에 학대받는 경향이 있다. • 대부분 아플 때 더 혐오적인 행동을 하기 때문에 아픈 아동이 더 학대받는 경향이 있다. • 양부모들은 입양 자녀들에게 관심이 적기 때문에 입양 자녀들을 더 학대하는 경향이 있다.

참고자료

1. 신고접수·판단·법적조치

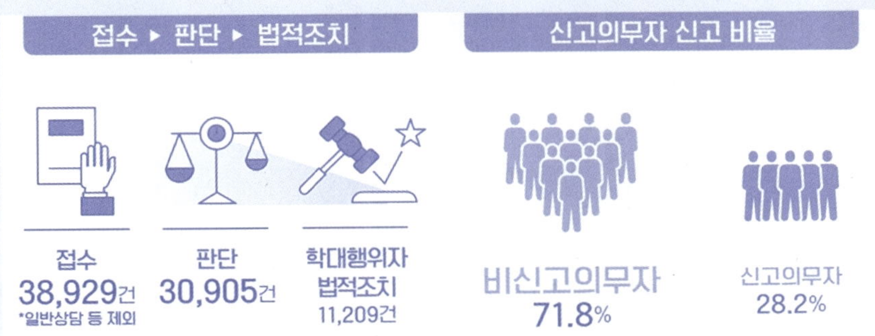

2. 피해아동 발견율

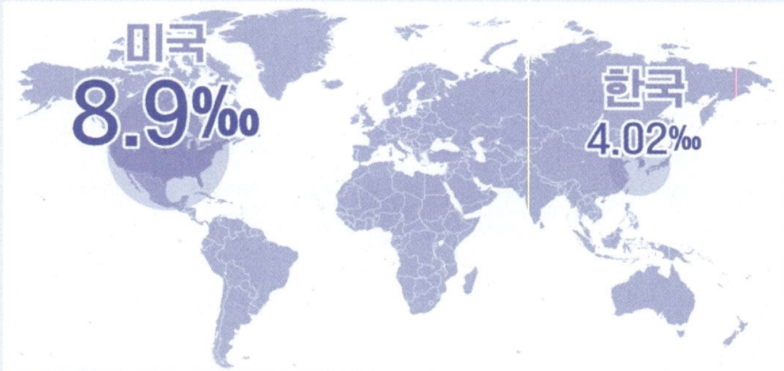

※ 피해아동 발견율은 아동인구 1,000명 대비 아동학대로 판단된 피해아동 수를 의미하며, 통계청 (2020) 성 및 연령별 추계인구(1세별, 5세별)/시도 자료를 기반으로 2020년 피애하동 발견율을 산출함

3. 아동학대 유형

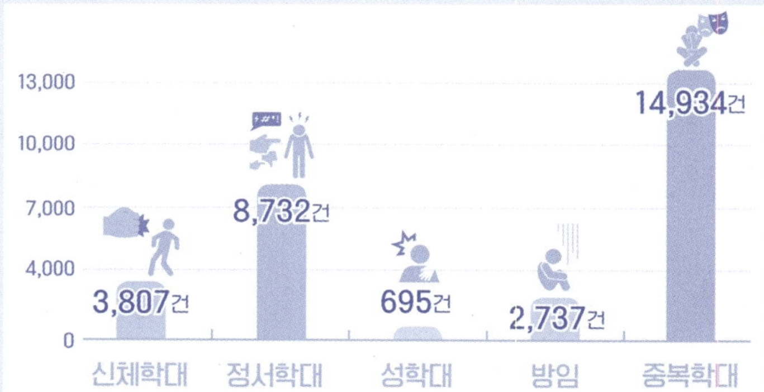

4. 아동학대 대상자 특성

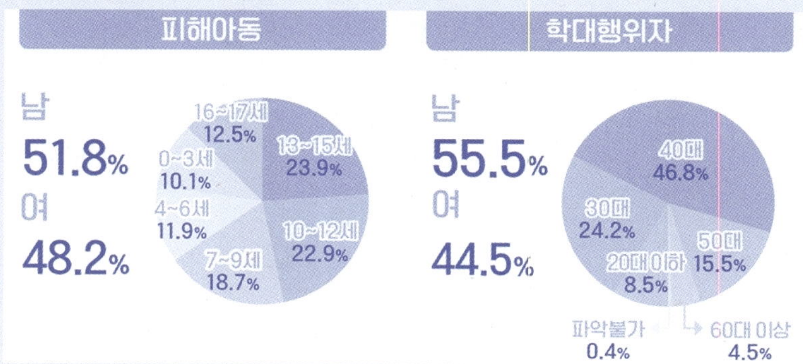

5. 아동학대 상황

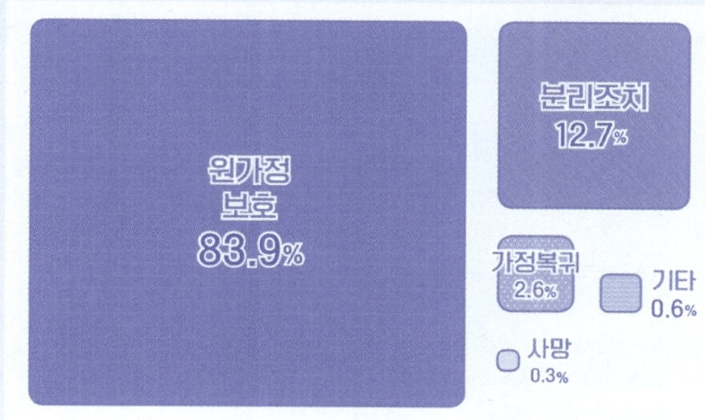

6. 학대행위자 상황

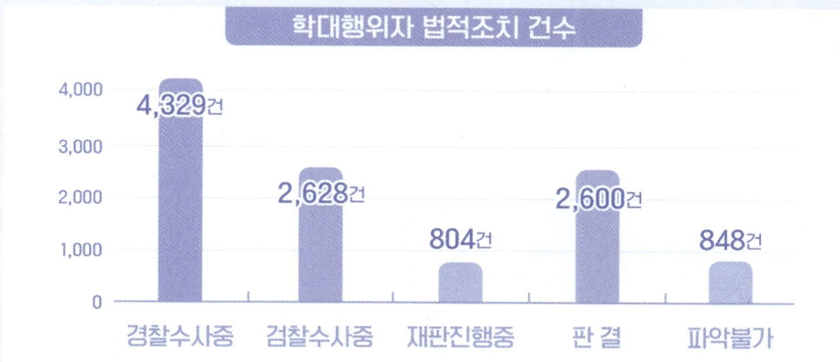

7. 서비스 제공 현황

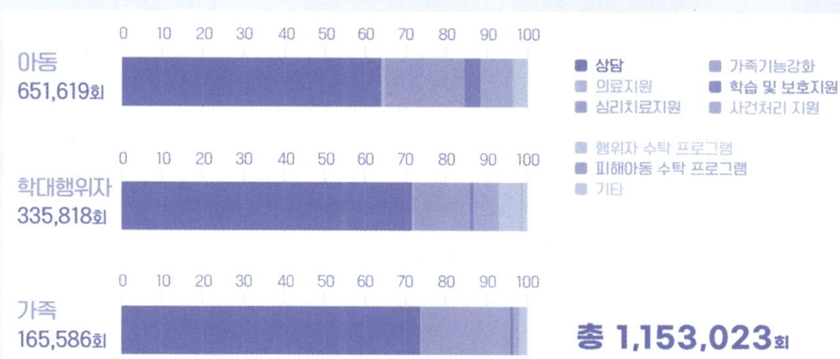

8. 아동학대 사망

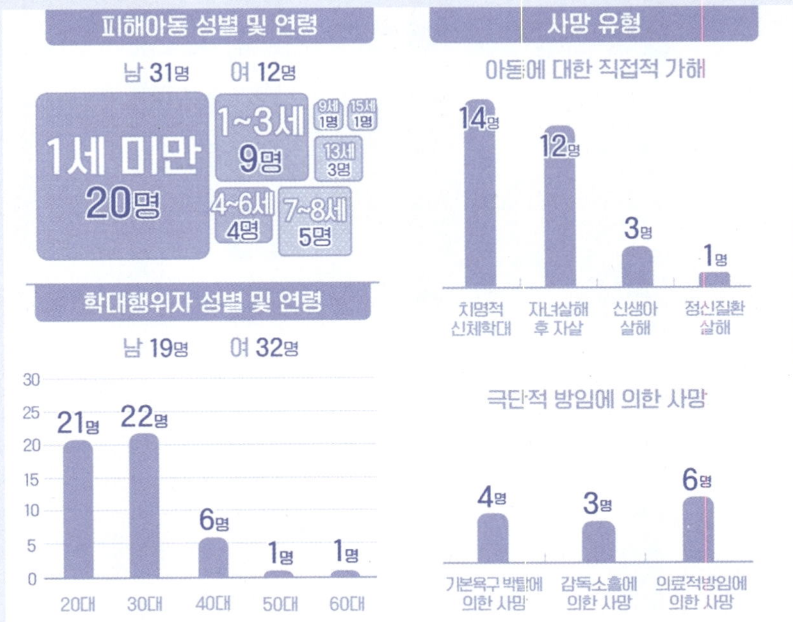

출처: 아동권리보장원(2022). 아동학대통계.

학대는 아동의 전반적인 발달에 있어 부정적인 영향을 미친다. 어떤 아동은 영구적인 신체적 손상으로 고생하며, 신체적 손상이 없을 때조차도 아동의 사회·정서 발달에 문제가 발생한다. 또한, 때로 너무 공격적이기 때문에 또래와 관계를 잘 맺지 못하는 경향이 있으며, 인지발달과 학업 성취에도 치명적이다. 즉, 학대받은 아동은 학교 성적이 낮고 표준화된 학업 성취에서 낮은 점수를 받으며 학교생활의 중도 탈락과 유급하는 경향이 있으며, 정서적으로 통제를 잘하지 못하기 때문에 학교 관련 행동 문제가 일상적으로 발생한다. 특히, 학대에 반복적으로 노출된 경우 중앙신경체계에 손상이 발생하면서 두뇌 발달에 치명적 손상을 입게 된다. 이외에도, 우울과 불안은 흡연과 알코올 남용, 약물복용 혹은 과식을 유발시킬 수도 있으며, 가출, 비행, 자신의 자녀와 배우자를 학대하는 경향이 있고 최악의 경우에는 자살을 시도하기도 한다. 아울러, 반복적인 학대의 외상은 비정상적 EEG 뇌파활동, 작아진 뇌 크기, 대뇌피질과 뇌량의 손상된 기능 손상과 같은 중추신경체계의 손상과 관련되며, 스트레스 호르몬의 생산을 강화시키는 것으로 최근 연구결과에서 밝혀졌다. 종합해 보면, 학대의 결과들은 인지적, 정서적 문제들이 지속될 기회를 증가시키는 등 학대의 부정적인 영향은 복합적이며 순환적이라고 볼 수 있다.

Gelles(1982)는 아동학대의 사회심리적 요인으로 좌절과 스트레스를 주요한 아동학대의 변인으로 보았다. 특히, 아버지의 실직으로 인한 경제적 결핍과 좌절과 무력감으로 인한 정신적 스트레스는 자녀에게 투사되어 폭력을 자극하고 학대와 방임을 초래한다고 보았다. 또한, 만성적인 스트레스원의 가장 보편적인 형태라고 볼 수 있는 빈곤은 아동학대와 매우 밀접한 관계를 가진다. 따라서 아동학대는 아동이 가진 여러 특성과 아동을 둘러싸고 있는 부모, 가족, 사회 등의 주변 환경과의 역동적 관계를 고려하여 포괄적으로 파악, 접근할 필요가 있다.

5) 부모의 행동 지침

아동기는 몇 가지 점에서 생애발달 과정 중 중요하고 특별한 시기이므로 아래의 발달적 특성을 고려하여 부모의 행동 지침으로 삼아야 한다.

① 부모에게 크게 의존하는 의존적 존재로부터 서투른 협응력을 갖춘 존재로 변하는 시기이다.

② 신체적인 의사 표현에서 언어적인 표현을 할 수 있게 되는 시기이다.

③ 스스로 자율성과 주도성을 개발하려는 내적 통제를 찾는 시기이다.

④ 단순한 사실만을 알던 단계에서 외부 세계에 관심을 갖게 되는 세련된 단계로 전환하는 시기이다.

이러한 발달적 특성이 말해 주듯 부모–자녀 간의 발달적 상호작용 과정에서 몇 가지 점에서 유의해야 한다.

첫째, 부모는 아동의 사회화를 자극하고 돌봐주는 자원의 역할을 해야 한다.

둘째, 자녀를 훈계할 때 노한 감정이나 행동보다는 감정을 용납하도록 표현되어야 한다.

셋째, 자발성 개발에 치중하되 행동은 제한과 지시를 받도록 해야 한다.

넷째, 아동의 부정적인 행동보다 긍정적인 행동에 관심을 가져야 한다.

다섯째, 배변 훈련 시에는 긍정적인 강화를 통해 화장실 사용을 할 때 칭찬을 해 주어야 한다.

여섯째, 정확한 언어 구사와 함께 언어를 개발할 수 있는 환경에 신경을 써야 한다.

일곱째, 아동이 고집대로 어떤 행동을 계속하려고 하거나 반항할 때 강압적 방법보다는 자주성을 발달시키려는 노력으로 이해해야 한다.

대개 3~4세경의 아이들은 자신의 일을 방해하거나 못하게 하면 반발과 반항을 하게 되며, 7세경에는 언어적으로 말대꾸를 한다든지 항의하는 등의 반항을 하게 되는 특성이 있다. 이 기간은 '반항기'의 특성을 지닌 발달적 단계라 볼 수 있다. David Lewis의 저서 How to be a gifted parent에서 제시하고 있는 유아기의 부모 평가에 대한 체크리스트는 아래와 같다. 40개 항목의 체크리스트가 제시되고 있는데 이 중 30점 이상을 받으면 재능 있는 부모이며, 25점 이하의 점수를 받은 부모는 자신의 양육 태도와 방법을 다시 살펴볼 필요가 있다.

- 자녀가 진지하게 묻는 질문이나 말을 진지하게 수용한다.
- 참을성 있게 그리고 정직하게 자녀가 묻는 모든 질문에 답해 준다.
- 자녀가 자기가 한 것을 자랑할 수 있도록 전시판을 마련해 준다.
- 자녀가 창작적인 일, 예컨대 색칠하기, 점토놀이 등을 다 끝내지 않았을 경우 장소가 더럽혀졌더라도 참고 견딜 마음의 준비가 되어 있다.

- 자녀를 감수성이 좋다고 믿고 있고 신뢰한다.
- 될 수 있는 대로 자녀가 어른으로부터 독립적이 되도록 격려한다.
- 자녀가 자기 능력에 대해 긍정적으로 생각하도록 격려한다.
- '그것은 결코 나도 할 수 없어'라는 등의 말을 해서 자녀의 잘못을 대강 처리하지 않는다.
- 내가 자녀의 일을 거의 다 해 주어서 성공하게 하기보다는 자녀 스스로 해서 실패하는 것이 더 낫다고 본다.
- 자녀에게 자기 방을 마련해 주거나 일부분을 마련해 주어 전적으로 혼자 사용하도록 한다.
- 자녀에게 잘해서가 아니라 자식으로서 사랑받고 있다는 것을 알게 한다.
- 자녀에게 연령에 적합한 책임을 맡긴다.
- 스스로 계획을 세우고 결정하도록 도와준다.
- 흥미 있는 장소로 견학을 간다.
- 자녀가 하는 일에 더 좋은 방법을 가르쳐 준다.
- 자녀에게 다른 환경에서 자란 아이들과도 잘 지내도록 격려한다.
- 적절한 행동 기준을 설정해 놓고 지키도록 하며 눈여겨 본다.
- 남의 아이들과 비교해서 나쁘게 말하지 않는다.
- 벌의 한 방법으로 결코 자녀를 모독하지 않는다.
- 취미 있어 하는 재료나 책을 마련해 준다.
- 규칙적으로 책을 읽어 준다.
- 이야기나 환상놀이를 꾸미도록 격려한다.
- 스스로 어떤 일을 생각해 내도록 격려한다.
- 개개 어린이의 개인적인 욕구를 신중하게 고려한다.
- 자녀와 단둘이만 있을 수 있는 시간을 마련한다.
- 가족의 계획이나 여행을 결정하는 데 한마디라도 하게끔 한다.
- 실수한 데 대해 핀잔을 주지 않는다.
- 이야기, 시, 노래 등을 기억하도록 격려한다.
- 모든 연령의 어른들과 사교적으로 지내도록 격려한다.
- 사물에 대해 뭔가 알아내도록 도와주기 위해 실제적인 실험을 고안해 낸다.
- TV에서 가치 있는 프로그램을 찾아 보게 도와준다.
- 독립적인 개체가 되도록 격려한다.
- 실제로 결정을 내릴 수 있는 기회를 마련해 준다.

- 자녀와 절대로 같이 의논할 수 없다고 생각하는 문제는 가지고 있지 않다.
- 자녀에게 감정을 솔직히 표현한다.
- 진실이 아닌 일반적인 칭찬은 피한다.
- 자녀가 하는 활동 중에서 칭찬할 만한 특별한 일을 찾아낸다.
- 스스로 문제를 찾고 해결해 나가도록 격려한다.
- 여러 가지 물건들을 가지고 놀도록 내버려 둔다.

3. 형제

부모와 더불어 형제도 학령기 아동들이 지지를 받을 수 있는 중요한 사람들이다. 그러나 아동기 중기에는 형제들 사이의 경쟁이 증가한다. 아동이 폭넓은 활동에 참여하면서 부모는 형제를 많이 비교한다. 형제가 성이 같고 나이가 비슷하면 부모가 더 자주 비교하여 싸움과 적대감이 증가하고 잘 적응하지 못한다. 한편, 형제들이 자신의 독특성을 인정받으려고 애를 쓰면서 그들은 서로의 발달에서 중요한 측면을 만들어 간다. 갈등도 생기지만 학령기 형제들은 계속적으로 서로에게 의지하며 사랑과 도움을 얻는다. 특히, 부모들이 심리적으로 거리가 있고 관심이 없으면 형제들이 그 빈틈을 채우면서 서로에게 더 지지적이 된다.

형제관계에 여러 가지 좋은 점이 있지만 발달이 잘 이루어지는 데 필수적인 요소는 아니다. 일반적인 생각과는 달리, 외동이는 철이 없지 않고 오히려 어떤 점에서는 더 유리하다. 예를 들면, 아이가 하나인 가정에서 자라는 미국의 아동들은 자기존중감과 성취동기가 높고, 학교에서도 잘하고, 교육도 더 많이 받는다는 것이다. 이유 가운데 하나는 외동이들이 부모들과 더 가까워서 숙달과 성취에 대한 압력을 더 많이 받기 때문으로 설명되어진다.

4. 생태학적 접근

현대사회에서 아동의 발달과 행동을 이해하기 위해 생태학적 방법은 매우 적절하며 많은 유용한 정보를 제공할 수 있다. 생태학의 연구 목적은 가족원 개인의 성장 발달과 가족의 행복을 증진시키고 이를 위하여 가정 및 사회 환경의 개선을 통한 삶의 질을 향상시키는 데 있다. 특히, 급변하는 사회에서 방치 또는 학대되는 아동, 청소년의 폭력 및 미혼모의 증가, 만혼과 높은 이혼율, 권위 부재의 아버지, 저출산 및 고령화 등 현대사회 문제에 대해 개인이나 개별 가족 차원에서의 문제 해결은 이제 더 이상 불가능하다. 이러한 인간 유기체의 문제는 이와 관련되는 환경의 영향력을 맥락적으로 파악함으로써 사회적 차원에서 개입하고, 검토해야 할 필요성이 점차 부각되고 있다.

1) 생태도

생태학적 이론에서는 다양한 크기의 사회적 관계망을 분석하고 클라이언트와 환경 사이의 상호 교류를 눈으로 확인할 수 있게 해주는 유용한 도구들을 개발하였는데 그중에 대표적인 것이 생태도다. 생태도(ecomap)란 개인이나 가족을 포함하는 체계가 외부 환경 체계들과 어떻게 관련되어 있는지를 그림으로 보여주는 것으로 가족생활, 가족관계 및 가족의 상태를 전체적으로 조망하도록 도와준다. 특히, 생태도는 개인체계보다는 가족체계를 파악할 때 많이 활용되며, 가족원들 사이에 혹은 가족과 외부 체계 사이의 에너지 흐름과 자원의 부족, 결핍, 교환 그리고 결속, 지지뿐만 아니라 스트레스나 갈등의 정도를 이해하는 도구가 되며, 체계들 간의 관계를 원활하게 하기 위해 어떤 체계를 어떻게 변화시켜야 할지를 결정하도록 도와준다(최옥채, 박미은, 서미경, 전석균, 2003).

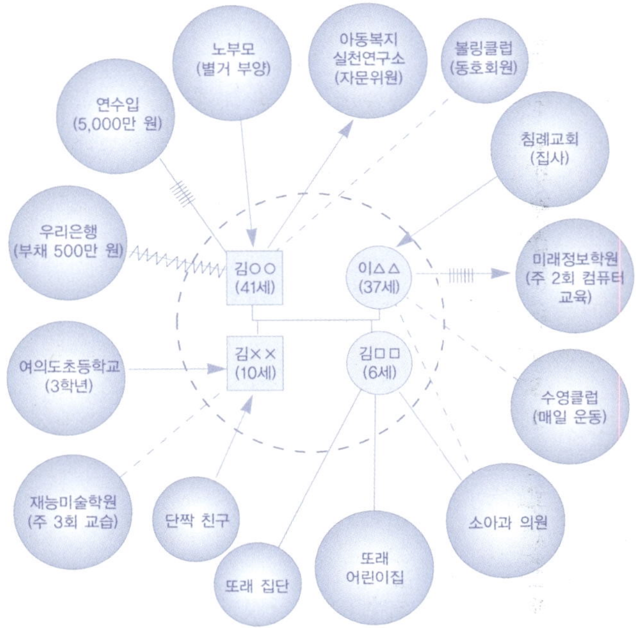

[그림 11-2] 생태도

2) 가계도

가계도(genogram)는 가족체계를 사정하는 방법으로 적어도 3세대 이상의 가족 구성원과 그들의 관계와 관련된 정보를 상징을 사용하여 도표로 나타낸 것이다. 이러한 도식화를 통해 가족구조를 포함한 복잡한 현재 가족 유형의 형태를 전체적으로 파악할 수 있으며 현재의 문제와 가족 맥락과의 사이의 관련성 그리고 주요 타인의 영향력에 대한 정보, 가족 구조, 관계 그리고 기능적 측면을 과거로부터 현재까지 어떻게 발전되어 왔는지 평가할 수 있게 된다. 이러한 가계도를 작성하기 위한 가족 면접에서는 ① 주요 가족 사건에 대한 가족 성원의 인식 차이, ② 가족문제의 발달사, ③ 제시된 문제와 가족 상호작용의 관련성, ④ 동거가족과 확대가족의 현실 상황, ⑤ 가족 생활에 중요한 영향을 미치는 사회적 관계, ⑥ 가족

관계와 역할, ⑦ 가족 구성원의 기능장애, ⑧ 사회적 경력 등에 대한 정보를 수집하여야 한다(권중돈, 김동배, 2005).

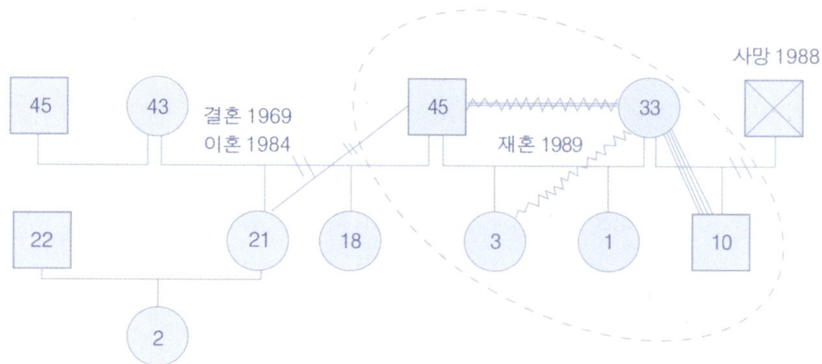

[그림 11-3] 가계도

12장

아동과 환경 Ⅱ

본 장에서는 아동의 성장과 발달에 직·간접적 영향을 주는 환경적 요인으로서 또래, 대중매체, 학교, 지역사회 등을 중심으로 살펴보고자 한다. 아울러, 맞벌이 부부의 증가와 저출산의 맥락에서 현대사회가 절대적으로 요구하는 보육 환경을 논의해 보고자 한다.

1. 또래

아동들은 많은 시간을 또래와 함께 지내고 서로를 사회화시킨다. 이 시기는 또래 간 접촉이 진정한 의미의 또래집단으로 발전하게 되는데, 또래 집단은 단순히 놀이 친구라기보다는 정기적으로 상호작용하며 소속감을 공유하게 하고, 행동을 규정하는 암묵적, 명시적 규준을 제시하며, 조직적 구조를 발달시켜 나가는 집단이 된다.

아동기 중기가 되면 또래들이 아동의 발달에 점점 더 중요해진다. 왜냐하면, 또래들 사이의 접촉은 조망수용 및 자신과 타인에 대한 이해에 기여하기 때문이다. 이러한 발달은 역으로 또래들의 상호작용을 촉진한다. 학령전기 아동들과 비교할 때 학령기 아동들은 설득과 협상을 사용하여 갈등을 점점 더 효과적으로 해결하게 된다. 학령중기 말이 되면 아동들은 집단에 속하려는 욕구를 강하게 보인다. 그들은 또래 집단(peer group)을 형성하는데 이 집단에서 행동에 대한 나름대로의 가치와 기준을 만들고 지도자와 추종자 사이의 사회적 구조가 생긴다. 또래 집단은 근접성, 성, 인종 및 인기도의 유사성에 따라 조직화된다.

1) 또래 관계의 발달 및 기능

태어난 지 얼마 되지 않은 아기들도 서로를 쳐다보고 만지는 등 초기에 보이는 관심은 성장하면서 또래 간의 상호작용으로 발전하고 수적으로도 급속하게 증가하게 된다. 반면, 연령이 증가하면서 성인과의 상호작용은 점차 감소하는 양상을 보인다.

또래 관계는 성인의 지시나 주도에 일방적으로 따르는 수직적인 관계가 아닌 서로의 의견을 자유롭게 교환하는 수평적인 관계로 또래와 효과적으로 관계를 형성하고 유지하는 능력을 습득하는 것은 매우 중요하다고 할 수 있다.

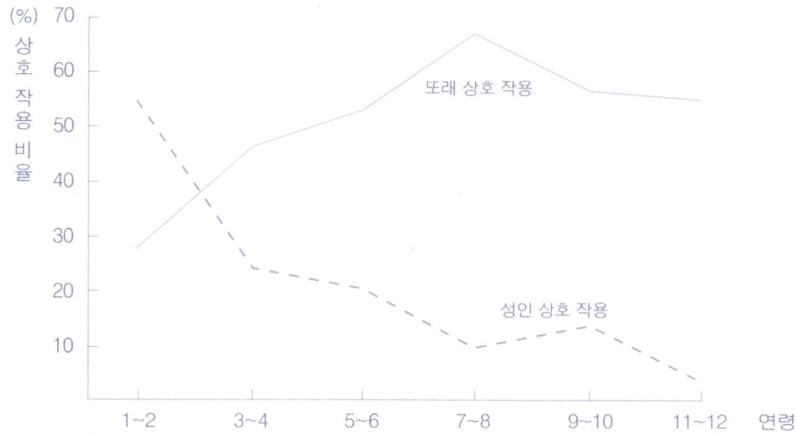

[그림 12-1] 또래 및 성인 상호작용의 발달적 양상

출처: Ellis, Rogoff, & Cromer(1981).

2) 또래 수용 유형과 특성

또래 수용성은 아동들이 또래 집단 구성원들과의 관계에서 수용되는 정도로서 다른 아동들이 선호하는 정도를 나타내는 사회적 선호도와 또래에서 수용 또는 거부되는 정도에 따라 아동이 집단 내에서 차지하는 위치를 의미하는 사회적 지위로 구분될 수 있다. 이러한 또래 집단 내에서의 지위는 아동기에 점점 더 중요해진다.

또래 관계와 달리 좋아하는 정도는 상호관계가 아니라 일방적 관점이며 개인에 대한 집단의 의견을 포함한다. 그럼에도 불구하고, 친구관계에 도움을 주는 사회적 기술은 또래 수용을 증진시키다. 즉, 더 잘 받아들여지는 아동일수록 친구가 더 많고 그들과 더 긍정적 관계를 가지는 경향이 있다. 연구자들은 사회적 선호를 측정하는 자기보고를 사용하여 또래 수용을 평가하는데, 예를 들어, 아동들에게 '아주 좋아하는' 또는 '아주 싫어하는' 친구들 말하게 한다. 또 다른 접근법은 사회적 영향력을 평가하는데 대부분의 학급 아동들이 누구를 가장 동경하는지를 평가한다. 이런 자기 보고에 의해 또래 수용의 네 가지 범주가 만들어진다.

- 인기아동(popular children): 긍정적 표를 많이 받는 아동
- 거부아동(rejected children): 적극적으로 싫어하는 아동
- 논쟁적 아동(controversial children): 긍정적 표와 부정적 표를 많이 받는 아동
- 무시된 아동(neglected children): 긍정적으로도 부정적으로도 별로 선택되지 않는 아동

또래 수용은 심리적 적응에 대한 강력한 예측요인이다. 특히, 거부아동들은 불행하고, 소외되고 자아존중감이 낮으면서 성취도가 떨어진다. 특히, 아동기 중기의 또래 거부는 낮은 학업성취, 무단결석, 자퇴,약물남용, 반사회적 행동, 청소년기 비행, 초기 성인기의 범죄와 강한 상관을 보인다. 그러나 초기 영향 즉, 부모의 양육방식과 결합된 아동 특성이 또래 수용과 적응 사이에 밀접한 관련이 있다. 즉, 또래 관계에서 문제가 있는 학령기 아동들은 낮은 소득, 둔감한 양육, 강압적 훈육으로 인해 가정에서 스트레스를 경험했을 가능성이 높다는 것이다.

또래로부터 인기가 있는 아동은 또래 갈등의 발생 빈도가 낮으며, 갈등을 해결하기 위해서 비언어적인 저항보다는 언어적 저항을 더 많이 사용하고, 갈등이 종결되었을 때 더 긍정적인 정서를 보인다. 또한, 부모나 교사로부터 사회적으로 자신 있다고 평가되고, 일반적으로 화를 잘 대처하며 갈등을 최소화하고 관계를 지속하기 위하여 모욕과 위협 등을 피하고 직접적으로 반응하는 것으로 나타났다. 더 나아가, 또래로부터 수용도가 높고 인기 있는 아동은 친사회적인 행동을 하고 지도력이 있으며, 긍정적인 자아개념을 갖는 특성을 보인다.

이에 반해, 또래로부터 인기가 없는 아동은 또래 갈등을 자주 경험하고 갈등을 해결하기 위해 비언어적인 저항과 통제적인 전략을 더 많이 사용하며, 갈등이 종결된 후에 부정적인 정서를 더 많이 보였으며, 자아존중감은 낮다는 특성을 보인다. 거부아들은 대체로 또래에게 공격적이고 학업 성취가 낮은 경향이 있으며, 파괴적, 요구적, 간섭적, 공격적이고, 무시아들은 수줍어하거나 위축된 특성을 보인

다. 거부아는 무시아보다 학교를 가고 싶어 하지 않는다든지 외로워하는 등 적응상의 어려움을 더 많이 겪는다. 거부아나 무시아가 또래와 효과적으로 상호작용할 수 있도록 여러 가지 상호작용 방법을 가르치는 일은 아동의 학교 적응은 물론 이후의 사회적 발달을 위해서도 중요한 일이다.

한편, 고립아동의 행동 특성은 주로 공격 행동과 위축 행동의 두 가지 유형으로 분류할 수 있는데 공격적 행동은 공격행동, 비협조적인 행동, 심하게 떼쓰는 행동으로 설명할 수 있으며, 위축적 행동은 극도의 사회적 반주장과 낮은 빈도의 사회적 상호작용을 하며 사람들과의 대인 접촉을 기피하는 행동으로 정의된다.

3) 또래 괴롭힘 및 집단따돌림

외국에서는 1980년대 중반부터, 국내에서는 1990년대 후반 이후에 아동 및 청소년 사이의 또래 괴롭힘이나 따돌림에 대한 연구가 활발히 이루어졌으며, 또래 괴롭힘의 피해자와 가해자 모두 자아존중감, 학교생활, 대인관계 등 여러 발달적 측면에 어려움을 가진다고 보고되고 있다.

또래 괴롭힘의 종류는 크게 신체적 괴롭힘, 언어적 괴롭힘, 관계적 혹은 사회적 괴롭힘 세 가지로 분류될 수 있다(〈표 12-1〉 참조).

〈표 12-1〉 또래 괴롭힘의 유형 및 특성

유형	특성
신체적 괴롭힘	때리거나 차기, 물건을 빼앗기 등을 일컬으며, 가장 쉽게 눈에 띄며 주로 남아들 사이에서 많이 관찰된다.
언어적 괴롭힘	조롱하기, 협박하기, 놀리기 등을 일컬으며, 남아와 여아를 막론하고 가장 많이 일어나는 또래 괴롭힘의 형태이다.
관계적 혹은 사회적 괴롭힘	다른 사람을 괴롭히거나 상처를 주기 위하여 인간관계를 이용하는 것 으로, 특정한 사람을 따돌리기, 그 사람에 대한 소문을 퍼트리거나 거짓말하기 등을 일컫는다. 주로 여아들이 가해자나 피해자가 되는 경우가 많다.

〈왕따 예방 – 부모의 행동 10계명〉

1. 한 달에 한 번은 자녀들의 친구를 집으로 초대해 사교성을 높인다.
2. 다른 친구들 앞에서 자녀를 야단치거나 비웃는 것은 금물이다.
   – 자녀의 자존심에 상처를 주고 친구들에게 환대받지 못한다는 편견을 심어 줄 수 있다.
3. 자녀와 친구들에게 과잉 친절은 삼간다.
   – 자기들만의 시간을 가질 수 있도록 지나친 간섭이나 관심은 피한다.
4. 자녀와 좋은 친구가 될 만한 아이를 찾아 그 부모와 사귄다.
   – 부모들끼리 친하면 자녀들도 금방 우정이 돈독해진다.
5. 친척과 자주 왕래하고 한 달에 한 번씩 가족 단위로 모여서 작은 파티를 마련한다.
6. 주말이나 방학을 이용해 자녀들이 청소년 캠프나 야유회에 많이 참가하도록 배려한다.
7. 자녀에게 어느 정도의 용돈이 있도록 배려한다.
   – 집안일 등을 통해 스스로 용돈을 벌 수 있도록 하면 더욱 좋다.
8. 유머 감각을 길러 준다.
   – 신문이나 인터넷 등에서 재미있는 이야기를 기억했다가 들려준다.
9. 자녀의 썰렁한 농담에도 잘 웃어 준다.
   – 자신감을 심어 주어 다른 사람에게도 유머를 사용할 수 있도록 한다.
10. 칭찬의 모범을 보여준다.
   – 칭찬을 할 때는 진지한 태도로 구체적으로 하되 과장은 피한다.

한편, 집단따돌림은 한 명의 개인 또는 집단에 의해 이루어지며 피해의 대상도 한 명의 개인 또는 집단이 될 수 있다. 일반적으로 학교에서 이루어지는 집단따돌림의 경우는 2, 3명의 집단에 의해 한 명의 아동에게 가해지는 경우가 많다. 대부분의 집단따돌림 가해자들은 신체적, 언어적으로 공격적인 행동을 구사하는 남아들이지만 여아들도 때로는 약한 학급 또래들을 언어적으로 공격한다. 상당수의 집단따돌림 가해자들은 또래 사이에서 지위가 높은 아동들이다. 일부 아이들은 지도력이나 운동능력이 있어서 다른 아이들이 좋아하지만 대부분은 잔인하기 때문에 다른 아이들이 싫어하거나 결국 싫어하게 된다. 그럼에도 불구하고, 또래들은 집단 따돌림 피해자들을 별로 도와주지 않고 약 20~30%에 해당하는 방관자들은 같이 동참하여 집단따돌림의 가해자들을 도우며, 만성적인 피해자는 적극적 행동이 요구될 때도 운동장에서 혼자 떠들거나 돌아다니는 등 소극적이다. 피해자는 생물학적 특성, 즉 억제된 기질과 유약한 신체적 외양이 집단 따돌림을 당하는 데 기여하며, 저항애착, 과도하게 통제적인 양육방법 및 어머니의 과보호를 받은 경우가 많다. 집단따돌림은 적응상의 문제를 유발하여 우울증, 외로움, 낮은 자아존중감, 낮은 학업성취, 파괴적 행동을 가져오고 학교를 피하게 만든다.

집단따돌림의 유형은 소외형, 욕·협박형, 조롱형, 장난형, 강제형 등으로 분류된다.

〈표 12-2〉 집단따돌림의 유형 및 특성

유형	특성
소외형 따돌림	소외형 따돌림은 전혀 말을 걸지 않거나 상대하지 않는 것으로 피해 아동이 말을 걸어도 대답하지도 쳐다보지도 않고 무시하는 경우이다. 여자 아동이 많이 보이는 따돌림 유형이다.
욕·협박형 따돌림	욕·협박형 따돌림은 남자 아동에게 많이 나타나는 유형으로 말로 협박하고 겁을 주며, 빈정거리고, 자존심이 상하는 약점을 말하는 등 폭력적 언어를 사용하는 경우이다. 집단따돌림의 유형 중 가장 빈번하게 나타나는 유형이다.
조롱형 따돌림	조롱형 따돌림은 신체적 장애나 체형, 소심한 성격, 성적 등과 관련하여 놀리거나 따돌리는 경우로 공연히 쳐다보고 웃거나 쑥덕거리며 쳐다보는 경우이다.
장난형 따돌림	장난형 따돌림은 많이 나타나는 유형으로 피해아동의 물건이나 신체를 건드리기, 차고 지나가기, 물건이나 분필 던지기, 발 걸기, 가방이나 옷 등에 벌레 넣기, 때리기 등 물리적 폭력의 형태이다.
강제형 따돌림	강제형 따돌림은 또래 간의 권력 관계에서 나타나는 유형인데 강제로 숙제를 대신하게 하거나 가방을 들게 하는 등의 형태로 남자 아동에게 많다.

특히, 한국 사회에서 미래의 주역이 되어야 할 다문화가정 자녀들이 피부색이 조금 다르고, 말이 조금 서툴다는 이유로 따돌림을 당한다.

생각해보기

"한국 친구들은 말을 잘 못한다고 바보라고 욕하고, 이상하게 생겼다고 놀리기만 한다. '네 나라로 꺼져 버리라.'고 욕할 때는 참으려고 해도 눈물이 계속 난다. 엄마한테 얘기하면 엄마도 울까 봐 말을 안 한다."(다문화가정 자녀 B양)

"초등학교 때부터 친구들에게 아프리카 깜둥이라고 놀림을 당했다. 중 1 때는 같은 초등학교 나온 아이들도 나를 더럽다고 피하고, 그래서 향수도 뿌리고 했는데 향수를 뿌렸다고 또 놀린다."(파키스탄에서 온 A양)

다문화가정 아이인 초등학교 1학년 루이 키우(8·가명) 양은 학교를 갔다 오면 "친구들이 이상하게 생겼다고, 공부 못한다고 놀린다. 학교 가는 게 너무 싫다."고 투정이다. 베트남 출신의 엄마는 그때마다 마음이 너무 아파 눈물을 쏟아 낸다.

〈자녀와 함께 알아보는 외톨이 판별법〉

- 친구를 집으로 데려오는 일이 거의 없다.
- 친구 집에 놀러 가는 일이 거의 없다.
- 친구들과 전화를 주고받는 일이 드물다.
- 다른 아이들과 놀이에 어울리지 못한다.
- 같이 어울릴 친구가 없어 소풍 등을 걱정한다.
- 점심시간에 혼자서 점심을 먹는다.
- 다른 아이들에게 따돌림을 받는다고 고민한다.
- 학교에서 친구를 사귀는 것을 꺼린다.
- 자신이 친구들 사이에서 인기가 없다고 느낀다.
- 다른 아이들과 함께 하는 숙제 등을 잘 못한다.

▶ 판별 기준 (위의 문항 중 해당하는 문항의 개수)

– 0~2: 친구들과 잘 어울리는 편. 현재 관계를 잘 유지하세요.
– 3~4: 친구들을 사귀는 데 좀 더 노력이 필요하네요.
– 5 이상: 친구와 어울리는 것을 힘들어하네요. 선생님과 상담하세요.

4) 원만한 또래 관계를 위한 지침

① 또래와 잘 사귀지 못하는 아동은 자기보다 나이가 어리거나 나이가 많은 아동들과 먼저 어울리게 하는 것이 좋다.

또래는 똑같은 수준이므로 조금의 양보도 허용을 하지 않는다. 그러나 나이 어린 아동은 좀 만만해 보이므로 편하게 여겨 쉽게 접근할 수 있고, 나이가 많은 아동들은 동생 취급하며 봐주기 때문에 마찰이 적게 일어난다.

② 다양한 아동들과 어울려 놀 수 있도록 기회를 마련해 주는 것이 좋다.

흔히 부모들은 내 아이가 좀 더 나은 아이와 어울리기를 바란다. 그래서 또래 중에서도 괜찮은 아이를 골라 놀게 해 주고 싶어 한다. 그러나 이는 부모의 욕심일 뿐 실제로는 가능하지 않은 일이다. 사회성은 직접 아이들과 어울려 노는 가운데 발달하는 것으로 서로의 집이나 놀이터를 왔다 갔다 하며 자유롭게 노는 가운데 진정한 사회성이 키워진다.

③ 어머니부터 이웃들과 활발한 교류를 한다.

집이 더러워지고 애들이 많아 북적거리는 것이 정신없다는 이유로 이웃과의 교류를 차단한다면 결국 주변 사람들과 단절되어 살아갈 수밖에 없다.

④ 두세 명의 단짝을 만들어 주는 것이 중요하다.

혼자서 지내던 아이에게 대집단 경험은 두세 명의 소집단 경험이 익숙한 후에라야 가능하다(신철희, 1998).

2. 대중매체

아동기는 모방심과 상상력이 매우 강한 시기여서 텔레비전 시청이 아동발달에 미치는 영향은 더욱 크다. 아동은 일상생활 중 많은 시간을 TV 시청이나 컴퓨터를 이용한 게임, 인터넷 검색, 학습 관련 작업 등에 보낸다. Papalia 등

(2003)에 의하면, 아동의 연령이 증가하면서 비디오나 게임, 컴퓨터에 보내는 시간이 늘어나지만 TV는 꾸준히 시청하는 것으로 조사되었다.

또한, 컴퓨터나 인터넷은 학습 기구, 정보의 전달 등 유용한 목적으로 활용될 것을 권장한다. 그러나 게임 중독, 통신 중독, 음란물 중독 등과 같은 역기능을 함께 가지고 있는 것이 심각한 문제가 되고 있다. 게임을 통해 현실과 가상공간을 구별하지 못해 쉽게 폭력성을 드러내고 범죄를 저지르는 일이 발생하게 된다.

1) TV

TV 시청이 아동의 발달에 미치는 영향은 크게 긍정적인 측면과 부정적인 측면으로 볼 수 있다.

(1) 긍정적 측면

TV가 아동에게 미치는 긍정적인 측면으로 미국 유아교육 프로그램의 하나인 「Sesame Street」를 시청한 아동들은 그렇지 않은 아동들에 비해 알파벳 검사 점수 및 이름 쓰기, 그리고 총 점수, 학교생활에 적응, 어휘 습득 면에서도 장기적으로 효과적이었으며, 사회생활에 필요한 기본적인 기술 즉 문자, 숫자, 신체구조, 분류 방법 등의 내용을 합리적인 용어로 설명하고 가르치는 국내의 「뽀뽀뽀」나 「TV 유치원」과 같은 유아용 프로그램도 아동의 발달 및 교육에 긍정적인 영향을 미치는 것으로 밝혀졌다.

(2) 부정적 측면

TV가 아동에게 미치는 부정적인 측면으로 첫째, 아동의 수동적인 TV 시청 태도는 적극적인 자발성 상실을 초래할 수 있으며, 둘째, 공상에 치우친 만화

내용은 아동들이 환상의 세계와 실제 환경을 구분하는 데 혼란을 줌으로써 사회 부적응을 유발할 수 있다. 셋째, 초인적 능력을 가진 주인공 등과 동일시해 마치 아동 자신이 주인공이 된 듯한 착각에 빠지게 하며, 주인공의 말투, 행동거지 등을 무분별하게 모방하고 수용하게 될 수 있다. 넷째, 고정화된 성역할 개념의 반복 관찰은 적절한 사회적 편견과 선입관을 형성하는 데 결정적 역할을 한다. 예를 들어, 흑인이나 다른 소수인종들은 소수집단으로 대표되고, 주인공으로 주로 등장하는 남성은 지배적이거나 권력을 장악한 것으로 표현된다. 이외에도 TV의 부정적인 측면으로는 가족 간의 대화 단절, 독서 및 놀이 시간 단축, 읽기 능력이나 언어 이해력, 언어적 유창성 저해, 창의성 저하 등이 언급되어 왔다. 더 나아가, TV 시청이 아동의 수면 장애와 잘못된 식습관과 관련이 있고 아동기의 잦은 TV 시청은 19세 여아의 비만과도 관련이 있는 것으로 나타났으며, TV 광고는 아동들에게 비만을 야기하거나, 물질주의를 조장하고, 약물중독과 같은 심각한 행동발달상의 문제를 초래하는 것으로 나타났다. 특히, 담배와 주류 광고에 등장하는 장면은 아동의 흡연과 음주를 조장하고 있다는 연구도 발표된 바 있다. 이 중에서도 TV의 부정적 영향 중에 가장 큰 논란은 공격성의 증가이다. 즉, 아동들이 폭력의 공포에 대해 면역이 생기며 점차 폭력을 문제 해결의 한 방법으로 받아들이고 TV에서 본 폭력을 모방하며 극 중의 특정 인물이나 피해자 또는 가해자를 동일시할 수 있다는 것이다. 이러한 TV 폭력 프로그램에 노출된 아동은 정서적, 언어적으로 적대적이거나 신체적으로 공격적 행동을 나타낼 가능성이 매우 높다고 보고되었다.

생각해보기

TV 시청이 영유아의 집중력 및 언어발달을 저해하기 때문에 2세가 될 때까지는 TV 시청을 금하고 2~5세 유아는 하루 1시간 이상 TV를 시청하지 못하도록 해야 한다고 호주 전문가들이 권고했다.

영국 일간 더 타임스 인터넷판에 따르면, 멜버른 왕립 아동병원은 최근 작성한 보고서에서 2세 미만 아이들의 TV 시청이나 전자 매체(DVD, 컴퓨터 및 전자 게임) 사용을 금해야 한다고 밝혔다. 보고서는 "스크린을 보면서 보내는 시간이 활동적인 놀이나 타인과의 사회적 접촉 및 언어발달을 위한 시간을 줄일 수 있으며, 시선 이동 범위를 저해하고 집중력을 떨어뜨릴 수 있다."고 경고했다. 또한, 2~5세 아이들은 TV 시청, 독서, 그림 그리기, 퍼즐 풀기 등을 하면서 보내는 비활동적인 시간이 깨어 있는 동안 1시간을 넘어서는 안 된다고 권고했다.

아울러, 호주의 4개월 된 아이들은 하루 평균 44분 TV를 시청하며, 4세 미만 어린이는 하루 평균 세 시간 이상 TV를 보는 것으로 나타났다.

〈바람직한 텔레비전 시청 습관을 위한 지침〉

- 가족의 텔레비전 시청 시간을 계획하고 아동들은 일정한 원칙에 따라 어떤 프로그램을 시청할 것인지를 미리 결정한다.
- 텔레비전을 가족생활의 중심 공간인 거실에서 방으로 옮겨 아동들의 하루 텔레비전 시청 시간을 제한한다.
- 책을 읽어 주거나 놀이 기회나 놀잇감을 많이 제공해 주고 창의적인 활동을 할 수 있는 기회를 갖게 한다.
- 아동이 텔레비전을 시청할 때는 부모가 함께 보면서 적절한 질문과 피드백을 통해 프로그램의 내용에 대한 이해도를 높일 수 있게 한다.
- 텔레비전 광고의 과장성이나 허위성을 아동들과 함께 이야기 나누어 보고 문제점이 무엇인지를 생각해 보게 한다.

2) 컴퓨터

최근에는 가정과 학교에 컴퓨터 보급이 확산되고 일상생활에서 차지하는 비중이 커짐에 따라 컴퓨터는 현대사회를 살아가는 아동에게 매우 익숙한 생활 매체가 되었다. 3세 미만의 아동들도 컴퓨터를 이용하여 게임이나 놀이를 즐기고, 간단한 키보드 명령어를 이해하고 있는 등 컴퓨터가 아동의 발달에 미치는 영향에 대해 관심이 고조되고 있다.

(1) 긍정적 영향

컴퓨터가 아동에게 미치는 긍정적인 측면으로 문자를 이해하기 시작한 아동들은 다양한 문서 작업을 위해 컴퓨터를 사용하며, 컴퓨터 프로그램을 이용해 맞춤법을 확인하거나, 다양한 텍스트와 스타일을 편집할 수 있다. 그 결과, 아동은 '쓰기' 과정에서 나타날 수 있는 실수에 대한 두려움이 적어지고, 문장의 길이가 길어지고 문장력도 과거와 비교하여 우수한 것으로 보고되고 있다. 뿐만 아니라 특정 컴퓨터 프로그램을 활용할 경우, 아동은 조작적 능력을 향상시키고 문제 해결력 및 창의성을 키울 수 있다. 그리고 연령이 높아질수록, 학교 과제 등을 위해서 문서 작업 및 인터넷을 이용한 정보 검색용으로 컴퓨터 사용이 증가한다. 또한, 컴퓨터 활동이 유아의 창의적 사고, 추론 능력, 문제 해결 능력, 언어 발달, 수학 능력 발달에 도움이 되며, 학교에서 컴퓨터 보조 학습(CAI)을 받은 아동은 통제 집단에 비해 학업성취도와 학습에 대한 긍정적 태도를 높여 주고 학교생활을 더욱 만족해한다.

(2) 부정적 영향

우리 생활의 필수적인 도구로 자리 잡고 있는 컴퓨터가 아동의 발달을 저해한다는 부정적인 시각이 높다. 즉, 컴퓨터가 혼자놀이를 가능하게 하므로 또래 집단 내에서의 사회적 관계 단절, 지나친 컴퓨터의 사용 시간과 몰입으로 인한 게임 중독, 고립된 대인관계, 비(非)현실상의 수용, 신체 활동의 제한 등이다. 이를 요약하면 다음과 같다. 첫째, 사회·정서 발달의 저해이다. 사회적 기술을 익힐 수 있는 타인과의 상호작용 기회를 박탈함으로써 사회적 고립 및 발달에 문제가 야기될 수 있다. 둘째, 지나친 비현실상과 가상공간의 몰입은 현실 세계와의 괴리를 발생시키며 중독되기 쉽다. 특히, 아동의 컴퓨터 활동의 상당 부분이 게임류로 이루어져 있는 바, 공격성, 파괴력, 충동성과 같은 정서발달의 부정적인 요인을 자극한다. 셋째, 구체적인 실물을 가지고 조작할 수 없기 때문에 블록이나 퍼즐처럼 직접 손으로 만지고 자료를 이용해 상호작용할 수 없으며, 가상현실적 경험을 촉발시킨다. 또한, 아동은 컴퓨터에 나타난 이차원적인 영상을 보고 마우스나 키보드 등을 사용하여 간접적으로 조작하므로 인지발달 수준을 고려하고 있지 않다. 넷째, 신체 활동을 제한하여 발달을 저하시킨다. 즉, 컴퓨터에 몰입하는 동안 고정된 자세와 전자파로 인한 시력의 이상을 가져올 수 있다. 다섯째, 컴퓨터는 아동이 주변 사람과 언어를 사용하는 기회를 제한해서 언어발달을 더디게 만들며 이는 지능발달에도 부정적 영향을 미친다.

3) 인터넷

우리나라는 OECD에 가입된 국가 중 초고속 인터넷 보급률 2위, 만 3세 이상 국민의 76.3%가 인터넷을 사용하고 있으며 3~5세 아동들은 97.8%, 초등학생의 93.3%, 중학생의 99.4%, 고등학생의 98.9%가 인터넷을 활용하고 있는 것으로 밝혀졌다. 특히, 초등학생의 인터넷 이용률이 전체 연령대 중에서 가장 빠른 속도로 증가되었으며, 인터넷을 이용하는 주 목적은 게임(42.6%), 자료 검색(22.8%), 메일 사용(21.2%), 학습(4.3%)의 순으로 나타났다. 급속한 인터넷의 보급은 인터넷 사용의 저연령화 현상으로 나타나고 있으며, 취학 전 아동의 인터넷 사용도 급속히 증가하였다.

〈인터넷 중독 의심 징후〉

- 밥을 먹지 않고 게임에만 몰두한다.
- 밤새도록 게임을 하느라고 학교에서는 잠만 잔다.
- 게임을 하지 않을 때에도 늘 게임에 관한 생각들뿐이다.
- 과도한 게임 사용으로 학업이 떨어졌거나, 주위 사람들의 불만이 쌓인다.
- 가족과 매일 다투거나 부모님으로부터 꾸중을 듣는다.
- 게임으로 인해 건강이 나빠졌다.
- 가끔 현실과 게임 공간이 구분이 안 될 때가 있다.
- 꿈에서도 게임에 관한 꿈을 꾼다.

이러한 환경은 아동들이 올바르게 인터넷을 사용하는 경우 다양한 정보문화와 많은 자료를 얻을 수 있는 좋은 학습 환경이 되지만 무방비하게 노출되면 인터넷의 역기능적인 면이 부각될 수 있다는 점이 지적된다.

특히, 인터넷 중독은 인터넷 사용에 있어 자율적인 통제가 불가능할 뿐만 아니라 병적으로 집착하여 인터넷을 사용하는 증상으로 최근 조사에 따르면, 한국 아동의 약 30%가 중독 경향이 있으며, 인터넷 중독의 대표적인 하위 유형으로 게임 중독, 통신 중독, 음란물 중독이 지적되고 있다. 이러한 중독의 문제점으로 첫째, 현실의 일상생활에 흥미를 잃어 인간관계보다 게임에 몰두하고 게임을 하지 않으면 불안, 초조, 환상 등의 금단현상을 경험하고, 둘째, 과도한 게임 사용으로 인해 학업, 직장과 가정 및 대인 관계에 지대한 영향을 끼치고, 셋째, 현실과 가상공간을 구분하지 못하게 되는 등의 심각한 문제를 야기하게 된다.

4) 스마트폰

휴대성, 유용성, 편리성을 모두 갖춘 스마트폰의 발전과 서비스는 우리에게 터치 한번이면 인터넷은 물론 게임, SNS, 간단한 업무까지 가능하게 하여 스마트폰

가입자가 2012년 2천 3백만 명에서 2013년 3천 3백만 명, 2014년 4천만 명, 2018년 5천만 명으로 기하급수적으로 증가하였다. 하지만 증가하는 스마트폰의 사용은 스마트폰 중독이라는 문제점을 가져오기도 하였다.

이와 같은 문제점은 성인이나 청소년에게만 해당되는 것으로 간과하기 쉽지만 가장 민감하고 발달에 있어 결정적 시기이며 환경에 큰 영향을 받는 유아기에도 쉽게 노출될 수 있다. 디지털기기의 화면은 유아에게 불규칙한 수면양상, 행동문제, 집중력문제, 학업수행력저하, 사회성·언어발달에 대한 부정적 영향을 미칠 수 있으며 TV시청시간을 증가시킬 수 있다고 지적하였다.

참고자료

부모 특성별 스마트폰 과의존위험군 비율

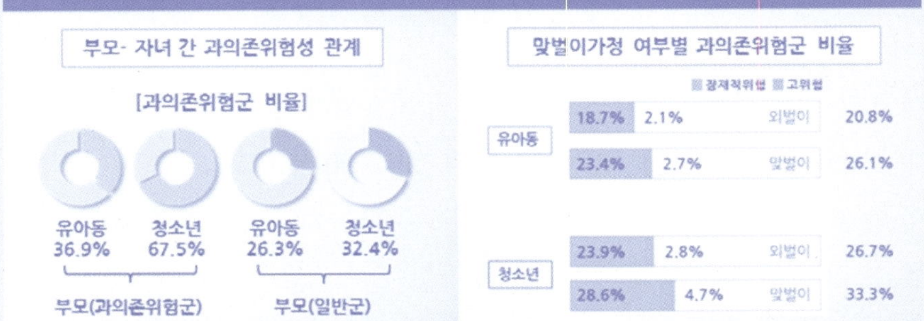

※ 유아동은 만 3~9세, 청소년은 만 10~19세에 해당함

스마트폰 콘텐츠 이용현황

(단위:%)

구분	메신저	영화/TV/동영상	관심사(취미) 검색	뉴스보기	상품/서비스 정보검색	교통 및 위치 정보검색	상품/서비스 구매	이메일	생활관리	전자책/웹툰/웹소설	건강관리	교육
3~9세	40.2	97.7	30.7	19.1	18.3	15.2	6.8	9.5	6.8	61.5	6.6	12.0
10~19세	98.3	98.2	95.2	82.9	85.1	81.9	41.8	54.9	35.9	72.0	26.1	43.4

구분	음악	학업/업무용 검색	기타 일반적인 웹서핑	SNS	금융	게임	라디오/팟캐스트	상품/서비스 판매	새로운 친구 만남	성인용 콘텐츠	사행성 게임
3~9세	70.5	46.6	22.9	17.0	5.1	78.4	10.4	4.6	6.2	-	-
10~19세	91.1	96.6	81.7	78.8	25.8	95.6	34.4	22.4	28.9	12.3	10.4

일/학업/가사 중 스마트폰 이용시간

(단위:%)

구분	1시간 미만	1시간~ 2시간 미만	2시간~ 3시간 미만	3시간~ 4시간 미만	4시간 이상
3~9세	77.9	17.3	3.5	0.7	0.6
10~19세	34.0	35.5	20.4	7.9	2.2

출처: 과학기술정보통신부, 한국정보화진흥원(2021).

유아의 스마트폰 중독위험성에 관한 선행연구를 살펴보면, 유아의 스마트폰 중독이 심할수록 감정조절과 충동억제가 힘들며, 유아의 스마트기기 몰입경향이 자기조절력, 친사회적 행동에 부정적인 영향을 미친다고 나타났다. 또한, 스마트폰의 과다사용 및 중독성향이 유아의 언어기억뿐만 아니라 도형의 지각 및 기억과 같은 다양한 인지적 측면에 부정적 영향을 미친다는 것을 밝혀졌다. 이러한 문제점이 대두되고 있는 가운데 국내의 유아·아동의 인터넷 중독위험군 비율(6.4%)은 2012년에 이어 2013년에도 성인(5.9%)에 비해 높게 나타났으며 청소년 스마트폰 중독위험군도 2011년 11.4%에서 2013년 25.5%로 급격히 증가하여 성인보다 더 높은 증가율을 보였다(한국정보화진흥원, 2013). 뿐만 아니라, 스마트폰을 사용하는 유아의 연령도 점차 낮아지고 있고 스마트폰에 노출되는 시기도 빨라지고 있으므로 대책 마련이 시급하다.

5) 휴대용 게임기

휴대용 게임기는 누구나 쉽게 어디서든 편안하게 즐길 수 있어서 인기가 있다. 그중에서도 일본 N사의 게임기는 국내에 출시된 지 몇 년 되지 않았는데도 불구하고, 초중등학생 자녀가 있는 가정이라면 하나쯤 있어야 하는 필수품으로 자리 잡았다. 휴대용 게임기는 유치원, 초등학생들이 가장 갖고 싶어 하는 선물 중의 하나일 뿐만 아니라, 심지어 하나쯤 갖고 있지 않으면 친구들과 이야기하고 어울리기도 힘들다는 말이 나올 정도다.

실제로 2010년 한국정보화진흥원이 조사한 결과에 의하면, 전국 191만 3천 명의 인터넷 게임 중독자 가운데 아동이 93만 8천 명으로 절반 가까운 49%를 차지했다. 2011년 여성가족부가 실시한 연구에서는 인터넷 게임을 하지 않으면 금단 증상이 나타나고 대인 관계가 부족해 학업이나 일상에 곤란을 겪는 고(高)위험군 아동들만 2만 명에 달하는 것으로 나타났다. 게임 중독 위험군 아동들이 이렇게 매년 증가하는 시점에서, 시공간의 제약을 받지 않는 휴대용 게임기의 보편화가 아이들의 '게임 중독'을 더 조장할 수 있다.

아동들이 휴대용 게임기에 열광하는 이유는 첫째, 휴대용 게임기는 일반 PC와 다르게 크기가 작아 휴대하기가 편리하며, 조작이 쉽고 어느 장소를 가든 전원만 올리면 바로 게임이 가능하다는 편리함이 있다. 둘째, 한국에서 발매된 게임 대부분이 한글화되어 있기 때문에 미취학 아동이나 초등학생들이 이용하기에 안성맞춤이기 때문이다.

모바일 환경이 대세인 현 상황에서, 아동들에게 무조건 휴대용 게임기를 멀리하라고 할 수는 없다. 그러나 한창 성장해야 할 아동들이 우두커니 앉아 두 손에 쥐어진 게임기 속 세상에만 빠져 있으면, 비만 및 수면 부족으로 인한 체력 저하뿐만 아니라 우울증, 대인 관계의 부적응 등의 심각한 문제를 일으킬 수 있다.

3. 보육

1) 보육의 필요성

보육의 필요성으로는 첫째, 자녀 양육에 대한 지원 구조의 약화, 둘째, 여성 취업의 증가, 셋째, 부부 역할관 변화, 그리고 이로 인한 가족 형성 및 저출산 심화 현상 등을 들 수 있다.

(1) 가족 형태의 변화와 자녀 보호 기능의 문제

최근 한국 가족 형태 변화의 두드러진 특징은 부부와 미혼자녀 중심의 핵가족의 증가와 3세대 확대가족이 급격한 감소를 보이고 있다는 점을 들 수 있다. 또한, 이혼율 및 한부모가족의 증가로 인한 자녀 양육 기능이 문제가 되고 있다는 것이다.

(2) 기혼여성의 경제활동 참여 증대

기혼여성의 경제활동 참여율이 점점 증가하고 있다. 이는 여성이 담당해 왔던 가정 내 자녀 양육을 더욱 어렵게 하고 있는 요인이 되고 있다.

(3) 2인 부양 규범 등의 부부 역할관의 변화

부부 역할관이 기존의 남성 1인 부양에서 2인 부양 규범으로 정착화되면서 맞벌이 가족이 늘어나고 있는 데 반해 어린 자녀가 있는 경우 자녀 양육을 여전히 여성의 몫으로 간주하고 있어 취업모에게 자녀 양육 문제는 이중 부담이 되고 있다.

(4) 저출산 현상의 심화

대한민국의 합계 출산율은 2020년 0.84명에서 더 내려가 2021년에는 0.81명으로 하락했다. 2019년 OECD 38개 회원국의 평균 합계 출산율이 1.61명인 것에 비하면 한국의 합계 출산율은 세계에서 가장 낮은 수준이다. 지역별로는 서울이 0.63명으로 가장 낮고, 부산이 0.73명으로 나란히 최하위권이다. 서울 등 대도시를 중심으로 출생아 수가 격감하고 합계 출산율 하락이 심화되었다.

[그림 12-2] 우리나라의 합계 출산율 추이

출처: 통계청(2022).

2) 보육과 발달

보육이나 대리양육이 보편화되면서 과연 어린 아이를 어린이집에 맡겨도 괜찮은 것인가? 언제부터 보육을 시작하는 것이 좋은가? 어떤 보육 프로그램이 좋은가? 보육은 아동발달에 어떠한 영향을 미치는가? 등의 문제가 끊임없이 제기되어 왔다.

어린이집 경험이 영유아의 발달에 미치는 영향에 대한 선행 연구들은 긍정적인 효과와 부정적인 효과를 같이 제시하고 있다. 타인 보육이 영유아의 발달에 부정적이라는 시각으로는 생후 1년 이내에 주 20시간 이상 부모가 아닌 타인이 양육한 경우 불안정한 애착을 형성하였고, 공격성과 비순응적인 행동을 많이 보인다는 것이다(Belsky, 1988). 따라서 Belsky는 이러한 위험성을 줄이기 위해서는 보육 시간을 줄어야 한다고 주장하였다. 이에 반해, Lamb과 그의 동료들(1992)은 어머니가 주당 40시간 일하는 경우라고 해서 특별히 더 불안정 애착을 나타내지 않는다는 상반된 결과를 주장하였으며, Howes(1990)는 보육을 시작한 시기 자체로 인한 영향보다는 보육의 질과의 상호작용을 밝힘으로써 보육의 질이 보육 시작 시기보다 더 중요하다고 제안하였다. 한 예로, 보육의 질이 높을수록 유아의 구술 언어 능력과 학업 준비 정도가 높은 것으로 나타났다(McCartney, 2004). 우리나라 3~5세 아동을 대상으로 한 연구에서도 질적으로 우수한 보육 프로그램을 실시하였을 경우 저소득층 아동과 일반 아동의 차이가 줄어들어 언어 능력 및 표현력에서 긍정적인 효과가 있었다.

3) 보육의 질

최근에 보육과 아동발달에 관한 연구들은 영유아의 발달에 영향을 미치는 보육의 구체적인 질적 지표를 밝혀내기 위해 구조적 변인이나 과정적 변인에 관심을 가지고 연구하는 추세이다. 특히, 구조적인 변인보다 영유아가 실제 접하는 경험 속에서 직접적으로 영향을 주는 교사와 영유아의 상호작용과 같은 과정 변인이 발달에 있어서 더 중요하다는 결과를 발표하고 있다. 보육의 질의 구성 요인을 크게 구조적인 요인과 과정적 요인으로 나누었다. 구조적 요인에는 집단 크기, 교사 대 아동 비율, 교사의 학력, 경력, 자격 기준과 같은 요인들이 포함되는데 교사 대 아동 비율이 낮을수록, 집단 크기가 작을수록, 교사의 학력이 높을수록, 경력이 길수록 아동의 발달에 긍정적인 영향을 미치는 것으로 나타났으며, 과정적 요인에는 교사의 민감한 반응성 수준, 교사-부모, 영아 간 긍정적인 대인 관계와 의사소통, 발달적 적합한 행위와 경험 제공 등이 있는데, 교사의 반응은 아동의 인지, 사회, 정서, 언어 발달에 긍정적인 영향을 주고, 교사-부모, 아동들 사이의 긍정적인 상호 관계는 아동의 건강한 사회·정서 발달을 도모하는 데 결정적이라는 것이 밝혀졌다.

또 다른 연구에서는 보육의 질을 나타내는 주요 요인은 아동과 교사 간의 상호작용, 구조적 특성, 교사의 지속성에 의해 결정된다고 보았다(〈표 12-3〉 참조). 이를 구체적으로 설명하면, 양육자의 상호작용의 질 및 접촉 빈도, 아동과 교사의 비율, 집단의 크기, 양육자의 교육 및 훈련 수준 그리고 교사의 이직률 등이 있다. 이 중 아동과 교사와의 상호작용의 양이나 내용은 무엇보다 중요하다고 제시되어 왔다.

〈표 12-3〉 보육의 질

아동과 교사의 상호작용		교사는 반응적이고 아동의 의사 표현을 존중하고 아동의 말 을 경청한다.
구조적 특징	아동/교사 비율	아동의 연령에 맞추어 적절한 교사의 수가 배정된다.
	집단 크기	집단 크기가 작다.
	물리적 환경	아동의 연령에 적절한 다양한 교구·교재가 제공된다.
	교사 교육/훈련	교사의 교육 수준이 높고 훈련이 체계적으로 이루어진다.
교사 연속성	교사 이직률	교사 이직률이 낮다.

Katz(1993)는 보육의 질에 대하여 상, 하, 외부, 내부의 방향 측면에서 네 가지 시각을 제시하였다. 첫째는 하향식 견지로서 연구자와 전문가의 시각이며, 둘째는

상향식 견지로서 어린이집에 있는 영유아의 시각이며, 셋째는 외부-내부 견지로서 보육을 이용하는 부모의 시각, 넷째는 내부 견지로서 보육교직원의 시각이다.

(1) 보육의 질에 대한 연구자/전문가 시각

연구자/전문가 시각은 성인 대 영유아의 비율, 보육교직원의 자격과 안정성, 교사-영유아 관계의 특성, 설비와 자료의 질과 양, 영유아 개인당 공간 면적, 소방안전 시설 등의 건강 위생 절차와 기준, 보육교직원을 위한 근무 조건과 같은 프로그램과 환경의 특성에 주의를 기울이는 것이라고 설명한다.

(2) 보육의 질에 대한 영유아의 시각

어린이집에 있는 영유아의 경험은 그 보육 프로그램의 효과의 진정한 결정 요인이라고 주장한다. Katz에 의하면, 다음과 같은 질문들은 보육의 질에 대하여 보육을 받고 있는 영유아의 시각을 제시한다.

- 나는 여기에 붙잡힌 것이 아니라 환영받는다고 느끼는가?
- 나는 고립되어 있거나 여러 아이들의 무리 속에 단지 하나일 뿐이 아니라 여기에 소속되었다고 느끼는가?
- 나는 여기에서 어른들에 의해 야단맞거나, 무시당한다고 느끼는가? 아니면 인정받고 이해받고 보호받고 있다고 느끼는가?
- 나는 대다수의 친구들에 의해 고립되거나 거부당하기보다는 인정받고 있는가?
- 나는 '소중하고' 또는 '귀여운' 사람으로서만 소개되는 것이 아니라 진지하게 존중받으면서 소개되는가?
- 나는 여기서 경험하는 대부분의 활동들이 단지 오락적이거나 재미있는 것이 아니라 참여할 수 있고, 몰입할 수 있고, 도전적인 활동들이라고 생각하는가?
- 이곳에서의 나의 대부분의 경험은 시시하고 지루하기보다는 흥미롭고 의미가 있는가?
- 내가 경험하는 많은 것들이 좌절적이거나 혼란스럽기보다는 만족스러운가?
- 나는 여기를 떠나고 싶은 것보다는 여기에 있는 것을 좋아하는가?

(3) 보육의 질에 대한 부모의 시각

보육의 질에 대한 부모의 시각은 외부로부터 안으로의 견지로서 각 부모가 자녀의 보육교직원과의 관계에 대하여 다음과 같은 질문에 어떻게 대답하는가에 관련된다.

- 통제적이 아니라 기본적으로 존중의 관계인가?
- 거부적이고, 비난하고 편견적이 아니라 수용적이고 개방적이고 포괄적이고 관대한 관계인가?
- 연락이 드물고 거리감이 있는 것이 아니라 지속적이고 빈번한 연락을 하고 있는가?
- 나의 자녀를 위한 나의 목표와 가치가 존중받고 있는가?

(4) 보육의 질에 대한 보육교직원의 시각

보육교직원의 시각은 내부 견지로서 내부, 즉 보육교사에 의해 지각되는 보육 프로그램의 질의 기준을 의미한다. Katz에 의하면, 이러한 내부 견지는 세 가지 차원-동료 관계, 교직원과 부모 관계, 어린이집 책임자와의 관계-으로 분류된다.

보육의 질에 대한 교사 시각은 보육하고 있는 아동의 부모와의 관계에 대한 다음과 같은 질문에 어떻게 대답하는가에 관련된다.

- 나는 보육하고 있는 아동의 부모와의 관계가 만족스러운가?
- 나는 보육하고 있는 아동의 부모와의 관계에 있어서 효과적이라고 생각하는가?
- 보육하고 있는 아동의 가족으로부터 나의 노력의 진가를 인정받고 있는가?
- 보육 프로그램의 목표를 위해 나의 견해와 선호가 존중받고 있는가?

결론적으로, 많은 영유아가 어린이집 경험을 하게 되고 어린이집에서 보내는 시간과 기간이 장기화되고 있는 현실에서 질 높은 보육을 제공하기 위한 끊임없는 노력은 필수적라고 볼 수 있다. 한편, 어린이집의 양적 증대와 보육 시간의 확대 등 주요한 보육정책들이 사회적 요구 및 부모의 필요를 중심으로 이루어져 오면서 영유아의 권리와 요구는 충분하게 고려되지 못하고 있는 실정이다.

어린이집은 여성의 자아 실현을 반영하기 위해 또는 자녀 양육의 보조 수단이 아니라 일차적으로 영유아를 위한 공간이 되어야 한다. 이를 위해, 영유아를 하나의 인격체로 존중하고 물리적 환경의 개선, 인적 환경의 개선, 프로그램의 개선, 영양의 개선, 부모와의 협력 및 부모교육 등이 반드시 이루어져야 할 것이다.

4. 조기사교육

우리나라에서 조기사교육이라고 할 때는 "학령기에 도달하지 않은 아동들을 대상으로 학원이나 가정에서 이루어지는 특기 또는 과외 교육으로 아동의 발달 단계적 특성이나 능력에 맞는 교육이라기보다는 인지적 자극을 중심으로 한 과도한 학습 자극"을 가리킨다.

부모들은 유아들에게 이러한 조기사교육을 시키는 이유가 자녀의 소질과 재능개발, 장래의 학업에 필요한 지능개발, 초등학교 준비 등을 위해서라고 밝히고 있다. 그러나 실상 자녀들이 좀 더 일찍 다양한 교육을 받아 앞으로 경쟁에서 다른 아이들보다 앞서기를 바라는 부모들의 경쟁심리가 작용하고 있어 자녀가 학령기에 가까워질수록 초등학교 학업에 직접 도움이 되는 교육을 많이 시키고 있다.

한편, 유아들을 대상으로 한 연구에서 학원 및 학습지를 많이 하는 유아들은 그렇지 않은 유아들에 비해 더 많은 스트레스를 받고 있는 것으로 나타났으며, 과도한 학업에 의한 스트레스는 정서불안, 도피증세, 충동적 행동, 주의 산만, 창의성, 발달 저하 등의 심각한 문제를 불러올 수 있다고 주장하며 조기교육의 위험성을 경고하였다. 즉, 인지교육을 중심으로 한 조기교육은 유아의 발달단계에 상관없이 부적절한 학습 자극을 가하는 것으로서 그들에게 정신적 스트레스를 야기할 수 있으며 이러한 스트레스는 뇌의 신경회로 중 스트레스 관련 부분의 조절력에 손상을 주고 더 나아가 면역기능 및 기억력 저하 등의 문제를 일으킬 수 있다는 것이다.

또한, 사회성 발달에서는 사교육이 타인에 대한 배려나 자신감에 영향을 주지 못하였고 오히려 사교육을 많이 받을수록 문제행동은 더 심각해진다는 연구들이 있다. 즉, 유아들의 사교육 수, 시작시기, 소요 시간과 사회정서적 문제 행동의 관계를 분석한 결과, 사교육의 수는 유아의 외현적 문제행동인 비행, 공격성과 내재적 문제행동인 위축, 신체증상, 우울/불안 등과 상관이 높은 것으로 나타났다.

종합해 보면, 과도한 학습경험은 인지발달을 촉진하기는커녕 인지발달과 정서발달을 모두 저해할 가능성이 높음을 알 수 있다. 따라서 일시적인 효과를 얻을 수 있다 하더라도, 조기교육을 피하고 유아의 발달에 적합한 교육이 이루어질 수 있도록 노력해야 한다.

5. 학교

초등학교에 입학하면 아동은 많은 시간을 학교에서 보내며, 학교 환경이 중요한 사회환경으로 대두된다. 학교는 아동들이 가정을 떠나 접하는 공식적인 기관으로서 학교생활을 통해 지식의 습득뿐만 아니라 사회인으로서 기초를 닦게 된다. 학교교육은 인지적, 학습적 기반을 제공함으로 아동의 잠재 능력을 개발하는 기능을 수행한다. 또한, 여러 가지 규칙이나 일을 처리해 나가는 방법, 문제 해결 기술, 사회와 문화에 적응하는 방법을 학교생활을 통해 습득한다(이숙 외, 2013). 이와 같이 학교는 아동들에게 지식을 전하고 성장 후 사회의 일원으로서 직업과 경제적 독립을 준비하도록 도울 뿐만 아니라, 아동의 사회적, 정서적 발달을 돕는 사회화 대행자의 역할을 수행한다.

생각해보기

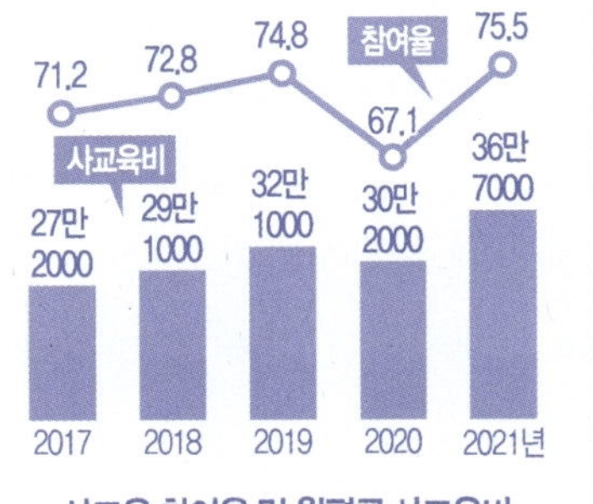

사교육 참여율 및 월평균 사교육비
(단위: %, 원)

2021년 기준 초·중·고교 학생 10명 중 7명은 사교육을 받았다. 사교육비 규모는 전년 대비 21.5% 증가하며 통계 작성을 시작한 2007년 이후 역대 최고를 기록했다. 코로나19 장기화로 학습 결손 우려가 커지면서 사교육 수요가 늘어난 것으로 풀이된다. '2021년 한국의 사회지표'(통계청)에 따르면, 2021년 우리나라 초·중·고 사교육 참여율은 75.5%로 전년 대비 8.4% 포인트 증가했다. 사교육 참여율은 2020년 67.1%, 2019년 74.8%이었다. 학생 1인당 월평균 사교육비는 36만 7,000원으로 전년(30만 2,000원) 대비 21.5% 증가했다. 사교육 참여율은 초등학생이 82.0%로 가장 높았고, 고등학생이 64.6%로 가장 낮았다. 반대로 사교육비 지출은 고등학생이 41만 9,000원으로 가장 높았고, 초등학생이 32만 8,000원으로 가장 적었다. 다만 사교육비 증가율로 보면 초등학생 사교육비가 전년(23만 5,000원) 대비 39.4% 급증했다. 월소득이 높은 가구일수록 사교육비 지출이 컸다. 월소득 200만 원 미만 가구는 한 달에 사교육비로 11만 6,000원을 지출했지만, 월소득 800만 원 이상 가구는 59만 3,000원을 지출하며 5배 이상 차이를 보였다.
2020년 기준 25~64세 국민의 고등교육 이수율은 50.7%였다. 국민 고등교육 이수율은 2000년 이후 매년 증가하는 추세다. 성별 이수율 격차는 2000년 12.0% 포인트에서 2020년 4.3% 포인트로 줄어들었다. 다만 고등교육기관 졸업자 취업률은 2년 연속 감소세다. 2020년 취업률은 65.1%로 전년 대비 2.0% 포인트 감소했다.
교육 수준별 임금 수준은 격차가 커졌다. 2020년 대졸자를 100.0%로 한 교육별 임금 수준은 중졸 이하 47.6%, 고졸 63.3%, 전문대졸 77.0%, 대학원졸 147.1% 수준이었다. 즉, 대졸자 월급을 300만 원으로 가정했을 때 중졸 이하는 142만 8,000원, 고졸은 189만 9,000원, 전문대졸은 231만 원에 그쳤다. 전년 대비 중졸 이하, 고졸, 전문대졸의 임금 수준은 각각 2.8% 포인트, 1.7% 포인트, 2.1% 포인트 감소한 반면 대학원졸은 3.6% 포인트 증가하며 격차는 더 벌어졌다. 통계청은 "교육 수준별 임금을 10년 전과 비교하면 상대적으로 고졸 이하는 더 낮아진 반면 전문대졸 및 대학원졸의 임금 수준은 더 높아지는 추세"라고 밝혔다.

출처: 국민일보(2022. 3. 25.).

6. 지역사회

지역사회는 아동이 자신의 비구조화된 시간을 보내는 환경이다. 주변을 탐색하고 다른 아동들과 상호작용하고, 주변 성인을 관찰하며, 다양한 경험을 할 수 있는 장소이다. 지역사회는 학습을 위해서도 많은 잠재적 요소를 가진 환경이다. 도서관, 박물관, 동물원 등 아동들이 이용할 수 있는 풍부한 자원을 가지고 있다. 지역사회 구성원이 아동의 긍정적인 성장과 발달에 초점을 맞춘 목표를 가지고 개입할 때 아동은 지역사회 환경을 통해 긍정적인 발달을 도모할 수 있을 것이다.

지역사회의 숲이라는 곳은 아동들의 다양한 성공 경험을 할 수 있는 체험의 장이다. 즉, 맨발로 흙을 밟고 어두운 산길에 넘어지고 풀과 돌에 긁히고 넘어지는 다양한 경험을 해 볼 수 있으며, 나무와 바위 계곡 등 다양한 자연환경에서 아동들은 서로 협동할 수 있는 경우가 많이 생기고 그 결과 서로를 배려하는 마음도 배울 수 있다. 또한, 숲은 정서적 치유뿐만 아니라 긍정적 행동을 유도해 비행아동, 인터넷 중독 아동, 가족관계 개선 등에 다양하게 활용될 수 있다.

한양대학교병원 정신과 안동현 교수 팀이 녹색문화재단과 함께 진행한 주의가 지나치게 산만하고 충동적이고 무절제한 과잉 행동을 보이는 소아 정신 질환인 ADHD(Attention Deficit Hyperactivity Disorder) 아동 15명에 대한 숲 치유 캠프(프로그램 내용: 아동의 사회기술 훈련과 학습동기 증진 프로그램; 부모교육 및 훈련 프로그램)를 실시하였다. 그 결과는 다음과 같다.

〈숲 치유 캠프 연구 결과〉

- 숲 치유 캠프에 참여하기 전과 참여한 뒤의 아동들의 우울감과 정서적 안정감 사회성을 지표화해 비교한 결과, 참가 아동들의 정서적 안정감이 높아지고 사회성이 향상되는 등 치료 효과가 있는 것으로 나타났다.

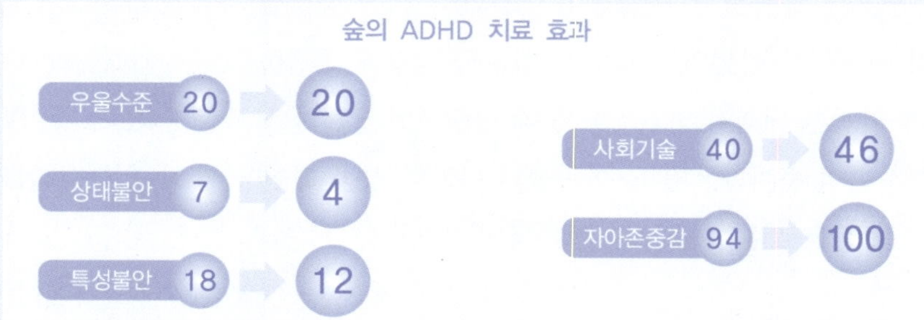

- 숲 치유 캠프에 참여한 아동들의 경우 우울 수준이 체험 전에는 20.22이던 것이 체험 후 13.56으로 전반적으로 감소하는 경향을 보였고, 상태 · 특성 불안 수준 역시 체험 전 7.86, 18.88에서 체험 이후 4.0, 12.50으로 감소하고, 자아존중감은 체험 전 94.33에서 체험 후 100.78로 증가하는 등 숲 치유 캠프 이후 참가 아동들의 정서적인 면이 뚜렷하게 나아진 것을 확인할 수 있었다.
- 캠프를 참여하면서 대인관계에서 소극적이던 아동들이 친구와 어울리는 횟수나 관계의 질이 향상됐다는 부모들의 보고도 많았다.
- 사회성과 자아존중감은 높아졌다. 아동의 사회기술은 체험 전 40.00에서 참여 이후 46.00으로 증가되었으며, 자아존중감도 94점에서 100점으로 높아졌다.
- 어머니의 양육 스트레스 수준도 변화되었다. 프로그램 참여 전 양육 스트레스 수준은 57.89에서 프로그램 참여 후 46.22로 감소되었다. 캠프를 통해 아동들에 대한 부모의 이해가 높아지고 아버지의 양육 태도가 개선되면서 결국 부모와 아동 간의 관계의 질이 향상되는 긍정적인 효과가 있는 것으로 분석된다.

이상에서 볼 때 지역사회는 가족 안의 아동들이 안전하고 건강하게 성장할 수 있도록 중요한 역할을 담당한다.

참고 문헌

참고 문헌

강경미 김경옥, 최순영 (2006). 아동발달론. 서울: 형설출판사.

강란혜, 박미석 (2005). 아동복지론. 서울: 대왕사.

강문희, 류진희, 이경희, 윤애희, 정정옥 (2003). 유아교육기관운영관리. 서울: 학지사.

강문희, 신현옥, 정옥환, 정정옥 (2004). 아동발달. 서울: 교문사.

강병서 (2002). 연구방법론. 서울: 무역경영사.

강인언, 이한우, 정정란 (2009). 최신 아동발달. 서울: 학지사.

강인언, 황은미 (1994). 유치원의 부모교육 실태에 대한 조사 연구. 논문집, 18, 43-84.

고용노동부 (2010). 장애인 통계.

공계순, 박현선, 오승환, 이상균, 이현주 (2003). 아동복지론. 서울: 학지사.

교육부 (2015). 2015 개정교육과정 총론 해설.

교육부 (2019). 개정누리과정.

교육인적자원부 (2007). 장애인 등에 대한 특수교육법.

__________ (2008). 장애인 등에 대한 특수교육법 시행령.

과학기술정보통신부, 한국정보화진흥원(2021). 2020 스마트폰 과의존 실태조사. p. 63.

곽노의, 김창복, 이경순 (2014). 유아교육기관과 초등학교의 연계교육. 서울: 창지사.

구인회 (2003). 경제적 상실과 소득 수준이 청소년의 교육 성취에 미치는 영향. 한국사회복지학, 53, 7-29.

국립특수교육원 (2009). 장애영아 무상교육 지원모형 개발연구.

__________ (2010). 특수교육백서.

권미량, 조채영, 좌승하, 최진원 (2009). 유아교육개론. 경기: 공동체.

권민균, 문혁준, 권희경, 성미영, 신유림, 안선희, 안효진, 이경옥, 천희영, 한유미, 한유진, 황혜신 (2012). 아동발달(개정). 서울: 창지사.

교육부 (1994). 편수업무편람(편수 94-11). 서울: 교육부.

권중돈, 김동배 (2005). 인간행동과 사회환경. 서울: 학지사.

김경회, 김선영, 김신영, 김지은, 김혜금, 문혁준, 서소정, 안선희, 안효진, 이희경, 정선아, 황혜원 (2014). 보육학 개론(제3판 증보). 서울: 창지사.

김광웅, 방은령 (2003). 아동발달. 서울: 형설출판사.

김광웅, 유미숙, 유재령 (2004). 놀이치료학. 서울: 학지사.

김귀복 (2008). 음악치료가 ADHD 유아의 문제행동과 사회적 수용에 미치는 효과. 지적장애연구, 10(4), 145-162.

김나영, 이경열, 정욱호, 홍계옥 (2005). 영유아발달. 경기: 양서원.

김명희 (1997). 현대사회와 부모교육. 서울: 학문출판(주).

김미숙, 전진아, 하태정, 김효진, 오미애, 정은희, 최은진, 이봉주, 김선숙 (2013). 아동종합실태조사, 보건복지부 한국보건사회연구원.

김민영 (2009). 유치원 자녀를 둔 어머니의 부모교육에 대한 인식과 요구도. 아주대학교 교육대학원 석사학위논문.

김성경, 김혜영, 최현미 (2005). 아동복지론. 경기: 양서원.

김수희, 전대성, 나용선, 김지현 (2006). 아동발달. 경기: 양서원.

김영옥, 백혜리, 최미숙, 황윤세 (2009). 아동발달론. 경기: 공동체.

김유광 (2001). 연극과 정신의학. 임상예술, 12(1), 15-35.

김윤옥, 황선희 (2006). 아동상담론. 서울: 형설출판사.

김재인 (1996). 방과후 아동지도제도 도입 및 운영 방안. 방과후 아동지도제도 도입 및 운영 방안을 위한 공청회 자료. 서울: 한국여성개발원.

김지나 (2007). 유아교육기관에서의 부모교육 인식에 대한 교사와 어머니의 인식. 이화여자대학교 대학원 석사학위 청구논문.

김지현, 정지나, 조윤주, 한진아 (2010). 부모교육. 경기: 양서원.

김지혜, 정익중 (2009). 다문화 아동청소년 정책에 나타난 통합관점에 대한 고찰. 한국아동복지학, 30, 8-40.

김춘경, 민하영, 박경희, 송규운, 신인숙, 유승희, 이명환, 이미란, 이영미, 임영심, 조성자 (2015). 유아교육개론. 경기: 양서원.

김춘경, 문혁준, 신유림, 심미경, 옥경희, 위영희, 이경희, 이정희, 정계숙, 정현숙, 제경숙, 조성연, 천희영 (2002). 아동학개론. 서울: 학지사.

김춘경, 이수연, 최웅용 (2006). 청소년상담. 서울: 학지사.

김태은 (2009). 해결중심단기놀이치료의 개발과 치료 기법에 대한 아동의 반응. 연세대학교 대학원 박사학위 청구논문.

김태은, 이정숙 (2003). 컴퓨터 게임 의존 청소년 치료를 위한 소시오드라마 효과 연구. 한국가정관리학회지, 21(4), 55-67.

김현옥 (2004). 부모교육프로그램을 통한 초등학교 인격교육 활성화 방안. 서울교육대학교 교육대학원 석사학위 청구논문.

김혜경, 박선영 (2003). 방과후 교실 보육 프로그램. 서울: 창지사.

김혜원 (2006). 아동권리와 아동복지. 서울: 집문당.

노안영 (2005). 상담심리학의 이론과 실제. 서울: 학지사.

노영희 (1996). 유치원 교육과 초등교육. 서울: 정민사.

대한소아과학회 (2007). 한국소아발육표준치. 서울: 대한소아과학회.

문선화, 구차순, 박미정, 김현옥 (2005). 한국사회와 아동복지. 경기: 양서원.

문혁준, 김정민, 김태은, 양성은, 이진숙, 이희선 (2014). 아동상담. 서울: 창지사.

박미석 (2005). 아동복지의 전망과 과제. 서울: 대왕사.

박성연, 도현심 (2003). 아동발달. 서울: 동문사.

박승희 (1994). 정신지체: 정의, 분류, 지원의 체계. 서울: 교육과학사.

박용민 (2011). 성인들의 스마트폰 중독과 정신건강에 관한 연구. 상지대학교 석사학위 청구논문.

박은혜 (2009). 유아 교사론. 서울: 창지사.

박희숙, 유주희, 이광희 (2014), 아동복지. 서울: 공동체.

방경숙, 유혜라, 현명선 (2010). 빈곤계층 양육자의 양육 관련 특성과 학령기 아동의 성별에 따른 문제 행동. 정신간호학회지, 9(4), 437-446.

배소연 (1993). 유아 교사의 실천적 지식과 교사교육의 방향. 교육학 연구, 31(5), 153-171.

보건복지부 (2009). 아동·청소년백서.

________ (2009). 한국아동청소년 종합실태조사.

________ (2013). 2013 보육사업 안내.

________ (2014) 보건복지통계연보.

________ (2020). 표준보육과정.

서보준, 김우호, 박선태, 이정미 (2013), 아동복지론. 서울: 공동체.

서소정 (2005). 아동발달이론. 서울: 대왕사.

서혜정, 한애희 (2006). 신임교사로서의 첫 출발. 서울: 파란마음.

손혜숙, 오애순, 김승옥(2012). 아동발달론. 경기: 양서원.

신용주, 김혜수 (2002). 새로운 부모교육. 서울: 형설출판사.

신인순 (2011). 빈곤가구아동건강의 위험요인과 보호 요인. 가톨릭대학교 대학원 박사학위 청구논문.

엄명용, 김성천, 오혜경, 윤혜미 (2000). 사회복지실천의 이해. 서울: 학지사.

오승환 (2000). 소년소녀가장의 심리사회적 특성에 관한 비교연구: 일반아동과의 비교를 중심으로. 한국아동복지학, 9, 99-126.

오영희, 송영란, 강영식 (2003). 최신유아교육개론. 서울: 21세기사.

유가효, 위영희, 문현주, 이희정, 김태은 (2010). 놀이치료의 이해. 경기: 양서원.

유안진, 김연진 (2004). 유아를 위한 부모교육. 서울: 동문사.

유옥현, 장창수 (2006). 미술치료가 부-자 가정 자녀의 문제행동과 가족관계에 미치는 효과에 관한 단일사례연구. 특수아동연구, 8(1), 77-107.

이기숙 (1984). 우리나라 부모교육 프로그램 현황. 서울: 창지사.

______ (1999). 유아교육과정. 서울: 교문사.

______ (2000). 유아교육과정(개정판). 서울: 교문사.

이기숙, 장영희, 정미라, 엄정애 (2002). 유아교육개론. 서울: 양서원.

이기숙, 김정원, 이현숙, 전선옥 (2013). 영유아교육과정. 서울: 공동체.

이배근 (1998). 아동권리에 대한 국제협약. 한국아동복지학, 7, 354-376.

______ (2004). 아동학대의 이론과 실제. 서울: 신흥메드싸이언스.

이병인 (2003). 발달지체 영유아 개별화가족지원계획 개발 및 시행을 위한 방법론 고찰. 유아특수교육연구, 7(2), 21-46.

이소현 (2003). 유아특수교육. 서울: 학지사.

______ (2007). 유아특수교육. 서울: 학지사.

이소현 역 (1995). 장애영유아를 위한 교육. 서울: 이화여자대학교 출판부.

이소현, 박은혜 (1998). 특수아동교육. 서울: 학지사.

이소현, 이승연, 이명희, 원종례 (2007). 유아를 위한 장애이해 및 통합교육 활동자료. 서울: 교육인적자원부.

이소현, 최진희, 조윤경 (2007). 장애영아 진단평가 기준 및 무상교육 지원 방안 개발 연구, 2007년 교육인적자원부 정책과제 연구보고서.

이소희 (2005). 아동복지론. 서울: 학현사.

이소희, 박인전, 도미향, 김민정 (2004). 방과후 아동지도. 서울: 대왕사.

이숙희, 고인숙 (2006). 아동의 전인적 발달을 위한 현대부모교육. 서울: 교육아카데미.

이순형 (2001). 아동권리의 관점에서 본 유아교육보육의 과제. 2001년도 춘계 유아교육보육 행정학회 자료집.

이순형, 이혜승, 이성옥, 황혜신, 이완정, 이소은, 권혜진, 이영미, 정윤주, 한유진, 성미영 (2005). 보육학개론. 서울: 학지사.

이순형, 민하영, 이소은, 이완정, 황혜신, 이강이, 이영미, 이혜승, 한유진, 권혜진, 성미영 (2006). 아동복지. 서울: 학지사.

이숙, 문혁준, 강희경, 공인숙, 김정희, 심희옥, 안선희, 안효진, 이미정, 이희경, 천희영, 한미현 (2013). 인간행동과 사회환경(개정). 서울: 창지사.

이양희 (2004). 유엔아동권리위원회 활동과 아동권리 쟁점. 아동권리학회 학술대회 자료집.

이영석, 권대도, 최민수 (1990). 유아교육학개론. 서울: 양서원.

이옥 (2004). 아동을 위한 육아지원정책의 방향과 과제, 보육, 우리 아동이 그 중심에 있는가?, 2004년 보육지원교수협의회 포럼 자료집, 5-14.

이옥형 (2002). 아동 · 청년발달. 서울: 집문당.

이윤경, 문혁준, 김선영, 김성희, 김지은, 나종혜, 신인숙, 안선희, 천희영, 최은미, 황혜신, 황혜정 (2013). 유아교육개론(제3판). 서울: 창지사.

이원영 (1991). 부모교육론. 서울: 교문사.

이은해 (1985). 아동연구방법. 서울: 교문사.

이은화 (1985). 유아교육 교사의 역할과 자세. 유아 교사연수교재. 새세대육영회.

이은화, 이경우, 문미옥, 유희정 (1999). 유아를 위한 복지의 이론과 실제. 서울: 창지사.

이은화, 이경우, 이기숙, 홍용희, 박은혜, 김희진 (1999). 유아기 자녀를 위한 총체적 부모교육 프로그램. 서울: 창지사.

이은화, 배소연, 조부경 (1995). 유아교사론. 서울: 양서원.

이장호 (1998). 상담심리학. 서울: 박영사.

이재연, 김경희 (1989). 부모교육. 서울: 양서원.

이주현, 김미숙 (2013). OECD 국가와 한국의 아동가족복지지출 비교. 한국보건사회연구원.

이창미, 장혜성, 김수진 (2005). 장애아 통합보육론. 서울: 교육과학사.

인터넷윤리실천협의회 (2012). 인터넷 윤리. 서울: 이한미디어.

임재택 (1992). 유치원 운영관리. 서울: 창지사.

_____ (1992). 현대유아교육과정. 서울: 양서원.

_____ (1999). 유아교육기관 운영관리. 서울: 양서원.

_____ (2006). 유아교육기관 운영관리. 경기: 양서원.

임재택·박재환 (2002). 유아교육과정. 양서원.

장영인, 최영신, 백선희, 임유경 (2006). 아동복지론. 서울: 나눔의 집.

장인협, 오정수 (2001). 아동 · 청소년복지론(개정판). 서울: 양서원.

정문자 (1994). 부모교육 원리와 방법. 서울: 교육과학사.

정문자, 정혜정, 이선혜, 전영주 (2007). 가족치료의 이해. 서울: 학지사.

정문자, 제경숙, 이혜란, 신숙재, 박진아(2011). 아동심리상담. 경기: 양서원.

정범모 (1976). 교육과 교육학. 서울: 배영사.

정보통신부, 한국인터넷진흥원 (2006). 2006년 하반기 정보화 실태조사. 서울: 한국인터넷진흥원.

정옥분 (2002). 아동발달의 이해. 서울: 학지사.

_____ (2004). 전생애 인간발달의 이론. 서울: 학지사.

_____ (2007). 아동학 연구 방법론. 서울: 학지사.

_____ (2007). 아동발달의 이해. 서울: 학지사.

정옥분, 정순화 (2008). 부모교육. 서울: 학지사.

정은희, 최새은, 이상균, 하태정 (2013). 우리나라 아동빈곤의 특성, 한국보건사회연구원.

정희영, 이성복, 김성원, 윤선화, 김정희, 김선아, 방승미(2014). 유아발달. 경기: 파워북.

조복희, 공인숙, 권희경, 김혜선, 박은미, 서소정, 오연주, 정정희, 한세영 (2007). 보육과정. 서울: 교육과학사.

조수철 (2001). 음악과 정신의학. 임상예술, 12(1), 36-48.

조윤경 (1992). 특수아동 부모를 위한 교육 입문. 서울: 서울장애인복지관.

조윤경, 김수진 (2008). 유아교사를 위한 특수아동지도. 경기: 공동체.

조윤경, 이소현 (2002). 장애유아의 사회성 촉진을 위한 중재가 통합학급 유아들의 장애유아 수용도에 미치는 영향. 유아교육연구, 22(2), 173-193.

주영희 (1984). 가출아동을 통한 학대에 관한 조사연구. 사회복지, 80, 71-135.

주정일, 이소희 (1992). 아동복지학. 서울: 교문사.

중앙아동보호전문기관 (2014). 2013 전국아동학대현황보고서.

최명선, 김광웅 (2005). 아동과 치료자간 치료관계에 대한 연구. 한국심리학회지: 상담 및 심리치료, 17(2), 297-316.

최병철 (1994). 음악치료학. 서울: 음악춘추사.

최선희 (2003). 교육복지투자 우선지역 아동청·청소년 실태조사. 강북·노원지역사업담당자 워크숍. 서울특별시 성북교육청·강북지역복지협의회·노원교육복지협의회.

최옥채, 박미은, 서미경, 전석균 (2003). 인간행동과 사회환경. 경기: 양서원.

최은미 (2009). 유아교사를 위한 예술치료. 서울: 시그마프레스.

통계청(2022). 2021년 출생·사망 통계.

하승민, 서지영, 강현아, 마주리, 서혜전, 장정백 (2008). 아동상담. 경기: 공동체.

하승민, 장미경, 김유진, 신현정, 임동호, 김소윤 (2014). 아동복지. 서울: 태영출판사.

한국교육개발원 (2007). 교육통계연보. 서울: 한국교육개발원.

한국미술치료학회 (1997). 미술치료의 이론과 실제. 서울: 동아출판사.

한국보육진흥원 (2010). 장애아보육 운영실제.

_____________ (2010). 장애아보육 교사실무.

한국유아교육학회 (1996). 유아교육사전. 서울: 한국사전연구사.

한국청소년개발원 (2004). 청소년상담론. 서울: 교육과학사.

한미현, 강희경, 공인숙, 김상희, 문혁준, 안선희, 안효진, 양성은, 이경열, 이경옥, 이진숙, 천희영 (2013). 아동복지. 서울: 창지사.

한성심, 송주미 (2003). 아동복지론. 서울: 창지사.

한오수 (2001). 미술과 정신의학. 임상예술, 12(1), 7-12.

한임순 (1999). 최신 유아교육개론. 서울: 동문사.

안전행정부(2014). 2014년 지방자치단체 외국계주민 현황 조사결과.

허남순 (1993). 아동학대의 실태 및 대책. 한국아동복지학, 창간호, 한국아동복지학회.

허문권 (2010). 한국과 중국의 교육과정 변천 비교연구. 경인대학교 교육대학원 석사학위 청구논문.

허순희 (2003). 음악치료의 원리와 이론적 기초. 아동교육, 12(1), 187-200.

황해익, 서정현, 송연숙, 이경화, 최혜진, 정혜영, 김남희, 이혜은, 손유진, 박순호, 손원경,

남미경, 김인순, 고은미, 유수경 (2012). *유아교육개론*. 경기: 공동체.

황현주, 유은정, 박혜정, 서은경, 신현정 (2013). *교사를 위한 아동정신건강*. 서울: 파란마음.

Ainsworth, M. (1979). *Patterns of attachment*. N.Y.: Halsted Press.

APA (2000). *Diagnostic and statistical manual of mental disorders*(4th ed.), text revision; (DSM-Ⅳ-TR). Washinton, D.C.: Author.

Bailey, D. B., & Winton, P. J. (1987). Stability and change in parents exeptations about mainstreaming. *Topic in Early Childhood Special Education, 7*(1), 61-72.

Bakeman, R. (2004). Behavioral observation and coding. In H.T. Reis & C. M. Judd (eds.), *Handbook of research methods in social and personality psychology*(pp.138-159). N.Y.: Cambridge University Press.

Bandura, A. (1977). *Social learning theory*. Englewood Cliffa, N.J.: Prentice Hall.

Baumrind, D. (1966). Effects of authoritative parental control on child behavior. *Child Development, 37*, 887-906.

Beck, A. T.(1963). Thinking and depression. *Archives of General Psychiatry, 9*, 324-333.

Belsky, J. (1988). The effects of infant day care reconsidered. *Early Childhood Research Quarterly, 3*, 235-272.

Berk, L. E. (2000). *Child development*(5th ed.). Boston, M.A.: Allyn & Bacon.

__________ (2008). *Infants and Childrens*(6th ed.). Boston: Allyn & Bacon.

Bordin, I. A., Duarte, C. S., Peres, C. A., Nascimento, R., Curto, B. M., & Paula, C. S. (2009). Severe physical punishment: Risk of mental health problems for poor urban children in Brazil. *Bulletin World Health Organization, 87*, 336-344.

Bowlby, J. (1951). *Meternal care and maternal health*. N.Y.: Basic Books.

________ (1969). *Attachment and loss*. N.Y.: Basic Book.

Bricker, D. (1989). *Early intervention for at-risk and handicapped infants, toddler, and preschool children*. Palo Alto, C.A.: Vort Corporation.

Bricker, D. D., Bruder, M. B., & Bailey, E. (1982). *Developmental integration preschool children. Analysis Intervention in Developmental Disabilities, 2*, 207-222.

Bricker, D. D., & Sheehan, R. (1981). Effectiveness of an early intervention program as indexed by measures of child change. *Journal of the Division for Early Childhood, 4*, 11-28.

Bruscia, K. E. (1989). *Defining music therapy*. P.A.: Spring House Books.

Cannan, C., & Warren, C. (1997). *Social action with children and families*. N.Y.: Routledge.

Chall, J. S. (1979). The great debate: Ten years later with a modest proposal for reading stages. In L. B. Resnick & P. A. Weaver(eds.), *Theory and practice of early reading*. Hillsdale, N.J.: Erlbaum.

Conger et al. (1994). Economic stree, coercive family process and developmental problems of adolescent. *Child Development, 65*, 541-561.

Corey, G.(2001). *Theory and practice of counseling and psychotherapy*. 조현춘, 조현재(역). 심리상담과 치료의 이론과 실제. 서울: 시그마프레스.

Duncan, G. J., & Brooks-Gunn, J. (2000). Family poverty, welfare reform, and child development. *Child Development, 71*(1), 188-197.

Duvall, E. A. (1977). *Marriage and family development*(5th ed.). Philadelphia: J. B. Lippincott.

Elder, G. H. Jr., & Rockwell, R. C. (1978). Economic depression and postwar opportunities in men's lives. In R. A. Simmons(ed.), *Research in community and mental health*. Greenwich, C.T.: JAI press.

Ellis, A. (1957). Rational psychotherapy and individual psychology. *Journal of 2nd Psychology, 12*, 38-44.

_______ (1962). *Reason and emotion in psychotherapy*. N.J.: Secaucus.

Ellis, S., Rogoff, B., & Cromer, C. D. (1981). Age segregation in children's social interactions. *Developmental Psychology, 17*, 399-407.

Erikson, E. H. (1963). *Childhood and society*. N.Y.: Norton.

Farran, D. C. (2005). Developing and implementing preventive intervention programs for children at risk: Poverty as a case in point(pp. 267-304). In Guralnick, M. J. (ed.), *The developmental system approach to early intervention*. Baltimore: Paul Brooks.

Fincher, S.(1991). *Creating mandalas: For insight, healing, and self-expression*. Boston: Shambhala Publications.

Gardner, H. (1983). *Frames of mind: The theory of multiple intelligences*. N.Y.: Basic Book.

Gargiulo, R. M., & Kilgo, J. (2000). *Young children with special needs*. Albany, I.V.Y.: Delmar.

Gelles, R. J. (1980). Violence in the family: A review of research in the seventies. *Journal of Marriage and the Family, 42*, 873–885.

Gesell, A. L. (1946). *The ontogenesis of infant behavior*. In L. Carmichael(ed.), Manual of child psychology. N.Y.: Harper.

Gil, D. G. (1970). *Violence against children: Physical child abuse in the United States*. Cambridge, M.A.: Harvard University Press.

Gil, E.(1994). *Play in family therapy*. N.Y.: Guilford Press.

Giordano, M., Landreth, G., & Jones, L.(2005). *A practical handbook for building the play therapy relationship*. Maryland: Jason Aronson.

Guralnick, M. J., Connor, R. T., Hammond, M. A., Gottman, J. M., & Kinnsh, K. (1996). Immediate effect of mainstreamed settings on the social interactions and social ontegration of preschool children. *American Journal on Mental Reterdation, 100*, 359–337.

Howes, C. (1990). Can the age of entry into child care and the quality of child care predict adjustment in kindergarten? *Developmental Psychology, 26*, 292–303.

http://edfd127.wikispaces.com/Bronfenbrenners+Ecological+Systems+Theory

http://sensorymetrics.com

Jenkins, J. R., Odom, S. L., & Spelts, M. L. (1989). Effect of social integration on preschool children with handicaps. *Exceptional Children, 55*, 420–428.

Johnson, B., & Chirstensen, L. (2004). *Educational research: Quantitative, qualitative, and mixed approaches*(2nd ed.). Boston: Peason Education Inc.

Kadushin, A. (1980). *Child welfare service*. New York: Macmillan Publishing Co, Inc.

Kadushin, A., & Martin, J. A. (1988). *Child welfare services*(4th ed.). N.Y.: McMillan Publishing Co.

Katz, L. G. (1993). *Multiple perspectives on the quality of early childhood programs*. (ERIC Document Reproduction Service No. ED 355 041).

Kauffman, J. M. (2001). *Characteristics of emotional behavioral disorder*(7th ed.). Upper Saddle River, N.Y.: Prentice Hall.

Kempe, C. H., Silveman, F. N., Sreek B. F. et al. (1962). The bettered child syndrome. *JAMA 181*, pp. 105–12.

Knell, S. M. (1993). Cognitive–behavioral play therapy. In Kottman, T., & Schaefer, C. (eds.),

Play therapy in action. London: Paterson Marsh.

__________ (1997). Cognitive-behavioral play therapy. In O'Connor, K., & Braverman, L.(eds.), *Play therapy theory and practice*. N.Y.: Wiley & Sons.

Kramer, E.(1979). *Childhood and art therapy*. N.Y.: Schocken.

Lamb, M., Sternberg, K., & Prodromidis, M. (1992). Non-maternal care and the security of infant-mother attachment: A reanalysis of the data. *Infant Behavior and Development, 15*, 71-83.

Landreth, G.(1991). *Play therapy: The art of the relationship*. I.N.: Accelerated Development.

LeMaster, E., & DeFrain, J. (1983). *Parents in contemporary America*. Homewood, I.L.: Dorsey.

Lorenz, K. Z. (1965). *Evolution and the modification of behavior*. Chicago: University of Chicago Press.

Maslow, A. H. (1965). A theory of human motivation. In D. E. Hamachek(ed.), *The self in growth, teaching and learning*. N.J.: Prentice Hall.

McCartney, K. (2004). 영유아보육아 발달에 대한 NICHD연구: 인지 언어발달에 대한 보육의 효과. 제12회 국제학술대회 영유아보육과 파트너십. 삼성복지재단.

McLoyd, V. C., & Wilson, L. (1992). The strain of living poor: Parenting, social support, and child mental health, in A. C. Huston(ed.), *Child in poverty: Child development and public policy*(pp. 105-134). Cambridge, U.K.: Cambridge University Press.

Michel, D. E. (1995). *Music therapy: An introduction, including music in special education*(2nd ed.). Springfield, I.L.: Charles C. Thomas.

Morrison, G. S. (2008). *Early childhood education today*(11th ed). Upper saddie River, N.J.: Merrill Prentice Hall.

Naumberg, M. (1973). *An introduction to art: Studies of free art expression of behavior problem children and adolescents as means of diagnosis and therapy*. N.Y.: Teachers College Press. National Association of Social Workers(2008).

O'Connor, K. J. (2000). *The play therapy primer*. N.Y.: Wiley & Sons.

Odom, S. L., DeKlyen, M., & Jenkin, J. R. (1984). Integrating handicapped and nonhandicapped preschooler: Developmental impact on the nonhandicapped children. *Exceptional Children, 51*, 49-49.

Odom, S. L., & McEvoy, M. A. (1990).Mainstreaming at the preschool level: Potential barriers and tasks for the field. *Topics in Early Childhood special education, 10*(2), 48-61.

Odom, S. L., McConnell, S. R., & Chandler, L. K. (1993). Acceptability and feasibility of classroom-based socail interaction interventions for young children with disabilities. *Exceptional Children, 60*(3), 226-236.

Oh, K. J., & Moon, K. J. (2006). Poverty and psycholosocial adjustment of adolescents: Mediating effects of family risk factors and parent-child relations. *The Korean Journal of Clinical Psychology, 25*, 59-76.

Papalia, D. E., & Olds, S. W. (1998). *Human development*(7th ed.). N.Y.: McGraw-Hill.

Papalia, D., Gross, D., & Feldman, R. D. (2003). *Child development*. N.Y. McGraw-Hill.

Pavlov, I. P. (1927). In G. V. Anrep (Trans.), *Conditioned reflexes*. London: Oxford University Press.

Piaget, J. (1983). Piaget's theory. In P. H. Mussen(ed.), *Handbook of child psychology*(Vol. 1, pp. 294-356). N.Y.: Wiley.

Rabin, N. (1965). Motivation for parenthood. *Journal of Protective Techniques, 29*, 405-411.

Rose, S. R., & Fatout, M. F. (2003). *Social work practice with children and adolescents*. Boston, M.A.: Ally and Bacon.

Rubin, K. H., Fein, G. C., & Vandenberg, B. (1983). Play. In P. H. Mussen(ed.), *Handbook of child psychology*(4th ed.). N.Y.: Wiley.

Sandall, S, Schwartz, I, & Joshep, G.G. (2002). A building blocks model for effective instruction in inclusive early childhood setting, *Young Exceptional Children, 4*(3), 3-9.

Schaefer, C., & Millman, H. (1977). *Therapies for children*. San Francisco: Jossey-Bass.

Seligson, M., & Allenson, M. (1993). *Sobool-age child care*. London: Aubum House.

Shertzer, B., & Stome S. C. (1979). *Fundamentals of Counseling*. Boston: Houaghton Mifflin.

Silbermann, A. (1957). Woven lebt die Musik? die prinzipien der Musiksoziologie. 민은기(역)(1997). 음악사회학. 서울: 예솔.

Skinner, B. F. (1953). *Science and human behavior*. N.Y.: Macmillan.

Spodek, B. (1985). Australian Programs that prepare early childhood teachers. *Austraian Journal of Early Childhood, 11*, 3-9.

Spodek, B.(ed).(1986). *Today's Kindergarten*. Teachers College Press.

Sroufe, L., Cooper, R., & Dehart, G. B. (1996). *Child development: Its nature and course*(3rd ed.).

N.Y.: McGraw-Hill.

Thomas, A., & Chess, S. (1991). Temperament in adolescence and its functional significance. In R. M. Lerner, A. C. Pertersen, & J. Brooks-Gunn(eds.), *Encyclopedia of adolescence*(Vol. 2). N.Y.: Garland.

Thorndike, E. L. (1904). The newest psychology. *Educational Review, 28*, 217-227.

Vygotsky, L. S. (1962). *Thought and language*. Cambridge, M.A.: MIT Press.

Watson, J. B. (1927). What to do when your child is afraid(interview with Beatrice Black). *Children(March)*, 25-27.

White, B. L. (1978). *Experience and environment of the young child*. N.J.: Prentice-Hall, Inc.

Young, K. S. (1998). *Caught in the net: How to recognize the signs of internet addiction and a winning strategy for recovery*. N.Y.: Wiley.

경인일보(2020. 7. 21.). 화성 도이초 유초 연계 감성마당 교육 호응. http://www.kyeongin.com/main/view.php?key=20200721010004756

국민일보(2022. 3. 25.). 초중고생 10명 중 7명 지난해 사교육 받았다(신재희 기자). https://m.kmib.co.kr/view.asp?arcid=0924237611

기호일보(2017. 8. 30). 공론화된 '유아교육·보육 통합' 정책화 시급. http://www.kihoilbo.co.kr/news/articleView.html?idxno=713791

시티저널(2019. 6. 13.). 동부교육청, 유초연계 컨설턴트 역량강화 연수. http://www.gocj.net/news/articleView.html?idxno=101995

아동권리보장원(2022). 아동학대통계. https://www.ncrc.or.kr/ncrc/cm/cntnts/cntntsView.do?mi=1030&cntntsId=1034

저·자·소·개

문혁준	가톨릭대학교 아동학과 교수
서소정	경희대학교 아동가족학과 교수
김정희	총신대학교 유아교육과 교수
김혜연	제주관광대학교 유아교육과 교수
김태은	한양사이버대학교 아동학과 교수
이종신	경희사이버대학교 아동보육전공 교수

아동과 환경

초 판 1쇄 인쇄 2022년 9월 1일
초 판 1쇄 발행 2022년 9월 8일

지 은 이 | 문혁준 · 서소정 · 김정희 · 김혜연 · 김태은 · 이종신
펴 낸 이 | 김기섭
편 집 인 | 이윤희
펴 낸 곳 | 창지사 www.changjisa.com
08589 서울시 금천구 가산디지털 1로 83 파트너스타워 1차 9층
전화 (02)719-2211~3
팩스 (02)701-9386
등 록 | 1977년 4월 28일 · 제1-421호

ISBN 978-89-426-1487-5 (93370)

값 24,000원